高等学校酒店管理专业本科系列教材

酒店人力资源管理

JIUDIAN RENLI ZIYUAN GUANLI （第2版）

◎主编 李志刚

重庆大学出版社

内容提要

《酒店人力资源管理（第2版）》根据人力资源管理的理论与方法，以现代酒店业人力资源管理活动为线索，从人力资源计划、工作分析与工作设计、员工招聘、培训、绩效管理、薪酬和福利管理、员工关系管理、员工职业生涯管理等方面介绍酒店人力资源管理的基本原理和实务，并根据酒店人力资源管理实践的需要，阐述酒店员工激励的基础理论和具体措施，同时为顺应经济全球化的趋势，对酒店跨文化人力资源管理所面临的挑战进行分析。全书知识体系完整、内容实用、案例新颖、丰富，对接行业前沿，具有较好的理论性和实践性。

本书可作为全日制本科院校酒店管理专业和旅游管理专业的教学用书，也可作为人力资源管理培训教材，供酒店企业和餐饮企业使用。

图书在版编目（CIP）数据

酒店人力资源管理 / 李志刚主编. -- 2版. -- 重庆：
重庆大学出版社, 2025.4. -- (高等学校酒店管理专业
本科系列教材). -- ISBN 978-7-5689-4750-3

Ⅰ. F719.2

中国国家版本馆CIP数据核字第20252CR940号

酒店人力资源管理（第2版）

主　编　李志刚

责任编辑：谢冰一　　　版式设计：谢冰一

责任校对：王　倩　　　责任印制：张　策

*

重庆大学出版社出版发行

出版人：陈晓阳

社址：重庆市沙坪坝区大学城西路21号

邮编：401331

电话：（023）88617190　88617185（中小学）

传真：（023）88617186　88617166

网址：http://www.cqup.com.cn

邮箱：fxk@cqup.com.cn（营销中心）

全国新华书店经销

重庆市国丰印务有限责任公司印刷

*

开本：787mm×1092mm　1/16　印张：23.5　字数：556.8千
2016年8月第1版　2025年4月第2版　2025年4月第1次印刷(总第9次印刷)
印数：13001—15000
ISBN 978-7-5689-4750-3　　定价：59.00元

编 委 会

总　序

　　旅游业已经发展成为全球市场经济中产业规模最大、发展势头最强的产业，其强劲的产业带动力受到全球众多国家的高度重视，促使众多区域将旅游业作为发展当地经济的支柱产业和先导产业。酒店业作为旅游业的三大支柱产业之一，在良好的旅游转型升级发展背景下，需要我们抓住旅游新常态机遇应对激烈的市场挑战。酒店业在国际竞争国内化、国内竞争国际化的强竞争环境中，已从酒店间的竞争发展到酒店产业链与产业链之间、一个地区和另一个地区之间的线面竞争，酒店业发展总体呈现出酒店数量增长快、酒店主题多元化发展、酒店国际化程度高和融入科技元素实现智慧酒店的四大特征。为了更好地满足大众化酒店消费时代下的个性化需求，酒店集团开始转变酒店层次布局，更加注重差异化产品和独特品位酒店产品打造，转型升级酒店产品以应对市场化竞争。因此，酒店业发展应充分结合市场需求，实现新时代下酒店业的完美转型升级。

　　面对酒店业良好的发展态势，酒店人才的需求与培育已成为酒店业界和高校教育界亟待解决的问题，酒店人才培养成为高等院校的核心重点。从酒店管理本科人才培养情况来看，2007年全国本科院校首次开设酒店管理专业，相对于旅游管理专业的开办而言起步较晚，但在这10多年的发展中，特别是2012年教育部首次将酒店管理本科专业列入《普通高等学校本科专业目录(2012年)》以来，酒店管理本科教育得到快速发展，2022年全国共有260所本科院校开设了酒店管理专业，人才培养规模紧跟行业发展速度。正是在我国酒店业逐步实现稳步转型发展和对酒店应用型人才需求的背景下，整合酒店教育资源，积极反映近几年来酒店管理本科教育教学与改革的新变化、新发展和新成果，为我国酒店业发展提供供需匹配的酒店人才支持，促进我国酒店管理教育进入稳定发展阶段。如此，规划出版一套具有前瞻性和新颖性的"高等学校酒店管理专业本科系列规划教材"已成为全国高等院校酒店教育的迫切需要和历史必然。

　　本套教材由教育部高等学校旅游管理类专业教学指导委员会副主任、湖北大学旅游发展研究院院长马勇教授组织策划，担任编委会主任，自2012年启动选题调研与组织编写，历时多年，汇聚了一批全国知名酒店院校，定位于酒店产业发展人才需求层次较高的本科教育，根据教育部《旅游管理类本科专业(酒店管理专业)教学质量国家标准》，在对我国酒店教育人才培养方向、培养目标和教育特色等方面的把握以及对发达国家酒店教育学习借鉴的基础上精心编撰而成的，具有较强的前瞻性、系统性和完整性。

　　本套教材主要有以下四大特色：

　　第一，体系完整科学。本套教材围绕"融前沿、成体系、出精品"的核心理念展开，将酒店行业的新动态、新业态及管理职能、关系管理等都融于教材之中，将理论与实践相结合，实现多角度、多模块组合，形成完整的教材体系，出版精品之作。

第二，内容新颖前沿。本套教材尽可能地将当前国内外酒店产业发展的前沿理论和热点、焦点问题吸收进来以适应酒店业的现实发展需要，并突出酒店教育的中国特色。

第三，引用交叉融合。本套教材在保持本学科基本内容的基础上，注重处理好与相邻及交叉学科的关系，有重点、有关联地恰当引用其他相关学科的理论知识，以更广阔的视野来构建本学科的知识体系。

第四，作者队伍水平高。本套教材的作者很多都是中国酒店教育的知名专家，学历层次高、涉及领域广，包括诸多具有博士学位的经济学、管理学和工程学等多方面的专家和学者，并且还有酒店行业高水平的业界精英人士。我们力求通过邀请优秀知名的专业作者来保证所出教材拥有较高的水平。

在酒店教育新背景、新形势和新需求下，编写一套有特色、高质量的酒店管理专业教材是一项复杂的系统工程，需要专家学者、业界、出版社等的广泛支持与集思广益。本套教材在组织策划和编写出版过程中，得到了酒店业内专家、学者以及业界精英的广泛支持与积极参与，在此一并表示衷心的感谢！希望这套教材能够满足酒店本科教育新形势下的新要求，能够为中国酒店教育及教材建设的开拓创新贡献力量。

编委会

2023 年 2 月 23 日

第 2 版前言

本书第 1 版于 2016 年 8 月发行，先后印刷 8 次，得到广大读者的认可，不仅被许多院校的酒店管理专业和旅游管理专业选为本科教材，而且还有院校将其作为旅游管理专业研究生教材。

当今酒店业仍然具有劳动密集型行业的特点，服务质量是酒店经营管理水平的标志，而成功的人力资源管理又是服务质量的保证。纵观全球，现代酒店业既有吸引员工的环境和工作特点，又存在工作时间长且缺乏规律性、员工收入相差悬殊等不利因素，从业人员的素质、心境、职业操守和工作积极性等成为酒店经营成败的重要因素。因此，现代酒店人力资源管理既要重视招聘、培训、考核和薪酬等传统的人事管理实务，确保员工与工作的匹配，更要重视员工在工作中的心理变化，运用科学手段和领导艺术，发掘员工的潜能，有效激发员工的工作积极性和创造性，将员工视为一种可以为酒店创造竞争优势的特殊资源去管理，以实现酒店的经营目标。

本书编写的指导思想是：人力资源管理不仅仅是酒店人力资源部门的专职工作，还是所有酒店管理者都应该关注和掌握的一项工作技能。全书力求概念解释准确、理论阐述深入浅出、视野清晰、结构完整、体例与国际接轨，充分满足高等院校酒店管理专业学生的学习需要，并适于旅游管理专业在本科生、研究生（包括 MTA）阶段的学习参考，同时兼顾酒店行业管理培训和业务指导的需要。

随着酒店业的快速发展，酒店人力资源管理的原理与方法、任务与实践也经历着变革。与此同时，为了全面贯彻党的教育方针，落实立德树人根本任务，党中央提出"要坚持显性教育和隐性教育相统一，挖掘其他课程和教学方式中蕴含的思想政治教育资源，实现全员全程全方位育人。"为了使本书适应新时代的要求，第 2 版除保留原书的特色和风格外，主要从以下四个方面进行了完善与补充：

1. 全面梳理各章节中的知识点和相关理论，找出能够与思想政治理论相联系的内容，然后植入体现党和国家大政方针的相关重要指示和论断，便于在教材使用中进一步挖掘思政元素，保持与思想政治理论课同向同行。

2. 运用马克思主义哲学唯物辩证法的观点，在对成型于西方的现代人力资源管理理论进行系统阐述的基础上，强调具体问题具体分析，以来自中国酒店业的真实案例为主，更新全书主要案例，引导学生运用人力资源管理基本理论来研究人力资源管理活动中的现实问题，在教材中彰显中国立场、中国智慧和中国价值的信念和信心。

3. 为应对酒店数字化转型对人力资源管理提出的新要求，以及人工智能对酒店人力资源管理的影响，教材结合酒店数字化管理的特点和发展趋势，通过新视野、新思维、新技能来提高学生人力资源管理数字化转型的能力，在技术、项目和案例等方面介绍了酒店人力资源管理数字化转型中涉及的理论及实践操作。

4. 对近几年国内外人力资源管理领域涌现的新思想、新观点、新理论和新方法进行归纳、整理，并结合酒店人力资源管理的实际情况，以推动"科教融合、产教融合"为宗旨，尽可能将这些新成果吸收进本教材。

此外，本次修订还采纳了一些院校老师提出的宝贵意见，对部分内容进行了重新整合，以求全书体系完整，突出实务操作。

本书第 2 版仍然由李志刚担任主编及总策划，并负责全书的总纂、审稿、定稿工作。具体编写分工为李志刚与潘少安合作完成第一、七、八、九、十一章的编写，李烨完成第二、三章的编写，田芙蓉完成第四、五章的编写，陈媛媛完成第六、十章的编写。

本书是在借鉴、参阅和引用了大量学术文献和案例资料的基础上，通过创造性转述和加工完成的，特此向所有提供支持与帮助的专家、学者致谢。在编写过程中，昆明学院田芙蓉教授不仅参与写作，还负责全书案例的统筹；此外，天津现代集团有限公司人力资源总监姚凤芝女士、天津丽思卡尔顿酒店人力资源总监韩晶晶女士、烟台中心大酒店邓月皎女士均对本次修订提出了中肯的建议与帮助，重庆大学出版社尚东亮和谢冰一两位老师对本书顺利出版付出了辛苦的劳动，在此一并表示感谢。

由于编者的专业知识水平有限，难免存在一些疏漏和差错，衷心欢迎各界朋友提出批评意见。

编　者

2025 年 1 月

目　录

第1章　酒店人力资源管理概论

【学习目标】

通过学习本章，学生应该能够：

掌握：酒店人力资源管理的概念；

酒店人力资源管理的特点；

酒店人力资源管理的原则。

熟悉：人力资源的概念；

人力资源的质量构成；

酒店人力资源管理的主要内容。

理解：人力资本的概念；

人力资源的特征；

现代企业对人力资源素质的要求；

酒店人力资源管理的层次。

【关键术语】

人力资源	人力资本	人力资源管理
战略性人力资源管理	职能人力资源管理	素质人力资源管理
人力资源管理数智化		

开篇案例

锦江酒店（中国区）人力资源管理的数字化改革

从 1935 年的"锦江川菜馆"和"锦江茶室"出发，到 1951 年见证无数重大历史事件的"锦江饭店"，直至今日中国规模最大的综合性旅游企业集团之一：锦江国际集团。锦江酒店（中国区）于 2020 年 5 月成立，是锦江国际集团"深耕国内、全球布局、跨国经营"的全球品牌战略重要布局，主营锦江国际集团在中国市场的中高端及轻中端酒店产业，聚焦"有限服务型酒店"细分领域。

人才培养、数字化转型、精细化管理已经逐渐成为酒店人的共识。锦江国际集团对锦江酒店（中国区）的发展提出"四个中心"的战略目标，其中包括人才培养中心和数字化改造引领中心，强调通过数字化建设向管理要效能、向管理要效益。基于酒店人力资源管理数字化战略，锦江酒店（中国区）打造的"锦程人才管理系统"，致力于服务员工、建立标准和共享数据，从人事管理、组织管理、薪酬福利管理、目标绩效管理、人力资源预算管理、学习培训管理、人才发展等方面推动锦江酒店进行价值创造，赋能管理。

2021年8月31日，服务员工全职业生命周期的一站式数字化共享平台"锦程人才管理系统"正式上线，锦江酒店（中国区）开启便捷高效的人力资源数字化办公方式：7×24小时无延迟员工自助服务；一部手机自助办理快速入职；一键开具员工证明，无纸工资单可在线查询；智慧考勤；关键信息智能提醒，如合同到期、试用期到期、编制预算已满等设置预警；贴心的员工关怀体验，如员工生日、入司周年纪念日的自动推送温馨祝福；借助批量自动生成和分析各类报表，实现数据的互联互通，突破部门壁垒；审批流程系统化，不再出现职位无人任职时则无审批对象等现象；人事事务全面数字化，实现招聘录用、入职转正、调岗调薪、人才发展培训、离职（退休）、再雇佣流程一条龙服务。

采用"锦程人才系统"后，锦江酒店（中国区）在组织人事方面发生了三个重要变化。第一，人事数据实时可查，实时维护。员工入转调离业务方便快捷，可在线办理完成全部入职手续，并且系统会提前3个月预警人力资源部到期人员，及时与员工续约，避免人为遗漏。上线7个月，系统已经实现了3万条入转调离流程，平均时效为73小时。第二，将岗职体系落实到系统中，实现了标准化、统一化，当公司新增一家门店时，系统会自动适配一套标准的职位体系，从此告别拍脑袋作决定。第三，启用"黑名单"功能。根据锦江酒店（中国区）用人制度，员工离职后3个月内不能再次入职，除此之外，非正常原因离职的员工也会被纳入黑名单。黑名单实行非公开制，人力资源部也只能查到应聘人员的身份证号是否在"黑名单"内，这样既可以做到数据保密，也可以落实公司用工红线。

"锦程人才系统"系统上线前，无论是数据收集与维护还是算薪发薪，对人员的依赖性较高，复核困难，每家门店完成整个算薪流程预计耗时约9天，并且工资条还需要人工拆分再通过邮件单独发送给员工。现在借助系统，不仅实现了在线收集数据、一键算薪、一键发送工资条，错误率也大幅下降，完整的算薪流程提效至4天内。

"锦程人才系统"不仅可以实现数据的收集，更重要的是收集之后的分析和再利用。一方面，人力资源业务合作伙伴（Human Resources Business Partner, HRBP）可以通过系统查看员工花名册、进行日常人事管理、制作多种数据报表，即使面对领导临时性的数据查看需求，也不用手忙脚乱地下载数据、制作报表。另一方面，管理层可通过数据看板随时抓取、分析数据，及时跟进业务状况。同时，系统内置了监测日志，比如能够看到用户日常使用情况。如果出现系统使用人数过低等异常情况，方便领导及时询问原因，并作出改善指导。

"锦程人才系统"在锦江酒店（中国区）的人力资源整体战略中，不仅仅是一个系统，更是人力资源管理变革的有效"抓手"。锦江酒店（中国区）通过这一"变革抓手"倒逼多个法人实体实现人力资源业务规则的一致性及数据和流程的规范性，并在此基础上将事务性工作集约处理。在降本增效、合规风控、提升员工体验的同时，让人力资源团队有更多时间和精力赋能业务，为业务提供定制化的人力资源解决方案。

"锦程人才系统"的上线仅是锦江酒店（中国区）人力资源数字化转型的第一步，即完成了"从线下到线上""从手工到自动"的转变。对锦江酒店（中国区）来说，更具战略意义的是，系统对线上流程产生的过程数据和行为数据的挖掘与洞见，并基于数据建模完成"从经验到智能"的蜕变，让数据赋能业务管理者，做到"数据有痕，管理有据"；并通过数字化手段在员工职场关键时刻和人生关键时刻给予个性化的、有温度的人文关怀，帮助员工建立组织归属感和融入度，与团队的联结感，自我的价值感、贡献感、成就感、自豪感，点燃员工的自驱力，驱动员工创新力。

1.1　人力资源管理概述

1.1.1　对人力资源的理解

关于"人力资源"的概念：从社会层面讲，是指一定时间、一定空间地域内的，能够推动整个社会和经济发展的劳动者的能力，即处在劳动年龄的已直接投入建设或尚未投入建设的人口的能力之总和；从企业层面讲，是指人凭借在某一领域积累的知识和经验，支配体能和智能为所服务的组织创造价值的能力之总和。在企业层面讨论人力资源，是本书的出发点。

人力资源作为一种经济资源，实质就是人所具有的运用和推动生产资料进行物质生产的能力。它包括体能和智能两个基本方面。体能即人的身体素质，包括力量、速度、耐力和反应力等，亦即对劳动负荷的承载力和消除疲劳的能力。智能包含三个方面：首先是人认识事物，运用知识解决问题的能力，亦即智力，包括观察力、理解力、思维判断力、记忆力、想象力和创造力等；其次为知识，包括人类所具备的从事社会生产与生活实践活动的经验和理论；最后是技能，是人们在智力、知识支配和指导下实际操作、运用和推动生产资料的能力。体能、智力、知识和技能是人力资源的现实应用形态，也是其作为经济资源的基本内容。

1）人力资源的特征

人力资源，是一种特殊的经济资源，与物质资源相比，具有自己的特征。

（1）人力资源具有生物属性

人力资源的生物属性是一种融于人体内的有生命的资源，与人的自然特征相关联，具有天然生理构成的方面和出生、成长、死亡的自然生理发展过程。

（2）人力资源具有社会属性

人力资源的形成是人类生活和生产活动的必然结果，同时它也是社会生产和生活的主体，从其产生伊始，便存在于一定的人类社会形态之中。因此，它是一定社会生产方式下的经济资源，反映一定的社会关系，并随社会进步和生产方式的发展而发展，离开人类社会也就没有人力资源。

（3）人力资源具有能动性

人力资源的能动性表现在人力资源有思想，有社会意识，能够自觉地、有意识地、有目的地从事社会生产活动，在社会生产和生活中居于主体地位，可以按照自己的意愿、目的和要求，能动地发展生产，安排生活。正如马克思所断言："蜜蜂建筑蜂房的本领使人间的许多建筑师感到惭愧。但是，最蹩脚的建筑师从一开始就比最灵巧的蜜蜂高明的地方，是他在用蜂蜡建筑蜂房以前，已经在自己的头脑中把它建成了。劳动过程结束时得到的结果，在这个过程开始时就已经在劳动者的表象中存在着，即已经观念地存在着。"[1] 在与自然界的关系上，人力资源不是被动地服从于自然，而总是主动地去认识、利用和改造自然，使之为人类服务，达到既定目的，同时有意识地不断开发、提高和发展自己。

（4）人力资源具有时效性

人力资源的形成、开发有一个过程，需要时间。每个人的生命周期中，一般只有15岁到65岁期间可作为劳动力资源发挥作用，而在这几十年里，每个人在不同年龄段上的劳动能力又不相同。人力资源的使用要特别注意到这一特点。

2）人力资源的质量构成

人力资源的质量包含3个方面的内容，即思想素质、文化技术素质和生理心理素质。

（1）思想素质

思想素质包括政治觉悟、思想水平和道德观念等。作为人力资源质量内容的思想素质，主要是指劳动者工作的责任心、事业心、敬业精神和工作态度等。具体地讲，是积极进取还是安于现状，是勇于改革创新还是保守恋旧等，这些都是思想素质的表现。在人力资源管理实践中应该"坚持正确用人导向，坚持德才兼备、以德为先。"[2]

2015年8月，中共中央、国务院印发的《关于深化国有企业改革的指导意见》明确提出，以强化忠诚意识、拓展世界眼光、提高战略思维、增强创新精神、锻造优秀品行为重点，加强企业家队伍建设，充分发挥企业家作用。由此可见，抓好思想素质建设不仅是人力资源管理的工作职责，也是选拔企业管理人才的重要手段。

（2）文化技术素质

文化技术素质主要是指知识和技能，这是人力作为资源而所具有的质的规定性的主要方面。党的十九大报告强调，建设知识型、技能型、创新型劳动者大军，弘扬劳模精神和工匠精神，营造劳动光荣的社会风尚和精益求精的敬业风气。[3] 这是新时代对人力资源质量建设提出的新要求。

（3）生理心理素质

1　《马克思恩格斯文集》第5卷，人民出版社，2009版，第208页。

2　习近平：《在全国组织工作会议上的讲话》，《党建研究》2013年第8期。

3　习近平：《决胜全面建成小康社会 夺取新时代中国特色社会主义伟大胜利：在中国共产党第十九次全国代表大会上的报告》，《人民日报》2017年10月28日。

简单地讲，生理心理素质就是上文所述的体能和心理状态。

3）现代企业对人力资源素质的要求

（1）现代企业对员工个体素质的要求

现代企业对员工个体素质的要求更为具体，主要涉及员工的思想素质、道德品质、学习能力、知识水平、专业技能和身体条件。

①在思想素质方面，要有强烈的事业心和责任感，有为企业奉献的精神，有服从大局、实事求是的作风，以及正确贯彻、落实企业经营宗旨、发展战略和方针政策的能力。

②在道德品质方面，要有诚实守信、团结合作的精神，要脚踏实地，精诚合作，胸襟坦荡，宽待他人，恪守职业节操，具有较强的执行力。

③在文化知识方面，要具备一定的法律知识，了解执政党和国家的路线、方针、政策以及一系列法律、法令、规定和条例等，要懂得一定的经济学、管理学和社会学等方面的知识，尤其是对自己工作所涉及的专业技能和知识要精通。

④在实践能力方面，要具备创新能力，运用专业技术知识解决实际问题的能力，与人交往沟通的能力。特别值得注意的是，数字化正在成为各类组织降本增效的核心战略，那些关注数字化应用技术与业务模式的融合方式，并能够在不同业务场景下应用数字技术创造新价值的人才，将在未来酒店业广泛受到欢迎。

⑤在身体素质方面，要有适应快节奏、高负荷，精力充沛的身体状况。

（2）现代企业对人力资源团队总体素质的要求

①可竞争性。人力资源能够成为企业的核心竞争优势，应该具有集中全体员工的智慧和不断创新的能力。员工成为企业最重要的财富，并通过他们的智慧、技能和创造性的活动使企业获得抵御外来风险的力量，以及创造利润的驱动力。

②可学习性。现代企业通过建立一整套系统的培训机制，使进入企业的员工能够得到培养与发展。成功企业的人力资源应该具有可塑性、延展性（其知识和技能具有可拓展性和延伸性），具有自我学习，自我提高，获取新知识和新技能的能力。

③可挖掘性。企业人力资源富藏智慧和潜能，只要建立适当的激励机制和正确的价值导向，经过开发和挖掘，就能把潜在的智力资源变为现实的可供利用的资源优势。

④可变革性。现代企业的人力资源应该能够觉察、适应外界环境的改变和组织内部的各种变化，并能根据组织内外环境变化的需要，不断调整自己的思想观念、知识结构、思维方式和行为模式，始终跟上时代和企业发展的步伐。

⑤可凝聚性。现代企业的人力资源应该能够在共同的价值观念下形成一个统一的整体，具有顾全大局、服从组织、团结协作、支持配合的文化氛围和组织心理，组织具有向心力和内聚力，员工具有集体荣誉感和归属感。

⑥可延续性。现代企业的人力资源总是处于不断地流动、调整和再配置之中。人力资源的流动要求对不同层次的职位及时进行补缺，以保持工作的连续性和正常秩序，从而要求企业人员具备适时补位的素质，随时准备接受更高一级的职位。

1.1.2 人力资源管理的形成和发展

现代人力资源管理启蒙于19世纪中叶的工业革命，20世纪初兴起在西方国家的科学管理，推动人力资源管理逐渐形成一门独立的学科。以员工工作行为表现为切入点的心理学研究，对人力资源管理的系统化产生了重大的影响，并使之趋于成熟。20世纪60年代人力资本理论的提出，以及政府通过立法对雇佣关系的干预，丰富了人力资源管理的内涵。进入21世纪，人力资源管理的职能被界定为企业内部各部门的业务伙伴、组织变革的推动者、员工职业发展的向导和组织管理的行政专家，人力资源管理被提高到战略高度，战略人力资源管理应运而生。

1）在工业革命中的启蒙阶段

工业革命导致了劳动专业化的提高和产品的剧增。"劳动分工"成为这次革命的强有力的共同呼声，其优势表现在：

①工人接受培训的时间大为减少，因为只需要学一种专门化的技术。

②减少了原材料的耗费。

③通过合理安排工人的工作节约了开支，也因此而产生了以技能为基础来划分的工资等级。

④由于不必要求工人从一种工作转到另一种工作，从而节约了时间，也使工人对特殊的工具更加熟悉。而这种熟悉又反过来激发了工人在使用工具中的创造性。

在这一时期，英国人罗伯特·欧文第一次开始研究工作环境对劳动生产率的影响，并在其位于苏格兰的棉纺厂实践他的管理思想。欧文坚信人们的行为是所受待遇的反映，为此他在工厂内设置洗手间，把工人的日工作时间压缩到10小时，并在他所有的操作间废除童工等。罗伯特·欧文被誉为"人事管理的先驱"。

2）在科学管理时代的发展阶段

19世纪末至20世纪初被称为科学管理时期，科学管理运动也导致了对人力资源管理的研究，美国人弗雷德里克·温斯洛·泰勒是科学管理的主要代表人物。列宁在《苏维埃政权的当前任务》一文中指出："资本主义在这方面的最新成就泰罗制（即泰勒制——笔者注），同资本主义其他一切进步的东西一样，既是资产阶级剥削的最巧妙的残酷手段，又包含一系列的最丰富的科学成就，它分析劳动中的机械动作，省去多余的笨拙的动作，制定最适当的工作方法，实行最完善的计算和监督方法等，应该在俄国组织对泰罗制的研究和传授，有系统地试行这种制度并使之适用。"[1]

在泰勒进行的一系列科学管理试验中，最著名的是对一名叫施米特的铲装工人进行的试验。泰勒使用一只秒表对施米特的劳动进行了细致、准确的研究，通过对其工作的无效部分的去除和对技术的改进，使其劳动生产率由每天12英吨增至47.5英吨。泰勒对施米特的每一个工作细节都做了具体规定，如铲的大小、铲斗重量、堆码、铲装重量、走动距离、手臂摆弧及其他工作内容。这是科学管理的实质内容所在：它将工作分为最基本的机械元素并进行分析，而后再对它们加以最有效的组合。

---

1 《列宁专题文集论社会主义》，人民出版社2009版，第98页。

除了研究工作本身（时间—动作研究），泰勒还认为，所选的工人在体力和脑力上应与其工作要求尽可能地匹配，工人应该由主管人员（主管人员的工作也是按专业详细分工的）进行很好的训练，以保证其操作动作恰如科学分析所规定的那样精确。同时，在任何情况下都不能要求员工在有损于他们健康的节奏下工作。

为了鼓励员工遵循规定的工作程序，泰勒认为只要工人正确地按规定时间完成了工作，就应增发相当于工资30%~100%的奖金，这便是最初的劳动计件奖励制度。

值得指出的是，科学管理的精髓"时间—动作研究"目前仍在酒店人力资源管理工作中发挥着积极的作用。为了使工作得到简化，从而节省劳动力的支出，降低劳动成本，在同样的劳动时间内完成更多的工作，酒店有必要对工作中的重要环节进行时间和动作研究，其目的是将完成某项工作的过程系统化，分解各项操作，消除那些不必要的动作与环节，从而达到节省时间、节省劳动力的目的。例如，酒店厨房内部布局的设计和厨具的使用，以及冲洗、切配，灶台、成品台的定位都应体现出减少无效劳动的原则。

案例启迪

"时间与动作研究"是如何为酒店创造效益的

美国芝加哥一家大酒店曾经和普渡大学（Purdue University）合作对客房清扫工作进行系统的"时间与动作研究"。研究专家们在实验室中使用计时表和照相机对客房服务员清理客房的过程进行了仔细的观察和记录。他们不仅记录了服务员每个动作的时间，而且每个动作都要拍照。例如，服务员从敲门到打开房门用了5秒钟，从房门走到窗户、从窗户走到床、从做床到擦抹家具以至清扫卫生间都进行了跟踪研究。最后将记录结果整理好，发现做床用了302秒，清理地毯用了234秒，擦抹家具用了248秒，清理卫生间用了171秒，累计清洁一间客房共计1 835秒，共走了439步。然后，这些专家仔细分析和研究服务员的动作和工作程序，简化了工作程序，减少了不必要的动作，总结出了新的工作程序。

按照新的工作方法，客房服务员清理客房的过程由原来的1 835秒减少到1 218秒，在不使用新工具设备的前提下，工作时间节省了1/3，同时服务员行走步数也由原来的439步减少到148步。几分钟看起来是微不足道的，但是如果将所节省的时间累积起来，其结果是惊人的。例如，假设芝加哥这家酒店从每间客房的清扫中节省10分钟，那么1 360间客房就节省了1 360×10=13 600分钟，一年就节省了13 600÷60×365天≈82 733小时。如果服务员工资按照当时的每小时1.8美元计算，那么82 733×1.8美元＝148 919.40美元。可见，从时间到效益的转换是令人震惊的。

此外，科学管理提出的"劳动定额""工时定额""工作流程图""计件工资制"等一系列的管理制度与方法奠定了人力资源管理学科的基础。

3）受行为科学影响的成熟阶段

1923年，在美国芝加哥西方电气公司进行的霍桑试验提供了一系列著名的行为研究成果。在一次试验中，研究人员发现劳动生产率随工作环境的照明增加而提高，而另一次试验则表明劳动生产率随照明增加而降低。类似的试验反复持续了3年，研究人员终于从中得出了这样的结论，即在人们参与的工作中，某一条件（如照明）的改变不可能不给其他变量带来影响，但是对员工的激励和群体意识才是影响劳动生产率的主要因素。

后来，哈佛商学院的埃尔顿·梅奥等人又继续研究霍桑试验，他们的研究结果表明，劳动生产率与集体合作及协调程序有关，而集体合作与协调程序又与主管人员对工作群体的重视程度有关，与缺乏带有限制性的提高劳动生产率的办法相关联，还与为变化过程中的员工提供参与机制相关联。

建立在上述人际关系研究基础上的行为科学，使人力资源管理由静态管理逐渐发展为动态管理，从单纯管人方式向发现人的潜力，开发人的潜力，追踪人的发展，促进人的发展方式转变。人力资源部门的作用，已不再是简单地记录人事档案和确保为某部门提供一位雇员，而是为企业的长远发展提供、培养及开发适应性人才。

4）人力资本思想影响下的加速阶段

20世纪60年代以后，美国经济学家西奥多·W.舒尔茨（Theodore W.Schultz）等人提出了人力资本理论，他们认为，人力资本是体现在具有劳动能力（现实或潜在）的人身上的、以劳动者的数量和质量（即知识、技能、经验、体质与健康）所表示的资本，它是通过投资而形成的。

人力资本是通过投资形成的存在于人体中的资本形式，是形成人的脑力和体力的物质资本在人身上的价值凝结，是从成本收益的角度来研究人在经济增长中的作用，它强调投资付出的代价（如在招聘、培训和薪酬福利方面的投入）及其回报，考虑投资成本带来多少价值，研究的是价值增值的速度和幅度，关注的重点是人力资源投资收益问题。以开发计量人力资源成本模型（历史成本和重置成本）及评价其有效性为标志，作为现代人力资源管理重要工具的人力资源成本会计诞生了。

5）人力资源管理法制化阶段

在20世纪60年代的西方国家，随着劳资纠纷和劳资对立的矛盾引发社会的不稳定，政府加大了通过立法来约束和影响企业人力资源管理活动的力度。以美国为例，继1964年通过《民权法案》之后，政府相继通过了《种族歧视法》《退休法》和《保健安全法》等涉及公民就业的多种法规，企业如果违反这些法规就会导致巨大的经济损失。这就迫使企业领导者对人力资源管理工作给予足够的重视，要求日趋严格，不允许任何环节有丝毫的疏忽，力求避免和缓解劳资纠纷。在这种背景下，企业人力资源管理工作开始强调规范化、系统化和科学化，工作内容逐渐形成了主要包括吸引、录用、维持、开发、评价和调整的工作流程，为完成上述任务所需要的各类人力资源专家也纷纷进入企业。

6）人力资源管理的组织自我完善阶段

进入20世纪80年代以后，发达国家的企业领导人首先认识到人力资源管理不应该是"政府的职责"，而把它真正视为企业自己的"组织职责"。

这种认识的转变是有其历史背景的。首先，心理学、社会学和行为科学日益渗透到企业管理领域，在这种学科交融的基础上形成的人力资源管理理论日益受到企业的重视，并被广泛接受；其次，劳动生产率增长趋缓，员工所表现出的懒散和管理水平的平庸使企业高层领导日益忧虑；再次，劳资关系日趋紧张；最后，政府对企业进行了越来越多的干预，再加上劳动力受教育水平的提高的影响，使企业对员工的管理更加复杂。

许多企业的高层领导人开始相信：调动人的积极性和掌握处理人际关系的技能非常重要，它既是保证企业纾解当前困境的有效方法，也是保证企业未来成功的关键因素。为此，企业开始吸收人力资源经理进入企业高级领导层，共同参与企业的经营决策，并认为人力资源是一种最重要的战略资源，是企业成败兴衰的关键。20世纪80年代初期，发达国家的企业纷纷将人事部门改名为人力资源部，企业从强调对物的管理转向强调对人的管理。

7）确立人力资源管理战略地位的阶段

把人力资源战略作为企业重要的竞争战略，或者从战略的角度考虑人力资源问题，把人力资源管理与企业的总体经营战略联系在一起，是20世纪90年代以来人力资源管理的重要发展，标志就是战略性人力资源管理概念的提出。

所谓战略性人力资源管理，就是以组织战略为导向，通过动态协同人力资源管理的各项职能活动，确保组织获取持续竞争优势，以达成组织目标的过程。战略性人力资源管理是根据组织战略来制定相应的人力资源管理政策、制度和管理措施的，它要求把人力资源管理与人力资源战略以及企业战略需要有机地结合起来。战略性人力资源管理的核心理念就是通过合理、有效的人力资源管理活动帮助企业实现战略目标和赢得市场竞争优势。因此，战略性人力资源管理由关注各部门的绩效向关注组织整体绩效转变，由关注短期利益向关注长期利益转变。

8）人力资源管理数智化转型阶段

21世纪以来，以大数据、人工智能、移动互联网、云计算和机器学习等为代表的信息技术逐步运用于人力资源管理，人力资源管理开始进入数智化转型阶段。所谓人力资源管理数智化，是指通过应用新一代数字技术和人工智能技术，革新人力资源管理信息系统（Human Resource Management System，HRMS），优化人力资源工作的流程与效能，并根据企业的实际需要，获得人力资源工作效率提升、员工满意度提升、人力资源管理转型升级、管理层数字化决策支撑、助力企业组织建设等多种价值，最终实现企业人力资源管理模式的创新和重塑。人力资源数智化转型是人力资源管理职能的转变：一是利用数据来指导人力资源管理的所有领域；二是使常规性的人力资源管理流程自动化，减少重复任务的时间，同时使员工的自助服务体验更加丰富。人力资源管理者则可以从日常的琐碎事务中解放出来，有更多的时间和精力去关注人力资源发展战略和企业的发展。数智化人力资源管理与传统人力资源管理的差异是十分显著的（表1.1）。

表 1.1　传统人力资源管理与数智化人力资源管理对比

传统人力资源管理		数智化人力资源管理	
经验性和主观性	依赖于主管的过去经验和主观判断，导致管理决策容易受到个体观点和经验的影响。	数据化和客观性	基于数据分析，提供客观指标和建议，不受主观评价的干扰，提高决策的准确性。
标准化和流程化	注重标准化和流程化，忽视个性化需求，难以充分激发员工的潜力。	个性化和敏捷性	根据不同员工的需求提供个性化服务，更加灵活，提高员工满意度和组织敏捷性。
碎片化和模糊化	依赖片面数据和感性判断，无法提供量化标准或精准分析，导致决策模糊和不准确。	全面性和清晰化	基于完整的数据进行全面分析，并提供清晰明确的建议，帮助管理者更好地决策。
滞后性	往往只能总结出规则，缺乏前瞻性的分析，无法提前洞察人员结构和业务变化。	前瞻性	具备预测性分析能力，可以提前发现潜在风险，降低风险发生的概率。

资料来源：路江涌，张月强. 人工智能时代的人力资源精准管理 [J]. 清华管理评论，2023（11）：74–84.

　　以招聘为例：数字化技术可以根据应聘者在各类社交媒体（如微博、知乎、领英等）留下的数据，对其以往的"痕迹"进行分析，帮助企业快速找到需要的人才；大数据、人工智能和机器学习等技术可以帮助工作人员快速对应聘者的简历进行分析，寻找最符合要求的人才，还能通过对事实逻辑的分析和与海量真实简历的对比，提示风险点并鉴别虚假信息；在人才选拔阶段，数字化催生了一些新兴的测评工具，机器人已经被用于面试过程，并能够对记录的信息进行智能化分析。

　　在员工培训领域，大数据可以提供各种课程和培训，人工智能可以从个性化的角度，针对不同类型的员工，提供"量身定做"的课程和培训，移动互联网则可以针对员工学习内容的碎片化和学习时间的碎片化，实现不受时间和空间限制的学习。

　　在对员工的绩效评价中，利用机器学习将评价制度柔性化，并提供相对应的激励政策，再辅以大数据，根据员工的不同特点，智能化地制定绩效评价方式。

　　随着"95后"和"00后"逐步成为职场的主力人群，Z 世代成为职场"新浪"，驱动人力资源数字化转型。Z 世代人群作为互联网时代"原住民"，一出生就与网络信息时代无缝对接，受数字信息技术、即时通信设备、智能手机产品等影响较大，网络使用程度更深。Z 世代人群对各种数字化工具的熟悉和热爱，使他们对组织管理流程的数字化诉求旺盛，更加关注管理工具的使用体验，企业全员数智化的时代正在到来。

1.1.3 酒店人力资源管理的概念

酒店人力资源管理是按照客观规律，运用科学的理论、原则和方法，依靠酒店组织机构和组织手段，对酒店的人力资源进行有效的利用和开发，使每位员工正确认识自己在组织中应完成的任务和承担的责任，并且设法最大限度地调动其积极性，发挥其才能与潜力，从而不断提高酒店的劳动生产效率。在酒店人力资源管理活动中扮演重要角色的是人力资源经理，其基本职责是协调酒店管理活动中涉及人力资源的各个环节，帮助组织实现它的目标，通常以顾问或参谋的身份与其他经理一起工作，帮助这些经理处理一系列有关人力资源方面的问题。

此外，对人力资源进行管理不仅是人力资源部门的任务，也是所有管理者的责任。充分开发、利用员工的潜能，并把它作为竞争的重要武器，是摆在每一位酒店管理者面前的艰巨任务，而要做到这一点，管理者就必须首先具备识人、育人、用人及留人的能力，并在制订和实施组织计划和目标时，把人力资源问题作为重点考虑的问题之一。

1.1.4 酒店人力资源管理的特点

1）程序化

现代酒店人力资源管理是一种动态管理，在这一动态管理活动中已经形成了比较成熟的工作流程，主要内容包括计划、招聘、培训、考核、激励和薪酬等级等重点作业环节。

2）全员化

人力资源管理的全员化不仅指要对酒店各类人员进行全员培训与考核，而且包括各级管理人员对下属的有效督导和科学管理。因此，现代酒店人力资源管理绝不仅仅是人力资源部门的专项工作，也是全体管理人员的日常工作之一。

3）系统化

人力资源管理作为一个管理系统，是由录用系统、培训系统、使用系统、考核系统、奖惩系统和离退休系统等子系统组成的，每个子系统都包含非常具体的工作内容。

4）科学化

标准化、制度化和定量化是酒店人力资源管理科学化的具体表现。标准化是指招聘录用员工要有素质条件标准，职位培训要有合格条件，服务工作要有质量标准。制度化是指人力资源管理必须有严密的规章制度作为保障，使招聘录用、考核、选拔等工作能顺利进行。定量化是指职位有合格的定员，工作有具体可行的定额，业绩考核有科学的数量依据等，定量反映人力资源管理水平的主要维度包括数量、质量、时间、成本和价值。

5）数智化

调查显示，在我国一、二线城市的企业人力资源管理数智化需求较强，且企业规模越大，人力资源管理数智化渗透率越高。酒店业连锁化发展的布局首先是一、二线城市，且劳动力相对密集，用工偏好呈年轻化，业务流程对管理流程的依赖程度高。因此，酒店业导入数智化的人力资源管理，不仅是顺应经营环境的变化，还在于运用数字技术盘活人力资源管理中的各项数据，提高人力资源管理流程的智能化水平，帮助企业在人工智能时代实现精准的数据选人、流程育人和智慧用人，实现提升企业管理能效、优化员工工作体验的效果。

1.1.5 酒店的工作特征对人力资源管理的影响

1）顾客最关注的安全、卫生和服务离不开员工的劳动

顾客在决定是否入住某一酒店时，考虑的并不仅仅是酒店提供的客房和其他一些物理条件。安全性及卫生问题对大多数顾客来说是需要考虑的最重要因素，此外，服务人员的服务水平（包括态度、效率、标准和技巧等）也是顾客评价酒店优劣的重要因素。以上这些因素是潜在客人作出购买决定时要考虑的无形因素，现阶段它们都还主要依靠人工劳动来完成，机器很难完全替代；此外，酒店很难对这些因素进行量化，因此很难用数字化指标来衡量员工的劳动。

2）生产和销售的不可分离性决定了员工工作的复杂性

酒店员工必须同时是生产和销售两方面的"专家"，酒店员工一方面需要通过劳动将成果展现在顾客面前，另一方面还要设法让顾客立即认可自己的劳动，否则顾客的消费活动就不会顺利完成。可见，处在待客服务一线的酒店员工面临着复杂的工作压力。

3）酒店产品的易逝性决定了人力资源成本收益管理的艰巨性

如果在某一时间段有一些客房没有销售出去，这不仅意味着这间客房的收益永久性地流失了，同时为这些客房服务所配置的员工事实上也就没有创造价值，酒店的人力资源成本收益变得不稳定。因此，从收益管理的角度讲，员工没有可以服务的对象和未售出的客房其性质是一样的，酒店流失的收益永远不能再弥补回来。

4）服务工作的标准化与个性化交替加大了人力资源开发的难度

员工在每次客房清理或宴会准备阶段，所执行的操作步骤都是相同的，因而酒店可以对这些常规操作程序加以标准化。但是，酒店的服务工作同样要求创新，这对满足客人的个性化需求是相当重要的，而只强调工作的标准化往往会降低创新的可能性。要让顾客接受酒店的产品，标准化流程是必不可少的，而真正能让顾客满意的是个性化服务。如何让员工既掌握标准的服务流程，又熟悉个性化服务的技巧，是酒店人力资源开发的一大难题。

5）劳动密集型促使人力资源管理成为酒店管理者日常工作最重要的一部分

在大多数工业生产中，自动化设备和高新精密仪器正在逐步代替人工操作。而在酒店业，这种情况还只是处于导入阶段，且进展比较缓慢，因为酒店的大部分日常工作要由员工亲自动手才能完成，比如铺床、宴会摆台以及席间酒水服务等工作都需要由员工来动手操作。这就意味着酒店管理者的日常工作主要是面对员工的表现，进行指挥、监督、检查、反馈和辅导。

案例启迪

圣廷苑酒店如何诠释"有满意的员工才会有满意的顾客"

在国际知名品牌林立的深圳酒店业，圣廷苑酒店作为一家国有控股五星级酒店，曾荣获中国酒店业最高荣誉"金枕头奖"，与香港半岛、上海波特曼丽嘉等国际品牌酒店一起入选"中国十大最受欢迎商务酒店"。

部门层级众多、分工细致是传统酒店的典型特征，这是行业性质的要求，但也导致了部门协调信息传递等方面的问题，往往影响到酒店的服务效率和员工的满意度。在圣廷苑酒店，员工却极少感受到这种职能部门之间的壁垒。这得益于打破常规职能部门的矩阵式结构，圣廷苑人将其称为"精诚合作团队"。这里有营销团队、培训团队、成本控制团队、安全小组、节能小组、流程再造小组、通信写作小组……团队让工作的效率大为提高。

团队也让员工从常规的工作领域以外获得了更多激情。团队里员工扮演着与平时工作职位不同的角色，有的员工甚至同时参加数个团队。一位物业销售经理活跃在节能小组中，他说自己一直对能源问题有着高度的关注，小组的活动是工作，更是一种兴趣，值得他投入十分的精力。在圣廷苑酒店的很多员工身上，都可以看到这样的激情和活力。

除了团队，圣廷苑酒店还有更多调动员工激情的"秘密武器"——相对于员工的表现，酒店更关注的是员工的快乐和成长。圣廷苑酒店员工满意度曾达到过79.35%，对于工资水平普遍偏低的酒店行业而言，这确实是一个难得的优异数字。圣廷苑酒店的管理者深知，员工的满意不可能纯靠提高工资和福利来实现，每一个员工都是有着丰富思想情感的独立的人，他们需要的是更多更深入的东西。

在圣廷苑酒店，每一个职位都会有一张职业发展路径图，告诉员工他将来可能的成长方向；而对于具有较高发展潜质的技术或管理人员更是会有专门的培养计划，帮助员工实现自身的发展成长；圣廷苑每年都会吸收不少应届大学毕业生，并对他们的发展进行整体规划；酒店每人每年接受培训时间达到109个小时，远远超出竞争对手水平。难怪有员工说圣廷苑酒店像是他毕业以后的又一个更广阔、更生动的课堂。

在圣廷苑酒店有员工管乐队，这是为了丰富员工的业余生活培养多种爱好而成立的。酒店出资采购了大批乐器，聘请专业老师教授员工，而员工参加则完全免费并且还能得到其他福利补贴。听过他们演奏的人很难相信他们中绝大多数人都是基层服务员，一位楼层服务员告诉她的网友，她从小喜欢音乐，在这里参加乐队圆了她童年时的梦。

圣廷苑酒店的员工宿舍区内有网吧、健身房、阅览室，在橱窗的照片上可以看到酒店举办各种体育比赛的激烈场面，一旁的活动大厅还会为员工举办卡拉OK大赛……在工作的满足以外酒店更给予了员工生活的情趣。"有满意的员工才会有满意的顾客"，这一定理再次被圣廷苑酒店完美诠释。

资料来源：根据网络素材整理。

1.2 酒店人力资源管理的内容和原则

1.2.1 酒店人力资源管理的层次

在酒店中，根据各级管理者在人力资源管理活动中的职能差异和所发挥的作用，可以将人力资源管理体系划分为四个层次。

1）战略人力资源管理

战略人力资源管理处于酒店管理的最高层次或制高点，实施主体是酒店高层管理者，主要工作重点是充分考虑人力资源管理对酒店整体运营格局设计、竞争战略选择和中长期发展规划的影响，确定酒店人力资源管理的战略目标，对酒店人力资源进行整体管控。

战略人力资源管理会对酒店未来的发展方向和发展速度产生重要的影响，主要内容包括以下四个方面：一是从宏观的视角分析判断环境、机遇和威胁，制定满足酒店发展需要的人力资源管理战略目标；二是从宏观层次对酒店人力资源管理系统进行模块化设计，并制定相应的人力资源管理决策；三是确定人力资源管理战略实施的步骤、模式和调整预案；四是为各部门确定分阶段的人力资源管理工作目标和标准。

2）专业人力资源管理

专业人力资源管理的实施主体是酒店的人力资源部，其在酒店管理活动中应该担当四种角色，实现四种成果。第一种角色是成为战略执行的伙伴，成果是使组织战略得以在全体员工中有效执行；第二种角色是行政专家，其实这也是人力资源管理的本质特性，成果是设计并推行高效的人力资源管理流程；第三种角色是员工的后盾，要为员工代言、辅导职业规划、解决劳动争议等，成果是带出一支有竞争力的团队；第四种角色是改革的推动者，成果是帮助企业在竞争中实现转型与变革。

专业人力资源管理应该像业务单元一样运作，以实现业务增值。具体而言，专业人力资源管理的职能可以一分为三。

（1）HR BP（Business Partner，业务合作伙伴）

定位：派驻到各个业务部门或事业部的人力资源管理者，主要协助各业务单元高层及经理在员工发展、人才发掘、能力培养等方面的工作。其主要工作内容是负责企业的人力资源管理政策体系、制度规范在各业务单元的推行落实，协助业务单元完善人力资源管理工作，并帮助培养和发展业务单元各级干部的人力资源管理能力。通常扮演如下几个角色。

①战略伙伴：在组织和人才战略、核心价值观传承方面推动战略的执行；

②解决方案集成者：集成 COE 的设计，形成业务导向的解决方案；

③人力资源管理流程执行者：推行人力资源管理流程，支持人员管理决策；

④变革推动者：扮演变革的催化剂角色；

⑤关系管理者：有效管理员工队伍关系。

（2）HR COE（Centre of Excellence or Center of Expertise，专业知识中心或领域专家）

定位：人力资源领域的专家，具备出色的人力资源专业能力，提升企业人力资源政策、流程和方案的有效性，并为HR BP业务提供技术支持。通常扮演如下几个角色。

①设计者：运用专业知识设计业务导向、创新人力资源管理政策、流程和方案，并持续改进其有效性；

②管控者：管控人力资源政策和流程的合规性，控制风险；

③技术专家：对HR BP/HR SSC、业务管理人员提供本领域的技术支持。

（3）HR SSC（Shared Service Centre，共享服务中心）

定位：人力资源管理标准化服务的提供者，确保服务交付的一致性，提供标准化、流程化的服务，使主管从操作性事务中解放出来，提升人力资源整体服务效率。通常扮演如下几个角色：

①员工呼叫中心：支持员工和管理者发起的服务需求；

②人力资源流程事务处理中心：支持由COE发起的主流程的行政事务部分（如发薪、招聘）；

③HR SSC运营管理中心：提供人力资源领域的质量、内控、数据、技术（包括自助服务）和供应商管理支持。

3）职能人力资源管理

职能人力资源管理的实施主体是酒店所有部门的中层管理者，其工作重点主要是以战略人力资源管理为导向，结合本部门的工作职能开展人力资源管理活动，并主动加以完善。其工作重点包括6个方面：一是工作分析；二是招聘与录用；三是员工培训；四是绩效管理；五是薪酬与福利管理；六是劳动关系管理。

职能人力资源管理直接影响酒店人力资源管理的效率和效果，需要酒店的中层管理者高度重视、认真领会和积极贯彻。

4）素质人力资源管理

素质人力资源管理的实施主体包括酒店的基层管理者如领班、主管等，以及员工个体，其工作重点是执行各项人力资源管理的具体工作，在本职工作中发挥自身特长与素质特点，培养对本职工作的胜任能力，并制定职业生涯规划，持续完善和提高自己的核心能力。

素质人力资源管理构成了酒店人力资源管理的基础。提高员工的整体素质，使员工的素质特征与其从事的本职工作相匹配，并从动态、发展的角度，帮助员工制订职业生涯规划，这些是酒店人力资源管理持续发展的重要基础性工作。

1.2.2　酒店人力资源管理的主要内容

酒店人力资源管理的工作对象是人，它的具体实施也离不开人，其主要工作内容包括：

1）人力资源战略

人力资源战略的制定是为了保证酒店在任何发展时期都能有充裕的、符合职位工作要求、劳动力成本比较经济的人力资源。酒店人力资源战略是参照酒店总体战略制定的，建立在可靠的工作分析和人力资源信息基础上，通过客观、系统地分析、检讨酒店的人力资源需求，确保人力资源战略对酒店的经营和发展起到促进的作用。

2）招聘和录用

根据得到相关部门认同和酒店总经理办公会批准的人力资源计划，吸引足够数量的个人并且鼓励他们申请加入酒店当前所需的工作职位，这就是招聘过程。招聘工作的具体内容包括：确认酒店中有人力资源需求的职位；对所提出的人力资源需求数量和详细用工条件作出准确的判断；选择适当的媒体在一定范围内公布酒店当前人力资源的需求情况，吸引符合条件的人士提出申请；对有资格的工作申请人提供均等的雇佣机会。

邓小平同志曾指出，"选贤任能"是科学用人的核心，"进和出，进摆在第一位，选人要选好，要选贤任能"[1]。录用是"选人"的关键环节，是从酒店职位需求角度出发，从所吸引的工作申请人中选择那些最适合酒店招聘职位的人员的过程。这里需要注意的是，从事录用工作的人要有比较高的职业素养，能够通过各类接触发现、挖掘工作申请人的能力水平，并结合酒店经营、发展的具体情况和水平鉴别人才。同时，录用人才要根据其将来工作的具体内容和酒店所能支付的薪酬水平作出判断，切忌不加分析地一味要求高学历和高级工作经历，这样不仅违背了人力资源管理的"最适"高于"最优"原则，甚至有时还会对酒店的社会形象造成不良影响。

3）人力资源开发

酒店作为一个独立的经济实体，为全面实施企业的经营发展战略，实现各项经济与非经济目标，培养和发展员工的能力，促进其知识水平与技术能力的提高，并对员工的企业本位意识与敬业精神等进行培养和教育，这一过程就是人力资源开发。

酒店人力资源开发的主要形式就是培训。酒店的员工培训不同于学校教育，酒店的许多职位如客房服务、餐厅服务、厨房烹饪，要求员工不仅掌握标准的操作流程，而且还要有与之相适应的熟练技能。因此酒店培训更强调实用性，特别是动手能力和应变能力的培养，有时不一定要系统地介绍许多理论知识，但一定要与实践紧密地联系起来，使员工工作效率和服务效果有明显的提高。同时，培训还应该注意有针对性，即针对每位员工的基本素质、工作经历、工作表现和能力水平，安排适当的培训内容、形式和时间，既要保证收到实效，又要避免让不思进取或已无培养价值的人充塞培训班。

4）薪酬和福利

在今天的社会中，个人收入不仅可以衡量一个人的劳动价值，往往也折射了一个人事业的成功与否。在同行业中，人才从薪酬和福利水平低的企业向薪酬和福利水平高的企业流动是一种趋势，这种趋势在短时期内不会改变；而在不同的行业，如果存在比较大的薪酬和福利差异，那么对于薪酬和福利水平低的行业，"人才短缺"问题会越来越突出。

酒店业是劳动密集型行业，薪金和福利开支占企业总成本的比重很大，无论是薪酬和福利开支的绝对额，还是占总收入的百分比，都有不断增长的趋势。为了提高酒店的

1　摘自《邓小平文选》第2卷，人民出版社1994年版，第400页。

整体经济效益水平，增强酒店的活力和行业竞争力，不仅要做到"多劳多得"，而且在工资和奖励方面还要强调"优质优价"。

5）安全和健康

员工在工作期间的安全和健康，已经成为员工和酒店人力资源管理者共同关注的问题。对员工来讲，这涉及生活质量和可从业期限；对酒店经营者来讲，这涉及其经营成本。由于员工在安全的环境中工作并保持良好的健康，能够使其全身心地投入服务工作，对提高酒店服务质量和劳动生产率有积极的影响，所以保证员工安全和健康的工作是十分重要的。正是如此，成功的酒店一直提倡并大力推行必要的安全生产和保健措施。

酒店的行业特点决定了员工的工作环境条件较其他企业要优越。然而，对员工的安全和健康保护工作，人力资源管理部门和其他有关部门仍然必须予以足够的重视。对那些工作危险系数比较大的职位，如从事室外高空清扫的客房部员工、餐饮部从事烹调加工的员工，要采取十分可靠的安全保护措施和必要的工伤救护预案。酒店工作的随机性特点，使实行以 8 小时为标准的工作日制度有一定的困难，因此，在保障员工的休息权利的前提下，酒店人力资源管理部门要科学地安排各工作职位的班次，保证国家目前每周 40 小时法定工作制的执行。此外，结合酒店行业女性员工所占比例比较大的特点，人力资源管理部门要认真研究，贯彻国家对女工的劳动保护政策，确保企业合法经营。

6）调整劳动关系

在企业内部人与人的关系中，管理者和被管理者之间的关系是一种处于主导地位的核心关系。酒店需要面对的最重要的"公众"之一，就是自己的员工，能否调整好与员工的关系，对酒店的经营成败起着非常重要的作用。所以，一些酒店又将劳动关系视为"内部公共关系"来处理，提出管理层必须与员工有效沟通，让员工知道，酒店认识到了员工的重要性，非常重视他们对酒店经营已经和将要作出的贡献。这样一来，员工在为客人提供优质服务的时候，就会有动力和激情，接下来的结果是：更多的合理化建议、建设性的批评意见、更好的顾客服务、员工对酒店运营的贡献越来越多……最终要实现的是让员工有一种"归属感"。

案例启迪

AH&MA 公共关系金钥匙特别成就奖

为表彰在酒店业公共关系领域有独特魅力的企业，美国酒店及汽车旅馆协会（AH&MA，American Hotel & Motel Association）定期对会员单位开展的各种公共关系活动进行评价及奖励，专门设立了"AH&MA 公共关系金钥匙特别成就奖"，以下就是一个获得其中"员工关系奖"的活动方案。

获奖单位：美国俄亥俄州都柏林市的都柏林 Stouffer 酒店。

方案名称：员工关系计划。

主题：郑重承诺，尽可能地为员工提供最佳的工作环境。都柏林 Stouffer 酒店设计和实施了一系列方案，旨在加强对员工的奖励，提高服务质量。

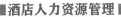

方案主要包括以下7个方面的内容。

1. 客户服务幸运大转轮

员工每收到一张写有表扬意见的客户意见卡，或者收到一次主管经理的书面表扬，都可以得到一颗星。积攒了10颗星的员工就可以在每两个月召开一次的员工大会上获得旋转"客户服务幸运大转轮"抽奖的机会。奖品有带薪假日一天、免费晚餐一顿、现金、电影票等。

2. 星球大战

酒店员工分成5组。组与组之间每个月都要进行一次"客户服务指数"评比，每个月当中，该指数增幅最大的组为获胜方。客户服务指数的计算依据是效率、质量、清洁和礼貌。胜出队伍的所有成员，将获得参加随机抽奖的机会，奖品有主题公园门票、娱乐书籍、晚餐等。

3. 总经理午餐或早餐

每个月，酒店的总经理都会与夜班员工共进一次早餐，与早班的10~12名员工一起吃一顿中餐。参加这种工作聚餐的员工可以积极发表建议，群策群力共商如何才能提高酒店的服务质量、改善工作环境以及员工待遇等。

4. 总经理面试

酒店总经理对每一位将要来酒店工作的候选员工，都要亲自面试。这样做的目的是确保甄选出最合适的候选人充实员工队伍，另外是为了从一开始就向新员工灌输一种对本职工作的自豪感。上岗后不久，新员工就要接受一份问卷调查，表达一下对酒店工作环境的看法。对所有即将离职的员工，总经理都要同他们面谈，了解他们离去的原因，随时发现和及时纠正可能导致较高的员工跳槽率的隐患。

5. 管理层"劳动节"

每年都会挑选一个星期六，组织酒店的所有管理人员参加一个有利于改善酒店员工工作环境的劳动项目。例如，打扫、粉刷员工食堂，粉刷酒店通往后面员工自用房间的过道墙壁，清理客房服务设备等。员工们对管理层能亲自动手帮助改变下属的工作条件的举动，非常感激。

6. 参与式管理

酒店要求每位管理者都要参与并学会赞扬员工的工作。周末当班的时候，管理人员的大部分时间被要求花在某个自己非常不了解的部门。此外，酒店的总经理每个季度都会在早、中、晚3个班次之间轮换跟班。

7. 员工生日

每位员工的生日当天不仅能收到由总经理亲笔签名的贺卡，还有一顿在本酒店餐厅享用的免费晚餐。

资料来源：阿尔贝特·E.库德莱，梅尔文·桑德勒.酒店公关[M].北京：机械工业出版社，2003.

当前，酒店业的市场竞争十分激烈，劳动力的供求双方由于权利和义务的不同，对市场竞争环境的认识也很难一致，管理层考虑企业经济效益比较多，而普通员工则更多地关心自己的切身利益，两者出现争议和纠纷的情形在所难免。此时，调整劳动关系，要求酒店人力资源管理工作既要从维护企业的根本利益出发，又要严格遵守国家有关的劳动法律、法规，同时认真考虑酒店业整体劳动关系水平以及本企业员工的真实情况，通过合作、协商、仲裁等形式稳定、发展和约束企业劳动关系的核心内容。

7）员工职业生涯规划

职业生涯规划侧重于员工个体职业生涯的内在方面，是员工综合对自己的了解及外界的信息，进行职业选择和规划。酒店在员工职业生涯规划过程中更多的是扮演协调、帮助和指导的角色。酒店通过把员工个人发展目标与企业发展目标相结合，对影响员工职业生涯的个人因素和环境因素进行分析，协助员工制定个人职业发展的规划，并创造各种条件促进这些规划得以实现，从而促进企业和员工共同发展。

8）人力资源研究

人力资源研究是人力资源管理的高级阶段，已经变得越来越重要，并且有继续发展的趋势。人力资源研究的"实验室"是整个酒店的工作环境，研究对象涉及人力资源管理的每一个职能。例如，通过一项与招聘工作相关的研究，可以得知在酒店某一职位最可能获得成功的员工类型；而对工作安全方面的研究可以判别某些工作事故发生的原因。

人力资源研究是一项企业管理的系统工程，每一个人力资源管理案例都是人力资源研究的对象，这些问题归纳起来主要有公平就业问题、选才与授权问题、员工合理流动问题、综合利用人力资源问题等。人力资源研究的成果不仅应该对酒店人力资源管理的具体实践具有指导意义，而且应该是企业经营管理决策的依据。

小资料

大数据时代人力资源管理要走出的误区

大数据是什么？简单来说，大数据就是大量的数据，其具有4V的特点：Volume（大量）、Velocity（高速产生）、Variety（多样性）、Veracity（真实性）。进一步看，就是在某些领域通过传感器和屏幕等入口自动高速产生了大量、多样的数据，这些数据辅以合理的算法和强大的云计算能力，能够告诉你这些领域的一切信息！

大数据不仅是数据量的庞大，其更是一种数据产生和处理的模式。由于是自动提取，保证数据源充分；由于是即时产生和处理，保证随时刷新；由于是全貌数据，保证永远不会出错。所以，这种模式在大多数领域都能够精准地指示资源分配。

人力资源管理是关于分配人和相关资源（培养、激励资源）的工作，如果借助大数据，将人和其他资源数据化，再用算法进行匹配，显然有无限的想象空间。事实上，专业化的人力资源管理都需要数据，例如胜任力测试、培训评估、绩效考核、薪酬体系构建等。

从字面上理解，大数据的关键在于数据量庞大。涂子沛在《大数据》一书中有个定义，即指一般软件工具难以捕捉、管理和分析的大容量数据，数据量大到以"太字节（TB）"

为单位。太字节是多大？1 TB=1 024 GB。一个万人的企业，即使你把胜任力、绩效、职位、SOP 等传统数据完全纳入，顶多只能用"吉字节（GB）"为单位，离"太字节"的体量还是相差甚远。人力资源管理者以为数据量已经足够庞大，难以处理，实际上，这种数据量通过本地软件的计算能力（甚至直接用 Excel 表）就可以解决，根本不需要运用到互联网上的云计算，这些显然不是大数据。

为何会达不到大数据的体量？关键还在于对数据的理解，人力资源管理采集数据的传统思路是"先有思考框架，再收集相应数据"，数据大多来自数据生成之后，才用报表要求基层有选择地逐级上报，这大大损耗了数据量。例如，考核某个员工的绩效，是在其工作完成之后才要求直线经理根据考核指标进行数据收集，而后计算汇总，最后上报人力资源部。

这种思路使得传统数据具有典型的"非大数据特征"，大大制约了数据的威力。

其一，这些传统数据是"冷备份"而非"热备份"。冷备份即生成之后再调用，成本极高，收集数据的过程已经让 HR 苦不堪言，他们需要不断催告业务部门，还要一遍一遍地付出培训成本，确保统计口径统一。热备份则是数据随着工作流无意识产生，只要员工开展工作，自然有数据往"云平台"上跑，而且这些数据也能被平台的计算功能即时处理。

其二，这些数据是"报表数据"而非"源数据"。报表数据是经过处理后的数据，例如某餐饮企业里，员工某天接待顾客的数量。而源数据则是指未经过处理的数据，是对工作流全面的呈现。同样以餐饮企业为例，员工在某个具体时点接待了一个多大年龄的顾客（很大程度上意味着服务难度），客单价多少，接待时长多少，提供服务次数……员工 A 某天服务顾客数可能是员工 B 的两倍，如果我们仅仅关注这个报表数据，就可能得出 A 绩效优于 B 的结论。但如果关注源数据就有可能发现，B 服务每个顾客的接待时长是 A 的三倍，为每个顾客提供的服务次数是 A 的两倍……这些都是有价值的信息。NBA 球队休斯敦火箭队的总经理莫雷正是基于这些源数据的分析，从低顺位（选秀时靠后的选秀机会）中选出那些被报表数据淹没的高潜质球员。

其三，这些数据是"样本"而非"全貌"。由于是在某个时点上针对某些领域提取数据，数据仅仅是样本，而非全貌。只要是样本，就有可能出现偏差。例如，有的咨询机构在对企业进行敬业度调查时，采用了采样方式，即使样本特别庞大，这也不是大数据。这种情况下，可能有抽样偏差，员工可能被问卷带着走，被访谈的气氛诱导，尽管我们可以通过各类技术去减少这些干扰。但是，如果他们在论坛、微博、微信等社交工具上对所有员工的发言进行关键词的抓取和分析，甚至对员工的行为进行各种分析（如早到时间、加班时间、协作次数、申请培训数量等），那才是大数据。这种情况下，几乎不可能出现偏差。

资料来源：穆胜. 大数据"绝缘"人力资源管理？[J]. 中外管理，2014（8）：84-85.

1.2.3 酒店人力资源管理的原则

酒店人力资源管理的根本目标是提高劳动效率。为了实现这一目标，不仅需要人力资源管理者不断学习、研究和掌握科学管理的手段和方法，更重要的是首先必须确立人力资源管理的原则。

党的十八大以来，以习近平同志为核心的党中央将人才强国战略、人力资源开发和干部队伍建设相统一，提出一系列指示，对明确人力资源管理的原则具有重要的指导意义。习近平指出，"人才是实现民族振兴、赢得国际竞争主动的战略资源。要坚持党管人才原则，聚天下英才而用之，加快建设人才强国，实行更加积极、更加开放、更加有效的人才政策，以识才的慧眼、爱才的诚意、用才的胆识、容才的雅量、聚才的良方，把党内和党外、国内和国外各方面优秀人才集聚到党和人民的伟大奋斗中来"[1]。

2021年9月，习近平在中央人才工作会议上讲话指出："人才是衡量一个国家综合国力的重要指标。国家发展靠人才，民族振兴靠人才。我们必须增强忧患意识，更加重视人才自主培养，加快建立人才资源竞争优势。"[2]党的二十大报告提出全面建成社会主义现代化强国、以中国式现代化全面推进中华民族伟大复兴的宏伟目标，并且提出要实施科教兴国战略，强化现代化建设人才支撑，具体要求是"深化人才发展体制机制改革，真心爱才、悉心育才、倾心引才、精心用才，求贤若渴，不拘一格，把各方面优秀人才集聚到党和人民事业中来"[3]。

1）以真才实干为标准选拔、重用人才

酒店作为企业，对利润的追求是其经营的终极目标，而人力资源作为企业经营中最积极、最活跃的资源，既要有不屈不挠追求成功的欲望，又必须适应和满足企业经营发展对其越来越高的要求。这种要求绝不是局限于文化水平、学历文凭，更多强调的是在实践中所表现出的素质和能力。

在当前，从纵向考察，酒店不仅需要操作型的服务人员，更需要大量智慧型的管理人才，酒店业呼唤着素质好、外语水平高、专业知识扎实、一专多能的高素质复合型的人才。从横向考察，酒店人力资源存在着严重的专业缺口问题，需求的职位从酒店营销、餐饮、房务、财务管理、电脑工程师、质检部、大堂副理，直到空调、强电、弱电等技术工程师和工程部管理员等，而旅游职校的毕业生则主要集中于前厅服务、客房服务、烹饪、餐厅服务，在酒店工程、物业管理及数字化营销方面则人才奇缺，部门经理以上具有管理能力和决策能力的人才缺口更为严重。专业缺口大的另外一个重大表现是有实践经验又具有较高理论水平的旅游人才难觅，年轻的旅游院校毕业生仅具备了一定的专业知识，而没有较多的实践经验，就不可能成为一名合格的酒店管理人才。每个人只有边实践边学习，用理论指导实践，用实践来证明理论的可靠性，才不至于眼高手低。因此，对于真才实干的员工，酒店管理者要努力发现、挖掘其闪光点，在实践中重点培养、锻炼，为其充分发挥才华和积极性创造条件、机会，以一系列行之有效的激励手段促进其成长。

---

1 摘自《习近平谈治国理政》第3卷，外文出版社2020年版，第50页。

2 《习近平在中央人才工作会议上强调 深入实施新时代人才强国战略 加快建设世界重要人才中心和创新高地》，《人民日报》2021年9月29日。

3 习近平：《高举中国特色社会主义伟大旗帜 为全面建设社会主义现代化国家而团结奋斗：在中国共产党第二十次全国代表大会上的报告》，《人民日报》2022年10月26日。

2）考核与奖惩相结合

通过对员工工作的考核，酒店可以更好地利用人力资源，选拔管理人才，调动员工的积极性，提高劳动效率；而员工感到有了公正的定期考核，晋升有望，工作热情也会更高。另外，考核结果通常被酒店用作奖励先进、刺激平庸、警告（惩罚）后进的重要指标。一种考核方式如果能比较准确地做出符合实际的评定，就是好的考核制度。与好的考核制度相配套的是公正、严明的奖惩制度。在同一标准下考核同一层面的员工所得到的不同的考核结果，如果没有任何的说法，不仅有损于酒店人事考核制度的严肃性，也不利于人力资源管理的权威性，因此，奖惩制度同样需要具体地细分，科学地制订。

3）优化组织结构，调动和发挥人力资源潜能

组织设计是酒店人力资源管理的重要职能之一。优化组织结构就是依照酒店工作职位分工与协作的要求，结合新技术和新工艺的应用推广水平，把人、物、事有机地配置、组合，并确立高效率的组织机构。优化组织结构是保持企业活力和有效管理的经常性工作。通过确立和分清工作任务，明确每个职位的分工和职责，确定管理层次及其各级人员之间以及同级人员之间的相互关系，可以使人力资源的各种联系更加紧密，沟通更加迅捷，协调有序地提高工作效率。

人力资源的潜能是在经过优化的组织结构中发挥出来的。职责分明、信息流畅、管理有序等诸多外因，对人力资源的内在潜能起着诱导、调动、激发的作用，是人力资源管理成功的保证。优化组织结构不仅要处理、协调好各种关系，努力消除矛盾，更重要的是要把企业群体内的内耗力减少到最低程度，把群体内的内聚力最大限度地增强，使人力资源的潜能集中地爆发出来。

4）完善福利保障体系，调控合理流动

当前，酒店人力资源的人才流动存在着两个极端。一方面，存在基层操作服务型员工流动过于频繁的问题。据统计，上海市大多数酒店员工的年流动率一般超过了20%，超过30%的也不在少数，有的酒店甚至高达40%。跳槽的员工大部分属于一线操作服务型员工。这些员工初来酒店时大部分没有工作经验，酒店投入了大量的人力、物力将其培养为熟练员工，但是这部分员工社会缺口很大，加之他们的经济待遇在酒店中较低，而劳动强度又很高等原因，往往导致跳槽频繁。而另一方面，由于种种原因，酒店中高级管理人才的合理流动始终是一个难点，一些处于中高层的酒店管理人才竞争意识不足，不能发挥个性和创造力，另有一些中高级酒店管理人才则为其他企业所吸引，彻底脱离了酒店行业。

随着经济社会的发展及劳动力市场的变化，完善的福利保障体系在吸引人才、留住人才方面扮演着越来越重要的角色。福利是组织整体报酬体系中赠送的部分，它与奖励和工资不同，它的提供与员工的工作业绩及贡献无关。所以就其本质而言，企业福利的根本目的是促进经营目标的实现，即通过优越的福利待遇，吸引并留住员工，使组织形成稳定的员工队伍。当前，酒店企业利润率趋于接近，再加上收入所得税的限制，同档次酒店之间的工资水平基本相差不大，这样福利待遇便成为酒店之间竞争人才的一个重要手段，也成为人们选择就业单位的一个重要参考。

古语道："流水不腐，户枢不蠹。"合理的人才流动能够保证企业充满活力，而不正常的人才流动必须引起企业的重视。完善福利保障体系是调控人才合理流动的有效手段之一。

5）分析需求，有效激励

科学研究和管理实践的经验表明：人的行为或工作动机产生于人的某种需求，这是人的共性，是人的能动性的源泉和动力。一般说来，每一位酒店员工总是由某种需求而激发自己的内在动力，这种动力驱使他为这种需求的实现而在工作中做出努力，即工作行为表现，以实现某一任务或目标。员工的工作动机决定着他在工作中的行为表现，直接影响着他的工作积极性和工作效率，因此，管理者必须十分重视对员工的工作动机进行刺激的问题，即如何进行激励。

员工的需求存在着个体差异，这导致了员工对各种激励措施会有不同的反应，酒店管理者应该注意避免根据主观意识不加分析地对员工的需求作出判断。例如，有专家曾对美国的接待服务与旅游业的部分从业人员进行了有关激励态度方面的调查，调查结果显示，大多数员工认为"对他们所做的工作进行充分肯定和感激"对他们来说是最重要的，此后的排列因素依次是"有趣的工作""丰厚的薪水""工作安全"以及"在组织内部的提升和发展"。但是，这一行业的大多数管理者并没有真正发觉这些需求在员工心目中的地位，当问及管理者如何看待员工的需求时，大多数管理者对员工需求的排列顺序是丰厚的薪水、工作安全、良好的工作环境、在组织内部的提升和发展、对他们所做的工作进行充分肯定和感激。由此可以看出，许多酒店管理者感到激励员工很困难就不足为奇了。事实上，不同文化层次、不同年龄、不同性别的员工既有共同需求又有特殊需求，成功的酒店管理者总是在充分了解和掌握本行业特点的前提下，经常性地调查分析员工的需求，制定富有个性化的激励政策，有针对性地实施形式多样的激励措施。

1.2.4 酒店人力资源管理职能的发展

现代酒店人力资源管理是从传统人事管理中演变进化而来的，与传统人事管理理念最根本的区别在于对员工的认识：传统人事管理将员工视为被动地适应工作的一种要素；而现代酒店人力资源管理则将员工视为能够主动地改造物质世界，推动生产力发展，创造物质、精神财富和价值的活性资本，是可以增值的。因此，现代酒店人力资源管理职能发生了一系列新的变化（表1.2）。

表1.2 现代酒店人力资源管理部门职能与传统人事管理的比较

比较点	传统的人事部门	现代人力资源部门
组织定位	人事部作为酒店运营的后台支持部门，发挥辅助、配合、保障作用。	人力资源部门在参与甚至主导酒店战略的决策过程中发挥作用，"战略性人力资源管理"诞生。
管理导向	管理权威在于职位的"强制型权力"，人事部扮演"企业宪兵"的形象。	作为酒店的一个战略业务单位，依靠专业知识在战略决策、人力资源开发等领域树立"专家型权威"，从成本中心演变为利润中心。

续表

比较点	传统的人事部门	现代人力资源部门
管理理念	基于员工是"逃避工作、喜欢偷懒的人"这种人性假设，强调监督与控制。	视员工为"愿意承担责任并能够自我指导与控制的人"，提倡"以人为本"，尊重、理解、信任和关心员工。
管理领域	界定清晰，对象简单。	组织柔性化使得人力资源管理边界模糊，开放性强，向着战略联盟、国际视野、组织虚拟化等领域发展。
管理职能	计划、招聘、培训、绩效考核、薪酬和福利待遇、员工关系管理等。	在原有职能基础上，进一步关注员工家庭与事业的平衡，在员工激励方案和职业生涯设计中体现人文关怀。
工作思路	强调分工，各人力资源管理环节相对独立。	模块化管理，将人力资源管理作为一个长期性的系统工程来考虑。
工作重点	发现并积极开发员工的可使用价值。	强调建立以核心能力为中心的人力资源管理体系，以培育酒店的人力资源竞争优势。
管理手段	以职位特征和职务级别为基础，以员工档案为依据实施管理。	以业绩、技能和胜任力为基础，依靠信息技术优化职能。
所需能力	人事与行政管理能力。	增加了战略规划能力、指导员工发展职业的能力、组织内部变革的代言能力。

【复习思考题】

1. 什么是人力资源？如何评价人力资源的质量水平？
2. 什么是战略性人力资源管理？它对酒店整体的经营管理具有什么重要意义？
3. 人力资源管理的数智化转型主要有哪些变化？
4. 什么是酒店人力资源管理？它具有什么特点？
5. 酒店的工作特征对人力资源管理有什么影响？
6. 酒店人力资源管理主要包括哪些内容？
7. 酒店人力资源管理应该遵循哪些原则？
8. 现代酒店人力资源部门的职能有哪些特点？

【案例研究】

温泉度假酒店预订中心的员工怎么了？

唐堂坐在他的办公桌前陷入了沉思，回想起得到公司董事长的批准，由他主持在公司总部新组建一个设备先进、人员精干的统一预订中心的情景。当时，他是多么激动而兴奋，而现在连他自己都怀疑，成立这个预订中心是不是办了一件错事。

温泉度假酒店是这一地区一家有名的房地产集团公司所拥有的综合性旅游度假项目，包括30多所独栋式别墅酒店，以及一个18洞的高尔夫球场。在过去两年中，集团公司与一家大的广告公司联合经营，把市场营销的重点放在吸引客人来酒店举行婚礼，进行高尔夫比赛、休闲度假和文化娱乐等方面，经营十分成功，收入可观，实力也越来越强。18个月前，集团公司决定集中力量开辟商务会议市场，向国内外的大型企事业单位推销公司的综合性会议设施及其他服务项目。由于市场推销得力，顾客对上述项目的需求量不断增加。然而，在过去的14个月中，由于酒店、集团公司和广告公司之间在预订控制上缺乏协调，常常出现重复预订、遗漏预订和超额预订等情况，因而引起客人的不满，影响了温泉度假酒店的经营和声誉。

唐堂作为温泉度假酒店的销售总监，向集团公司董事会提出建议，由温泉度假酒店建立一个统一的预订系统。拥有这样一个统一预订系统的优势是：

①最大限度地利用和调整与温泉度假有关的所有资源，包括客房、餐饮、会议、高尔夫、温泉 SPA 等。

②向客人和潜在的客人提供更优质的服务和更快的信息。

③使温泉度假酒店的产品价格更加合理并富有吸引力。

④能够使用新的技术对团体客人和散客进行市场调研分析。

集团公司董事会最终批准了唐堂的建议，并决定由唐堂与酒店人力资源部经理于曼女士负责组建这个统一预订中心，对预订中心的主要工作人员严格选聘。

唐堂和于曼几经研究，决定在互联网招聘平台上发布广告招聘3名负责预订业务的高级职员和1名中心主任。3名高级职员的基本年薪为 60 000 元，预订中心主任的基本年薪是 85 000 元，根据每人的年龄和工作经历略有上下浮动，且另有销售提成。

两个月后，预订中心组建就绪，4名工作人员到任就职。

预订中心主任郭女士：36岁，曾在一家著名的旅行社担任3年预订经理职务，曾在一家四星级酒店任职两年前厅接待主管。

高级预订职员孙小姐：28岁，以前未做过酒店预订工作，受聘之前在本地一家广告公司当秘书。

高级预订职员刘先生：30岁，从前未做过酒店预订工作，受聘之前曾在本地一家晚报的分类广告部当编辑。

高级预订职员陈先生：24岁，去年的大学毕业生，曾在外地一家餐饮公司做管理培训生半年。

中心的工作开始时，四个人互相配合默契，工作开展得十分顺利。每个人对酒店付给他们的报酬和其他福利都非常满意。在预订中心刚刚建立的那一段时间里，这个集体工作努力、积极、热情，给酒店创造了很好的收益，带来了许多新的客户。但近来有人反映他们的工作开始走下坡路，因此，唐堂决定去调查出现问题的原因。调查之前，他通过计算机查询了近来酒店的经营报告。

让唐堂十分吃惊的是今后3个月客人预订数量不但没有上升，而且呈逐渐减少的趋势。他认为，前几个月客人预订数量上升缓慢是客观的，因为酒店新的预订机制和产品需要一定的时间让客人发现和了解；在这之后，预订业务应该有一个大幅度的增长。然而，目前的实际情况却出乎他的预料，他感到疑惑不解。他正在沉思中，于曼走进了他的办公室，告诉他近来预订中心人员缺勤情况比较严重。这引起了唐堂的注意，并立刻联想到公司预订业务下滑是否与此直接有关。

唐堂和于曼就此进行了研究。于曼感到问题的根源在于酒店给预订中心员工的待遇偏低，致使他们热情下降。开始，唐堂很难相信这一点，他认为酒店付给他们的报酬比在同类公司做同类工作的人高10%左右，本酒店的员工福利待遇又是同行业中最优越的，为什么他们仍然对自己的工作不满意？

讨论问题

1. 温泉度假酒店预订中心的员工团队组建合理吗？还需要进一步改进吗？
2. 具有竞争力的薪酬为什么不能使预订中心实现销售的稳定增长？如何进行调整以扭转预订业务下滑的局面？

开阔视野

共享经济与共享员工

1978年，美国社会学教授马科斯·费尔逊和琼·斯潘思曾用"合作消费""协同消费"来描绘一种全新的消费方式，即个体借助第三方平台，可以实现产品和服务"点对点"交易，其本质是共享经济。此后，在参与主体共享需求、资源集约节约利用、低边际成本等因素的推动下，共享经济成为人们为了满足特定消费需求，将货物、工具、服务、时间等有形或者无形闲置资源的所有权下放至社会、使用权归属自己的一种经济体系。共享员工作为劳动力生产要素层面的共享，从本质特征看，是共享经济由"物"到"人"的一大创举，是在劳动用工模式上的具体应用和实现形式。

从企业角度讲，采用共享员工机制的总体思路是精简固定用工。①减少企业固定用工数量。为了解决用工成本，理论上讲，企业可将核心部门员工部分社会化、非核心部门员工完全社会化，通过"双社会化"，既为共享员工建构提供大量的闲置劳动力资源，又为单位发展注入新鲜的劳动力"血液"。②优化企业两类用工结构。按照业务性质将员工划分为核心业务员工、非核心业务员工，不同业务性质的员工在企业生产经营活动中扮演不同的角色。核心业务员工，是单位的"头部"员工，属于骨干力量，这部分员工掌握着企业的核心战略资源和商业机密，是企业在市场中的竞争优势所在。非核心业务员工，是企业的"尾部"员工，属于从属力量。因此，为精简固定用工，企业可下发这部分"尾部"员工的所有权至社会，仅保留其使用权，将其转化为共享员工。由此，企业可实现"头部员工"和"尾部员工"两类劳动用工模式的最佳组合，即混合式用工。

随着数字技术应用、普及，第三方数字信息平台为共享员工的运行机制提供了有力的支持，劳动力供给方、需求方、数字平台三个主体共同构成了共享员工劳动用工模式。其中，劳动力供给方存在人员闲置、机会成本过高、生产效率低下的难题，劳动力需求方存在人员不足、用工成本过高、利润空间挤压的困境。数字平台在短期内可将供求双方进行精准匹配、高效对接，有效解决双方的窘境。在这种运行机制（图1.1）下，首先，存在闲置劳动力的企业和个人作为劳动力的供给方，借助数字平台建立需求方与供给方（共享员工）的"云链接"。其次，数字平台基于所有权归属社会、使用权归属企业的基本原则，与员工签署劳动用工协议，彻底实现员工社会化，为全社会共享共用。最后，需求方需要承担供给方、共享员工和数字平台的费用。其中，借调报酬、劳动报酬由数字平台核实后分别发放至供给方、共享员工，数字平台从中抽取佣金。例如，阿里巴巴基于"蓝海"平台分别将员工短缺、闲置的商户信息发布、连接至"云端"，在线上实现了供需双方的精准匹配、动态平衡，在为一部分商户提供闲置员工连接渠道的同时，也缓解了另一部分商户的劳动用工压力。

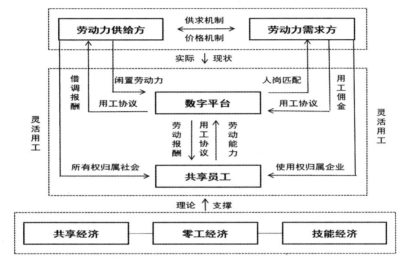

图 1.1　共享员工平台运行机制示意图

资料来源：李海舰，李凌霄 . 中国"共享员工"劳动用工模式研究 [J]. 中国工业经济，2022（11）：116–134.

第2章　酒店人力资源战略与计划

【学习目标】

通过学习本章，学生应该能够：

掌握：酒店各个发展阶段人力资源战略的侧重点；

　　　酒店人力资源需求预测的主要方法；

　　　酒店人力资源计划实施过程中员工短缺或过剩的处置方案。

熟悉：酒店人力资源战略与酒店总体战略之间的关系；

　　　酒店人力资源计划的构成；

　　　酒店人力资源供给预测的主要方法；

　　　酒店人力资源配备的主要方法。

理解：酒店人力资源战略的作用；

　　　酒店人力资源计划的基本要素；

　　　影响酒店人力资源配备的因素。

【关键术语】

酒店人力资源战略	集聚型战略	效用型战略
协助型战略	酒店人力资源计划	
战略性人力资源计划	战术性人力资源计划	
人力资源需求预测	人力资源供给预测	
经验预测法	现状规划法	模型法
专家讨论法	分合性预测法	人力资源成本分析法
人力资源盘点	岗职人数定员法	上岗人数定员法
劳动标准定员法	生产作业劳效定员法	

开篇案例

华住酒店集团的人力资源战略

华住酒店集团(以下简称"华住")创立于2005年,在美国《HOTELS》杂志公布的"2022全球酒店集团200强"中排名第6。截至2023年6月,华住经营31个酒店及公寓品牌,覆盖从豪华型到经济型市场,在18个国家经营超过8700家酒店,拥有84.4万间在营客房。华住的人力资源战略最具有特色的一个是"人才辈出"战略,另一个是"人才发展体系"战略。

华住创立初期,发展速度比较快,公司的人力资源战略基本上属于拿来主义,"用之能战,战之能胜"即视为人才,就会被大胆使用。这种理念为华住早期的快速发展奠定了一个比较好的基础。

随着业务的不断拓展,华住按照国际酒店发展惯例,横向扩张产业链,完成高端、中端、经济型酒店布局。这些业务模块出现以后,"华住"发现可用人才紧缺,所以,适时提出了"人才辈出"的战略。一方面,"华住"需要跨部门、跨行业地找到更优秀的人才;另一方面,要求在自身的人才培养方面做出一些突破性的工作。

华住的管理人才供给基本上是三七开,自己培养70%的人,空降30%。空降人才的"本地化"和"华住化"是"人才辈出"战略中的重要一环。本地化在华住已经是成熟机制,董事长季琦特别强调:区域性安排本地化人才。在"华住化"这个环节上,主要还是通过培训来实现的,为此华住创立了"华住研学中心",培训内容主要分为三个部分。第一部分是宣传华住的企业文化"华住哲学",突出其企业愿景——成为世界级的伟大企业,以及企业使命——成就美好生活。对于这些方面的内容,"空降兵"要能够从心里认同,华住在这方面有比较强大的吸引力。第二部分是酒店运营,如运营体系、客户满意度、IT系统等必须了解和掌握的内容。第三部分是将来到岗的专业和层级所涉及的业务知识,这一部分是定制化的内容。

华住的人才发展体系主要基于"关键任务(Key Tasks)",具体模式是把每个职位族的关键任务找出来,变成一个学习模块,再串联起不同的职位族,就形成了一张比较完备的学习路径图。就一般人才来讲,主要是以职位胜任力和能够产出的结果(绩效)设计学习模块。例如,对于某个职位族上的一般人才,华住会侧重于他的销售能力,或者侧重于其"攻堡垒"的能力,即攻坚、克难的能力。再往上走,店长、多店经理、区域经理(城市总经理)……越往组织架构的上层走,华住越会关注通用胜任力,要求也越高。

此外,关键任务是随着形势变化而不断变更的。华住人力资源战略中的人才发展体系会主动根据企业战略定义职位,更新关键任务,开发课程。例如,华住成立初期的直营店很多,但随着形势的变化,开始开放加盟经营。很明显,在这一变化后,各个职位族的关键任务会有变化,管理人员和加盟业主的沟通能力成为非常重要的学习模块。事实证明,这种主动调整人力资源战略的做法会让业务部门感受到更大的专业支持。

为员工提供可持续发展平台是华住人力资源战略的另一特色。通过与瑞士酒店管理大学、复旦大学、上海师范大学旅游学院等合作，开启员工学历提升计划，满足员工终身学习需要，充分展示自我价值及能力。同时，华住坚持"用技术武装每一个华住人"。无论是店长还是前台服务生、客房阿姨，都能够得到数字化的赋能，从而让工作变得更简洁和高效，降低职位难度、缩小能力方差，这个背后的理念就是"人人都是钢铁侠"，通过技术赋能，让每一个人都能穿上"超人"的衣服。

2.1 酒店人力资源战略

"战略"一词原本是军事上的一个概念，来自战争的实践，原指将帅指挥战争或战役的谋略和艺术。《辞海》将其解释为"指导战争全局的方略"。当今"战略"一词已经广泛用于社会、政治和经济活动等各个方面，其一般的含义是指带有全局性、长远性、根本性的重要谋划与方略。2002 年我国首次提出"实施人才强国战略"[1]。

习近平总书记对做好新时代人才战略提出新的要求："做好新时代人才工作，必须坚持党管人才，坚持面向世界科技前沿、面向经济主战场、面向国家重大需求、面向人民生命健康，深入实施新时代人才强国战略，全方位培养、引进、用好人才，加快建设世界重要人才中心和创新高地，为 2035 年基本实现社会主义现代化提供人才支撑，为 2050 年全面建成社会主义现代化强国打好人才基础。[2]"

在经营管理活动中，企业根据环境变化和要求，为求得长期生存与发展而进行的针对未来一定时期的总体性谋划，这就是企业战略。具体地讲，企业战略包括确定企业的发展目标以及为实现这一目标而采取的一系列决策和行动过程，根据职能可以划分为发展战略、市场营销战略、产品战略、品牌战略、财务战略、人力资源战略和企业文化战略等。

2.1.1 酒店人力资源战略的概念

在酒店提供服务产品的过程中，酒店员工是一个不可或缺的因素；尽管服务产品由机器和设备来提供，是酒店未来发展的趋势之一，如使用自助设备办理入住手续、基于物联网技术的智慧点餐等，但是在顾客与酒店的接触中，员工起着决定性作用，他们是唯一使服务有别于竞争对手的保证，也可能是酒店失去顾客的原因所在。因此，人力资源战略在整个酒店战略管理中显得尤为重要。

对酒店人力资源战略的研究，大多是从人力资源战略的本质特征、地位和作用、途径或方式等方面来讨论，认为它是酒店人力资源管理中的"一组程序和活动"，或是"一类计划或方法"，还可以是"一种决策或政策"。虽然，对人力资源战略的理解存在差异，但是共识之处在于：都强调人力资源是酒店获取竞争优势的一种首要资源；强调人力资源

1　《2002—2005 全国人才队伍建设规划纲要》，《光明日报》2002 年 6 月 12 日.
2　习近平：《深入实施新时代人才强国战略 加快建设世界重要人才中心和创新高地》，《求是》2021 年第 24 期。

战略与酒店其他战略的匹配，以及人力资源战略内部各种功能间的匹配；强调实施人力资源战略的目的在于实现酒店战略目标等。人力资源战略与酒店总体战略的关系如图 2.1 所示。

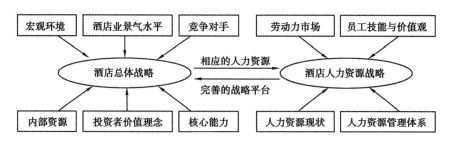

图 2.1　人力资源战略与酒店总体战略的匹配关系

综上所述，酒店人力资源战略可以定义为：酒店为适应内外部环境变化的需要，从酒店全局利益和发展目标出发，充分考虑员工的需求，就人力资源管理所做出的总体谋略和长远规划。它是酒店总体战略的主要组成部分，也是酒店管理目标实现的有力保证。

2.1.2　酒店人力资源战略的作用

人力资源战略反映了酒店对待员工的总的观念、态度和价值观，指导着酒店的人力资源管理活动，促使酒店人力资源管理活动之间能够有效地相互配合。人力资源战略的作用具体表现在以下 4 个方面。

1）人力资源战略是酒店战略体系的核心

在酒店业的竞争中，人才是一家酒店的核心资源，人力资源战略处于酒店战略体系的核心地位。酒店的发展取决于酒店战略决策的制定，酒店的战略决策基于酒店发展目标和行动方案的制订，而最终起决定性作用的还是酒店高素质人才的拥有量。有效地利用与酒店发展战略相适应的专业人才，最大限度地发掘他们的才能，可以推动酒店各项战略的实施。

2）科学的人力资源战略可以提高酒店的绩效

员工的工作绩效是酒店效益的基本保障，酒店绩效的实现是通过向顾客有效地提供产品和服务体现出来的。人力资源战略的重要目标之一就是提高员工的工作效率和创造力，最大限度地发挥员工的潜能，并通过这些活动来彰显其对酒店的贡献。从酒店整体战略管理角度来讲，人力资源战略与酒店经营战略的有机结合，能有效推进酒店经营管理活动的调整和优化，促进酒店绩效目标的实现。

3）完善的人力资源战略有利于酒店形成持续的竞争优势

随着酒店行业竞争的加剧和国际经济的全球一体化，很难有哪家酒店可以拥有长久不变的竞争优势。往往是一家酒店创造出某种竞争优势后，经过不长的时间就会被竞争对手所模仿，从而失去优势；而优秀、稳定的人力资源所形成的竞争优势很难在短期内被其他酒店所仿效。因此，正确的人力资源战略对酒店保持竞争优势具有重要意义。酒店可以通过重点制订科学的薪酬福利计划、员工培训计划和员工职业生涯发展计划等充实人力资源战略，达到形成持续的竞争优势的目的。

4）详细的人力资源战略对酒店管理工作具有指导作用

人力资源战略可以帮助酒店根据内外部环境的变化，建立一整套适合本酒店的管理模式，如根据当地市场变化制订人力资源的长期供需计划；根据员工需求，建立与酒店经营水平相适应的激励制度；用更科学、更先进、更合理的方法降低人力资源成本；根据服务业的发展趋势，有针对性地对员工进行培训与开发，以适应未来行业发展的要求等。一个适合酒店自身发展的人力资源战略不仅可以提升酒店人力资源管理的水平，还能够提高酒店人力资源的质量，使人力资源由社会资源转变成企业资源。

2.1.3　酒店人力资源战略的分类

1）集聚型战略

集聚型战略是站在酒店长期发展的高度看待人力资源管理，强调通过甄选发现那些适合在酒店业发展的人才，并注重员工培训和员工能力的开发；与员工保持长期的雇佣关系，以公平原则来对待员工，但是员工的晋升速度比较慢；薪酬调整是以职务及年功为依据，并有严格细分的薪酬等级，管理者与普通员工工资差距不是非常大。该战略多见于规模比较大，组织分工比较细的综合性酒店，特别是一些连锁酒店集团。

2）效用型战略

效用型战略是从酒店当前人力资源需求的角度来规划人力资源管理，通过建立快速反应的人力资源补充机制，实现人力资源战略对酒店的贡献。当酒店职位出现空缺时及时进行填补，注重员工的能力和知识与工作的匹配，尽量控制在员工培训方面的开支，不追求与员工建立长期的雇佣关系，员工晋升速度比较快，采用以个人贡献为基础的薪酬方案。该战略适用于规模比较小，尚处于成长期的酒店，以及绝大多数餐饮企业。

3）协助型战略

协助型战略介于集聚型战略和效用型战略之间，强调员工不仅需要具备专业知识和工作技能，而且要能够和周围的同事保持和谐的人际关系。在培训方面，员工个人负有学习的责任，酒店会提供各种学习的机会，并对员工在专业技能方面的提高予以奖励。酒店对员工充分信任，并积极授权；员工只有不断地提高工作能力，才有可能获得晋升的机会。该战略适用于那些或希望通过组织变革提高竞争力，或以人力资源作为核心竞争力的酒店。

2.1.4　酒店人力资源战略的制定

酒店在制定人力资源战略时要特别注意系统思考和执行的连贯性，其核心流程可分为战略环境评估、战略制定和战略整合3个阶段，如图2.2所示。

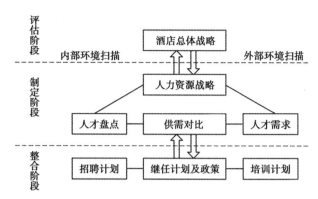

图 2.2 酒店人力资源战略制定的核心流程

1）战略环境评估阶段

首先，酒店人力资源战略的制定要以酒店总体战略为前提和基础，反映酒店总体战略导向，因此必须分析和搞清楚酒店总体战略的意图。其次，要考察酒店内部和外部环境，以获取可能对未来人力资源管理产生影响的信息；酒店内部环境主要是指酒店的组织架构、各项服务的流程及其特点，以及企业文化、管理成本和员工状况等信息。最后，酒店外部环境主要包括外部宏观政策环境、法律环境和对酒店经营产生影响的竞争对手、供应商和目标顾客等市场主体。

案例启迪

海底捞如何适应新加坡的外劳政策

新加坡是四川海底捞餐饮股份有限公司进军海外餐饮市场的第一站。华人占七成的新加坡，对火锅并不陌生，加之在新加坡的中国人对品牌的熟悉度，海底捞赢得了开门红。晚上6点至8点的用餐高峰时段，客人们有时需要在海底捞店内的等待区守候2个小时。尽管儿童玩耍区、美甲店、上网区、棋牌区这些"时间杀手"可以暂时消解食客的无聊，但丝毫减轻不了店内的容纳负荷，甚至有服务员看到一对情侣等着等着，就坐在一起睡着了。

"很大一部分是对海底捞有一定了解的中国人，他们通过社交软件分享在海底捞的用餐体验，还有一些新加坡人通过中国朋友介绍过来体验。"一位马来西亚籍员工说，"但我们的座位只开了80%，还有一些由于服务人员还未到位所以只能暂时不接客。"

由于海底捞对服务员要求很高，新员工要符合海底捞的星级服务标准，还需要一段时间的培训。然而，中国来的老员工赴新工作却遭遇了工作准证被拒。这导致海底捞的服务有时无法全盘周转起来。

2012年新加坡开始对外劳发放工作准证的政策紧缩。EP（Employment Pass）以下的低工种外籍劳务人员更是不容易获得新加坡签证。"服务为王"的海底捞进入新加坡，星级服务员的签证也注定连带受到冲击。

"你们月薪怎么样？忙不忙？"当有顾客在海底捞用餐时，试探布菜的服务员。

"2 700元左右。其实不算特别累，一个人负责四桌客人，跟别的店比起来，海底捞对员工的要求更高，需要非常细心。你想加入吗？"员工时时不忘帮公司解决劳务问题。

2 700元新币的月薪，还未包含奖金，对服务业而言，这个工资当时在新加坡算偏高水平。与中国国内相比，海底捞在新加坡的人工成本高出几倍。

但2 700元新币的工资水平，在新加坡对外劳颁发的工作准证中，尚属WP（Work Permit）。2012年开始紧缩外劳政策后，WP这类准证最不易通过申请。

已经有员工略带抱怨地说："营业高峰期，因为人手不够，有的店经理有时候也客串服务员的角色端茶送菜。我们有时候忙到凌晨两三点，第二天早上9点就得精神抖擞地开工。"这对强调"家文化"的海底捞来讲，可谓是一个不小的危机，当地的就业政策势必影响海底捞在新加坡的人力资源战略。

资料来源：张圆.海底捞进军新加坡遇难题[EB/OL].（2012–12–27）[2015–12–28]新浪网.

2）战略制定阶段

在明确酒店总体战略和进行环境扫描之后，就可以制定人力资源战略了。制定酒店人力资源战略有三种常见方式：整合式、并列式和独立式。

①整合式。这是指人力资源战略与酒店总体战略一同制定。优点是整体效果比较理想；缺点是难以协调各种资源，并且完备性比较差，常在酒店创立初期采用。

②并列式。这是指人力资源战略与酒店总体战略，以及市场营销战略、产品战略、品牌战略和财务战略等分别制定。优点是方案灵活，执行时间容易掌控；缺点是难以与其他战略相衔接，甚至会背道而驰。

③独立式。这是指仅制定人力资源战略，而不考虑或参与酒店总体战略的制定，由酒店人力资源部门自行操作，往往在酒店总体战略比较明确之后才可以着手。

在选择制定方式之后，还需要对酒店人力资源进行盘点，既要进行静态盘点，包括员工配置、性别结构、年龄结构、职务结构、职称结构和专业结构等，也要进行动态盘点，包括流动率、晋升率、员工满意度、各职位能力评估和继任计划等。根据人力资源盘点情况，结合对人力资源需求的预测，制定出相关政策与措施的指导原则。这些政策包括考核制度、薪酬制度、用人制度等。

3）战略整合阶段

在人力资源战略整合阶段，需要根据组织结构合理配置人员；设定人力资源的管理目标与计划；确定各层次管理人员的管理内容与程序；总结和提炼组织的人力资源管理理念与文化，在此基础上制定人力资源战略规划并细化为具体的实施方案。

2.1.5 酒店人力资源战略选择

1）酒店初创期的人力资源战略

酒店创业之初，人力资源工作处于起步阶段，各个职位工作尚处于"磨合"阶段，这一时期人力资源战略的重点是：

（1）构建完整的人力资源管理体系

酒店需要采取积极吸纳、开放性的人力资源政策，努力搭建人力资源工作基础平台，如组织体系、薪酬与福利体系、培训体系、员工晋升规划、员工增补与裁员制度等，为以后的人力资源发展奠定基础。

（2）吸引关键人才

广泛吸引酒店发展所需的人力资源，向社会招聘人才，注意吸收应届大学毕业生，尤其注意在本行业和其他服务性行业中吸收关键人才。

（3）培育企业文化

创立一个新的酒店是创业者长期酝酿的成果，创业者有自己的创业目标和管理理念，要努力使员工，尤其是招聘来的中高层管理人员与创业者对此达成共识，并逐渐形成有自己特色的企业文化。如果中高层管理人员不能认同创业者的理念和目标，就一定要小心。因为这种人才即使留在酒店，也是暂时的，当酒店发展之后，分歧一旦加大就会选择离开。

2）发展期的人力资源战略

处于发展期的酒店，扩大人力资源规模是其人力资源战略的主要内容，但是在员工流入增加的同时，离职率也会开始上升。此时的员工流出一般分为两种类型：一类是员工发现自己不适应酒店的工作要求，或者想要另谋高就，主动选择离开；另一类是酒店发现个别员工并非适用人才，启动裁员机制，适时地淘汰这部分员工。这一时期人力资源战略的重点是：

（1）创新招聘机制，多方吸引人才

例如，可以鼓励员工介绍人才加入酒店，如果员工所介绍的人才能够被酒店雇佣，介绍人可获得一定的奖励。

（2）关注人力资源的使用效率

发展期的酒店常常会采用"人海战术"应对机遇和挑战，有时无法充分发挥人力资源的效率。此外，处于发展期的酒店在人力资源使用方面喜欢攀比，搞"人才高消费"。"人海战术"和"人才高消费"的后果不仅会增加人力资源成本，而且还会为以后的人力资源管理埋下隐患，使酒店很难保留真正有价值的人才。

（3）建立规范、完整的人力资源管理制度

当度过了规模比较小、"生存第一"的初创期后，酒店步入正式发展的轨道，人力资源工作就必须告别"人治"状态，通过建立健全招聘、培训、考核、薪酬、激励和劳动关系等方面的规章制度，使酒店人力资源管理的各项工作有章可依，有章必依，依章行事。

（4）加强员工的流动管理

处于发展期的酒店：一方面，需要定期根据员工业绩的考核结果，择优汰劣；另一方面，对于员工主动离职，人力资源管理部门应该深入了解员工离职的真正原因，是员工个人原因，还是酒店某些方面存在问题。统计分析员工主动离职的原因，可以作为酒店改进人力资源管理、吸引和留住人才的重要依据。

3）成熟期的人力资源战略

处于成熟时期的酒店，管理制度和组织结构逐步成熟并开始充分发挥作用，随着人力资源队伍的稳定，在酒店内部出现非正式的、具有排他性的小团体，比较容易发生对外部人力资源的封闭和排斥。这一时期人力资源战略的重点是：

（1）建立完善的经营者激励约束机制

酒店步入成熟期，酒店所有者与经营者逐渐分离，所有者不直接参与酒店日常的经营管理工作，而由职业经理人负责。因此，必须建立经营者激励约束机制，通过建立完善的内部治理结构，约束经营者的行为，更重要的是建立科学的薪酬与福利待遇体系有效激励经营者。

（2）保持人力资源创新能力

酒店核心竞争力的获得和保持依赖其拥有的优秀员工，处于成熟期的酒店更需要不断地进行创新以保持在业内的稳定地位，因此必须不断引进优秀人才，建立完善的培训体系，培养员工的学习热情和创新精神，同时重视非正式组织的影响力，通过合理转化，使之能够适应酒店经营和管理创新的要求。

（3）解决发展机会减少带来的员工激励不足问题

随着酒店进入成熟期，发展速度放慢导致内部晋升机会减少，容易出现员工工作积极性下降、流动性增加等现象，为此，酒店可以通过为员工提供职业生涯规划、有竞争力的薪酬和系统性的培训，以及完善考评和晋升机制，提供管理、技术等多渠道职业发展途径等方式，来满足员工个人发展的需要。

（4）企业并购带来的人力资源整合

成熟期的酒店由于实力增强，更有能力通过并购获得发展。但是并购后，酒店不但会面临不同风格的企业文化的冲突，而且还要面对组织机构整合带来的裁员和人员调整，这是一个比较长期的过程。在人力资源整合初期，酒店可以采取"暂不干涉"的战略，待人心稳定以后，再根据员工的能力和绩效进行职位调整。

4）衰退期的人力资源战略

衰退期的酒店会出现这样一些特点：管理制度和组织结构逐步僵化，不能适应环境的变化，经营业绩严重下滑；人力资源队伍开始不稳定，关键人才、核心人才开始纷纷离职，进而导致人心涣散。这一时期人力资源战略的重点是：

（1）努力保留关键员工

处于衰退期的酒店在调整人力资源队伍时，要注意"去伪存真"，留住关键人才；同时，发现一批年轻的优秀专业人员和管理人员，为他们在酒店重整和再造过程中发挥潜能创造一切条件。

（2）破除企业旧有文化

在这一时期，酒店人力资源部门要努力将新生力量配置到各个僵化的部门中去，不过这需要有酒店领导层强有力的支持，否则新增人员可能会遭到排斥和打击。在吸纳新鲜人力资源的过程中，要着力处理好减员与增员的关系，以及增员的原则和目标，为酒店今后的复兴做好人力资源储备。

2.1.6 酒店人力资源战略的实施、评价与数字化转型

1）酒店人力资源战略的实施

人力资源战略实施成功与否往往取决于酒店全体部门和员工的参与程度，因此首先需要对酒店的组织结构进行规划，以保证人力资源战略与所规划的目标能够分解到部门和个人，使每个部门和员工都有实施的目标、方向和责任。实施酒店人力资源战略的主要方式有以下3种。

①指令型实施方式。主要依赖于酒店最高管理层对人力资源战略规划的确认，执行者难以提出具体建议，缺乏实施的积极性和创造性；但是由于决策权的集中，战略可以根据环境变化进行调整，具有很强的灵活性。

②指导型实施方式。酒店高层领导具有最终决策权，人力资源战略的具体实施依赖于酒店各部门，以及相应的激励机制和系统控制。这种方式有时会使人力资源战略对外界环境变化的反应比较迟缓。

③合作型实施方式。酒店高层领导仍具有最终决策权，但是人力资源战略的具体实施方案需由酒店人力资源部和各基层部门共同决定。这样由于酒店大部分员工都有机会参与人力资源战略的制定，因此能够调动员工积极性和创造性，但是缺点是不能及时对发生偏差的人力资源战略进行调整。

2）人力资源战略的评价与控制

人力资源战略评价是在人力资源战略实施过程中寻找战略与现实的差异，发现战略的不足之处，及时调整战略，使之更符合组织战略与实际的过程。评价酒店人力资源战略主要从两个方面考虑：一是评价人力资源政策与酒店总体战略是否协调，目标是否一致；二是判断这些政策最终对酒店绩效的贡献程度。

对人力资源战略的控制是针对酒店所制定的人力资源战略和实际贯彻执行的过程，进行动态调节，纠正偏差，确保战略有效实施和适用的过程。在控制过程中，应按照客观性、灵活性和经济性的原则，重点从三个方面进行控制：一是解决人力资源战略制定过程中与其他战略不能相互协调的问题；二是适应人力资源系统外部环境和内部条件的重大变化；三是防止人力资源战略未能按预定计划、标准和方法实施。

3）人力资源战略的数字化转型

随着数字化技术不断向人力资源管理领域渗透，凭经验判断或直觉预测制定人力资源管理战略的模式必然升级为基于数据分析和深度洞察的智慧型战略决策。酒店行业原有的业务属性与人才属性割裂、人才发展与业务发展脱节的被动局面，将跃迁为人才发展与组织发展并举，个人能力提升与组织能力优化的两全发展，即数字化驱动人力资源战略的转型（图2.3）。

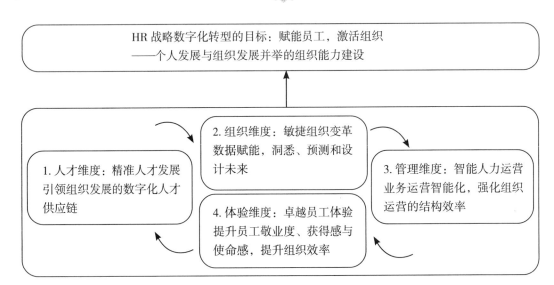

图 2.3　数字化驱动人力资源战略转型

资料来源：张月强，路江涌.智能时代的人力资源管理"智效合一"转型 [J].清华管理评论，2023（5）：24-33.

人力资源战略数字化转型的目标是"个人发展与组织发展并举的组织能力建设"，以"赋能员工、激活组织"为理念，聚焦"人才引领组织发展，组织承载战略达成，管理强化员工赋能、成就组织关键人才"的闭环，指导人力资源管理各业务模块数字化转型。

第一，通过数字化技术，实现个性化定制和精准人才匹配，打通绩优人才的培养和发展闭环。

第二，将组织的战略目标与数据智能深度融合，通过数据驱动的决策，创造更高的业务价值，获得竞争优势。通过智能化的数据分析和治理体系，将人员结构、人才质量、人力运营等数据与财务、业务数据融合，提供全面的企业经营分析，实现数据赋能，洞察、预测和设计未来。

第三，通过重构人力资源部门自身的数字化运营，为组织变革和结构效率提供解决方案。重塑人力资源管理角色定位，优化薪酬体系，重构目标绩效管理和人才发展体系，提升组织效能和人力资源运营效率。

第四，运用智能工具和技术，构建数字化和智能化基础设施，打造员工满意的工作环境和高效的协作平台，提升员工敬业度和使命感。

通过这四个维度的转型，实现"精准人才发展、敏捷组织变革、智能人力运营、卓越员工体验"的人力资源管理数字化，最终落实人力资源管理战略的数字化转型目标。

2.2 酒店人力资源计划

酒店人力资源计划是酒店人力资源战略的重要组成部分，也是酒店人力资源管理的前提，酒店人力资源管理的一切活动都应该围绕人力资源计划开展。

2.2.1 酒店人力资源计划的定义

人力资源计划，作为连接酒店人力资源管理现在和未来的桥梁，是每个酒店都应该关注的重点。具体地讲，酒店人力资源计划是根据酒店人力资源战略目标与任务要求，通过分析酒店人力资源现状，科学地预测酒店人力资源需求与供给状况，制定出一系列的政策和措施以确保酒店在所需时间内和所需职位上有足够数量和质量的员工，并使他们的利益与酒店的利益保持长期的一致。

酒店人力资源计划的实质是具体落实人力资源战略，其质量和精确性取决于酒店高层决策者的战略管理能力、战略目标明确程度和组织结构、财务预算、经营计划等的有效性，也有赖于人力资源信息的准确性和有效性，见图2.4。

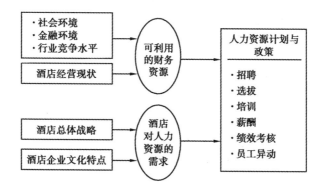

图2.4 影响酒店人力资源计划的因素

2.2.2 酒店人力资源计划的作用

1）人力资源计划为酒店战略目标的实现提供人力资源保障

人力资源作为酒店的第一资源，在酒店中的地位非常重要。人力资源的供给状况决定着酒店的未来发展和战略目标的实现。酒店中的一些核心管理人才和技术人才属于酒店的稀缺资源，并非随时可以获得，因此，酒店必须提前做好人力资源需求与供给预测，并制订一系列相应的计划，以保证酒店能及时拥有这些人才。

2）人力资源计划为酒店人力资源管理夯实基础

人力资源计划是酒店人力资源管理的起点和基础。从战略层面来说，人力资源计划通过分析酒店内外部因素，盘点酒店人力资源现状，预测酒店发展所需员工的数量和质量，

对酒店人力资源管理进行方向性指导和宏观把握。从战术层面来说，人力资源计划通过预测酒店人力资源的需求与供给，制定人力资源政策和具体管理方案，使得人力资源管理规范化、科学化，并指导员工招聘、培训和绩效考核等工作的开展。

3）人力资源计划有助于控制酒店的人工成本

人工成本控制是酒店成本控制中的一个重要环节，人工成本中最大的支出项目是工资，而工资总额在很大程度上取决于各部门人员分布状况。人员分布状况指的是组织中的人员在不同工种、不同职务上的数量状况。当一家酒店刚成立的时候，低职务的人会比较多，人工成本相对便宜；随着时间的推移，组织结构逐步完善，职务等级结构逐步健全，工资成本也就会增加。如果没有人力资源计划，未来的人工成本是未知的，难免会发生成本上升、效益下降的情况；因此，在预测未来酒店发展规模的同时，必须有计划地调整人员的职位分布，把人工成本控制在合理的支付范围内。

小资料

帕金森定律

1958 年，英国历史学家、政治学家西里尔·诺斯古德·帕金森（Cyril Northcote Parkinson）通过长期调查研究，出版了《帕金森定律》（Parkinson's Law）一书。帕金森经过多年调查研究，发现一个人做一件事所耗费的时间差别如此之大：他可以在 10 分钟内看完一份报纸，也可以看半天；特别是在工作中，工作会自动地膨胀，占满一个人所有可用的时间，如果时间充裕，他就会放慢工作节奏或是增添其他项目以使用掉所有的时间。

由此得出结论：在组织管理中，组织机构会像金字塔一样不断放大，行政人员会不断膨胀，每个人都很忙，但组织效率越来越低下。这条定律又被称为"金字塔上升"现象。

帕金森指出组织人员膨胀的原因及后果：一个不称职的管理者，可能有三条出路。第一是申请退职，把职位让给能干的人；第二是让一位能干的人来协助自己工作；第三是任用两个水平比自己更低的人当助手。

第一条路是肯定没人愿意选择的，因为那样会丧失许多权力；第二条路也不能走，因为那个能干的人会成为自己的对手；因此只有第三条路最适宜。于是，两个平庸的助手分担了管理者的工作，他自己则高高在上发号施令。两个助手无能，也就上行下效，再为自己找两个无能的助手。如此类推，就形成了一个机构臃肿、人浮于事、相互扯皮、效率低下的组织体系。

自上而下，一级比一级庸人多，最终产生出机构臃肿的庞大管理机构。由于对于一个组织而言，管理人员或多或少是注定要增长的。那么这个帕金森定律，注定要起作用。也就是有这样一个公式：

$$X = \frac{(2K^m + L)}{N}$$

其中 K 表示一个要求派助手从而达到个人目的的人。从这个人被任命一直到他退休，这期间的年龄差用 L 来表示。m 是部门内部行文通气而耗费的劳动时数。N 是被管理的单位。用这个公式求出的X就是每年需要补充的新职工人数。为了考查增长率，只要用X乘以100，再除以上一年的人员总数Y就可以了，即：

$$X = \frac{100(2K^m + L)}{YN}$$

不论工作量有无变化，用这个公式求出来的得数总是处在5.17%~6.56%。显然，就形成了一个机构重叠、人浮于事、互相扯皮、效率低下的领导体系。在一个拥有管理职能，不断追求完善的组织里，担负着和自身能力不相匹配的平庸的管理角色，且不具备权力垄断的人群中，帕金森定律最容易发生。

4）人力资源计划为酒店人力资源管理的有序化提供依据

人力资源计划由总体计划和各业务计划构成，它为酒店的各类人力资源管理活动，如确定人员需求供给数量、调整职务和任务、人员的培训与开发等，提供了可靠的信息和依据，进而保证人力资源管理的有序化。如果没有人力资源计划，那么酒店什么时候需要补充人员，补充什么样的人员，对晋升人员如何组织培训等，都会出现极大的混乱与随意性。

5）人力资源计划使酒店和员工都能够获得利益

酒店人力资源计划不仅是面向本组织的计划，也是面向员工的计划。酒店的发展和员工的发展应该是互相依托、互相促进的关系。科学的人力资源计划可以成为员工职业生涯规划的参考，同时也有利于酒店最大限度地开发员工的潜力。如果管理者只考虑酒店发展的需要，而忽视了如何同时促进员工的发展，就会使酒店发展目标的实现受到来自内部的阻力。

2.2.3 酒店人力资源计划的分类

1）根据人力资源计划对应的时间划分

①长期人力资源计划。一般指5~10年的人力资源计划，它是为了谋求长远发展，特别是为了达到酒店的战略目标而制订的人力资源计划，是对酒店人力资源管理的系统筹划，具有较高的战略性和指导性。制订长期人力资源计划需要对宏观经济走势和劳动力市场发展趋势做出判断，因此难度很大，通常只有大型酒店连锁集团才会考虑。

②中期人力资源计划。通常是2~5年的计划，中期人力资源计划可以与长期人力资源计划衔接，并服从于酒店发展的中期目标。

③短期人力资源计划。一般是指2年以内的人力资源计划，包括本年度人力资源计划。它是酒店为了当前的发展，实现既定发展目标而拟订的，并且在制订的过程中主要考虑酒店内部的微观影响因素。短期人力资源计划内容具体、目的明确，要求具有比较强的可执行性。制订短期人力资源计划是酒店人力资源管理必须做的一项基础性工作。

2）根据人力资源计划适用范围划分

①整体人力资源计划。一般由酒店最高管理层指导，由人力资源部具体制订，是关系酒店全局的人力资源发展计划。

②部门人力资源计划。这是指酒店各部门根据酒店整体计划，分别制订的本部门人力

资源管理的具体实施计划。

③人力资源项目计划。这是指某项具体人力资源管理工作的计划，它是针对人力资源管理的特定课题所制订的计划，如校园招聘计划、服务员英语口语培训计划和企业年金计划等。

3）根据人力资源计划的性质划分

①战略性人力资源计划。这是与组织长期战略相适应的人力资源计划，其特点是具有总体性和长期性。

②战术性人力资源计划。一般是指比较具体的人力资源计划，包括员工补充计划、绩效考评计划和薪酬激励计划等。

2.2.4 制订酒店人力资源计划的原理

1）酒店人力资源计划需要解决的问题

制订酒店人力资源计划必须解决以下 5 个方面问题。

①酒店要建立什么样的企业文化？

②酒店管理员工的指导思想是什么？是控制、激励，还是兼而有之？

③酒店人力资源的需求是什么水平？酒店各职位需要什么样的员工？如何提供？

④酒店的薪资福利策略是什么？最高、中间还是中偏上？鼓励长期服务还是用短期高现金收入吸引员工？

⑤酒店采取何种方式为各级组织提供管理接班人？外部招聘还是自己培养？

2）制订酒店人力资源计划必须研究人力资源的需求与供给

酒店人力资源计划有两项非常重要的研究内容：人力资源需求和供给；"预测"则是研究人力资源需求与供给的主要手段。预测是在对已有资料分析的基础上，考虑内外部环境各种因素的影响，对未来的发展做出合乎逻辑的推理的过程。人力资源需求预测就是根据职位工作要求和员工技能水平确定所需员工的数量和工种。服务标准和劳动生产率的改变是影响酒店人力资源需求预测的主要因素。人力资源供给预测是研究酒店内部人力资源（现有员工）存量情况、外部人力资源（劳动力市场）提供水平及其就业趋势，确保酒店在经营的各个时期都有充足、合格的人力资源。

为了使酒店人力资源管理者清楚地了解劳动力需求与供给之间的矛盾，准确地判断人力资源配备是否科学、合理，必须对员工总量、各职位员工配置、技能要求等方面的供需情况进行分析与评价，重点研究以下一系列问题。

①所预测的人力资源需求与供给之间是否存在不平衡？

②现有员工的技术素质水平和薪酬水平对服务质量和人力资源成本有什么影响？

③在哪些职位和年龄层存在比较突出的员工流动问题？

④酒店是否有要废弃的工作职位？

⑤是否有具备足够潜力和素质的管理者以满足酒店未来发展的需要？

⑥酒店是否存在缺乏关键能力的职位？

在对人力资源需求和供给进行分析时，不仅要确定整个酒店的净需求，而且还要确定每一职位的净需求，这是因为在总需求与总供给平衡的情况下，某些职位的人员有可能短缺，而另一些职位的人员则有剩余；因此，还要对人员短缺职位对员工技能的需求与人员剩余职位的剩余人员所拥有的技能进行比较，以便在进一步制订人力资源计划备选方案中采取相应的政策和措施来解决员工剩余与短缺问题。例如，如果两个工作职位的技能要求相似，就可以考虑把剩余人员调整到人员短缺的职位上去。

3）通过监控与评估确保人力资源计划的有效性

酒店人力资源计划不仅应该包括计划实施方案，同时还必须有对计划执行情况的监控与评估（图2.5），通常采用目标对照监控法。这种方法是以原定的目标为标准进行逐项的监控评估，采用广泛收集并分析研究有关的人力资源数据，如管理人员、服务员和服务辅助人员之间的比例关系，在某一时期内员工迟到、旷工、离职、工伤和劳动纠纷等方面的情况，以便于客观地评价酒店人力资源计划和改进酒店人力资源管理工作。

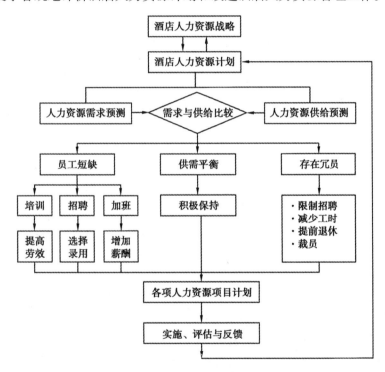

图 2.5 制订酒店人力资源计划的原理

对人力资源计划的监控与评估应该重点关注以下5个方面的问题。

①人力资源计划执行情况如何？

②人力资源计划是否具有成本效益？

③对酒店其他经营计划的实现产生了什么样的影响？

④本期人力资源计划在执行中存在哪些不足？

⑤在下一计划期内人力资源计划需要进行哪些修改？

在对酒店人力资源计划进行监控与评估的过程中还应该注意组织方面的保障。对于大型酒店，可以由一位分管行政的副总经理、人力资源部经理、财务主管和各级员工代表组成人力资源委员会来完成；对于中小型酒店，则可以考虑由总经理办公室牵头，召集人力资源部经理和一定比例的员工代表重点对酒店人力资源计划的有关方针政策进行监控和评估。

2.2.5　酒店人力资源计划的构成

1）酒店人力资源计划的基本要素

酒店人力资源计划的基本要素主要包括计划的时间区段（从何时开始到何时结束），计划目标（数字化的人力资源供需目标），情景分析（目前状况、未来状况），计划内容（执行时间、责任人、检查人、检查日期和预算等），计划制订者（如董事会、人力资源经理等），计划制订的时间（如董事会正式通过或总经理批准的时间）。

人力资源计划的基本因子有4个：人员、工作、时间和资金。

以数量、质量、时间、成本和价值为维度，可以将上述四个基本因子转化为一系列可度量的指标（表2.1），从而为人力资源管理数字化奠定基础。

表2.1　酒店人力资源计划度量指标示例

维度　指标	数　量	质　量	时　间	成　本	价　值
一类指标	员工需求数量	员工学历水平	人力资源计划周期	人力成本总额	人力投资回报率
二类指标	员工增长率	员工职称/技术等级水平	人力资源计划调整周期	人力成本占比	员工平均利润率
三类指标	员工离职率	职位需求能力水平	—	人力成本变动率	人效增长率

2）酒店人力资源计划的主要内容

一家酒店完整的人力资源计划主要应该包括以下部分。

①总计划。人力资源总计划又被称为人力资源战略计划，它重点阐述自酒店人力资源计划制定之日起，今后3年以上人力资源管理方面的总原则、总方针和总目标，具体包括与人力资源管理相关的企业文化、人力资源总量、员工素质结构、人力资源管理的绩效标准和员工满意度标准等，并对以下各种中、短期人力资源策略计划起指导作用。

②职位编制计划。主要描述酒店的组织结构、职位设置、工作说明和工作规范要求等内容。

③员工配置计划。主要阐述酒店每个职位的员工数量、职位空缺补充途径以及各类职务的序列等。

④员工晋升计划。这实质上是酒店晋升政策的一种公布方式，一般涉及晋升条件、资格审查程序、晋升比例，以及未晋升人员安排等。

⑤员工需求计划。通过总计划、职位编制计划、员工配置计划可以得出员工需求计划。

员工需求计划中应阐明需求的职位名称、员工数量、希望到岗时间等。

⑥员工招聘计划。这是员工需求计划的对策性计划，主要阐述员工招聘的方式（外部招聘、内部招聘等）、员工内部流动政策、员工外部流动政策，以及员工招聘的程序等。

⑦员工培训计划。主要包括培训科目、培训讲师资格认证、培训内容、培训时间、培训形式和培训考核方式等，以及如何甄别培训需求。员工培训计划的制订要注意与职位编制计划、员工配置计划等联系在一起，这样培训的目的就容易明确，培训的效果也会明显提高。

⑧人力资源管理政策调整计划。这部分应该明确在一定计划期内可能影响酒店人力资源政策调整的因素、调整步骤和允许调整的范围等。

⑨薪酬及福利计划。该计划通常与员工配置计划、员工晋升计划密切相关，并要结合酒店所在地区的经济发展水平、物价指数波动水平以及最低工资限制额，制订工资调整周期和幅度、奖励政策，以及福利待遇的适用范围和标准等。

⑩人力资源投资预算。涉及上述各项计划的总费用预算。

2.3 人力资源预测技术

2.3.1 人力资源预测的分类

人力资源预测是酒店制订人力资源计划的基础和前提条件。酒店人力资源预测是在对酒店现有人力资源状况进行评估的基础上，结合社会经济形势、消费趋势，以及酒店经营规律和发展规划，对未来一定时期内酒店人力资源需求与供给状况进行的一种假设分析。

1）酒店人力资源需求预测

人力资源需求预测不仅取决于酒店所提供的服务项目或者是服务质量标准，而且还取决于酒店目前以及预测期间的劳动生产率。根据一个酒店所设定目标的长远性如何，可以将人力资源需求的预测分为三种类型：短期预测、中期预测、长期预测。

短期预测是指研究酒店在下一个年度里所需要的人员状况、配备需求等；中期预测则集中考虑酒店为了发展，在未来3~5年里对人力资源的需求计划；长期预测则致力于在考虑中期人力资源计划的基础上，对酒店要实现的远大目标和战略规划，所需要的整体性的人力资源需求，做出预测规划。在这三种预测中，比较容易做的是短期预测，最不好做的是长期预测。因为在较远的未来数年里可能会发生许多预料不到的事情，多种因素的不确定性使中长期预测的难度增大。

此外，人力资源需求预测要考虑在一定时间内影响人力资源需求变化的各种因素发展趋势，例如，根据某一客源国货币汇率呈持续走强的趋势，可以判断未来该客源国的旅游输出人数可能也会呈现增长的趋势，那么相关的旅游酒店就应该积极考虑增加熟悉这一客源国习俗的接待人员，或在这方面注意加强培训。对于旅游度假型酒店，经营业务的季节性变化也是人力资源需求预测所必须考虑的。

2）酒店人力资源供给预测

酒店人力资源供给预测是指酒店为实现既定目标，对未来一定时期内酒店内部和外部各类人力资源补充及来源情况进行预测。人力资源供给预测的目的是：检查并预判酒店现有员工填充职位空缺的能力；明确哪些职位的员工将会晋升、辞退、退休；哪些职位的辞职率、缺勤率和净流动率异常，或存在绩效和劳动纪律方面的问题；以及对招聘、选择、培训和员工发展需要做出预测，以便及时提供合格的人力资源补足空缺的工作职位。

人力资源供给来源包括酒店内部和酒店外部两个方面。影响人力资源内部供给的主要因素涉及：酒店人力资源政策和管理措施；员工的自然流失如伤残、病退、死亡等；员工的内部流动如晋升、降职、内部调动等；员工的外部流动如辞职、解聘等。

影响酒店外部人力资源供给的因素包括地域性因素和全国性因素。地域性因素包括酒店所在地区的人力资源现状、酒店所在地区对人力资源的吸引力以及酒店自身的吸引力。全国性因素包括酒店行业从业人员薪酬水平和地区差异、酒店行业全国范围的人力资源供需状况、范围的劳动力市场情况、失业率、人口发展趋势、社会就业意识及择业心理偏好、全国酒店管理专业和旅游管理专业的大学生毕业人数及流向；国家在就业方面的法律政策等。

2.3.2 人力资源需求预测的流程及方法

1）人力资源需求预测的流程

①根据工作分析的结果来确定职位编制和人员配置。

②对酒店人力资源进行盘点，统计出员工缺编、超编情况，以及是否符合工作规范要求。

③将上述统计结论与部门管理者讨论，修正统计结论，得到的统计结论即为酒店现实的人力资源需求。

④对预测期内退休人员进行统计，同时预测人员的离职率，统计未来可能流失的人力资源。

⑤根据酒店的发展规划确定各部门的工作量。

⑥根据工作量的增长情况，确定各部门需要增加的职位和人数，并进行汇总统计，该统计结果为未来酒店增加的人力资源需求。

⑦将现实人力资源需求、未来可能流失的人力资源和未来增加的人力资源需求进行汇总，即得到酒店整体人力资源需求预测。

2）人力资源需求预测的方法

（1）经验预测法

经验预测法是人力资源需求预测中最简单的方法，顾名思义就是用一定经营时期内积累的人力资源管理经验来推测企业未来的人员需求。它适合于经营比较稳定的小型酒店或经营业务比较单一的餐厅、酒楼，以及歌舞厅、健身房等娱乐企业，通常预测期为中、短期。例如，某酒店根据以往的经验以及本酒店餐饮部服务的规格水平，认为宴会部每一位传菜员可以承担 5 桌标准宴会餐台的传菜工作，那么在未来扩大宴会厅规模时，就可以按增加的标准宴会餐台数预测出所需的传菜员人数。由于每一位管理者的阅历、学识、本行业从业时间及其工作风格都不尽相同，不同的管理者的预测可能有所偏差，因此可以通过多人综合预测，或查阅酒店人力资源管理历史记录等方法提高预测的准确度。要注意的是，经验预测法只适合于一定时期内酒店的发展状况没有发生重大方向性变化的情况，而对于新增职位，或者工作的内容、方式发生了较大变化的职位，不适合使用经验预测法进行人力资源需求预测。

（2）现状规划法

现状规划法又称零基预测，其基础是假设当前的酒店职位设置和人员配置是恰当的，并且没有职位空缺，因此不存在人员总数的扩充，人员的需求完全取决于未来员工的退休、劳动合同到期、产假、离职等情况的发生。所以，这种人力资源预测实质上就是对员工退休、产假、离职等情况的预测。

员工的退休、劳动合同到期和产假是可以通过人力资源档案资料结合相关的劳动法规、政策来准确预测的；员工的离职则包括员工的辞职、辞退、重病（无法工作）等情况，可见员工离职是很难准确预测的。酒店一般是通过对人力资源变动的历史资料统计和比例分析，来提高现状规划法的预测准确度。例如，根据行业特点以及从业人员的年龄结构和知识结构特点，许多酒店发现每年春节过后以及9月份是员工离职的两个高峰期，分析原因有两个：一是酒店的年终奖金大都集中在春节前一天发放，对奖金水平不满意的员工通常会在春节过后采取离职行动；另一个原因是酒店的年轻员工在工作一段时间后有了一定的经济积累，同时发现自己的知识结构不能够适应个人职业生涯发展的需要，他们会选择高一级的学校进修提高，这样大专院校开学的9月份可能就会出现年轻员工比较集中离职的情况。酒店可以根据这些特点，提前做好预测，规划人力资源补充方案，保证经营业务的正常运行。现状规划法适合于酒店中、短期的人力资源预测。

（3）模型法

模型法又称回归分析法，是通过对一个或几个变量（自变量）的了解来预测另一变量（因变量）的定量分析方法。具体地讲，模型法就是通过建立一定的数学模型对酒店人力资源真实情况进行实验的一种方法。模型法首先要根据酒店自身和同行业其他企业的相关历史数据，建立表示员工水平与其他经营变量间相互关系的数学模型，然后管理者可以设问一些"条件"问题，例如：如果酒店销售额计划增长10%，酒店现有员工数量可能应该发生怎样的变化；如果酒店客房部从现在的两班制改成三班制，可能会产生什么样的人力资源需求。

一般来讲，决定酒店员工数量的相关因素通常不止一个，销售额、客房间数、劳动力成本趋势、法定工作时间、服务标准等都可能对员工数量有所影响，因此模型法必须通过建立多元回归方程来预测。为了确保预测的准确性，一般应该先做相关性检验，然后再根据自变量的未来值来预测因变量的未来值。模型法的目的是使人力资源管理者在做出实际决策之前能对相关联的特定问题有深入的了解。随着计算机技术在人力资源管理领域的普及，已经有许多大、中型酒店采用模型法并借助有关的统计软件进行中、长期人力资源需求预测。

（4）专家讨论法

专家讨论法又称德尔菲法，是指企业邀请本行业的一些专家或有经验的管理人员（20人左右），对经营管理中的某一项目进行多轮（3~4轮）预测，并最终达成基本一致意见的结构化的方法（图2.6）。

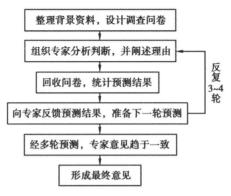

图2.6 专家讨论法流程图

专家讨论法的特点如下。第一，资源利用的充分性。由于吸收众多的专家参与预测，充分利用了专家的经验和学识。第二，最终结论的可靠性。由于采用匿名或背靠背的方式，能使每一位专家独立地作出自己的判断，不会受到其他繁杂因素的影响。第三，最终结论的统一性。预测过程必须经过几轮的反馈，使专家的意见逐渐趋同。专家讨论法的主要缺点是过程比较复杂，花费时间较长。专家讨论法适合于酒店中、长期人力资源需求预测。

（5）分合性预测法

分合性预测法又称自下而上预测法，它是基于这样的推理，即每个部门的管理者最了解本部门的人员需求；因此，人力资源预测应该是从酒店组织结构的基层开始逐步进行预测。具体方法是，酒店各部门根据本部门的工作内容、技术水平等变化情况先对本部门未来各职位员工的数量进行预测，然后各个部门将所做出的预测层层向上汇总，最后由酒店人力资源管理部门对所有预测进行综合平衡，形成酒店人力资源总体预测。这种方法能够比较充分地发挥各级管理人员在人力资源预测工作中的作用，但是由于基层管理者很难理解和把握企业的发展战略和经营规划等，所以他们无法做出中、长期的人力资源预测。这种自下而上的方法适合于酒店短期人力资源预测。

（6）人力资源成本分析预测法

人力资源成本分析预测法，是在一定的预算条件下，根据人力资源成本构成对人力资源需求进行预测，其公式如下：

$$NHR = \frac{TB}{(S+BN+W+O)(1+f \times T)}$$

式中　NHR——未来期段需要的人力资源数量；

TB——未来期段人力资源预算总额；

S——当期人均工资；

BN——当期人均奖金；

W——当期人均福利（保险、住房公积金等）；

O——当期人均其他开支；

f——企业人力资源预算变动率；

T——期限。

例如，某酒店 3 年后人力资源成本预算为每月 138 万元，目前每月平均工资是 3 500 元 / 人，平均奖金是 600 元 / 人，人均"五险一金"开支是 860 元，其他支出为 260 元 / 人。酒店制订的财务预算允许人力资源成本平均每年增加 5%。求该企业 3 年后的人力资源需求。

$$\text{NHR}=\frac{TB}{(S+BN+W+O)(1+f\times T)}=\frac{1\,380\,000}{(3\,500+600+860+260)\times(1+5\%\times3)}\approx230（人）$$

2.3.3　人力资源供给预测的流程及方法

在进行人力资源需求预测后，还应对人力资源供给进行预测，即预测在未来一定时期酒店内可获得的员工数量、素质水平、性别比例等。

1）人力资源供给预测的流程

①对酒店现有人力资源情况进行盘点，了解酒店人力资源现状。

②分析酒店的职务调整政策和历史员工调整数据，统计出员工调整的比例。

③向各级人事决策者了解可能出现的人事调整情况。

④将②和③的情况进行汇总，得出酒店内部人力资源供给预测。

⑤分析影响外部人力资源供给的地域性因素。

⑥分析影响外部人力资源供给的全国性因素。

⑦根据⑤和⑥的分析，得出酒店外部人力资源供给预测。

⑧将酒店外部人力资源供给预测与酒店内部人力资源供给预测进行汇总，得出酒店人力资源供给预测。

2）人力资源供给预测的方法

（1）人力资源盘点法

人力资源盘点法是一种静态的人力资源供给预测方法，它通过对酒店现有人力资源状况进行核查，掌握可供调配的员工拥有量及其可利用潜力，并在此基础上评价酒店当前各职位的员工保有水平，确定晋升和职位轮换的人选，发现员工培训的需求，帮助员工认识职业发展路径并制订职业发展规划。

在对现有的人力资源状况进行核查时，通常会设计一个技能清单，用来全面反映员工工作技能的特征，其内容包括培训背景、以往的经历、持有的证书、已经通过的考试、主管的能力评价等（表2.2）。技能清单是对员工综合素质的一个反映，有助于酒店对现有人力资源状况进行总体把握，估计现有员工调换工作职位的可能性，以及哪些员工可以填补可能出现的空缺等，从而使酒店的人力资源得到更为合理、有效的配置。

表 2.2　员工技能清单调查表

姓　名		部　门		职位 / 工种	
出生日期		到职日期		工　号	
教育背景	层　次	学　校	主修专业	毕（结）业时间	
	高中 / 中专				
	大学				
	研究生				
培训背景	培训科目	培训机构		培训起止时间	
技能	技能种类	证　书		发证机构	发证时间

工作经历	单位 / 部门	起止时间	主要工作任务		

志　向	是否愿意到其他部门工作	否	是	愿去部门	1.	2.	3.
	是否愿意承担其他类型工作	否	是	愿承担工作	1.	2.	3.
	是否愿意接受工作轮换	否	是	愿轮换工作	1.	2.	3.

自认为需要接受的培训		改变现有技能和绩效	1.	2.	3.
	晋升所需的经验和能力	1.	2.	3.	
主管意见：				主管签字	

（2）员工流动分析法

预测未来的人力资源供给不仅要结合目前供给的状态，而且必须考虑员工在酒店内外部的流动状况。酒店员工流动通常有以下几种形式：离职、内部调动、退休、死亡和伤残等。酒店人员变动率是指一定时期（通常以年度为期）内某职位人力资源变动（离职和新进）与员工累计总数的比率，公式如下：

$$人员变动率 = \frac{年度职位发生变化的员工总数}{年度在职员工累计数} \times 100\%$$

酒店人员变动率是考查酒店员工队伍是否稳定的重要指标，具体又可以分为员工离职率、员工新进率、员工净流动率等。

员工离职率是指某一单位时间内的离职人数占工资册的当期累计人数的比率。以公式表示：

$$当期员工离职率 = \frac{当期离职人数}{工资册当期员工累计数} \times 100\%$$

在计算离职率时，将分子定义为在某一时期内的离职人数，分母定义为该时期的累计在册人数，即该时期内在职员工最多时的数量，这样求出的离职率比较科学。一方面，应用这样的方法可以更加容易理解离职率的含义；另一方面，不论员工什么时候辞职（包括当月入职并当月辞职的情况），都可以在离职率上反映出来，特别是新员工的流动往往对酒店分析员工流动原因有重要的作用。离职率可用来测量人力资源的稳定程度。离职率通常以月为单位，因为如果以年度为单位，就要考虑季节与酒店经营周期变化等因素，所以较少采用。

员工新进率是指某一单位时间内酒店新招聘的员工人数占工资册累计人数的比率，公式表示：

$$当期员工新进率 = \frac{当期新进员工数}{工资册当期员工累计数} \times 100\%$$

员工净流动率是指某一单位时间内酒店补充员工人数占工资册累计人数的比率，所谓补充人数是指为补充离职人员而新雇用的员工人数。用公式表示：

$$当期员工净流动率 = \frac{当期补充员工数}{工资册当期员工累计数} \times 100\%$$

分析员工净流动率时，可与离职率和新进率相比较。对于处于成长期的酒店，一般员工净流动率应该等于离职率；对于一个处于收缩期的酒店，其净流动率等于新进率；而处于常态下的酒店，其员工净流动率、新进率、离职率三者基本相同。

由于人力资源流动直接影响到酒店组织的稳定和员工的工作情绪，必须加以严格控制。如果流动率过大，一般表明酒店人力资源状态不稳定，劳资关系可能存在较严重的问题；此外，还会导致酒店劳动生产率下降，并增加酒店招聘、培训新进员工的成本。如果流动率过小，又不利于酒店的新陈代谢，将影响酒店的活力。

（3）管理人员替代法

管理人员替代法是通过对酒店管理人员的绩效考核及晋升可能性的分析，确定各关键职位的接替人选，然后评价接替人选目前的工作情况和潜质，确定其职位发展需要，考核其个人职业目标与组织目标的契合度。其最终目的是让酒店未来有足够的、合格的管理人员。

管理人员替代法的典型操作步骤如下：①确定人力资源规划所涉及的工作职能范围；②确定每个关键职位上的接替人选；③评价接替人选的工作情况，并判断是否符合提升的要求；④了解接替人选的职业发展需要，并引导其将个人的职业目标与组织目标结合起来。在实践中，管理人员替代法通常是设计一张管理人员替代图，图中要列出部门、职位、员工姓名、职位层级、绩效水平与潜力等信息，以此来推测未来人力资源可变动的趋势，如图2.7所示。

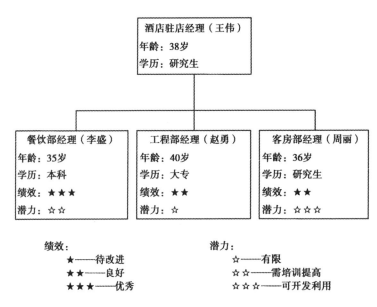

图 2.7　管理人员替代图

3）外部供给预测

人力资源外部供给预测是指对酒店以外能够提供给酒店所需人力资源的质与量的预测。人力资源外部供给的主要渠道是外部人力资源市场，具体包括各类人才市场、网络招聘平台和大中专院校等。外部供给是解决酒店人员新陈代谢和改变人员结构的根本出路，因此，合理地对人力资源外部供给进行预测是保证酒店正常发展、控制人力资源配置成本的重要手段，通常可以采用以下方法。

（1）参阅文献

运用参阅文献法主要是从两类文献中获得人力资源外部供给预测所需的信息：一是有关的经济统计资料，重点关注经济增长水平、失业率和新增就业人口等三项指标；二是有关劳动管理的法律，如《中华人民共和国劳动法》（简称《劳动法》）、《中华人民共和国劳动合同法》（简称《劳动合同法》）、《中华人民共和国工会法》（简称《工会法》）等，并预测这些法律未来对酒店人力资源管理的影响。此外，各地政府为了保证本地区经济的发展，保障本地劳动力的就业机会，也会颁布一些地方性的劳动管理和劳动保护政策，酒店同样应该密切关注，及时作出反应。

（2）招聘分析

酒店通过对应聘者数量、条件和来源，以及新录用员工的稳定性进行分析，了解同类人才在人力资源市场上的就业和供给状况，以此间接预测未来人力资源供给状况。

（3）人才市场调查

酒店可以就自身所关注的人力资源状况，与猎头公司、网络招聘平台等专业机构保持长期、紧密的联系，也可与大中专学校保持长期合作，以便密切跟踪目标人才的供给情况。

（4）关注技术进步

技术进步对酒店人力资源供给预测的影响主要反映在：第一，由于服务智能化和网络技术的普及，酒店管理人员可以适当削减，而具备创新能力的人才显得更加宝贵；第二，技术进步要求未来员工具备掌握新技术的能力；第三，从全社会层面讲，技术进步会使劳动生产率大幅度提高，工作的繁重程度也在下降，人们有越来越多的闲暇时间和机会到酒店消费，酒店业对人才的需求将呈增长趋势。

2.4 人力资源配备测算与供需平衡

酒店对各部门、各职位所需的员工数量进行配备测算，是制订人力资源计划的基础性工作。通过员工配备测算，可以帮助管理者计划和控制要保证服务运营所需的工时和员工数量，进一步还可以计算出人工成本，这也是人力资源计划的一个重要方面。

2.4.1 影响酒店人力资源配备的因素

1）酒店的规模与星级

酒店规模越大，经营面积和服务项目则越大和越多。高星级酒店的服务专业化程度较高，分工更细致，服务质量要求也更高，这些情况必然需要多用人。反之，则员工需求量会少一些。因此，酒店规模和星级水平是影响其人员编制的主要因素。

2）班次安排和季节波动程度

班次的多少是影响用工量的重要因素。酒店有些部门，如前厅部和客房部，要求24小时提供服务，而每天的具体班次编排，必然影响其人员编制。一些旅游度假型酒店的经营存在比较大的季节性波动，淡季客流量比较低，旺季客流量猛增，客观上要求酒店实行弹性用人制，从而造成职位编制和用工数量是动态的。

3）酒店市场的供求状况

酒店市场环境好，求大于供，供求关系以卖方市场为主，则一线服务部门所需要的员工会相对较多。反之，供大于求，以买方市场为主，竞争激烈，则一线服务部门的员工需求量会相对较少。

4）服务项目和管理模式的选择

在我国，经济型酒店大多是不提供正餐服务的，因此餐厅和厨房的员工编制就十分有限。

2.4.2 酒店人力资源配备的方法

1）岗职人数定员法

岗职人数定员法主要根据酒店的组织结构，编制职位名称和各岗人员数量，最后形成人员编制。它主要适用于确定酒店各部门主管以上级别的人员编制，包括总经理、驻店经理、副总经理、总监、部门经理、部门副经理和部门主管等。

采用这种方法确定人员编制必须做到"三个确定"，即确定职位名称，确定职级人数，确定用人期限，且一经确定，不能随意增减定编人员数量，必须将它作为酒店组织管理制度来遵守。

2）上岗人数定员法

上岗人数定员法是根据酒店组织机构的设计，事先分析各部门需要设置的工种和职位，分析不同工种和职位需要完成的工作量，确定职位设置和上岗人数。例如，一家经济型酒店的客房预订岗，根据客房数量和预订设备每班需要设置 1 名预订人员；一家有 800 间客房的大型酒店的前厅接待岗，根据客房周转和服务工作需要，每班需要设置 4 名接待人员等。在此基础上，再根据不同工种和职位的班次安排和倒休来确定职位定编人数。这种方法主要适用于那些需要倒班作业的职位，如前厅部总机人员、行李员、商务中心人员和餐饮部厨师等。

上岗人数定员法的计算公式为：

$$Q = \frac{7nX}{5} \div e$$

式中　Q——各职位定编人数；

　　　n——每天班次；

　　　X——每班上岗人数；

　　　e——计划出勤率。

3）劳动标准定员法

劳动标准定员法是根据酒店有关工种和职位的工作总量，通过动作研究和工时消耗分析，确定员工劳动标准（即劳动定额）。在此基础上核定上岗人数和定员人数。劳动标准定员法主要适用于楼层客房清洁服务员、洗衣房衣物洗涤与熨烫人员和洗碗工等职位。以客房清洁服务员为例，其定员编制方法如下：

①工作动作研究。将员工根据性别、年龄和在岗工龄等进行分类，分别抽样测定他们在客房清扫服务中各项动作所消耗的时间。

②劳动消耗时间分析。根据动作研究记录，对各项劳动消耗时间进行归类与统计，将劳动时间分为 4 类，即：

t_1——准备作业时间；　　　　　　a——标准间基本作业时间；

t_2——结束交接班时间；　　　　　b——房间随机服务时间。

③根据 8 小时工作制和服务质量要求，确定客房清扫服务员的劳动标准。计算公式为：

$$X = \frac{T - (t_1 + t_2)}{(a+b)(1+f)}$$

式中　X——劳动标准；

　　　T——法定劳动时间 8 小时 / 天；

　　　f——休息系数。

④根据客房预测和计划出租率、出勤率和员工休息安排，确定不同季节的客房清洁服务员定员，体现弹性用人原则。其计算公式为：

$$Q=\frac{Dr}{Xe}\times\frac{7}{5}$$

式中 Q——定员人数；

r——计划出租率；

D——客房总数；

e——计划出勤数。

4）生产作业劳效定员法

在酒店中有些职位和工种的工作与客流量有密切的关系，很难设定统一的劳动定额，因此需要根据生产作业的历史记录来定员，这就是生产作业劳效定员法。以餐饮部为例，以下是生产作业劳效定员法的实施步骤。

（1）设定生产作业标准

第一，管理者要为每个职位制订生产作业量标准。在餐饮部，生产作业量标准一般以工时量计算，其优点是计算比较精确。由于每个班次的劳动生产率受很多因素影响，因此应每隔一段时间填写一份"生产作业劳效评价表"（表2.3），以准确估计营运的员工需求量。

表2.3 生产作业劳效评价表（样表部分）

部 门	餐饮部							
班 次	晚餐							
统计日期	2023 年 8 月 21 日—27 日							
周工作日	周一	周二	周三	周四	周五	周六	周日	平均
客流量	375	410	425	455	535	510	405	445
职 位	计划工作时数							
服务员	28	28	28	32	39	39	32	32.3
迎宾员	9	9	9	9	12	12	9	9.9
领班	9	9	9	9	12	12	9	9.9
收银员	6	6	6	9	9	9	6	6.9
厨师	28	28	28	32	39	39	32	32.3
厨工	9	9	9	9	12	12	9	9.9
洗碗工	9	9	9	9	12	12	9	9.9

第二，用实际工时量对比标准生产作业量水平，并进行修正。表2.4给出了一个标准工时对照表的例子。表中最后一栏的备注是用于填写影响人工成本的特殊事件（如天气、促销活动等）。通过这张表，管理者可以比较清楚地知道实际工时和预计工时的差距有多大，是超过了还是不足。从表2.4中可以看出，该酒店餐饮部统计的7个职位中有5个超过了计划工时，只要用小时工资值乘以超出的时数，管理者就可以知道该班次实际人工成本比预算超出了多少。比如一个服务员的平均工资是18元/小时，则可以推算出每天晚餐服务员的人工成本超支54元。

表 2.4 员工配备统计比较表（样表部分）

部　门		餐饮部						
班　次		晚餐						
统计日期		2010 年 2 月 1 日—7 日						
职　位		周一	周二	周三	周四	周五	周六	周日	平均
服务员	计划工时	28	28	29	32	38	39	32	32.3
	实际工时	26	30	30	35	46	44	36	35.3
迎宾员	计划工时	9	9	9	9	12	12	9	9.9
	实际工时	8	8	9	9	13	13	8	9.7
领班	计划工时	9	9	9	9	12	12	9	9.9
	实际工时	8	8	10	10	14	13	9	10.3
收银员	计划工时	6	6	6	6	9	9	6	6.9
	实际工时	5	5	6	7	10	10	6	7
厨师	计划工时	28	28	28	32	39	39	32	32.3
	实际工时	26	28	28	30	36	34	30	30.3
厨工	计划工时	9	9	9	9	12	12	9	9.9
	实际工时	8	9	10	11	14	14	9	10.7
洗碗工	计划工时	9	9	9	9	12	12	9	9.9
	实际工时	9	10	11	12	14	14	11	11.6
备　注									

建立生产作业量标准，可以使管理者在制订用工计划时至少有了一半的把握，另一半就看每个班次的客流量了。

（2）预估销售总量及客流量

要准确地完成定员测算必须预测每天的业务量。这种预测最好的依据就是销售历史记录，一般来讲，酒店每天都会记录餐饮的销售额，这个记录积累起来就是可以用于预测的历史数据——管理者可以用这个数除以平均每人的用餐消费金额得出用餐人数。

例如，某酒店周六晚餐的平均销售额是 63 600 元，平均每个客人的用餐消费是 120 元，那么可以推算出周六晚餐的平均用餐人数是 530 人。

（3）确定基本定员

预估销售总量及客流量以后，管理者就要确定需要多少员工为这些预计的客人服务，这时就要用上服务工作标准了。继续讨论上面的例子，假设服务工作标准是平均每名服务员 1 小时服务 15 名客人，如果餐饮部周六晚上营业 3.5 个小时，这天的晚班就需要大约 10 名服务员（530 名客人 /3.5 小时营业时间 / 每小时服务的 15 名客人）。但是，这样简单推算，管理者还无法知道周六具体哪一个时段最忙，表 2.5 给出的是以往周六每小时的客流情况。

表 2.5　单位时间员工需求统计表（服务员部分）

营业时间	时段客流量	员工需求量
18：00—19：00	160	11
19：00—20：00	190	13
20：00—21：00	120	8
21：00—21：30	30	2

见表 2.5，由于客流量的变化，周六晚上该酒店餐饮部所需要上岗的服务员数量，在各时段变化是比较大的，因此，餐饮部经理可以细分班次，不必整个晚上都安排 13 名服务员。但是要注意，通常应安排一部分员工提前来做营业准备，另一部分做结束营业的收尾工作。如果让所有的员工都同一时间开始、同一时间结束，是最不经济的用工方法。

（4）进一步细分工作时间

管理者利用排班表（表 2.6），根据表 2.5"单位时间员工需求统计表"中各工作时段所需要的员工数量，安排每位员工的具体工作时间，并统计出计划总工时数。

表 2.6　酒店员工排班样表

部门	餐饮部					职位					服务员					
时间	2023 年 10 月 21 日星期六															
班次	晚餐					营业时间					18：00—21：30					
姓名	6：00 7：00	7：00 8：00	8：00 9：00	9：00 10：00	10：00 11：00	11：00 12：00	12：00 13：00	13：00 14：00	14：00 15：00	15：00 16：00	16：00 17：00	17：00 18：00	18：00 19：00	19：00 20：00	20：00 21：00	21：00 21：30	计划总工时
Alice																	3.0
Carry																	3.0
Anne																	3.0
Daisy																	3.0
Bob																	3.0
Debra																	3.0
Julia																	3.0
Peter																	3.0
Joan																	3.0
Louis																	3.0
Iris																	3.0
Jack																	2.5
Ellen																	2.5
总计																	38

2.4.3 人力资源短缺情况下的策略

1）内部调整

内部调整是指当酒店某个职位出现空缺时，首先应该考虑的是比较工作量的饱和程度，将其他工作职位的员工调到人员短缺严重的工作职位上。内部调整不仅可以节约酒店的招聘成本，而且丰富了员工的工作经历，有利于提高其工作兴趣。但是，对于一些较为复杂的工作，往往需要对内部调整的员工进行一段时间的培训。

2）内部晋升

当酒店较高层次的职位出现空缺时，可以考虑优先采取内部晋升的方式进行人员补充，因为内部员工了解酒店的基本情况，会比外部招聘人员更快地适应工作环境，同时也节省了外部招聘的成本。此外，内部晋升也是员工职业生涯发展的重要路径，对员工有较高的激励作用。

3）提高现有员工的工作效率

提高现有员工的工作效率有很多途径和方法，包括：培训现有员工的工作技能，使他们能用较少的工作时间承担较多的工作量；鼓励员工积极提出建议和措施，重新设计工作流程和方法，提高劳动生产率；采用技术先进、操作简单、能够明显提高工效的设备等。

4）延长工作时间

延长工作时间，就是加班。酒店应该建立健全奖励机制，鼓励员工在工作量临时增加时，加班或主动申请增加工作负荷量。延长工作时间不仅可节约人力资源成本，而且能够在一定程度上保证工作质量。但是，延长工作时间要符合国家劳动法的有关规定，同时还要保证员工在延长工作时间后体力和心理能够及时得到恢复。

5）雇用临时工

雇用临时工是酒店从外部招聘员工的一种特殊形式，主要是针对那些技术含量较少且员工流动性较大的工作职位，通过雇用小时工、季节工等临时性人员解决人力资源短缺问题。由于临时工不属于正式编制，因此雇用临时工既能快捷地补充人力资源，又能减少酒店的某些福利开支，为酒店节约人力资源成本。

6）外部招聘

当酒店出现技术型和业务型人员短缺时，采用外部招聘可以较快获得具有专业背景的员工，从而满足人力资源需求；但是，如果酒店从外部招聘管理人员，由于熟悉情况需要一段时间，往往见效比较慢。

7）业务外包

酒店可以将某些专业性较强的工作，如人力资源管理部的薪资发放、人员测评、员工培训等工作，委托给专业的服务机构，这样做既可以节省酒店内部的人力资源，又可以将工作的重点集中在核心业务方面。

2.4.4 人力资源过剩情况下的策略

1）重新安置

如果酒店内部的富余人员只限于部分职位，可以采取重新安置的办法来解决富余人员问题，即当某些工作职位出现富余人员，而另一些职位却存在人员短缺现象时，可以考虑把富余人员安置到需要人员的职位上去。

随着共享员工模式的出现，重新安置已经不限于企业内部，不同用工主体之间为调节特殊时期阶段性用工紧缺或富余，在尊重员工意愿、多方协商一致且不以营利为目的的前提下，将过剩人力资源进行跨界共享，并调配至具有用工需求缺口的用工主体，实现员工供给方降低人力成本，员工需求方解决用工荒，待岗员工获得劳动报酬的多方共赢。重新安置的一个重要前提是富余人员必须具有新工作职位所需的技能和知识。因此，重新安置需要提早计划，培训在先。

案例启迪

盒马鲜生超市联手"借兵"餐饮业

2020年初受新冠疫情影响，消费者采购民生商品的需求激增，尤其是线上订单量远远大于平时。具有互联网血统的盒马鲜生超市全面开足马力，但各门店仍面临用工压力。春节期间，盒马鲜生超市全国门店员工在岗率只有70%，不少一线员工牺牲掉了原本正常的排班和休息，但是仍难以面对激增的订单需求，员工缺口仍有6 000人左右。与此同时，餐饮企业则遭遇寒冬，门庭冷落、客流稀少。盒马鲜生超市联系到北京商务委和烹饪协会辗转找到云海肴餐饮管理有限公司，双方当场达成一致，次日便开始有"云海肴"的员工经过面试、体检、培训，并确认劳务合同后，陆续到盒马"上班"，主要从事打包、分拣、上架等基础岗工作。

继盒马鲜生超市之后，沃尔玛、生鲜传奇、京东、苏宁、联想等企业也相继跟进，主动与当地的餐饮企业取得联系，疫情期间"共享员工"模式从商超与餐饮业扩展到了物流和制造业。

2）裁员

裁员是解决人员过剩的另一种办法。必须注意的是，采取这种方法一定要十分谨慎，因为它不仅涉及员工本人及其家庭的利益，而且也会对整个社会产生影响。只有在酒店经营出现严重亏损或营业不可能恢复的情况下，才能考虑采取这种办法。在裁员之前，酒店应该告知员工目前企业的经营困境，并尽力为富余人员在酒店内部寻找新的工作职位。在酒店内部确实无法安置的情况下，方可进行裁员。

3）降低劳动成本

解决人员过剩的第三种办法是降低劳动成本。近年来，酒店通常采用暂时下岗、减少

工作时间、提前退休和降低工资等措施降低劳动成本。这些措施值得借鉴之处在于，当预测到酒店出现过剩人员时，不是简单地将其裁掉，而是缓和矛盾，让酒店和员工共同分担困难。如果员工个人不愿维持工作不饱和、低工资的现状可以自愿另谋高就，这就避免了将其立即推向社会而可能引起的不良反应。

案例启迪

万豪国际集团以"无薪假期"应对新冠疫情的影响

2020年初新冠疫情开始在全球蔓延，导致各大酒店预订量大幅下降。万豪国际酒店集团（Marriott International）仅在亚太地区，2020年一季度入住率下降就使该集团每月的客房收入损失约2500万美元；在其马里兰州贝塞斯达总部的4 000名员工中，约三分之二被安排无薪休假，时间持续60~90天，在这段时间内员工只获得20%的工资，用于医疗保健等，继续工作的员工则面临减薪20%以及减少工作周数。与此同时，万豪国际集团宣布，执行总裁兼董事局主席比尔·万豪和总裁兼首席执行官苏安励将不再领取2020年余下时间的薪资，而高级管理团队将降薪50%。

据悉，人工成本约占国际品牌酒店正常经营期间总收入的30%左右。万豪国际集团通过与员工协商一致，采取调整薪酬、轮岗轮休、请年假、请调休、缩短工时、待岗、自愿申请无薪假期等方式，有效降低酒店人工成本，实质性地减轻了酒店的财务压力。同时，万豪国际集团保证员工在此段特殊时期继续享受公司既有的医疗福利，保证员工持续享受带薪短期病假，确保员工即使生病也有收入保障。采取这些措施的目的是稳定酒店工作职位，使酒店尽量不裁员或者少裁员。保住酒店现金流，顶住沉重的财务压力，保障员工的工作职位不变，被认为是为员工提供的长期保障。

针对万豪国际集团的上述举措，有员工表达了不同的看法：在"无薪假期"的状态下，员工无法申请失业保障，也不能自寻出路。也有一些地区的工会组织表示，酒店推行无薪假期是新冠疫情下没有办法中的可行方法，只有无奈接受，总比裁员及减薪好；一旦员工被减薪后，很难撤销既有的薪金水平，但无薪假期政策过后，员工的薪金却可维持原有水平。若员工不接受强迫放无薪假，可选择离职，酒店则需按劳工法例实施补偿。

2.4.5 人力资源结构失衡时的政策

所谓人力资源结构失衡，是指人力资源短缺与过剩在一个酒店中同时出现的情况。对于人力资源结构失衡并没有专门的政策，而是对上述两种人力资源调整政策的综合运用。酒店人力资源的结构失衡可能是基层员工短缺，而中高级管理职位饱和；也可能是某一部门人员供不应求而另一部门的人员却供大于求。因此，要根据酒店不同层次、不同职位的人力资源需求供给状况，有针对性地选择不同的解决措施，并将各种方法综合分析，灵活应用。

【复习思考题】

1. 人力资源战略和酒店总体战略的关系是怎样的？
2. 在酒店的不同发展阶段人力资源战略的重点分别是什么？
3. 酒店人力资源战略的数字化转型主要从哪些维度发力？
4. 在酒店人力资源计划中应该重点解决的问题是什么？
5. 影响酒店人力资源配备的因素有哪些？
6. 酒店人力资源计划的基本要素有哪些？包括哪些子计划？
7. 酒店如何预测人力资源需求与供给？
8. 酒店人力资源配备的方法有哪些？
9. 酒店在人力资源短缺和过剩的情况下分别可以采取哪些措施？

【案例研究】

洲际酒店集团的"锦鲤还乡"计划

随着国际品牌酒店越来越多地进入我国的二、三线城市，他们发现很难在当地物色到适用的员工，特别是中层管理人员奇缺，因为这些人才很多都在一线城市从事酒店工作。当年，洲际酒店集团（Intercontinental Hotels Group，IHG）在西安开设酒店后，有陕西籍的员工申请回西安工作，他们原先并不是在西安开始他们的事业，而是在上海、北京、广州等大城市。通过内部调查，洲际酒店大中华区的人力资源部门发现，那些来自中西部欠发达地区的员工中有不少人希望回家就业，只是苦于拿不到一线城市的薪水。因为这件事，洲际酒店集团制订了一个名为"锦鲤还乡"的人力资源计划。

鲤鱼有逆流回溯产卵的习性，所以人们常将它与"回家"联系到一起。在中国，还有"鲤鱼跃龙门"的典故及美好寓意。洲际酒店集团的"锦鲤还乡"计划意在让员工在自己的家乡工作，不但能与家人团聚，充分发挥"亲情、乡情、友情"的情感纽带，激发赤子情怀、感召游子，更可以使他们在事业上取得飞跃。

据悉，洲际酒店集团依托其在中国辐射至二、三线城市的强大酒店网络，鼓励大家回乡工作。为此，洲际酒店集团把所有的管理职位都放在官网上，让内部员工有机会优先申请，为异乡员工提供其他集团甚至行业无法比拟的返乡工作机遇，并且承诺"将一样提供相当有竞争力的薪酬福利和工作环境"。员工可以将已有的工作经验带回家乡，在新的职位上有新的突破，不断创造更卓越的人生。

资料来源：根据网络资料整理。

讨论问题

1. 洲际酒店集团的"锦鲤还乡"计划会对其在中国酒店市场的发展产生怎样的影响？
2. 请分析洲际酒店集团的"锦鲤还乡"计划对其员工的影响。

3. 洲际酒店集团旗下的多个品牌酒店，如何平衡"锦鲤还乡"计划可能带来的跨品牌员工流动问题？

开阔视野

人力资源数字化战略

人力资源数字化战略是企业数字化转型战略中的重要组成部分，是通过大数据、云计算与人工智能等技术对人力资源基础数据进行分析和预测，使人力资源管理融入企业数字化转型的全过程，与企业数字化转型形成交互配合，进而赋能企业战略决策，并在文化层面培养员工的数字化心智，形成数字化管理的文化氛围。

一、新人才、新工作、新管理及新工具共同构建人力资源数字化生态体系

要实施人力资源数字化战略，单纯依靠信息技术并不够，需要利用新人才、新工作、新管理、新工具等要素实现人力资源管理的全方位升级。其中，新人才是人力资源数字化的核心要素，指企业内部具有数字化意识，熟练掌握和使用数字化工具的员工。新工作指智慧协同的数字化工作场所，连接流程、资产、设备与人员，赋能员工自主决策、自主成长。新管理指人力资源管理流程化、信息化和智能化，以及顺应时代发展趋势的人才管理新方式，在当前环境下即聚焦于赋能员工、激活组织。新工具是人力资源数字化的重要基础，为人力资源管理的数字化和智能化提供强大的数据、技术、信息和平台等支撑。以上四要素相辅相成、协同发展，帮助企业构建数字化生态体系。

二、计量化、分析化、智能化层层递进，推动人力资源管理高效能

人力资源计量化、人力资源分析化和人力资源智能化是人力资源数字化的三条主线。计量化指一个员工对应一套数据，通过每个员工配备的指标体系、数据标签积累数据；分析化指挖掘数据间的关系，依托数字化实证基础，发现具有规律性的现象，提升管理的可靠性和有效性，并升级契合组织自身成长路径的管理手段，实现柔性管理；智能化则指运用智能化工具，提升人力资源管理多场景的运作效率，如在招聘场景利用算法实现人岗匹配，在培训场景根据员工画像精准推送培训内容等。三条主线层层递进，逐步深入，赋能提高企业人力资源管理的精准度、可靠性，提升员工工作效率与工作体验。

三、成功实施人力资源数字化战略的标志

在观念层面，企业最高决策层、事业部管理者与员工对人力资源数字化形成了深刻的统一认知，愿意积极拥抱数字化流程与技术。在内部环境方面，数字化人才储备完备，人才培育体系完善，能够向外部合作方或客户输出人力资源数字化解决方案。在流程层面，人力资源数字化工具与企业的业务系统高度集成，建立起多维数据分析体系，在人力资源管理与其他业务管理场景下实现了数据对决策的智能支撑。在结果方面，人力资源数字化助力企业整体业务效率的提升，大部分管理者及员工认为体验良好，很大程度提高了人力资源管理的工作效率，并且获取了完美体验。同时实施人力资源数字化战略的经验是可复制、可推广的。

第3章 工作分析与工作设计

【学习目标】

通过学习本章，学生应该能够：

掌握：酒店工作分析的流程；

　　　工作说明与工作规范的撰写要求；

　　　酒店工作设计的主要方法。

熟悉：酒店工作分析的主要任务；

　　　工作分析的主要调查方法；

　　　酒店开展工作分析的时机。

理解：工作分析的概念；

　　　工作分析的意义；

　　　工作设计的概念；

　　　酒店工作设计需要考虑的主要因素。

【关键术语】

工作分析	工作说明	工作规范
访谈法	问卷调查法	观察法
工作日志调查法	参与法	关键事件调查法
工作设计	工作专业化	人体工程学
工作轮换	工作扩大化	工作丰富化

开篇案例

他们都在考虑工作说明和工作规范

　　克里斯多夫·凯尔的老板拥有6家米其林星级餐厅，作为公司的人力资源总监，凯尔已经清楚地意识到今后的3个月将是非常繁忙的，因为董事会刚刚决定在中国上海开设欧洲以外的第一家分号，并打算在未来3年进入北京。被评为米其林星级餐厅，需要参考的评分项目包括餐厅的食物（60%）、用餐环境（20%）、服务（10%）和酒的搭配（10%）；因此，凯尔非常清楚，仅仅从法国调配几个大厨到上海是绝对不行的，上海的餐厅服务水准也必须和法国的旗舰店保持一致。根据测算，上海的餐厅至少需要24名来自当地的服务员，他们不仅要英语流利，最好还要懂一点法语，因为毕竟还要和大厨打交道，此外还要熟悉西餐菜肴如何与酒水搭配……有些招聘条件可能在欧洲不是问题，但是凯尔不知道在中国是否会很顺利。凯尔梳理了一番思路，决定首先应该确定到底有哪些职位要在上海当地解决，然后再考虑招聘时需要特别强调哪些知识、能力、经验和技术，这时他想到了不久前刚刚修订过的工作规范。

孙强是一家著名的连锁经济型酒店在武汉的区域经理，这家连锁酒店在武汉现在拥有15家门店，客房间数超过800间。由于单店规模比较小，为了控制经营成本，孙强手下能力强的店长有的会同时兼任两家门店的店长。在孙强负责的武汉大区，有的门店是直营连锁，有的是加盟连锁委托管理。昨天，一个加盟商约见了孙强，对自己加盟店的店长范宏提出投诉，理由是范宏把主要精力放在了直营店，而对加盟店的收入下滑没有采取有效的管控，致使加盟店连续两个月亏损，而直营店却一直保持盈利。其实，这类问题在别的区域也发生过，为此公司人力资源部专门针对加盟店店长职位进行了工作分析，修订了相关的工作说明，强调兼职加盟店的店长必须对所辖门店一视同仁，并且专门增加了与加盟商保持良好沟通、维护加盟商利益等责任要求。送走加盟商后，孙强一边阅读公司新下发的《门店工作说明书》，一边开始构思马上要进行的区域店长例行培训。

苏珊·波特曼是3个月前来到中国的，她所在的酒店管理公司在全球经营管理着超过800家的四星级酒店。在中国，他们的业务分布在13个省市。苏珊作为公司中国区的执行副总裁分管人力资源和公共关系，刚一上任她就听说中国的一些企业为了降低用工成本，在尝试使用"劳务派遣"——一种由劳务派遣机构与派遣劳工订立劳动合同，并支付报酬，把劳动者派向其他用工单位，再由其用工单位向派遣机构支付一笔服务费用的一种用工形式。苏珊经过一番调研，认为如果采用这种用工模式，有两个问题摆在她面前：一是人力资源部需要重新做工作分析，特别是招聘主管的工作说明可能会发生很大变化；另一个是这种用工模式与本企业推崇的员工职业生涯规划是有冲突的，总部会同意采用吗？

3.1　工作分析概述

在酒店经营中，工作标准影响着选聘合格员工的条件；员工完成一项工作所需要的技能，决定着酒店需要对他们进行什么样培训；工作任务与责任的重要程度通常与员工的薪酬水平相关联；许多员工对自己获得良好的工作绩效评价而感到满足和自豪……这一切都是建立在对酒店各项工作进行细致分析的基础上。

习近平总书记曾经指出，"用什么人、用在什么职位，一定要从工作需要出发，以事择人,不能简单把职位作为奖励干部的手段。"[1]可见,掌握与工作职位相关联的各种信息,做到"人事匹配"是人力资源管理一项非常重要的工作。

3.1.1 工作分析的概念

酒店的组织是由众多职位组成的,工作是酒店组织管理中基本的活动单元,是支撑酒店实现既定经营目标的最小单位,依据职位进行工作分工是酒店进行组织管理的基础。从员工个人角度而言,狭义的工作是个人在一段时间内,为达到组织赋予的某一目标而采取的行动;广义的工作则是指个人在组织中的全部角色的总和。

工作分析(Job Analysis)又称为职位分析,是指运用科学的方法系统地收集、分析与职位有关的各种工作信息,具体包括工作的内容、特征、规范和流程,以及职位所需的员工素质、知识和技能等,并对其描述和规范的过程,它是酒店人力资源管理的最基础性工作。

工作分析所需要的信息主要涉及 7 个方面,可以用"6W1H"加以概括,即"Who"谁来完成工作;"What"工作的具体内容是什么;"When"工作在什么时间内完成;"Where"工作在什么样的环境下完成以及在酒店中的地位如何;"Why"工作的目的是什么;"For Whom"这些工作为谁服务;"How"如何进行这些工作。

3.1.2 工作分析的原则

1)系统性原则

在对酒店的某一具体职位进行工作分析的时候,不能单独对这个职位进行分析,要注意该职位与组织内其他职位的关系,全面、系统地收集和分析工作信息,这样才能够使工作分析具有更高的准确性。遵循这条原则,就要求工作分析人员必须熟悉酒店的组织结构与业务流程,将组织、流程和职位三者有机地衔接起来。

2)职位指向原则

开展工作分析时,务必牢记的是工作分析"只对岗不对人",即工作分析的对象不是任职者,而是其所在职位应承担的工作。但是,这并不意味着工作分析完全脱离任职人员的因素,单纯地分析"工作",应该将人与工作有机融合,最终对工作信息进行合理、客观的分析与确定。

3)动态化原则

工作分析的结果不应该是一成不变的。酒店所处的外部环境、自身的战略目标、业务流程以及工作方法都可能经常性地发生变化,如果不能及时地发现这些变化,并在工作分析方面迅速做出反应,就会使人力资源管理工作脱离实际而陷入被动。

4)全员参与原则

有效的工作分析,需要酒店各级管理人员与员工的广泛参与,尤其离不开高层管理者的支持与重视,以及业务部门的大力配合,仅靠人力资源部是无法完成此项复杂的工作的。

---

1 习近平:《在全国组织工作会议上的讲话》,《党建研究》2013 年第 8 期。

5）确保应用原则

确保应用原则是指在工作分析结束，并形成最终的工作说明书和工作规范书等成果之后，应该按照成果文件的要求，在酒店内部认真、严格、全面地执行。有些酒店尽管通过工作分析取得了一系列的成果文件，但是在执行的时候却没有照章履行，或者根本不执行，这样将使工作分析失去意义。

3.1.3 工作分析的主要任务

工作分析的主要任务：一是研究酒店中每个职位都在承担什么工作，即工作描述；二是明确这些职位对员工有什么具体的就职要求，即任职者资格。

1）工作描述

工作描述又称工作说明，就是确定工作的具体特征，一般包括以下5个方面的内容。

①工作名称，即指是什么工作。

②工作活动和程序，包括所要完成的工作任务、工作职责，完成工作所需要的资料、设备与材料、工作流程、工作中与其他员工的正式联系以及上下级关系。这是工作描述中最核心的部分。

③工作条件和物理环境，包括温度、湿度、照度、通风条件、安全防护措施、建筑装修条件等。

④社会环境，包括工作团队的构成、同事的特征及相互关系、合作部门之间的关系等。

⑤职业条件，包括工作的各方面特点，如工资报酬、奖金制度、工作时间、工作季节性、晋升机会、进修和提高的机会、该工作在酒店中的地位以及与其他工作的关系等。

2）任职者资格

任职者资格又称工作规范，是要说明从事某项工作的人所必须具备的知识、技能、能力、兴趣，以及身体素质和性格特点等。制定任职者资格的目的是以此作为员工选聘、任用和调配的衡量标准。

任职者资格的具体内容包括：有关工作程序和技术的要求、工作技能、独立判断与思考能力、记忆力、注意力、知觉能力、警觉性、动手操作能力（速度、准确性和协调性）、工作态度和各种特殊能力要求；此外，还包括文化程度、工作经验、生活经历和健康状况等。

小资料

工作分析的常用术语

1. 行动（Action）：也称工作要素，是指工作活动中不便再继续分解的最小单位。例如，前台服务员接听电话前拿起电话是个行动。

2. 任务（Task）：指工作活动中为达到某一目的而由相关行动直接组成的集合，是对一个人从事的事情所做的具体描述。它可以由一个或多个行动组成。如餐饮部文员打印一份英文宴会菜单，他必须做到：①熟悉每个英文单词；②在电脑上拼出相应的单词；③辨认与纠正书写错误；④把已输入电脑的英文菜单打印成纸质的等。

3. 职责（Responsibility）：由任职者在某一方面承担的一项或者多项任务组成的相关任务集合。例如，了解员工满意度是人力资源部经理的一项职责，具体包括五项任务：①设计满意度高的调查问卷；②进行问卷调查；③统计分析问卷调查的结果；④向企业高层反馈调查结果；⑤根据调查的结果采取相应的措施。

4. 职位（Position）：也称职位，由一个人完成的一项或者多项相关职责组成的集合。例如，人力资源部经理这一职位，它所承担的职责有以下几个方面：员工的招聘录用、员工的培训开发、薪酬管理、绩效管理、劳动关系管理等。

5. 职务（Headship）：指主要职责在重要性和数量上相当的一组职位的统称。例如，酒店前厅部有多个"主管"职位，其中有一个主要分管收银，还有一个主要分管预订，虽然这两个职位的工作职责并不完全相同，但是对整个前厅部来讲，这两个职位的职责重要性和数量比较一致，因此这两个职位可以统称为"主管"职务。

6. 工作（Job）：是指一个或一组职责类似的职位所形成的组合。一项工作可能只涉及一个职位，也可能涉及多个职位。

7. 职位族（Occupation）：也称工作群，企业内部具有非常广泛的相似内容的相关工作群。例如，酒店内所有从事技术工作的职位组成技术类职位族，所有从事服务工作的职位组成服务类职位族。

3.1.4 开展工作分析的时机

1）新成立的酒店

对于新成立的酒店一定要进行工作分析，这样可以为后续的人力资源管理工作奠定基础。由于很多职位还是空缺的，所以新成立的酒店进行工作分析时，应该结合本酒店的组织结构、经营计划等信息来进行，首先完成一个粗略的工作分析。在这一阶段，工作分析的结果只要能够为招聘员工提供必要的"工作职责"和"任职资格"即可，更为详细的工作分析可以在酒店稳定运营一段时间之后进行。

2）当新的职位产生时

随着经营业务和服务项目的变化，酒店会不断出现新的工作职位。例如，某酒店组建了自己的洗衣房，康体娱乐部增加了保龄球项目，这就意味着需要对新增加的"洗衣工"和"保龄球服务员"等职位进行分析，以保证该酒店工作分析的完整性和准确性。

3）当工作由于新技术、新设备或新流程的引入而发生重要变化时

新技术、新设备或新流程的应用有可能对工作内容产生重大影响，同样也会对承担工作的员工提出更高的要求，只有及时进行工作分析才能重新规范工作职责，确定新的任职资格。例如，酒店建立基于计算机网络的管理信息系统，要求管理者改变凭经验和感觉行事的工作习惯，利用现代信息技术对经营管理作出科学的判断和决策，此时，就需要对所有使用该管理信息系统的职位重新进行工作分析。

3.1.5　工作分析的意义

1）使人力资源规划更为准确

酒店内外环境的变化和组织战略目标的调整必然会引起经营业务、组织结构和人员数量的变化，因此有必要通过有组织、有计划的人力资源规划来预测酒店未来人力资源的需求以及供给状况。工作分析可以准确提供酒店中各种工作对员工数量、质量的需求情况，提高人力资源规划的准确性。

2）使工作职责更为明确

通过工作分析对工作流程、工作方法、设备工具等进行规范，对完成工作需要接触的人员及接触的目的、频率进行界定，有助于各级员工对工作形成全面的认识，包括工作目标、内容、活动、需要处理的日常事务以及各项工作应达到的标准，从而使管理者和员工清楚地了解自己的职责范围和需要完成的工作任务。

3）使工作设计和职位设置更为合理

通过对酒店工作的全面分析，可以清楚地了解各工作职位是如何衔接和协调的，以及在工作中上级与下级之间的隶属关系是如何确立的。这可以为酒店建立组织严谨、信息流畅的管理链提供保障；同时，还有利于提高服务效率，例如，在酒店前厅部前台接待工作中有机会进行营销推广，适当地在前台接待工作中增加这类职责，不仅有利于酒店经营，而且能够通过配套的奖励政策调动前台接待员工的工作积极性。

4）使酒店员工招聘更为有效

在招聘过程中，酒店为应聘者提供有关工作职责、工作环境、工作要求的真实信息，应聘者根据明确的职位职责和工作任务选择最有利于自己发展的工作职位，不仅有利于酒店尽快吸引合格的应聘者，而且可以减少应聘者求职的盲目性，进而降低招聘成本。此外，酒店要从大量的应聘者中选聘合格员工，必须通过工作分析来确定相关职位的任职资格条件。

5）使酒店的薪酬体系更加公平

酒店薪酬体系的公平性，一方面是指将酒店内的薪酬水平与外部市场同等劳动力价格进行比较而确定的，另一方面则是指酒店员工的薪酬与其所在工作职位的相对价值相比较而确定的。工作分析能从工作任务、工作职责、所需技能等几个方面对工作职位的相对价值进行评价和确定，并在此基础上建立酒店的薪酬体系，从而实现酒店薪酬的内部公平。

6）使绩效考核更加公正

工作分析可以为酒店提供在不同时期、不同背景下各个职位的工作任务、工作职责的相关信息，管理人员可以依据这些信息确定各职位的绩效标准，并作为对员工进行工作评估、考核的依据。这样做减少了人为因素的干扰，可以使绩效考核更加客观、公正。

7）使员工培训更为有效

作为工作分析成果之一的工作规范书，所包括的信息在确定员工培训需求方面常常是很有价值的。如果工作规范书指出某项服务工作需要特殊的知识、技术或能力，而在该职位上的员工又不具备所要求的条件，那么就意味着必须要对其进行培训。

8）使员工的职业生涯管理更加科学

通过工作分析，可以清楚地了解各职位之间在工作内容以及任职资格上的逻辑关系与内在差异，设计出以职位为基础的职业生涯通道，以及职业生涯发展的路径、规范与标准，从而提高员工职位异动的科学性、合理性。

9）使工作安全与员工健康管理更加具体

在对工作安全与员工健康实施管理的过程中，来自工作分析的有关信息也是很有价值的。例如，通过工作分析，可以发现厨师在厨房工作时是存在着一定危险性的，这类危险性是可能会发生火灾，或切割烹饪原料时可能会伤及自己等，在厨房各职位的工作说明书和工作规范书中应该反映出这些危险性。此外，在某些有危险的工作中，员工为了安全地完成工作，也需要了解有关规避危险的信息。

3.2 工作分析的实施

实施工作分析是一项系统工程，是对与职位相关的信息收集、整理、分析与综合的过程，如图3.1所示，它需要实施者对工作分析的操作流程有清晰的认识，对整个工作分析进行统筹规划，对工作分析过程进行有效的控制。

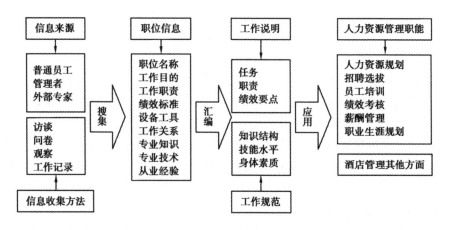

图 3.1　工作分析系统模型

3.2.1 工作分析的流程

1）准备阶段

（1）确定工作分析的目标

工作分析的目标是指工作分析收集信息的用途，它决定了调查、分析过程中需要收集的信息侧重点、收集信息的方法、形成的工作分析结果以及结果的用途。不同的目标对工作分析的重点有重要影响（图3.2）。

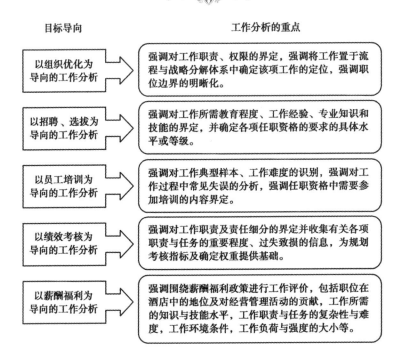

目标导向　　　　　　　　　　　工作分析的重点

以组织优化为
导向的工作分析
→ 强调对工作职责、权限的界定，强调将工作置于流程与战略分解体系中确定该项工作的定位，强调职位边界的明晰化。

以招聘、选拔为
导向的工作分析
→ 强调对工作所需教育程度、工作经验、专业知识和技能的界定，并确定各项任职资格的要求的具体水平或等级。

以员工培训为
导向的工作分析
→ 强调对工作典型样本、工作难度的识别，强调对工作过程中常见失误的分析，强调任职资格中需要参加培训的内容界定。

以绩效考核为
导向的工作分析
→ 强调对工作职责及责任细分的界定并收集有关各项职责与任务的重要程度、过失致损的信息，为规划考核指标及确定权重提供基础。

以薪酬福利为
导向的工作分析
→ 强调围绕薪酬福利政策进行工作评价，包括职位在酒店中的地位及对经营管理活动的贡献，工作所需的知识与技能水平，工作职责与任务的复杂性与难度，工作环境条件，工作负荷与强度的大小等。

图 3.2　不同目标导向影响工作分析的重点

（2）成立工作分析小组

为保证工作分析的顺利进行，在准备阶段要成立工作分析小组，小组成员一般由三类人员组成：酒店的高层领导，负责确认工作分析的目的，组织动员各部门积极参与工作分析，并提供资源支持；工作分析执行者，主要是人力资源部专业人员，以及其他熟悉本部门工作的管理者和基层员工；此外，还有外聘专家和顾问，他们具有丰富的工作分析经验和专门技术，可以防止工作分析的过程出现偏差，有利于结果的客观性和科学性。

（3）对工作分析人员进行培训

为保证工作分析的效果，需要由外部的专家和顾问对酒店参加工作分析小组的人员进行业务培训，主要包括工作样本的选择、工作分析的方法与程序、工作说明书与工作规范书的编写等。

（4）做好其他必要的准备

一方面，由各部门抽调参加工作分析的员工，部门主管要对其工作进行适当的调整，以保证他们有充足的时间参与这项工作；另一方面，管理者要向有关人员解释工作分析的意义，消除员工不必要的误解和紧张，督促员工积极配合工作分析小组开展调查。此外，还需要准备好工作分析中常用的文字和音像记录设备等。

2）调查阶段

（1）编制工作分析所需文件

第一，需要拟订工作分析的时间进度表，以协调各部门有序地配合调查；第二，要制定各种调查提纲和调查问卷。

（2）选择收集信息的调查方法

在调查过程中，根据不同的目标、不同的调查对象，有选择地采用搜集工作内容和相关信息的方法，如问卷法、面谈法、观察法、实验法、参与法和关键事件法等。

（3）搜集工作的背景资料

这些资料包括酒店的组织结构图、各职位工作流程图、国家的职业分类标准，以及之前留存的工作分析资料等。

（4）根据职位搜集相关的工作信息

工作分析需要搜集的信息主要是围绕具体的职位从以下7个方面展开。

①工作活动，包括与工作有关的活动过程、操作流程、工作记录、个人在工作中的权利和责任等。

②工作中人的活动，包括人的行为，如酒店礼仪服务规范、与其他职位的工作沟通频次、服务中的基本动作，以及工作对人的要求，如精力的消耗、体力的消耗等。

③在酒店工作中所使用的机器、工具、设备以及辅助用品，如对讲机、洗碗机和吸尘器等。

④与工作有关的有形和无形因素，包括完成工作所要涉及或要运用的知识，如涉外酒店的前台服务员需要掌握的外语语种及对话水平，宴会部主管要懂得酒水知识等。

⑤工作绩效的信息，如完成工作所耗费的时间、需要投入的成本，以及工作中容易出现的误差等。

⑥工作的背景条件，包括酒店排班时间、工作地点，如在室外还是在室内；工作的物理条件，如有无噪声、是否高温作业等。

⑦工作对人的要求，包括个人特征（如仪容仪表、个性和兴趣）、所需要的教育与培训水平、工作的经验等。

以上信息一般要通过以下几个渠道来获得：工作执行者本人、工作管理监督者、顾客、工作分析专家、《中华人民共和国职业分类大典》以及以往的工作分析资料。利用不同的渠道搜集工作信息时要注意：由于各种主客观原因的存在，不同的信息源提供的信息会有一定程度的差异。工作分析人员要站在中立的立场听取各方面不同的意见，或者自己实践一下相关的工作活动，以掌握可靠的信息。

3）分析阶段

（1）整理资料

将搜集到的信息按照工作说明书和工作规范书的要求进行归类整理，检查是否有遗漏的项目，如果有的话，返回到上一步骤，再次进行调查搜集。

（2）审查资料

归类整理后，工作分析小组要对所获信息的准确性进行核查，根据需要召集相关人员进行验证，或者回到上一步骤，进行再调查。

（3）分析资料

如果信息准确完备，接下来要对资料进行分析，即对工作分析收集的全部材料进行归纳总结，得出各个职位的主要职责和影响工作的关键因素。

4）完成阶段

（1）编写工作说明

工作说明是根据工作分析的结果编制而成的，它是有关工作的范围、目的、任务与责任的广泛说明，也是工作评估、员工招聘、人力资源开发以及工作行为鉴定的基础。一套高质量的工作说明，不仅有助于员工清楚地了解酒店对其工作的预期是什么，提高员工对工作任务的明确程度，而且有利于酒店管理者准确地掌握各项工作的完成标准，及时调整、改善与下属员工的工作关系。因此，也可以认为工作说明所表达的是酒店与员工之间的一种有关具体工作的协议。

详细的工作说明包括两部分：一是工作条件说明，二是职责与要求，亦即酒店对员工的工作绩效期望，具体内容如下。

①工作识别。工作说明中的工作识别部分包括工作名称、部门、汇报关系和工作编号。准确的工作名称应该真实地反映工作内容的性质，并把该项工作与其他工作区别开来。但是在实践中，工作名称常使人产生误解。例如，"行政秘书"可能只是酒店公关部一位工资水平比较高的内勤人员，而具有同样工作名称的人在酒店总经理办公室则可能是参与酒店具体管理的人。为了避免工作名称混乱，可以将部门名称放在工作名称的最前面，以限定工作名称的有效范围；另一种更有效的方法是对工作职责不同但工作名称相同的职位，进行职位编号，详细区分。

②工作分析日期。工作分析日期通常要放在工作说明里，这样便于及时发现是否有由于工作发生变化而工作说明却没有及时修订的情况。有的酒店还会在工作说明中注明有效期，从而确保对工作内容定期进行检查，有效地减少了工作说明与实际工作脱节的现象。

③工作概要。工作概要是对工作的简要描述，它通常用一段简短的文字陈述工作内容，主要内容包括工作摘要、工作范围、工作条件、设备和工具的使用等。

④履行职责。履行职责是员工完成"工作概要"所应该表现出的具体行为，主要包括简单的动作描述、行动结果、是独立承担还是与他人合作，以及工作汇报关系等。

表 3.1 是比较规范的职位说明书范例。

表 3.1　酒店餐饮总监职位说明书

职务名称：餐饮总监
职位级别：D 级
隶属部门：餐饮部
直接上级：酒店总经理
直接下级：餐饮部经理 1 人，总厨师长 1 人
工作条件： 　　95% 以上的时间在酒店内工作，一般不受气候影响，温度、湿度适中，很少接触噪声，无个人生命或严重受伤危险，不接触有毒有害物质。计算机和酒店管理信息系统是其主要辅助管理工具。

续表

主要职责：

（1）负责制订餐饮部营销计划、长短期经营预算，带领全体员工积极完成和超额完成指标。

（2）主持建立和完善餐饮部的各项规章制度及服务程序与标准，并督导实施。

（3）定期深入餐饮部下辖二级部门听取汇报并检查工作情况，控制餐饮部各项收支，制订餐饮产品销售价格，监督采购和盘点工作，进行有效的成本控制。

（4）检查管理人员的工作情况和餐厅服务规范及各项规章制度的执行情况，发现问题及时采取措施，出色地完成各项接待任务。

（5）定期同餐饮部经理、总厨师长研究新菜点，推出新菜单，并有针对性地组织各项促销活动。

（6）负责下属部门负责人的任用及其管理工作的日常督导，定期对下属进行绩效评估。

（7）组织和检查餐饮部员工的服务技艺和烹饪技术培训工作，提高员工素质，为酒店树立良好的形象和声誉。

（8）建立良好的对客关系，主动征求客人对餐饮的意见和建议，积极认真地处理宾客的投诉，保证最大限度地满足宾客的餐饮需求，提高餐饮服务质量。

（9）重视安全和饮食卫生工作，认真贯彻实施《食品安全法》，开展经常性的安全保卫和消防培训，确保宾客安全和餐厅、厨房及库房的安全。

（10）做好餐饮部与其他各部门之间的沟通、协调和配合工作。

（11）参加每日总经理工作例会，主持每日餐饮例会，保证酒店高级管理层的工作指令得到有效地贯彻执行。

（12）完成总经理交给的其他工作。

工作权限：

（1）根据酒店的工资和奖励政策，对下属具有奖惩权。

（2）根据酒店的人事政策，对下属部门人员具有录用、选拔、任命和除名的处理权。

（3）有签署下属上报的申购、领用、加班、休假等申请的权力。

（4）处理客人投诉时有免费、打折的权力。

　　（2）编写工作规范

　　工作规范反映的是工作分析结果的另一个方面，即完成工作所需要的资格，它包括任职者的教育背景、身体特征、经验、培训经历、个性、技能和职业兴趣等。简单地讲，工作规范就是对从事某项工作的人所必须具备的最基本的资格条件的具体说明。工作规范为员工招聘面试提供了基础指南。在一些酒店中，工作规范没有独立形成文件，而是附属于工作说明的一部分。

　　在编写工作规范时要切记，所列出的所有任职资格条件必须与酒店工作有直接关系，而不是主观判断的结果。如果任职资格不恰当地限制了任何受保护群体的就业途径，酒店的这一文件将有可能触犯有关的劳动保护法律或法规。表3.2是比较规范的工作规范示例。

表 3.2　酒店前台领班工作规范书

职位名称：前台领班
所属部门：前厅部
主要职责： （1）接受前厅部经理的领导，直接接受前台接待主管的工作指示。 （2）熟练掌握业务知识及操作技能，负责有关住房、房价、酒店服务设施的查询和推销工作。 （3）检查、督导员工履行工作职责，严格按照工作程序为客人服务。 （4）重视客人的投诉，要尽最大努力答复，遇不能解决的问题及时报告前台接待主管。 （5）及时、详细、准确办理入住手续（登记、输入电脑），符合当地公安部门的相关规定。 （6）督促前台接待员为宾客提供迅速、准确、礼貌的服务。 （7）详细记录交班事项，如有重要事件必须下一班继续完成的都应详细记录。 （8）在熟悉业务知识的基础上，协助前台接待主管培训新员工，担当培训者的职责。 （9）随时注意检查员工的仪容、仪表及精神面貌，确保为客人提供优质服务。 （10）对工作中发现的重要问题及时向上级汇报，完成前台接待主管交办的其他事项。
业务知识： （1）掌握酒店前台接待服务工作流程，熟悉酒店产品及其价格政策。 （2）熟悉本酒店 VIP 客户的消费特点和标准，并能够与其进行良好的沟通与联系。 （3）了解主要客源国的接待礼仪、礼节。
技能要求： （1）流利使用汉语普通话、英语或至少一门其他外语，进行语言交流。 （2）熟练掌握酒店客房产品的推销技巧。
工作经验： （1）前厅部累计工作时间不少于 1 年。 （2）具有管理不少于 3 人小组的经验。
教育及培训背景： （1）具有酒店管理、旅游管理或市场营销专业大专以上学历，拥有英语四级证书、计算机一级证书。 （2）本职位专业培训不少于 60 小时。
自然条件： （1）男 22~35 岁，女 20~30 岁；身高：男 1.70 米以上，女 1.62 米以上。 （2）身体健康、精力充沛、五官端正、仪表端庄。

（3）听取反馈意见

工作说明和工作规范的初稿完成后，要反馈给相关的人员进行核实，意见不一致的地方要重点讨论，无法达成一致的要返回到第二阶段，重新进行分析，最后形成工作说明和工作规范的定稿。在这一过程中，还要对整个工作分析过程进行总结，找出其中成功的经验和存在的问题，以利于以后更好地进行工作分析。

（4）推广应用

将工作分析的成果应用在酒店人力资源管理以及其他经营管理活动中，真正发挥工作分析的作用。

需要指出的是，为了保证酒店经营管理的连贯性，酒店内部的职位以及与此相对应的工作说明和工作规范必须保持相对的稳定。

3.2.2　工作分析的调查方法

在工作分析过程中，运用科学的方法收集相关的工作信息是十分重要的。工作信息的收集主要源于工作调查，只有深入酒店工作的一线，才能够获得真正有价值的工作信息。在现阶段，酒店行业的工作分析主要以定性分析为主，因此一般采用访谈法、问卷调查法、观察法、工作日志调查法、参与法和关键事件调查法等。

1）访谈法

访谈法又称面谈法，是通过工作分析人员与员工面对面的谈话来收集工作信息的方法。通常，工作分析人员应该先查阅和整理有关工作职责的现有资料，在大致了解工作情况的基础上，访问承担该项工作的员工，帮助他们描述本职位工作的目标、流程、工作性质和范围、所负责任、所需知识与技能等；然后，再与上级主管接触，获得其他的信息，以检验上一环节所获得信息的准确性。

访谈法对工作分析人员的语言沟通能力和逻辑思维能力有较高的要求。工作分析人员要能够控制住谈话的局面，既要防止谈话跑题，又要使谈话对象能够无所顾忌地侃侃而谈。为此，工作分析人员应该准备好访谈提纲（表3.3），并及时准确地做好谈话记录，使访谈能够按照预定的计划进行。访谈法的运用对象主要是脑力工作者，如财务人员、企划人员、酒店高层管理人员等。

表3.3　酒店工作分析访谈提纲

员工姓名：＿＿＿＿＿＿＿　访谈时间：＿＿＿＿＿＿＿　地点：＿＿＿＿＿＿
任职时间：＿＿＿＿＿＿＿　隶属部门：＿＿＿＿＿＿＿　职位：＿＿＿＿＿＿　职级：＿＿＿＿
直接上级：＿＿＿＿＿＿　直接下级：＿＿＿＿＿＿　同一职位人数：＿＿＿＿＿＿
1. 请用一句话概括目前的工作在酒店中所起到的作用；
2. 请详细描述本职位的工作职责和对应完成的具体工作活动，包括所采取的方法、消耗时间、辅助工具或设备等，以及合格的工作标准；
3. 为了有效地完成上述工作，在酒店内部，需要在哪些方面接受谁的指示和受谁的直接监督；
4. 工作中会在哪些方面或领域监督别人的工作或给别人发布指示；
5. 日常工作需要哪些同级部门和职位的合作，本职位的工作又配合了哪些部门或职位的工作；
6. 工作中哪些方面需要经常与哪些酒店外部组织或人员发生联系；
7. 为完成本职位工作，拥有哪些权限；
8. 日常工作都是被安排在什么时间内进行的，最忙的工作时段是何时，如果需要加班会发生在什么时间，发生频率如何；
9. 工作环境如何，有无职业病发生的可能；
10. 在本职位上工作需要具备哪些方面的知识；
11. 具备哪些能力的人可以承担这一职位的工作；
12. 本职位要求任职者具备哪些身体素质和生理方面的要求；
13. 本职位对学历、资历或经验有何要求。

2）问卷调查法

问卷调查法是以书面的形式，通过任职者或其他相关人员单方面信息传递来实现的工作信息收集的方式；即根据工作分析的目的，结合酒店职位实际情况，由相关人员事先设计出一套工作分析的问卷，由任职员工填写问卷，再将回收的问卷加以归纳分析，并做好详细记录，据此写出工作职务描述，然后再一次征求各职位人员意见，最终，编写出一套工作说明和工作规范。

问卷调查法可以用于对酒店各类职位进行职位分析，具有较为普遍的适用性。问卷法与访谈法具有极高的互补性，二者结合使用，是目前职位分析的主流方法。

用于工作分析的调查问卷可以分为结构化问卷（表3.4）和非结构化问卷（表3.5），前者是在一定的假设前提下，多采用封闭式调查表收集信息，具有较高的信度和效度，便于职位之间相互比较；后者的问题多是开放式的，可以全面地、完整地收集信息，能够对不同的组织进行个性化设计，因此具有适应性强和灵活高效的优势。

表 3.4　结构化工作分析调查问卷

姓　　名		职　称		现任职务		工　龄	
性　　别		部　门		直接上级		进入酒店行业时间	
年　　龄		学　历		工资等级		从事本岗工作时间	
工作时间要求		1. 正常的工作时间每日由＿＿＿＿＿时开始至＿＿＿＿＿时结束。 2. 每日工休时间为＿＿＿＿＿小时，＿＿＿＿＿% 的时间可以保证。 3. 每周平均加班时间为＿＿＿＿＿小时。 4. 实际上下班时间是否随业务情况经常变化（总是，有时是，偶尔是，否）。 5. 所从事的工作是否忙闲不均（是，否）。 6. 若工作忙闲不均，最忙时常发生在哪段时间＿＿＿＿＿＿＿＿＿＿＿。 7. 其他需要补充的问题：					

工作目标	主要目标：			其他目标：			
	1.			1.			
	2.			2.			
	3.			3.			

工作概要	用简练的语言描述一下您所从事的工作：						

工作活动程序	活动名称	工作流程	依据	管理要求			

	名　称	结果或形成的绩效	占全部工作时间的百分比 /%	权　限		
				承　办	需报审	全权负责
工作活动内容	1.					
	2.					
	3.					
	4.					
	5.					

失误的影响	若您的工作出现失误，会发生下列哪种情况？ 1. 不影响其他人工作的正常进行。□ 2. 只影响本部门内少数人。□ 3. 影响整个部门。□ 4. 影响其他几个部门。□ 5. 影响整个酒店。□	说明： 　　如果出现多种情况，请按影响程度由高到低依次把编号填写在下面的括号中。 　　（　　　　　　　　　　）

内外部工作接触	内部部门： 外部单位：

监督	1. 直接和间接监督的人员数量。（　　　） 2. 被监督的管理人员数量。（　　　） 3. 直接监督人员的层次：一般职工、基层管理人员、中层管理人员、高层管理人员。（　　　）
	1. 只对自己负责。□　　2. 对职工有分配工作、监督指导和考核的责任。□

工作基本特征	1. 不需对自己的工作结果负责。□ 2.仅对自己的工作结果负责。□ 3.对整个部门负责。□ 4. 对自己的部门和相关部门负责。□ 5.对整个酒店负责。□
	1. 在工作中时常作些小的决定，一般不影响其他人。□ 2.在工作中时常作一些决定，对有关人员有些影响。□ 3.在工作中时常作一些大的决定，对自己部门和相关部门有影响。□ 4.在工作中要作重大决定，对整个部门有重大影响。□
	1. 工作的程序和方法均由上级规定，遇到问题时可随时请示解决，工作结果须报上级审核。□ 2. 分配工作时上级仅指示要点，上级并不时常指导，但遇困难时仍可直接或间接请示上级，工作结果仅由上级大概审核。□ 3.分配任务时上级只说明要达成的任务或目标，工作方法和程序均由自己决定，工作结果仅受上级原则审核。□
	1. 完成本职工作的方法和步骤完全相同。□ 2.完成本职工作的方法和步骤大部分相同。□ 3.完成本职工作的方法和步骤大部分不同。□ 4.完成本职工作的方法和步骤完全不同。□
	在工作中，您需要作计划的程度：1. 在工作中无须做计划。 □ 2. 在工作中需要做一些小的计划。□ 3. 在工作中需要做部门计划。□ 4. 在工作中需要做公司整体计划。□	说明：如出现多种情况，请按"作计划"的程度由高到低依次填写在下面的括号中。（　　　　　　　　）
	您在工作中所使用的资料属于哪几种，使用的比例约为多少？ 1. 语言　　　　　（　　%） 2. 文字　　　　　（　　%） 3. 劳动工具或设备（　　%）；请举例：_____。

续表

任职资格要求	1. 常用的外语		频 率
	（1）英语□　　　　（2）日语□ （3）韩语□　　　　（4）其他：_____□		1　　2　　3　　4　　5 极小　偶尔　不太经常　经常　非常
	2. 常用的数学知识		频 率
	（1）计算机程序语言□（2）四则运算□（3）乘方、开方、指数□　（4）其他：_____□		1　　2　　3　　4　　5 极小　偶尔　不太经常　经常　非常
	3. 学历要求		
	初中□　　高中或中专□　　大学专科□　　大学本科□　　研究生以上□		
	4. 为顺利履行工作职责，应进行哪些方面的培训？需要多少时间？		

培训科目	培训内容	最少培训时间／天

5. 一个刚刚开始从事本职工作的人，要多长时间才能基本胜任您所从事的工作？

6. 为顺利履行您所从事的工作，需具备哪些方面的工作经历？约多长时间？

工作经历要求		最少时间要求／月

7. 您所从事的工作有何体力方面的要求？

1　　　2　　　3　　　4　　　5
轻　　较轻　　一般　　较重　　重

8. 其他能力要求	需要程度
（1）组织能力□ （2）激励能力□ （3）授权能力□ （4）创新能力□	说明： 1　　2　　3　　4　　5 低　较低　一般　经常　高
（5）计划能力□ （6）人际关系能力□ （7）协调能力□ （8）谈判能力□	说明： 1　　2　　3　　4　　5 低　较低　一般　经常　高
（9）公文写作能力□ （10）分析、判断能力□ （11）其他：_____□	说明： 1　　2　　3　　4　　5 低　较低　一般　经常　高

表3.5 非结构化工作分析调查问卷

一、基本信息

姓 名： _____ 职位名称： _____ 所属部门： _____

入职时间： _____ 从事本职位工作时间： _____

您的直接上级职位： _____ 您的直接下属职位： _____

二、工作情况

1.简洁描述一下目前的主要工作内容和职责。

2.请列举您所拥有的权限。除了这些权限，是否还需要其他权限来支持您的工作？

3.请简要描述您的上级如何指导和监督您的日常工作。

4.简述一下您直属下级的人数及其主要工作内容。

5.除您的上级和下级之外，您和酒店的其他哪些部门和职位会有工作联系和沟通？

6.工作中您和酒店外部哪些单位有工作联系和沟通，对方联络人通常会是什么职位？

7.请列举您目前的所有绩效考核项目，并请排列出主次顺序。您对这些考核项目有什么看法？

8.按照酒店规定，您正常的工作时间应该是怎样的？会有加班吗？如果加班，通常是在什么时段，因为什么原因？这种情况多不多？您对此有什么看法？

三、职位要求

1.您认为需要什么样的专业技能才能胜任本职位工作？

2.您认为本职位对于性别和年龄有限制吗？如果有，您认为应该是什么？

3.您认为要胜任本职位工作有什么样的学历要求？为什么？

4.您认为本职位需要有工作经验吗？如果需要，您觉得多少工作经验比较合适？为什么？

5.您觉得新加入酒店的员工，需要安排多长时间的岗前培训比较合适？为什么？

6.您觉得具有什么样性格和品质的人能够更好地胜任本职位工作？

四、其他信息

1.您觉得酒店有提供您职业发展的通道吗？您对自己在酒店的职业发展是怎么规划的？如果晋升的话，您觉得自己会晋升至什么职位？

2.您对您所在部门的工作分配及职责划分有何建议？您对本职位工作安排有何建议？

3.对于本问卷调查未提及的问题，您觉得有必要提及的，请写出来：

对于设计的调查问卷初稿在正式调查前应选取局部职位进行测试，针对测试过程中出现的问题及时加以修订和完善，避免正式调查时出现严重的结构性错误。针对某一具体职位进行分析时，若任职者少于3人，则全体任职者均为调查对象；若任职者较多，则应选取适当的调查样本，出于经济性和操作性的考虑，样本以3~5人为宜。此外，对于回收的调查问卷，还需要进行分析整理，剔除不合格问卷或重新进行调查，然后将相同职位的调查问卷进行比较分析，提炼正确信息。

3）观察法

观察法是指工作分析人员直接在工作现场，对某些特定的工作活动进行观察，收集、记录有关工作的内容、工作中员工之间的相互联系、人与工作的关系以及工作环境、条件等信息，并用文字、图表或图像形式记录下来，然后进行分析和归纳总结的方法。观察法主要适用于在一定的时间内工作内容和流程相对稳定，且以体力活动为主的职位，如餐饮部面包师的工作。在实践中，观察法对那些以脑力劳动为主的职位是不适用的。例如，通过观察一名酒店夜审员的工作就不能全面地揭示"夜审"的工作要求。

由于不同的观察对象的工作周期和工作突发性有所不同，所以观察法具体可分为直接观察法、阶段观察法和工作表演法。

（1）直接观察法

工作分析人员直接对员工工作的全过程进行观察。直接观察法适用于工作周期很短的职位。如客房送餐服务员，他的工作基本上是以一天为一个周期，工作分析人员用一整天的时间跟随其进行直接工作观察，便可以获得比较全面的工作信息。

（2）阶段观察法

有些职位的工作具有较长的间隔时间，为了能完整地观察到员工的所有工作，必须分阶段进行观察。例如，高星级酒店贴身管家服务，只有贵宾下榻酒店时才有可能真实地记录其工作信息。

（3）工作表演法

工作表演法比较适合工作周期长和突发性事件较多的职位。例如酒店保安工作，除了有正常的工作程序，还有很多突发事件需要处理，如盘问可疑人员等，工作分析人员可以让保安人员表演盘问的过程，来完成对该项工作的观察。

在使用观察法时，工作分析人员首先要取得被调查对象的信任，并且事先准备好观察表格（表3.6），以便随时对体力消耗、噪声、温度等进行记录。有条件的酒店，可以使用摄像机等设备将调查对象的工作内容记录下来，以便仔细分析。此外，观察工作应注意不要影响工作的正常进行，并在观察结束后和该项工作的主管讨论观察的结果。

表 3.6   酒店客房保洁员工作分析观察提纲（部分）

被观察者姓名：＿＿＿＿＿＿＿＿   日期：＿＿＿＿＿＿＿＿＿
观察者姓名：＿＿＿＿＿＿＿＿   观察时间：＿＿＿＿＿＿＿
工作类型：＿＿＿＿＿＿＿＿＿   工作部门：＿＿＿＿＿＿＿
观察内容：
1. 什么时间开始正式工作？ ＿＿＿＿＿＿＿＿＿＿＿＿＿
2. 上午工作多少小时？ ＿＿＿＿＿＿＿＿＿＿＿＿＿＿＿
3. 上午休息几次？ ＿＿＿＿＿＿＿＿＿＿＿＿＿＿＿＿＿
4. 第一次休息时间从：＿＿＿＿＿＿   至：＿＿＿＿＿＿＿
5. 第二次休息时间从：＿＿＿＿＿＿   至：＿＿＿＿＿＿＿
6. 上午整理客房多少间？ ＿＿＿＿＿＿＿＿＿＿＿＿＿＿
7. 平均整理一间客房需要多少时间？ ＿＿＿＿＿＿＿＿＿
8. 与同事交谈几次？ ＿＿＿＿＿＿＿＿＿＿＿＿＿＿＿＿
9. 每次交谈多少时间？ ＿＿＿＿＿＿＿＿＿＿＿＿＿＿＿
10. 工作环境温度：＿＿＿＿＿＿＿＿＿＿＿＿＿＿＿＿＿＿
11. 工作环境噪声是多少分贝？ ＿＿＿＿＿＿＿＿＿＿＿＿

4）工作日志调查法

工作日志调查法是指让员工用工作日记的方式记录每天的工作活动，然后经过工作分析人员的归纳、提炼、整理以获取所需工作信息的一种方法。这种方法要求员工在一段时间内对自己工作中所做的一切活动进行系统的记录。工作日志调查法适用于工作循环周期较短，工作状态稳定、无太大起伏的职位，如酒店财务部和人力资源部的主要职位。

工作日志调查法应该由工作分析人员设计好详细的工作日志单（表3.7），让任职人员按照要求及时填写工作内容。

表 3.7   工作日志单

姓 名		部 门		职 位		时 间	年 月 日
日常例行工作		工作目标		完成情况		消耗时间 / 分钟	
上午	1.						
	2.						
	3.						
	4.						
	5.						
	解决突发事件						

续表

	日常例行工作	工作目标	完成情况	消耗时间 / 分钟
下午	1.			
	2.			
	3.			
	4.			
	5.			
	解决突发事件			
	当日工作总结			
	建议或说明事项			

5）参与法

参与法是由工作分析人员亲自参加工作活动，体验工作的整个过程，从中获得工作分析的信息。要想对某一职位有一个深刻的了解，最好的方法就是亲自去实践，通过实地考察，可以细致深入地体验、了解和分析某一职位工作所需的各种心理品质和行为模型。所以，从获得工作分析信息的质量方面而言，这种方法比前几种方法效果好。

参与法适用于专业性不是很强的职位，如酒店前厅部门童的工作。应该注意，工作分析人员需要真正地参与到工作中去，去体会工作，而不是仅仅模仿一些工作行为。

6）关键事件调查法

所谓关键事件调查法，就是通过对被分析员工在工作中极为成功或极为失败的"关键事件"的分析，来确定某一职位的关键特征和行为要求。对关键事件的调查内容包括：导致事件发生的原因和背景，员工的特别有效或多余的行为，关键行为的后果，以及员工自己能否支配或控制上述后果。在大量收集这些关键信息以后，可以对它们做出分类，并总结出职位的关键特征和行为要求。

案例启迪

应用 STAR 法开展关键事件调查

开展关键事件调查需要从事件发生的背景、解决过程、采取的措施和最终结果四个方面进行了解。以下是某酒店在对餐饮部进行工作分析时采集到的一个关键事件：

当时的情景（S，Situation）是：南美客人把西装拿去干洗，急需时却找不到。

当时的目标（T，Target）是：能够及时为客人找到干洗的西装。

当时的行动（A，Action）是：西餐厅服务员先安抚他的情绪，然后把事情的原委告诉了餐饮部副经理，副经理便找到客人，帮他联系客房部并解决问题，客人等待期间西餐厅服务员试着与客人聊天，缓和他的焦急情绪。

当时的结果（R，Result）是：西服及时找到，客人向西餐厅服务员表示感谢，并合影留念。

事件调查记录：

1. 请您简述自己在工作方面的性格特点。

比较勤劳肯干，能与同事交流合作。

2. 请问您在酒店的工作职位是什么？

西餐厅服务员。

3. 请回忆您在工作中所遇到过的一个重要事件。

一位南美客人把西装拿去干洗，急需时却找不到。

4. 请问事情发生的原因和背景是怎样的？

有一年上海国际汽车展期间，我们酒店来了许多来自世界各地的外国客人，其中有一个南美客人早上过来用餐，我跟他热情地打完招呼后他用英文给我讲他的西装昨天拿去干洗，结果今天不见了，他马上就得穿，很着急，希望我能帮他解决。

5. 请问您当时是怎么做的？

我先安抚他的情绪，然后迅速把事情的来龙去脉告诉了餐饮部副经理，副经理便找到客人，帮他联系客房部并解决问题，客人等待期间我试着与客人聊天，缓和他的焦急情绪。

6. 请问哪些相关人员参与了解决问题？

我和餐饮部副经理，以及客房部和洗衣房的有关人员。

7. 请问当时您采取措施后收到了什么效果？

隔了几天客人再见到我非常开心，对我表示了感谢，并和我拍照留念。

8. 您认为解决这类事件的最为正确的行为是什么？最不恰当的行为是什么？

最正确的行为是尽最大的努力为客人提供帮助，最不恰当的行为是跟客人说这不是我们西餐厅的职责范围，请客人自己去找客房部解决。

9. 请问您认为要解决这些事件应该具备哪些素质？

良好的语言沟通交流能力，冷静思考解决问题的能力，树立良好的服务意识。

7）综合应用

事实上，上述方法都各有利弊，为了收集到更加完整、准确的工作信息，高效率地完成工作分析的任务，酒店通常会综合采用以上几种方法。表3.8是几种工作分析调查方法的优缺点比较。

表 3.8　工作分析调查方法比较

工作分析调查法	优　点	缺　点
访谈法	直接；与任职人员双向交流，了解较深入；可以发现新的、未预料到的重要工作信息。	回答问题时可能有随意性、即时性，准确度有待验证；工作分析人员的思维定式或偏见影响判断和提问；对任职人员工作影响较大；对工作分析人员的素质要求高；不能单独使用。
问卷调查法	可以比较全面地收集到尽可能多的工作信息；收集的工作信息准确、规范、含义清晰；可以随时安排调查。	问题事先已经设定，调查难以深入；工作信息的采集受问卷设计水平的影响较大；对任职人员的知识水平要求较高。
观察法	直观；适用于大量标准化、周期短的以体力劳动为主的工作。	不适用于以智力劳动为主的工作；不适用于周期长、非标准化的工作；不适用于各种户外工作；不适用于高、中级管理人员的工作。
工作日志调查法	按照时间顺序记录工作信息，信息量大，由任职人员亲自记录不容易漏掉细节问题。	获得的信息比较凌乱，难以组织；任职人员在记日记时，有夸大自己工作重要性的倾向；会加重员工的负担。
参与法	分析者直接亲自体验，获得的信息真实。	只适用于短期内可掌握的工作，不适用于需进行大量的训练或有危险性工作的分析。
关键事件调查法	直接描述工作中的具体活动，可展示工作的动态性；所研究的工作可观察、衡量，故所需资料适用于大部分工作。	归纳事例需耗费大量时间；易遗漏一些不显著的工作行为，难以把握整个工作实体。

3.2.3　工作分析的注意事项

1）对工作信息分析的要求

（1）对工作活动是分析而不是罗列

开展工作分析时应当将某项职责分解为几个重要的部分，然后将其重新组合，而不是对任务或者活动进行简单罗列。如对酒店前台迅速转接电话这项职责，经过分析后应当这样描述："按照酒店的要求接听电话，根据对方诉求迅速作出判断，并转接到相应部门（职位）座机处。"而不应将所有的活动都罗列上去："听到电话铃响三声内，拿起电话放到耳边，先用英文再用中文报出酒店名字，然后询问……"

（2）工作分析针对的是工作而不是人

工作分析的关注点是工作本身，而不是关注员工的表现，目的是要分析出正确的工作方法和步骤。

（3）工作分析要以当前的工作为依据

工作分析是为了获取一定时期内某一职位的工作情况，是对现有的工作内容与要求更加明确或合理化，因此应当以当前的工作状况为基础进行分析，不能加入对未来工作的设想。

2）对工作分析结果的处理要求

（1）工作说明和工作规范要简明、清晰

通过对工作分析结果的处理可以形成工作说明和工作规范，在这两种文件中，要尽可能少使用模糊或抽象的术语。例如对酒店收银工作做出的工作描述，不可以要求为"有扎实的计算机知识，头脑清醒，反应灵敏"，而应该叙述为"能够熟练使用POS机，能够在光线较暗的情况下借助验钞器准确鉴别伪币"。

（2）技术性的术语要附加解释

在酒店工作中会经常接触或使用一些英文缩写术语，为了使工作说明和工作规范发挥标准化作用，有必要对这些英文缩写术语附加解释说明。例如，"VCRO"要备注为"Virtual Central Reservation Office，预订中心的预订系统"。

（3）对工作中可能出现的失误不描述

在工作分析调查过程中可以发现那些容易出现失误的作业点，在进行结果处理时应该关注，但是不需要对可能出现的失误加以描述。此外，工作说明作为一种人力资源管理的工具，目的是激励员工更好地致力于酒店工作，而不是作为惩罚的依据来约束员工的行为，因此其内容中不应该有任何处罚措施。

3.3　工作设计

3.3.1　工作设计的含义

工作设计也叫职位设计或职务设计，它是指运用工作分析的结果，通过对工作内容、工作职责、工作关系和工作标准的调整与配置，提高员工工作绩效，并满足员工的要求，从而有效达成组织目标的一项管理活动。

在实际工作过程中会有员工发现有些工作环节并不是他们所喜欢的，有些环节则驾轻就熟，做起来得心应手，而对另一些员工来说则可能是刚好相反。可见，员工对现实工作往往根据其自身的特点和工作的特征对工作有一定的需求。对工作进行适当的设计和整合以满足员工的需求，从而提高员工的工作积极性和工作效率，对于提升组织绩效有非常重要的积极意义。工作设计应该体现以人为本的管理理念。

同时，工作设计的另外一个动因是工作所面临的环境变化加速。技术的不断革新，市场竞争的不断加剧，以及员工职业生涯的发展方面不断提出新的要求，组织往往需要对工作进行设计或再设计。

工作设计的主要内容包括以下5个部分。

①工作内容，即确定工作的一般性质问题。

②工作职能，指每项工作的基本要求和方法，包括工作责任、权限、信息沟通、工作

方法和协作要求。

③工作关系，是指在工作中所产生的人与人的联系，包括与他人交往的关系，建立友谊的机会和集体工作的要求。

④工作结果，是指工作的成绩与效果的高低，包括工作绩效和工作者的反应；前者是工作任务完成所达到的数量、质量和效率等具体指标，后者是指工作者对工作的满意程度、出勤率和离职率等。

⑤工作结果的反馈，主要指工作本身的直接反馈和来自别人对所做工作的间接反馈，即同级、上级、下属人员3个方面的评价。

3.3.2　工作设计需要考虑的因素

1）酒店运营的特点

（1）专业化

专业化就是按照所需工作时间最短、所需努力最少的原则分解工作，结果是形成很小的工作循环。以酒店客房服务为例，除客房卫生清洁外，专业化的服务还可以细分为擦鞋服务、会客服务、托婴服务、洗衣服务、夜床服务、叫醒服务和送餐服务等。

（2）工作流程

工作流程主要是在相互协作的工作团体中，需要考虑每个职位负荷的均衡性问题，以便保证不出现所谓的"瓶颈"，不出现任何等待或停滞问题，确保工作的连续性。例如，传统的中餐厨房中，菜肴制作加工一般分为两个职位，一个是负责切配的"砧板"职位，另一个是负责烹调的"炉灶"职位。这种工作分工比较粗，对于一些具体的操作不能明确落实到位，如浆、糊的调制，菜肴围边、点缀（即盘饰），料头切制等，可以是切配人员来完成，也可以是烹调人员来完成，容易造成相互推诿，从而影响厨房的生产秩序、出菜速度和菜肴质量。随着酒店厨房管理水平的提高，出现了"打荷"职位，砧板厨师将切配好的菜肴传递给打荷厨师，打荷厨师根据菜单要求、菜肴制作的工艺流程和标准进行菜肴烹调前的预制加工，如上浆、制糊和腌制等，然后按照上菜顺序分配给炉灶厨师进行烹调。菜肴烹制完毕之后，打荷厨师配合烹调厨师进行装盘、点缀和卫生处理，并由打荷厨师将菜肴交给传菜员。

（3）工作习惯

工作习惯是在长期工作实践中形成的传统工作方式，反映工作集体的愿望，这是工作设计过程中不可忽视的制约因素。例如，酒店的客用电梯和员工电梯是分开使用的，一般员工在非工作需要（如没有陪同客人）时是不能使用客用电梯的。因此，酒店应该要求员工确因工作需要使用电梯时，应礼貌地向电梯内的客人问好，并按住电梯按钮，让客人先进、先出电梯；当电梯内客人较多时，应等候下一部电梯，而不能和客人争抢电梯。

案例启迪

厨师长为什么要辞职？

一个星期四的下午，滨湖度假酒店人力资源部经理艾姆思·克里正在办公室整理员工的人事档案，忽然响起了一阵急促的敲门声，紧接着酒店餐饮部经理盖诺·沙德像一股旋风似的闯了进来。

盖诺：事情太糟糕了，我无法再工作下去。有时我想这里就像疯人院一样。餐饮部没有员工，我怎样去经营去管理？所有的客人都来我这里投诉，我却不能责怪他们，因为我没有饭菜给客人吃。

艾姆思：冷静一点，盖诺，餐厅究竟发生了什么事？

盖诺：厨师，厨师，还是厨师出了问题。即使给他们最好的厨房设备，他们除了抱怨，什么也不会做。我希望统统把他们赶走，让工厂里的机器人来做。

艾姆思：好了，你最清楚他们是怎么回事。是否又是厨房里发生了一点小事，你就去干涉，结果是化小事为大事，我说得对吗？

盖诺：不！比这还要糟糕得多。今天我根本就没进厨房，因为我太忙了。也许就是因此而出了问题。厨师长吉恩刚提出辞职。这意味着1个月内酒店有4个厨师辞职。我已经打电话给职业介绍所请他们帮忙再找几个厨师，但他们要求我们多付30%的佣金，因为我们是临时提出而且还加急。我不知道该不该接受他们的条件，但我们必须还要想别的办法来解决问题。

艾姆思：吉恩现在已经离开饭店了吗？

盖诺：没有，他还没走。有人在安慰他，给他酒喝。

艾姆思：请他到我办公室来。我不是站在他一边，而是要弄清为什么我们的厨师都辞了职。然后，我们才有可能找出解决问题的办法，把这件事留给我处理好了。盖诺，消消气。别忘了，下周六你要去西班牙度假了。把一切都忘了，轻轻松松地去度假。如果今后真没有客人投诉，我想，恐怕事情会更糟。

盖诺离开办公室。几分钟后，又响起了敲门声，厨师长吉恩走了进来。

艾姆思：进来，请随便坐。我得知你刚刚辞了职，但我希望能与你说几句话。我想知道为什么你在这里工作这么短时间就要离开？

吉恩：好！我知道我喝多了一点，但我奇怪为什么自己找了这份工作。这里的工作分工一团糟，零点客人的菜我要亲自动手，自助餐宴会该补充什么菜我也要跑到现场去落实；今天天气不好，有客人想在客房用餐，结果客房部送来的点菜单上居然是我们菜谱里从来没有的菜肴。还有，餐厅不给我配有经验的助手，都是一些刚刚离开学校的学生，又似乎没人想去培训提高他们。他们只能生硬地握着刀切蔬菜。厨房所有的事情都得由我来做，每天工作结束时我连站着的力气都没有了。因为工作的压力而忍受痛苦，我学会了喝酒。我想在成为酒鬼之前离开这里回法国去，那里的酒店尊重厨师，有良好的厨房设备。

厨师长离职前发自肺腑的一席话，使艾姆思基本上弄清了问题的根源所在。看来，挽留厨师长是不可能的了，他开始考虑要重新设计厨房各职位的职责，此外，从流程设计方面帮助厨房衔接好与餐厅服务和客房服务的配合，也是需要立即着手的。

2）外部环境因素

（1）人力资源的供给情况

酒店在工作设计时必须要考虑能否招到足够数量的合格人员。例如，某酒店为了降低餐饮成本，决定自己承担干货原料涨发的工作，由于缺乏对此类专业厨师的充分考虑，在花钱购买了大量干制海参和鱼翅后，发现掌握高档海货原料涨发的厨师十分缺乏，所以事后又不得不将这批原料折价转让。

（2）人力资源期望

人力资源期望指劳动者希望通过工作满足哪些需求。在经济起步期，由于工作机会不多，许多人可以接受酒店业工作时间长、体力消耗大的工作，但随着社会进步和教育水平的提高，人们对工作及生活质量有了更高的期望，单纯从工作效率、工作流程考虑酒店的组织效率往往会造成员工的大量流失。因此酒店在工作设计时，必须考虑"人性"方面的诸多要求和特点。

3）员工对工作的需求

（1）自主权

自主权是指员工对从事的工作承担责任，因此有权对工作事件作出自己的反应。酒店给予员工决策权力、提供附加责任，可增强员工受重视的感觉；反之，缺乏自主权会使员工失去对工作的热情，绩效水平下降。

（2）工作多样化

员工工作时需要使用不同的技能，如果缺乏多样性，容易导致疲劳和厌烦，甚至可能产生更多的失误。通过工作设计体现工作的多样性特征，能减少疲劳引起的失误，从而减少效率降低的诱因。

（3）工作任务的完整性

如果工作任务被过分分解，员工不能完整地参与某些工作，其在完成本职工作后就很难产生成就感，缺少对工作成果的骄傲感，责任感也会随之降低。因此，酒店在工作设计时应该考虑工作任务的完整性，要使员工感到自己作出了可以看得到的贡献，这样员工的工作满意感就会大大增加。例如，酒店餐饮部推出厨师当着顾客的面表演"铁板烧"，使得厨师可以直接感受到顾客对其厨艺的评价，厨师工作的成就感会明显提高。

（4）工作任务的意义

和工作任务完整性密切相关的是工作任务的意义。工作任务的意义就是使员工知道自己所承担的工作是重要的，只有当他们知道其他人正依赖着自己的工作，员工的自豪感、践行承诺的意向和对绩效的重视就可能随之产生。酒店的许多工作都需要多职位、多部门协调配合完成，因此一方面要在工作设计中阐明某一职位的工作会和其他哪些职位或部门发生怎样的工作联系，另一方面还要说明本职位的工作对完成某一具体任务的意义。

（5）绩效反馈机制

在工作设计中要建立必要的绩效反馈机制，使员工能够及时地了解工作目标的达成进度。例如，酒店各运营部门可以在每日部门例会中加入"销售业绩通报"的内容，让员工知道自己的工作绩效与目标定额的对比情况，以刺激他们调整自己的工作状态。

3.3.3 工作设计的主要任务

1）定岗

所谓"定岗"，主要是将工作分析后获得的关于工作职责的信息归并到某一职位，并进一步明确职位之间的工作联系、隶属关系、反馈关系，以及协作方式、信息沟通方式，确定职位工作结果的考评方式等。定岗主要解决酒店应该设置哪些部门、部门中需要设置哪些职位等问题。

酒店工作设计中的"定岗"必须厘清两条线索，一是职能划分。职位结构是酒店发展战略和竞争战略落地的载体，各个职位必须承担和履行相应职能。二是业务流程。将酒店中各个职位串联起来的是业务流程。一个职位可以承接多个业务流程，一项业务流程通常由多个职位串联而成。一家酒店往往存在多个层次的业务流程：一级业务流程（如服务流程、销售流程、行政人事流程等）、二级业务流程（如服务流程中的前厅接待流程、销售流程中的宴会预订服务流程等）和三级业务流程（如前厅接待流程中的顾客行李寄存流程、入住登记流程、离店退房流程等，宴会预订服务流程中的主题宴会设计流程等），等等。酒店业务流程的数量、作业点和服务细节要求直接决定了职位的数量和结构。

2）定责

所谓"定责"就是确定整个酒店的职责分工，即运用多种方法和技术对经营战略、服务项目进行整合和梳理，确定酒店应履行的职责，并将这些职责细化为各部门、各职位职责，形成酒店总的职位职责体系。基于职能的定责和基于业务流程的定责是比较适合酒店业的定责管理模式。

（1）基于职能的定责

基于职能的定责是基于经营战略，围绕酒店整体职能，界定部门职责和职位职责的过程。其主要特征是"自上而下"，即从酒店整体职责设计到部门职责设计，再到职位职责设计，将经营战略通过逐层分解最终落实到具体职位。这种定责方式效率相对较高，且简单易行，便于操作。基于职能定责的主要步骤：第一，根据酒店战略目标确定部门在经营活动中的功能定位，根据部门功能定位确定部门职责；第二，根据部门职责确定职位目标和职位关键任务；第三，根据职位目标和关键任务确定职位职责。其中，部门职责向职位分解，需要根据不同情况采用不同方法将各项职责与职位相对应。

（2）基于业务流程的定责

基于业务流程定责是在梳理酒店业务流程的基础上"自下而上"的定责过程，它是通过流程分解、节点细化、节点任务归并、职责整合等技术环节确定职位职责和部门职责的一种方法。基于流程定责是依据酒店经营战略设计组织核心流程，然后再逐级分解流程，拆分各级流程节点，明确各节点任务，将任务类似或相近的节点进行归并和整合，形成组织职位职责体系。

基于业务流程定责的特点主要体现在4个方面。第一，业务流程的"二维多层"化。即将酒店的各项业务流程转换为"二维多层图"，从横向和纵向两个维度进行分解。其中横向是业务流程的步骤，涉及流程的发起者、批准者、执行者、协助者和监督者等；纵向则是业务流程各步骤涉及的审批层级和授权体系。第二，业务流程节点与职位相对应。将业务流程中的每一步骤进行细分和编码，通常在三级或四级流程中，流程的节点会直接对应到某一具体的职位。第三，业务流程复核和优化。一是横向复核，即"直接删除"业务流程中多余、重复的环节，调整业务流程中的节点顺序，确定业务流程中每一个节点的归属部门及负责的职位。二是纵向复核和优化，即判断在多层审批过程中"发起者"经历次数的合理性，通过授权来简化同一层级主体审批次数。第四，业务流程的任务节点和操作归并。把难度类似、性质类似，或者业务流程上前后相关的节点或步骤合并成职责，进而把类似或相关的职责合并到职位，职位职责整合后形成部门职责。

3）定编

所谓"定编"，主要是确定履行酒店业务职能、完成职位职责所需的人员数量。职位编制数量取决于职位职责多少、职责难度大小、工作标准化程度和相似程度、工作复杂程度、工作之间的关联程度，以及职位对任职者的能力要求。例如，任职者的能力标准越高，职位编制数量就相对越少。酒店定编的方法主要有劳动效率定编法、行业比例法、业务分工定编法和预算控制法等多种方法。

4）定员

所谓"定员"，就是确定职位任职资格或能力标准，为酒店各个职位配备合格人员。职位任职资格的高低与职位的职责要求、任务要求、编制数量、薪酬策略和酒店服务定位等相互关联。

3.3.4　工作设计优化的方法

随着酒店经营环境、服务项目、部门功能和工作流程等发生变化，酒店有可能出现工作职责弱化、职责重复交叉、职责错位、职责缺失等现象；同时原有职位职责也可能存在工作内容单调重复、琐碎、缺乏挑战性的问题，引发员工积极性和主动性下降、技能无法精进等现象。当出现上述情况时，酒店就需要进行工作设计的优化，目的是提高员工工作绩效和工作满意度、改善员工生活质量和调动员工的工作积极性。适合酒店行业工作设计优化的方法主要有工作专业化、基于人体工程学的工作设计、工作轮换、工作扩大化和工作丰富化。

1）工作专业化

工作专业化是一种传统的工作设计方法，它是通过动作和时间研究，把工作分解为许多很小的单一化、标准化和专业化的操作内容及操作程序，并对员工进行培训，使工作保持高效率。这种工作设计的方法可以应用于客房清洁、宴会摆台等工作环节。

工作专业化的主要特点是：工作具有简单重复性；员工需要具备的操作技能比较容易掌握；员工被固定在工作内容相对单一的职位；员工所采用的设备和工作方法，均由所在部门作出规定，员工只能服从。

工作专业化设计应用于酒店行业具有的优点如下。首先，把专业化和单一化最紧密地结合在一起，从而可以最大限度地提高员工的操作效率。其次，由于把工作分解为很多简单的高度专业化的操作单元，因此员工能够比较快地掌握，可以节省大量的培训费用，并且有利于劳动力在不同职位之间的轮换。最后，工作专业化对员工的综合技能要求会降低，可大大降低劳动成本。因此，酒店可以为那些通过工作专业化设计的职位招聘一些小时工或兼职人员来充实员工队伍。

工作专业化设计的不足是，它只强调工作任务的完成，基本不考虑员工对这种方法的反应，因而工作专业化带来的高效率往往会因员工对重复单一的工作不满与厌恶造成的缺勤、离职所抵消。

2）基于人体工程学的工作设计

人体工程学是探知人体的工作能力及其极限的科学，目的是使人们所从事的工作趋向适应人体解剖学、生理学、心理学的各种特征。基于人体工程学的工作设计通常用于体力要求比较高的工作设计，目的是降低某些特定的工作对体力的消耗，从而使大多数员工能够顺利地完成这些工作。例如，地毯清洗的工作环境噪声比较大，长时间从事此项工作对员工的听力有一定伤害，因此在工作设计时既要考虑劳动保护问题，同时还应该合理安排工作间歇。该方法还非常关注对设备、机器和技术的再设计，例如，通过调整酒店前台计算机键盘的高度，最大限度地减少职业病（比如腕管综合征等）的发生。

3）工作轮换

工作轮换是指定期地将员工从某一职位换到另一职位，同时必须保证各职位的工作流程不因此受到影响。这种方法并不改变工作设计本身，而是让员工定期进行换岗，这样能够使员工感受到工作的挑战性，从而对工作保持一定的新鲜感，并锻炼员工的适应能力，特别是为员工提供了发展技术和较全面地观察和了解酒店整体业务流程的机会。

工作轮换的主要不足在于：工作内容、流程和方法等没有发生实质性的改变，只是在一定程度上缓解了员工对单一重复性工作所产生的厌烦感，工作轮换后的员工长期在几种常规的简单的工作之间重复交替，最终还是会感到单调与厌烦。

4）工作扩大化

工作扩大化是指在横向水平上增加员工工作任务的数目或变化性，使工作多样化，以减少由于工作单调乏味而造成的员工满意度降低，其实质是要让员工增加所从事的工作种类，掌握承担多项工作的技能，以增加其对工作的兴趣。因此工作扩大化一方面可以提高工作效率，另一方面可以提高员工的工作满意度。对于酒店而言，则可以通过工作扩大化丰富员工的工作技能，做到"一专多能"，在某一岗位出现劳动力紧张时，可以迅速在酒店内部进行调剂、增补，从而控制劳动成本。

5）工作丰富化

工作丰富化的核心内容是让员工参加工作的计划和流程设计，并在工作中及时得到信息反馈，从而自我评估和修正自己的工作，使员工对工作本身产生兴趣，获得责任感和成就感。工作丰富化试图通过赋予员工更多的控制权、责任和自由决定权，来增加工作的深度，因此又被称为"纵向工作扩张"。例如，餐饮部可以从厨师中选拔人员，参与到食品原材料的采购和库存管理中，使其工作内容在酒店整个餐饮生产链中前移，以激发员工的工作兴趣。

实施工作丰富化可以采取下列4种方式。

①任务组合。把现有零散的任务结合起来，形成范围较大的、内容丰富的工作单元，增加技能多样性和任务完整性，这样做能够使员工看到工作的成果，体验到工作的意义和重要性。

②建立员工—客户关系。当一个员工与客户建立直接的关系时，他们会从客户那里得到重要的反馈，同时也使他们感受到一种自主性。另外，与客户建立直接的关系需要员工具备为客户服务的技能和人际交往技能。因此，建立员工—客户关系，有利于增加工作的技能多样性、自主性和反馈程度。

③纵向扩充工作内涵。这不仅要求员工承担执行性的工作，还要赋予员工一些原本属于上级管理者的职责与控制权，以此缩短工作的"执行层"与"控制层"之间的距离，并让员工感受到自己所承担的责任，增强工作自主性和任务重要性。

④开放反馈渠道。要使员工不仅能够知道自己的绩效，还可以知道自己在工作上是进步了、退步了还是没有变化。最理想的是让员工在工作中直接收到反馈，而非由上级间接传达，这可以增加其自主性，减少被监督意识。

【复习思考题】

1. 工作分析所需要的信息主要涉及哪些方面？
2. 工作分析对酒店人力资源管理具有什么重要意义？
3. 工作分析应该遵循哪些原则？
4. 酒店常用的工作分析调查方法有哪些？各有什么优缺点？
5. 适用于酒店"大堂经理"职位的工作分析调查方法有哪些？试采用相关方法调查并撰写"大堂经理"工作说明书。
6. 酒店工作设计中需要考虑哪些因素？
7. 酒店工作设计的主要任务有哪些？彼此之间有什么联系？
8. 酒店工作设计的主要方法有哪些？各有什么优缺点？

【案例研究】

凯旋门酒店基于工作分析实施的改革

雅克·霍兹曼被任命为澳大利亚凯旋门酒店的总经理。面对澳大利亚酒店业激烈的竞争状况，霍兹曼深感责任重大，他必须提高效率，改进质量，增加酒店盈利，同时严格控制经营成本。与凯旋门酒店同档次的一些豪华酒店，为了保证利润而减少服务或降低质量，最终发现他们所追寻的顾客不再上门了。

尽管是凯旋门酒店集团最年轻的总经理和董事，霍兹曼在酒店行业及在澳大利亚的经验使他意识到必须建立一支高效的管理队伍，以便顺利实施凯旋门酒店的服务质量计划。他和一个8人组成的管理委员会一起，根据他过去在丽思卡尔顿（Ritz-Carlton）酒店的工作经验，制定了一个服务质量提升战略，由于充分认识到了顾客忠诚度所蕴含的巨大盈利潜力，霍兹曼把市场营销的焦点集中在澳大利亚客户，并把员工工作的重心放在提高效率和改进质量方面。这一切都与凯旋门酒店集团在其他地区所做的为建立竞争优势的努力相一致。

当霍兹曼走马上任之时，凯旋门酒店在当地雇用了238名员工，由于澳大利亚酒店行业的劳动力成本比美国还高，霍兹曼不得不裁减86名员工，同时通过人力资源部的工作分析，建立起一种横向协作的辅助服务组织，员工在这种组织方式下必须承担更大的责任，例如，在旅游团队抵店时，门卫保安被要求协助前台服务员或者前厅礼宾员维持秩序、分拨行李等。由于经济形势不景气，并且员工队伍又进行了裁减，酒店的管理层不得不把员工更加紧密地结合起来解决各种问题，以便维持员工较高水平的积极性和参与程度。

在做工作分析的过程中，他们还发现酒店实际工作中的一些做法与管理理念是相互矛盾的，例如，酒店的高层管理者一方面极力宣称要给员工充分授权，高度信任；另一方面却忘不了每天两次检查客房清洁工作。在新的客房服务工作规范中，去除了高层管理人员对客房的检查，而是由客房服务员对他们自己的工作负责。顾客的称赞和抱怨都由客房服务员自己承担。这种创新的做法一开始就取得了令人满意的成绩。顾客发现客房比以前更加干净整洁了，客房服务员也对自己的工作更有责任感和使命感了。但是，这种大幅度提高直接责任的办法也提出了新的要求，那就是在完全采用自我检查计划之前，必须对客房服务员实施进一步的培训。

另一项改革措施是，酒店的管理人员在例会中增加了一项内容——要向员工通报本部门或酒店的盈亏状况。这样使员工共享非公开的财务信息的目的，是为了使员工有机会加深对酒店经营水平的了解，让员工参与酒店发展，提高他们的责任感。其结果是，员工开始根据事件的重要程度顺序安排工作，增加了全局观，进一步加强了对本职工作重要性的了解，知道自己的所作所为对成本和基本工作流程的影响。

讨论问题

1.凯旋门酒店基于工作分析实施的改革是否科学？还有哪些可以进一步改进的方面？

2.面对雅克·霍兹曼的改革措施，凯旋门酒店的人力资源部门需要怎样做好充分准备？

开阔视野

基于人工智能技术谷歌（Google）公司开发定制化和个性化工作说明

人工智能技术（AI）已经成为在快速进化的人力资源管理领域中不可或缺的支持伙伴，通过深度数据分析和智能算法，可以帮助企业精准描述工作说明。

谷歌（Google）公司是集搜索、在线广告、云计算、量子计算、电商、人工智能、电子商品于一体的世界级公司。谷歌的工作说明主要包括4个方面：领域（Area）、角色（Role）、工作职责（Responsibilities）和任职资格（Job Qualifications）。

①领域（Area）：强调谷歌的组织愿景和目标。

②角色（Role）：通过精炼的短句阐述职位的日常职能（例如：该职位属于 Google 软件工程建设部的核心，促进工程团队开发和提供高质量的移动应用程序和服务）。

③工作职责（Responsibilities）：简洁介绍工作中特定需要交付的成果（例如：设计并建立先进、自动化的测试框架……）。

④任职资格（Job Qualifications）：包括所任工作需要的教育背景、工作经验和工作技能，通常十分具体（如"熟练掌握 C++ 和 Java 是必须的基本工作条件"），并细分为最低任职资格（Minimum Qualifications）和最优任职资格（Preferred Qualifications）。最低任职资格是指职位最基本的、规定的，通常是不可妥协的要求（如教育程度、专业资格认证）。最优任职资格是指职位优先考虑的，非强制要求的技能和经验要求，这些通常与最低任职资格相比有更高的定性（如沟通交流中良好的说服能力展现、理想的教育背景和高级工作经验）。

针对工作说明的上述体例，谷歌利用其先进的 AI 技术，特别是自然语言处理（NLP）和机器学习算法，对积累的大量内部工作分析数据和应聘数据进行分析。AI 算法被训练以识别和生成符合特定团队和公司文化的工作说明要素。在生成工作说明时，AI 首先分析企业文化和团队特性的相关数据，然后基于这些信息定制化生成某一具体职位的工作说明，这包括对技能要求、工作责任和企业价值观的表述进行技术性优化。

通过这种模式，谷歌能够更快速、更精确地生成工作说明，同时确保各个团队的特殊需求得到满足，效率得到了大幅度的提升。在文化方面，AI 更好地将企业文化和价值观融入工作说明中，这对于吸引符合谷歌企业文化的候选人至关重要，形成了文化属性的匹配；从长期来看，这种模式可能最先引导整个 IT 行业的人力资源管理处于更智能、更个性化的工作说明引领下，适应行业的长远发展。

对于个性化和定制化的工作推进，HR 要将自己所承担的职责和角色更加细化，比如：①HR 需要提供准确、全面的公司文化和团队特性信息，以供 AI 系统学习和分析；②AI 生成的职位描述需要由 HR 进行审核和微调，以确保其准确反映团队需求和企业文化；③HR 应与技术团队密切合作，不断提供反馈以优化 AI 算法的准确性和适应性；④HR 专业人员需了解 AI 技术在工作说明生成中的潜力，并进一步应用到招聘、培训、绩效和薪酬等 HR 模块。

通过上述分析，可以看出谷歌是如何有效地利用 AI 技术优化工作说明，以及 HR 在这一过程中扮演的关键角色。这不仅提高了工作分析的质量，还增强了工作说明与企业文化和团队特性的匹配度。

资料来源：根据网络素材整理。

第4章 酒店员工招聘

【学习目标】

通过学习本章，学生应该能够：

掌握：酒店招聘信息的组织与发布；

　　　酒店员工招聘的甄选方法。

熟悉：酒店招聘的主要途径；

　　　酒店招聘计划的制订；

　　　酒店新员工录用就职的工作环节。

理解：招聘的概念；

　　　酒店招聘工作应该遵循的原则；

　　　影响酒店员工招聘的主要因素。

【关键术语】

招聘	内部招聘	职位公告
工作竞聘	外部招聘	职位空缺
招募甄选	认知能力测试	试运动协调能力测试
性格及兴趣测试	专业能力测试	招聘面试
结构化面试	非结构化面试	甄别个人资料
录用决策		

开篇案例

开元酒店集团的招聘创新

开元酒店后备高管面试选拔在开元酒店集团杭州总部拉开帷幕。经过前期内外的宣传预热及开放报名，此次进入复试选拔人数达到历年之最，他们通过逻辑推理和专业素养测试、联席专场面试以及随机辩题辩论赛三关考核，名列前茅者将入选开元酒店集团本年度后备高管人才发展计划。

开元酒店集团实施后备高管梯队人才发展计划以来，15 年间向旗下酒店输送了数百位优秀酒店总经理，同时也筛选培养出大量符合开元文化及未来发展需求的高素质管理人才。经过多年的理论探索和实践检验，后备高管培养体系已经日趋成熟，是集团"3+1"人才培养体系中的重要组成部分，是集团快速发展和扩张的重要人才保障。

开元酒店集团近年来实施扩张型人力资源发展战略，使大量优秀的外部中高层管理人才相继加入开元，经过定制化融入式的学习培养方案，拓展了后备高管的招募通道。

开元酒店集团是注重创新与变革的企业，不仅酒店宾客至尊的传统与品质创新并驾齐驱，在人才的选拔和培养方式上同样推陈出新。后备高管面试选拔的安排很好地诠释了传统与创新的共存：在笔试测验中，对产品品质的坚持和对客户满意的追求使得开元酒店在出题的逻辑上延续传统，注重考察候选人的逻辑思维能力、遇事处理能力、对宾客至尊的理解与对市场的洞悉能力，也更加关注候选人的视野格局，用多维度的考察迅速明晰得出候选人画像。

辩论赛则体现了开元创新开放的一面，从行业热点话题出发，涵盖了自我成长、团队融合、社会关注等赋予时代标签的新创意辩题，既考察候选人的知识储备，又检验了其临场应变能力。

后备高管梯队人才发展计划从方案整体的策划到标准的制定，从人员选拔到后续的培养跟进等全流程都由开元企业大学负责。选拔过程着重考察候选人的逻辑思维能力、专业知识素养与实际实务的处理能力，成功进入后备高管培养体系的学员将由开元企业大学组织开展各模块的专业化学习，内容涵盖线上视频教学以及线下的培训课程，并辅以样板酒店游学观摩项目，实训测试考核是检验后备高管的重要环节。

资料来源：执惠 . 新思维新力量，2020 年开元酒店集团后备高管成团 [EB/OL].（2020–10–15）[2024–02–20]. 执惠网 .

4.1　招聘工作概述

招聘是酒店人力资源管理中的基础性工作，无论是酒店开业前的人员组织，还是酒店经营中人员的补充，都离不开招聘工作。酒店业不仅属于劳动密集型行业，而且员工流动率比较高，因此招聘频率高是其人力资源管理的特点之一。

4.1.1　招聘的概念及关键环节

招聘是指酒店根据人力资源计划和工作分析的结论，并结合酒店的经营状况，及时、足够多地吸引具备工作资格的个人补充酒店空缺职位的过程。构建酒店的招聘系统应该以 7R 为基本目标，即恰当的时间（Right Time）、恰当的范围（Right Area）、恰当的来源（Right Source）、恰当的信息（Right Information）、恰当的成本（Right Cost）、恰当的方法（Right Methods）和恰当的人选（Right People）。

员工招聘工作主要是由招募、甄选、录用和评估等一系列关键环节构成的。

1）招募

招募就是使潜在的合格人员对酒店的特定工作职位产生兴趣，并应征该职位的过程。招募的主要工作内容包括：招聘计划的制订与审批、招聘信息的发布、接受应聘者的申请等。

2）甄选

甄选就是从一组应聘者中挑选出最适合酒店某一特定工作职位的人员，并使之接受这一工作的过程。甄选的主要工作内容包括：评价应聘者的申请和工作简历、面试、测试、个人材料的审查与调查、体检等。

3）录用

录用是酒店最终决定雇用应聘者并分配其具体工作的过程。录用的主要工作内容包括：录用决策、通知被录用人、对落选者的回复等。

4）评估

评估是在酒店招聘工作基本结束后，对所消耗的时间、经费和员工上岗情况等进行评价，以期发现在今后类似的招聘活动中可以改进的方面。招聘评估的主要工作内容包括：评估招聘途径、评估招聘完成时间、评估招聘成本、招聘测试的信度与效度评估等。

通常，在大中型酒店里，招聘工作是由人力资源部门主持完成的。在小型酒店，招聘工作则可以由具体用人部门的经理来处理。

4.1.2 酒店招聘工作的意义

1）招聘是酒店获取人力资源的主要途径

酒店在发展过程中，人力资源的状况总是处在不断变化之中。随着酒店发展阶段的不同，面临外部竞争环境的改变、酒店竞争战略的调整，酒店对人力资源的需求也会因此发生变化。无论是从外部补充新的员工，还是在内部进行人力资源的再配置，都需要通过规范的招聘程序来更好地满足酒店对人力资源的需求。由此可见，员工招聘是酒店一项经常性的工作，是酒店获取人力资源的主要途径。

2）招聘是提高酒店核心竞争力的重要途径

酒店经营的特点决定了其行业竞争的实质是人力资源的竞争，有效的招聘过程才能确保录用人员的质量。招聘工作既关系到酒店人力资源的质量，也直接影响着酒店人力资源管理其他环节工作的开展。酒店只有拥有了高素质的员工队伍，才能保证提供高质量的产品与服务。

3）招聘工作有助于促进酒店人力资源的合理流动

招聘是根据酒店人力资源计划，严格按照工作说明，对应聘者从职业道德、身体素质、工作技能和经验等多方面进行考查，择优录用的过程。科学的招聘能促进员工通过合理流动找到适合的职位，更好地调动员工的积极性、主动性和创造性，使员工的能力得以充分发挥。同时，有效的招聘系统有利于酒店人力资源动态调节机制的形成，能在酒店内部形成良性竞争和人员的"优胜劣汰"，在一定程度上促使在岗员工主动适应职位需求的变化。

4）招聘工作是宣传企业形象的有效途径

在招聘过程中，酒店利用多种渠道和多种形式发布招聘信息，除了吸引更多的应聘者，还能让外界有机会更全面地了解酒店。有些酒店以精心设计的招聘过程来表明企业对人才的渴求和重视，显示酒店的实力。在招录到所需人才的同时，酒店通过招聘工作的运作和招聘人员的素质，还可以向外界展示酒店的企业文化。

5）高水平的招聘有利于酒店经营管理的创新

针对酒店高层管理人员和高级技术人员的高水平招聘，可以为酒店的经营管理活动注入新的思想，还可以给酒店带来服务上的重大创新，为酒店增添新的活力。

4.1.3 员工招聘的原则

1）公平性原则

公平性原则是指酒店真正从招聘需求出发，采取合理的招聘方式和科学的招聘标准，客观评价应聘者的素质、胜任力等，确保招聘流程和制度能够给予应聘者平等的机会，并根据评价结果对合格的应聘者公正地安排录用。

2）科学化原则

科学化原则是指酒店在开展招聘工作时，要对招聘的整个流程环节进行合理的设计，并制订清晰、可行的标准与要求，提高可操作性，避免因招聘工作的盲目开展而带来的不必要损失。

3）效率最优化原则

效率最优化原则是指根据酒店不同的招聘需求，选择恰当的招聘方式、招聘渠道等，用尽可能低的成本，为酒店招聘到满足职位要求的员工，并配置到合适的职位上。

4）适用优先原则

不同的企业有不同的文化和价值观，形成了各自的"水土"。因此，与酒店企业文化和管理风格不能相融的人，即使很有能力，对企业的发展也会有不利之处。此外，由于人的知识、阅历、背景、性格、能力等方面存在着差异，酒店在选择应聘者时应该量才而行，不一定是最优的，但是一定要尽量选到最合适的。

4.1.4 员工招聘的基础

1）人力资源计划

人力资源计划从数量和质量两个方面规划，明确酒店人力资源的需求，将这种需求与酒店现有的人力资源水平进行比较，可以比较清楚地发现当前酒店需要招聘的员工的数量和条件。

2）工作说明书

工作分析的结果之一——工作说明书可以为员工招聘工作提供这样的帮助：使招聘标准更加客观；指出胜任某一职位的工作所需要的教育经历、培训和经验；为甄选测试提供依据；回答应聘者对所应聘职位的咨询。

3）用人部门的招聘申请

一般来讲，在不突破本企业人力资源总编制或工资预算 10% 的情况下，经酒店最高管理层批准，人力资源管理部门可以根据用人部门的招聘申请表（表 4.1）实施招聘。

表 4.1　"酒店招聘申请表"示例

申请部门				部门经理（签字）			
申请原因	□员工辞退		□员工离职	□业务增量		□新增业务	□新设部门
	说明：						
需求计划	任用时间			职位名称与人数			希望到任时间
	临时使用≤ 30 天　□			岗 位	1	人　数	
	30 天＜短期使用≤ 90 天　□				2		
	90 天＜长期使用　□				3		
聘用标准	利用现有"工作说明书"			□可利用；　□不能利用；　□需修改； □尚无"工作说明书"，需编写。			
	工作内容	1					
		2					
		3					
	工作经验	1					
		2					
		3					
	专业知识	1					
		2					
		3					
	语言表达			性格要求			
	外语水平			计算机技能			
其他条件							
薪酬标准	基本工资			其他津贴		其他收入	
工作直属上级批示				签字： 日期：			
人力资源部门意见				签字： 日期：			
总经理批示				签字： 日期：			

4.1.5 影响招聘工作的因素

1）外部环境因素

（1）国家的法律法规

国家的法律法规对于酒店的招聘活动是有限制和约束作用的。我国《劳动法》规定所有劳动者都享有平等就业和选择就业的权利。酒店在招聘过程中，如因应聘者的民族、性别、宗教信仰等原因而给予其不平等的对待，都属于就业歧视，是违法行为。我国《劳动合同法》规定个人与组织必须通过签订劳动合同来确立劳动关系，如果酒店未按规定与招聘的员工签订劳动合同则属于违法行为。

（2）宏观经济形势

一般来说，宏观经济形势良好，社会就业率高，招聘活动就比较频繁。反之，宏观经济出现危机，经济形势不乐观，酒店投资与经营信心不足，则会减少招聘职位，甚至停止招聘。政府对宏观经济的调控，也会在很多方面影响酒店的招聘活动。

（3）人力资源市场的供求状况

当酒店通过外部招聘来获取人才时，人力资源市场的供求状况会直接影响招聘的效果。比如酒店所需的人才在人力资源市场供不应求时，酒店吸引应聘者会比较困难，应加大宣传或通过提高待遇来吸引更多的人才；相反地，人力资源市场的供给大于需求时，酒店招聘会相对容易，可选择的范围也更大。

（4）竞争对手

在同一区域内由于对人才需求的相似度比较高，酒店之间容易形成争夺人才的局面，而应聘者也往往会在同档次的酒店中进行比较后作出选择。因此，酒店在招聘过程中，取得与竞争对手的比较优势是非常重要的。

2）内部影响因素

（1）酒店形象和自身条件

酒店的公众形象越好，对招聘活动越有利，良好的酒店形象会对应聘者产生积极的影响，引起他们对酒店空缺职位的兴趣，从而有助于提高招聘的效果。影响酒店形象的因素主要有：酒店的发展前景、规模、行业的竞争地位和企业文化等。此外，地理位置、管理水平和发展阶段等也在一定程度上影响着酒店招聘活动的开展。

（2）工资和福利待遇

酒店的工资制度是员工劳动报酬是否公平的主要体现，福利措施是酒店是否关心员工的反映，它将从物质方面影响招聘活动。

（3）招聘的成本预算

酒店往往会根据招聘职位的重要性、招聘员工的数量以及自身的经济实力制订招聘的成本预算。酒店的招聘预算会影响招聘信息发布的渠道、招聘的方式、甄选流程的设计、工作人员的数量和职位的高低等。酒店的招聘活动必须考虑成本和效益，在成本约束的条件下，招聘到最合适的人才，才是实现了招聘收益的最大化。

（4）酒店的用人政策

酒店的用人政策不同，对员工的素质要求就不同，相应的招聘方式也会有差异。比如有些酒店倾向于采用外部招聘，有些酒店则倾向于采用内部招聘；有的酒店认为综合素质比专业知识更重要，因此，在选择应届毕业生时，更倾向于选择学生干部；有的酒店则认为学习成绩更优秀的毕业生更具有学习能力和敬业精神；还有的酒店认为在校学习成绩非常优秀的人员"眼高手低"，难以管理或者跳槽率高，成绩中上的应聘者被认为是最适合的人才。

4.1.6　酒店招聘工作中的分工

在酒店中，对招聘起决定作用的是用人部门，它直接参与整个招聘过程，并在其中拥有初选与面试、录用和人员定岗等方面的决策权，用人部门处于主动地位，人力资源部在整个招聘过程中更多的是扮演组织、协调和服务的角色。招聘工作过程中，用人部门和人力资源部的职责分工见表4.2。

表 4.2　招聘工作过程中用人部门和人力资源部的职责分工

用人部门		人力资源部	
工作顺序	招聘工作的职责	工作顺序	招聘工作的职责
1	招聘需求申请与获批	2	制订招聘计划，发布招聘信息
3	招聘职位的工作说明书及录用标准的提出	3	应聘者登记、资格初审
4	确定参加面试人员的名单	5	通知参加面试的人员
		6	面试、笔试工作的组织
7	负责面试和笔试的评价工作	8	个人资料的核实、人员体检
9	确定录用人员名单及到岗时间	10	与新员工签订聘用合同
		11	试用人员报到及生活方面的安置
		12	新员工入职培训
13	新员工上岗培训		
14	员工招聘评估		

4.2 酒店员工招聘的途径

4.2.1 酒店内部招聘

酒店内部招聘工作主要有两种形式：一是内部晋升，指当酒店管理层出现职位空缺的时候，鼓励有资格的员工竞聘更高一级的职位；二是调换职位，指员工的职务等级和待遇不发生比较显著的变化，仅根据员工的意愿将其聘用到空缺的职位。

1）内部招聘信息的发布

当一家经营稳定的酒店出现某一职位空缺时，应该首先考虑从现有员工中提拔或调动。职位公告是酒店内部招聘信息发布的主要形式，它是指以文字的形式公开向酒店全体员工详细通报现有工作职位空缺，以及任职资格条件、工作时间和相关待遇的文件。

2）工作竞聘

工作竞聘是指允许那些自己认为具备空缺职位任职资格的员工提出新的工作申请的招聘程序。工作竞聘是酒店内部招聘工作不可或缺的重要环节，其目的是保证内部招聘的公平性和公正性。

3）内部招聘的评价

（1）优点

①能够对员工产生比较强的激励作用。内部招聘大多能够给员工提供晋升机会，使员工的成长与酒店的发展同步，给员工以美好的愿景，鼓舞员工士气，形成积极进取、追求成功的工作氛围。获得晋升的员工能为其他员工作出榜样，发挥带头作用，增强对酒店的忠诚和归属感。

②内部招聘的有效性更强，可信度更高。由于酒店管理人员对内部应聘者的业绩水平、性格特征、工作动机以及发展潜力等方面都有比较客观、准确的认识，这些方面的信息相对外部人员来说是充分的，在一定程度上减少了应聘者"夸大其词"的可能性。

③招聘成本低。内部招聘可以节约费用，如广告费、招聘人员和应聘人员的差旅费等，同时还可以省去一些不必要的基础性培训。另外，一般来说，内部应聘者已经认可酒店现有的薪酬体系，其薪资待遇要求会更符合酒店薪酬水平的现状。

④员工适应性更强。内部应聘者更了解本酒店的运营模式、组织结构和服务理念等企业文化方面的信息，与从外部招聘的新员工相比，他们能更快地适应新工作。

（2）缺点

①不利于创新。同一酒店内的员工有相同的文化背景，可能出现"近亲繁殖"的现象，容易抑制创新，进而出现思想意识僵化，不利于酒店的长期发展。

②可能造成内部矛盾。竞聘失败的员工可能会心灰意冷、士气低下。另外，可能会出现不公正的现象，按资历或人际关系或上级主管喜好而非业绩、能力选择人才，给有能力者的职业生涯发展设置障碍，容易造成内部矛盾，削弱酒店的竞争力。习近平总书记指出，

"要破除论资排辈、平衡照顾、求全责备等观念，打破隐性台阶。必要的台阶资历是积累领导经验所需要的，但讲台阶不能抠台阶，论资历不能唯资历"[1]。这对于解决企业员工内部晋升中产生的内部矛盾具有重要的指导意义。

③失去获得外部优秀人才的机会。通常情况下，外部优秀人才比较多，一味寻求内部招聘，减少了外部"新鲜血液"进入本酒店的机会。

案例启迪

万豪国际：最佳雇主的"留心"法则

万豪（Marriott）国际酒店集团（以下简称"万豪集团"）始创于 1927 年，是全球首屈一指的国际酒店管理公司。集团以经营及特许经营的方式管理万豪（Marriott）、JW 万豪（JW Marriott）、丽思卡尔顿（Ritz-Carlton）、万丽（Renaissance）、万怡（Courtyard）等多家酒店。万豪集团自 1998 年起曾连续十年被美国《财富》杂志列入"100 家最佳雇主"排行榜，在入选的企业中，它是唯一一家美国酒店集团。

长期以来，万豪集团一直坚持以内部晋升为主的人才政策，万豪近 50% 的管理人员是从公司内部提拔的，当酒店有职位空缺时总是优先考虑内部员工，只有内部员工中没有合适人选时，才会考虑外部招聘。尽管万豪也会从外界寻找优秀人才来壮大中层管理队伍，但总经理这样的高层管理人员，万豪则坚定不移地实行内部选拔机制，在这里很少会出现外来"空降兵"的现象。如果一定要外聘，无论此人之前担任过多高的职位，也一定要先在万豪担任副职一年以上才可以出任总经理。为加速人才培养，万豪加快了内部人才晋升的速度，以前集团高层的提拔过程一般是 7~8 年，现在这个时间缩短到了 18 个月至 2 年左右，有能力的人才在万豪会很快得到提拔和重用。

"在万豪工作，每个人都有很多机会，只要努力，就会有机会。所以，万豪的资深员工特别多。"颜洁雯以自己为例——在万豪工作的十几年中，为了更好地历练自己，在实战中充分拓宽视野，她曾在越南和中国香港、天津、上海等地的万豪酒店工作过，从基层员工到人力资源经理直至晋升为中国区的人力资源总监。

资料来源：寇斌."最佳雇主"的成功之道 [J]. 人力资源，2010（3）。

4.2.2 酒店外部招聘

当酒店需要为一线部门初级服务职位，如传菜员、行李员等补充员工，通常采取外部招聘；或者现有员工无法通过短期培训掌握某种技术，必须通过招聘专门人才满足工作需要，例如，酒店餐饮部门新增设西餐业务，那么西餐厨师就必须考虑从酒店外部招聘；此外，酒店为了获得能够提供创新思想并具有高级职业背景的员工，也会重点考虑外部招聘。

1　习近平：《在全国组织工作会议上的讲话》，《当代党员》2018 年第 19 期。

1）广告招聘

广告招聘是指通过互联网、报纸、广播、电视和行业出版物等媒体向社会公众传递酒店的劳动用工信息。选择广告招聘的目的是：一方面通过广告宣传使社会公众了解酒店的基本概况及其当前工作职位的需求，另一方面吸引有才干、能够适应本酒店工作要求的人士积极应聘。

招聘广告应包括以下内容：酒店的基本情况，招聘的职位、用工数量与基本条件，招聘的范围，薪资与福利待遇，报名时间、地点、方式及所需要携带的个人资料，其他有关注意事项。

①网络媒体广告。上网人员的年轻化，使得酒店越来越重视网络招聘。网络招聘的特点是：招聘信息传播范围广、速度快、成本低、信息留存时间可控、供需双方选择余地大，且不受时间、地域的限制。采用互联网发布招聘广告有两种方式：一是酒店利用自己的网站发布招聘信息，由于访问酒店网站的人士以消费者居多，这种方式的效果不是很理想，因此近年来一些酒店开发了自己的招聘小程序，在移动通信端通过微信、微博等社交媒介进行传播；二是委托专业的人力资源招聘网站（如智联招聘网、最佳东方网）发布信息，这类网站可以为酒店招聘者提供查询、检索应聘者信息库的条件，使招聘工作中的人员初选工作变得轻松易行，对合适的人选可以打印其简历；有的招聘网站也可以帮助酒店筛选电子简历，将合适的简历推送给招聘酒店。

②报纸广告。报纸招聘广告具有传播范围广、信息准确、可信度高、便于留存等特点，因此报纸成为酒店发布招聘广告的媒体之一。通常酒店选择报纸的标准是：发行量大，读者覆盖面以中青年为主，在酒店所在地有非常大的影响力。

③专业杂志广告。专业杂志作为一种工作资料，虽然专业性强，阅读人员有限，但受重视程度高，留存时间长，因此酒店在招聘诸如酒店高级管理人员、高级厨师、计算机网络管理员等人士时，可以考虑选择这些人员有可能接触到的专业杂志。

小资料

广告学的 AIDA 法则

AIDA 法则是 Attention，Interest，Desire，Action 的缩写，由美国学者 E.S. 路易斯提出，他认为，广告的说服功能是通过广告信息刺激受众而实现的，一个广告要引起人们的关注并取得预期的效果，必然要经历引起注意、产生兴趣、培养欲望和促成行动这样的过程才能达到目的，这一法则主要是从心理学的角度，从广告受众的心理活动过程的视角来探讨如何提高广告在营销过程中的效果问题。

AIDA 法则在发布招聘信息中的应用

AIDA	A（Attention）	I（Interest）	D（Desire）	A（Action）
广告设计要求	引起注意	激发兴趣	唤起渴望	采取行动
招聘信息实务	选择宽的花边装饰、设计独特的企业徽标、高雅的套色处理等方法吸引人们的视线；一些重要的招聘职位应单独放在一个醒目的位置。	人们对招聘职位的兴趣不仅来自工作内容，有时候某项工作的其他方面如出国培训机会、工作时间和地点等，也能激发应聘者的兴趣。	招聘信息不仅要详述任职条件，而且还要提供有关薪酬等方面的信息，如"提供极富竞争力的工资"，以便唤起人们对所招聘职位的渴望。	"请在一周内将应聘资料寄给我们""我们期待您能够在不久的将来加入我们的团队"等，这类鼓励应聘者采取行动的语句是应该有的。

2）校园招聘

开设旅游管理、酒店管理和会展经济与管理等专业的大中专学校，每年都可以为酒店业输送有一定专业基础的毕业生，酒店业可以利用这一机会获取自己所需要的人才。具体的做法如下。

①专项培养。通过定向培养、委托培养等方式直接从学校获得所需要的人才。这种做法的优势是人力资源的获取比较稳定，且质量有保证，但培养周期比较长，人力资本投入比较大。

②奖学金吸引。有实力的酒店可以为相关专业的学生设立专项奖学金，与学校横向联合，资助优秀或贫困学生，借此吸引学生毕业后去该酒店工作。

③实习锻炼。酒店为相关专业的学生提供多种形式的实习机会，以期日后确定长久的雇佣关系，并达到试用观察的目的；同时也为学生提供了积累工作经验、了解酒店、评估个人未来发展价值的机会。

④校园专场招聘。酒店与学校取得联系，争取直接进入校园展开招聘会、张贴招聘海报等。

3）就业服务机构

①人才市场和劳动力市场。人才市场和劳动力市场属于公共就业服务机构，其主要运作模式是根据招聘时间、招聘对象、招聘单位的不同，策划、组织一系列的主题招聘，将各用人单位召集起来，在一定的时间内形成有一定规模的招聘活动。酒店通过参加人才市场和劳动力市场举办的招聘会，不仅可以及时了解当地劳动力市场的变化，同时还能够有比较多的机会展示酒店形象，从而吸引更多的应聘者前来求职。

②人才交流中心和职业介绍所。人才交流中心和职业介绍所是公共就业机构的常设组织形式，其主要运作模式是一方面预先了解、掌握酒店的招聘计划、招聘条件，代酒店在一定范围内发布招聘信息；另一方面常年接待各种求职人员，为其建立简单的个人资料档案，及时向他们提供用工信息，并指导他们应聘、就业。由于酒店业的员工流动性比较大，

有些职位常年处于人员缺编状态，因此，酒店可以考虑与人才交流中心和职业介绍所合作，委托其代理招聘那些员工流动性大的初级职位。这样做不仅招聘费用比较低，而且招聘速度也比较理想。

4）猎头公司

猎头公司又称高级人才顾问公司、高级人才咨询公司，是以营利为目的，专门为企业物色、招聘高级管理人才和技术人才的专业机构。猎头公司通过与需要高级人才的组织沟通，并保持经常性的联系，对该组织及其高级人才需求有比较详细的了解；同时，猎头公司利用其掌握的某一行业详细的人力资源信息，为有人才需求的组织寻找符合要求的候选人，安排双方接触、面试，以及检查核实有关情况。需要注意的是，如果酒店计划聘请猎头公司代为招聘高级人才，一定要考察猎头公司对酒店业的熟悉程度，特别是与酒店各类高级人才的关系，因为这些是猎头公司能否真正胜任的基本条件。

5）员工引荐

许多酒店都鼓励员工介绍自己熟悉的人参加应聘。通常，员工在引荐应聘者时，会自觉或不自觉地根据所了解的企业招聘条件，对将要引荐的人进行一次审视，绝大多数员工都会认为，被推荐者的素质及其今后的工作表现与自己有关，只有他们认为所引荐的人不会给自己带来不良影响，才会主动推荐，这些都有利于保证招聘的质量。但是需要注意的是，如果被引荐人与员工是直系亲属关系，那么为了便于管理，他们之间不能是直接的上下级关系，同时还应该避免两个人归属同一个管理者直接领导。

6）外部招聘的评价

（1）优点

①能够带来新理念、新技术。外部招聘的员工能够带来新的视角、理念和思维方式。通过从外部招聘优秀的管理和技术专家，并委以重任，能够给酒店既有员工带来一种无形的压力，使其产生危机意识，激发其工作激情和潜能。

②有利于发现优秀人才。由于外部人才来源广泛，招聘时有充分的选择余地，有利于满足酒店选择合适人才的需要。引进杰出人才，特别是某些稀缺的复合型人才，在一定程度上，既能够节约酒店内部培养和业务培训费用支出，又能够比较迅速地给酒店带来急需的知识和技能。

③有利于缓解内部竞争者间的紧张关系。空缺职位有限，酒店内可能有若干个候选人，他们之间的不良竞争可能导致勾心斗角、相互拆台等问题发生，而外部招聘可以使内部竞争者得到某种心理平衡，避免酒店成员的不团结。

（2）缺点

①风险大。外部招聘只是通过几次短时间的接触，就必须判断候选人是否符合本酒店空缺职位的要求，很可能产生不准确的判断，增加了录用决策风险。

②影响内部员工士气。如果酒店中有胜任力的员工未被选用或提拔，即内部员工得不到相应的晋升和发展机会，他们的积极性可能会受到影响。

③筛选时间长，难度大。要招聘到优秀、合适的员工，酒店必须能够比较准确地测定应聘者的能力、性格、态度、兴趣等素质，从而准确预测他们在未来的工作职位上能否达

到酒店所期望的要求，这将导致录用决策耗费的时间较长。

④招聘成本高。外部招聘需要通过媒体发布信息或者通过中介机构招募，一般需要支付一笔不小的费用。当外部应聘人员比较多时，后续的遴选过程也非常烦琐与复杂，不仅花费较多的人力、财力，还占用大量的时间。

⑤新员工进入角色状态慢。外部招聘的员工通常需要花费较长的时间才能了解新单位的工作流程和业务运作方式，熟悉企业文化并融入其中的时间周期较长。如果外聘员工的价值观与酒店的文化相冲突，那么员工能否适应企业文化并及时进入工作角色将面临一定的考验和风险。

4.3 酒店员工招聘的流程

酒店员工招聘工作起于用人部门提出招聘需求，止于人力资源部门对此次招聘的效果进行综合评估，如图 4.1 所示。

4.3.1 制订招聘计划

制订招聘计划的目的是使酒店招聘工作的目标清晰、组织有序、方法科学。招聘计划主要涉及以下内容。

①获取人员需求信息，包括招聘的职务名称、人数、任职资格等内容。人员需求的产生一般有三种情况：第一，酒店人力资源计划中明确规定的人员需求信息；第二，酒店在职人员离职、退休、被辞退以及劳动合同到期不再续签等产生的空缺；第三，用人部门经理递交的招聘申请，并经相关领导批准。

②招聘信息发布的时间、方式、渠道与范围。

③招聘对象的来源与范围。

④参与招聘工作的成员，包括姓名、职务、各自的职责。

⑤应聘者的测试方案，包括测试的场所、时间、题目设计等。

⑥撰写招聘广告样稿。

⑦招聘费用预算，包括材料费、广告费和差旅费等。

⑧招聘工作的起止时间。

⑨新员工的报到时间。

4.3.2 发布招聘信息

"真实"是编写招聘信息的首要原则。酒店必须保证招聘信息的内容客观、真实，招聘信息中所涉及的对录用人员的劳动合同、薪酬、福利等政策必须兑现，否则将承担法律责任。其次要"合法"，招聘信息的内容要符合国家及地方的法律法规和政策，如对应聘者性别和年龄方面的要求、公休管理办法等。此外，招聘信息的编写要简明扼要，重点突

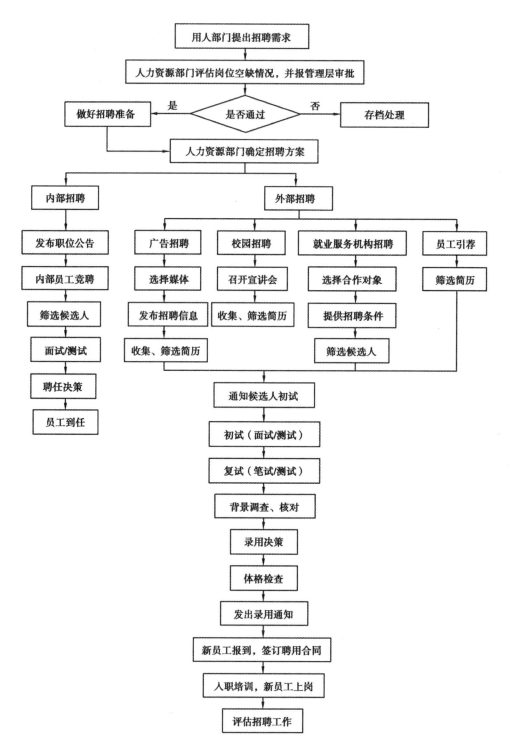

图 4.1　酒店员工招聘的一般流程

出招聘的职位名称、任职资格、工作职责、工作地点、薪水水平、福利待遇等内容。

4.3.3 接受应聘者的申请材料

应聘者在获得招聘信息后，可向发布招聘信息的酒店提出应聘申请。应聘申请有两种形式：一是应聘者通过普通信函或电子邮件向招聘酒店提出申请；二是直接填写招聘酒店的应聘申请表（表4.3）。无论是采取哪一种形式，酒店都应该要求应聘者提供以下个人材料。

①应聘申请函（表），且必须说明应聘的职位。

②个人资料，包括姓名、性别、年龄、身份证号、住址、联系电话、婚姻状况、子女、国籍等。

③个人简历，重点说明受教育程度、职业培训经历、工作经验、技能水平、成果（成绩）、个人性格和爱好等信息。

④各种学历、职业培训、技能水平、成果（包括获得的奖励）的证明（复印件）。

⑤身份证（复印件）和近期免冠照片。

上述材料必须详尽真实，以便酒店人力资源部门在招聘工作的后续环节予以核实。

表 4.3 应聘申请表示例

编号：

姓 名		性 别		出生日期	年 月 日	一寸免冠照片
国 籍		民 族		文化程度		
政治面貌		婚姻状况	□未婚；□已婚；□离异；□丧偶			
身 高		体 重		健康状况		
外语语种		外语水平		专 长		
电子邮箱		联系电话		身份证（护照）号		
家庭通信地址			邮 编		最早可报到时间	
申请职位	第一选择：		第二选择：		最低工资要求	
引荐人	□无；□有，姓名：		部门：		亲属在本企业情况	□无；□有，姓名： 部门：

工作简历	何年何月至何年何月	工作单位	职 位	薪 资	联系电话

是否与原单位有在期的保密协议或竞业禁止约定？	□无；	□有

续表

学习简历	何年何月至何年何月	学校名称	主修专业	所获学位

培训经历	何年何月至何年何月	培训机构名称		培训证书

主要家庭成员	姓　名	关　系	工作单位	职　位	联系电话

声明：我承诺，在本表中所提供的信息全部真实有效，聘用方可对表中有关信息进行调查核实，包括但不限于本人品德、声誉、信用记录、就业和教育经历等，如以上信息被证实含有虚假成分，聘用方有权即刻终止雇佣关系，不予支付工资并追究本人法律责任。

填表人（签字）：　　　　　　　　　　年　　　月　　　日

4.3.4　初步选择应聘候选人

初步选择应聘候选人是酒店招聘过程的一个重要组成部分，其目的是将明显不合乎酒店职位要求的申请者排除在招聘过程之外。有效地初步选择应聘候选人可以为酒店节约大量的时间和费用。通常，专业性比较强的职位，如酒吧调酒师、餐厅主厨等职位，应该由酒店人力资源部门和用人部门共同组成资格审核小组，以工作说明为基础条件，确定参加下一步测试和面试的人选；而对于普通职位，如餐厅服务员、门童等，可由人力资源部门根据酒店的经营档次和目前员工基本水平进行初步筛选。不论是人力资源部门与用人部门合作还是独立筛选，都必须对全部应聘材料仔细研读，其目的如下。

①了解应聘者的基本情况；

②判断应聘材料的真实性；

③决定邀请何人来酒店参加进一步的测试和面试；

④评估各种招聘途径的有效性；

⑤分析所招聘的职位在劳动力市场的供求状况及薪酬要求。

4.3.5 通过面试和测试甄选合格的应聘者

为了使招聘工作公正、客观、科学，酒店通常将面试与多种形式的测试结合使用，全面考察应聘者的素质和能力，这也是招聘工作中最重要、最核心的一个环节。

4.3.6 体格检查

体格检查是酒店招聘工作中绝对不能忽视的一个环节。酒店的服务工作更多的是通过人际交往来实现的，各项服务工作都关系到顾客的健康与安全，因此要绝对防止传染病患者被录用。此外，酒店服务工作的特点对员工的体力有比较高的要求，员工的身体素质决定了其能否连续、比较长时间地胜任以体力行为为主的酒店服务工作，尽可能挑选身体健康的员工，还有利于减少由于病假造成的职位缺员。

因此，酒店通常会与当地比较负责任的医院建立长期、稳定的关系，委托其对应聘者进行全面的体格检查，并提供书面的体检报告供酒店选择录用时参考，同时，酒店还应该要求医院对体检结果予以保密。

4.3.7 录用决策

能够通过酒店组织的面试和专项测试的应聘者可以称为"合格候选人"。通常，一个招聘职位会有一个以上的"合格候选人"，这时候就需要作出决策。在实际工作中，酒店人力资源部门负责具体的录用工作，并为录用决策提供重要的参考意见，而录用的最终决策权应该属于用人部门的经理或上级主管。

1）录用决策的方法

酒店对应聘者的决策性选择有两种方法：第一种方法是在"合格候选人"之间进行选择；第二种方法是在候选人和招聘标准之间进行比较。一般说来，对于酒店比较重要的工作职位或劳动力市场比较紧缺的人员，如中高档酒店销售部经理或计算机软件系统维护员等，可以采用第一种方法；对于那些普通职位或劳动力市场供应充裕的人员，如客房部领班或餐饮部传菜员等，则应该采用第二种方法。

2）录用决策需要注意的问题

①酒店只能录用那些可以满足其薪酬要求的人。应聘者的资历应该与其获得的报酬相符。如果酒店支付的薪酬明显低于应聘者的期望，并且也不能保证马上给予其晋升的机会，那么应聘者必定会继续寻找那些能给予其更好待遇或机会的酒店。

②酒店的服务工作需要应聘者一定要喜欢与人相处。酒店业中的绝大多数职位都需要与内部或外部进行频繁的交流与沟通，因此，特别需要以热情和好客来感染周围的人，孤僻、内向的性格不太适合这一行业的大多数工作。

③身体素质尤为重要。应聘者的精力是否旺盛、体质如何，是酒店招聘过程中需要特别关注的方面。酒店的许多工作都是高负荷运转的，有时工作量很大，需要酒店员工，特别是从事一线服务工作的员工必须最大限度地发挥其体能，所以从行业工作特点角度考虑，酒店必须选择那些身体条件好，并且勤劳聪颖的人。

④所见即所得。在招聘中所观察到的应聘者行为就是对其未来工作表现的一种暗示。几乎所有的应聘者在整个招聘过程中都会尽最大的努力来表现自己，希望证明自己无论是外表还是行动都是优秀的。但是，在甄选过程中，招聘者还是应该特别注意应聘者在言谈举止等方面的细节表现，在应聘中的瑕疵表现往往会在未来的工作中进一步放大。

⑤相信并珍惜人才。不要害怕录用那些才能超过自己或比自己更有吸引力、更漂亮的人，关键要看其是否能给酒店带来利益。

4.3.8 评估招聘工作

1）评估招聘途径

通过分类统计各种招聘途径的应聘者数量，计算应聘比例和录用比例，可以对这些途径的有效性做出评估，公式如下：

$$某招聘途径应聘比例 = \frac{通过该途径应聘人数}{计划招聘人数} \times 100\%$$

$$某招聘途径录用比例 = \frac{最终被录用人数}{通过该途径应聘人数} \times 100\%$$

某一招聘途径的应聘比率越大，说明这种招聘途径的人力资源市场反应越好，但是并不表明这种途径的招聘效果也很好，因为有时候应聘者虽然多，但符合条件的人却很少，录用比例则能够反映出这种途径的适用性。

例如，某酒店计划11月份招聘服务生20名，通过互联网发布招聘信息后，共收到求职申请280份，经测试和面试后录用了12人；该酒店后与某旅游职业学院联系，举办校园招聘会，该校应届毕业生中有38人递交了简历，最后录用了8人。现对两种招聘途径进行分析：

$$互联网应聘比例 = \frac{280}{20} \times 100\% = 1400\%$$

$$互联网录用比例 = \frac{12}{280} \times 100\% = 4.29\%$$

$$校园招聘应聘比例 = \frac{38}{20} \times 100\% = 190\%$$

$$校园招聘录用比例 = \frac{8}{38} \times 100\% = 21.05\%$$

通过计算可以看出：通过互联网招聘，人力资源市场反应强烈，为该酒店提供了比较大的选择余地，但同时也会耗费比较多的时间和精力；校园招聘的录用人数虽然少于互联网，但是录用比例却是互联网的5倍。通过评估，该酒店本次招聘，校园招聘的有效性优于互联网招聘。

2）评估招聘成本

员工招聘作为酒店人力资源管理的一种经济行为，招聘成本应该被列为评估招聘工作的主要内容。员工招聘可能发生的成本见表 4.4。

表 4.4 酒店招聘成本构成

成　本	构　成
直接成本	在招聘过程中发生的一系列显性支出，如广告费、代理招聘费、差旅费、测试材料费和工作安置费用等。
重置成本	由于招聘失败，必须重新招聘所花费的支出，内容同"直接成本"。
机会成本	因新录用人员试用期离职，或新录用人员的能力不能完全胜任工作所产生的隐性支出。
风险成本	因新录用人员到职，引发原有人才加速流失，导致未完成职位招聘目标，由此带来的支出和损失。

以下是招聘成本评估指标常用的公式，一般来讲，运用这些公式计算的结果越低，说明招聘成本效益越好。

$$单位招聘成本 = \frac{本次招聘的直接成本}{本次招聘最终到任人数}$$

$$单位招聘支出成本 = \frac{本次招聘的直接成本}{本次招聘全部应聘者人数}$$

$$单位面试成本 = \frac{用人部门面试人员的小时工资 \times 面试小时数}{面试人数}$$

3）评估招聘结果

一般认为，通过招聘活动使得酒店的职位空缺越少，空缺职位得到填补越及时，招聘结果就越理想。

①招聘完成比。如果招聘完成比等于或大于 100%，则说明在数量上全面或超额完成了招聘计划，公式如下：

$$招聘完成比 = \frac{本次招聘最终到任人数}{本次计划招聘人数} \times 100\%$$

②录用比。录用比直接反映的是可供招聘选择的人数水平，相对而言，录用比越小，被录用者的素质越高，选择难度则越大；反之，则可能录用者的素质偏低，公式如下：

$$录用比 = \frac{本次招聘最终到任人数}{本次招聘全部应聘者人数} \times 100\%$$

4）评估招聘质量

招聘质量主要是通过应聘者入职后的工作适应程度和工作表现来体现的。以下两项指标是酒店评估招聘质量所常用的：

①新员工流动率。该指标通常能够反映出新入职员工对工作不适应的程度。如果新入职的员工在试用期内辞职或要求调动，那么可以认为其与职位之间缺乏良好的匹配，公式如下：

$$某职位（部门）新员工流动率=\frac{该职位（部门）尚处于试用期的员工流动人数}{该职位（部门）本次招聘新录用人数}\times100\%$$

②事故（或顾客投诉）发生率。新员工入职后，在工作中出现的事故（或顾客投诉）发生率也在某种程度上反映出招聘的效果，公式如下：

$$某期段事故（顾客投诉）发生率=\frac{试用期员工发生事故（顾客投诉）数}{当期事故（顾客投诉）总数}\times100\%$$

如果新入职员工接受培训后上岗，事故（或顾客投诉）发生率居高不下，那么就意味着职位安排存在问题，或员工的个人条件可能不符合职位要求。

4.4 招聘甄选

招聘甄选是指综合利用心理学、管理学和人才学等人员测评的技术和方法，根据特定职位的胜任能力和素质要求，对应聘者的综合素质进行系统、客观的测量和评价，最终选择适合企业所需的应聘者的过程。招聘甄选的目的就是要在正式录用前，将那些不适合某些工作要求的人从候选人中排除掉，而不是在其正式上岗试用之后再考虑如何解雇，因为后者对酒店造成的损失会更大。

4.4.1 初步面试

事实上，在应聘者递交求职申请书时，酒店的招聘甄选工作就已经开始了。酒店招聘人员可以凭借经验，对应聘者的第一印象作出判断，即是否可以进入下一招聘程序，例如：身高不足 1.60 米的女性应聘者显然是不适合从事酒店前台接待工作的，而那些求职申请书字体潦草的书写者也不应该是会计或出纳职位的候选人。初步面试阶段，招聘人员可以问一些简单的问题，以了解应聘者的求职意愿是否强烈，以及是否具备服务业从业人员应有的基本素养。

除了尽快排除明显不合格的应聘者，初步面试对酒店还可能产生其他的积极效果——有时候可供应聘者申请的职位不止一个，负责任的面试人员会根据自己所了解的其他职位空缺情况，向合适的应聘者介绍、推荐另一职位。例如，一位应聘者在学历条件方面明显不适合应聘酒店财务部出纳员的职位，但是做酒店正急需的餐饮部收银员却比较合适，初步面试时就应该询问其是否愿意重新选择自己应聘的职位。这样的初步面试不仅能够为酒店建立良好的声誉，也可以使招聘选择达到最佳效果。

4.4.2 评价求职申请表

通常，一些应聘者会首先向酒店递交求职申请和履历表，酒店可以从这些资料中获得有关应聘者的基本信息，但是，为了便于整理分析和比较评价，酒店会要求应聘者再填写一份由人力资源管理部门设计的求职申请表。这种规范化的求职申请表可以为招聘甄选节省许多时间，因为它包含了基本的个人信息并用标准化的格式表示出来。

1）逻辑判断

通过对求职申请表中的信息进行综合分析，可以评判其是否符合逻辑。例如，应聘者填写的最高学历为"大学本科"，但是在"受教育经历"中只有 2 年在大学学习的时间，这显然不符合逻辑。

2）注意简历中的空白时间和前后矛盾之处

一些应聘简历中会出现空白时间和经历之间的前后矛盾，这可能是应聘者的笔误，但也可能是应聘者隐瞒某些事实的故意之举。如果发现不妥之处，不要轻易对应聘者妄下结论，可以对此准备一些问题在面试中询问应聘者。

3）要求提供任职资格佐证材料

为了准确、真实地评价求职申请表，酒店通常会要求应聘者提供能够佐证求职申请表中某些信息的具体材料，如学历证书、技术等级证书和培训证书的复印件，如果认为有必要，甚至可以要求其提供原件。

4）关注应聘者的工作经历与应聘职位的关联度和相似度

有时候应聘者的工作经历是比较复杂的，之前的工作单位不一定是酒店，工作职位也可能与应聘的职位不一致。因此，评价应聘者的简历，第一，要清楚本酒店所提供职位的工作要求是什么，取得良好绩效的必要条件是什么；第二，是要考虑应聘者简历中工作的性质与本次应聘职位的关联程度和相似程度。例如，酒店要招聘管理人员，那么应聘者最好是从事过管理方面的工作，或具备管理类学科的教育背景，已经拥有了企业管理方面的知识储备。

5）设想应聘者能否适应新的工作环境与企业文化

应聘者能否在新的工作环境中顺利地开展工作，既与其个性和工作动机有关，还与其之前所处的企业类型、工作环境和企业文化密切相关。如果一个曾经在五星级酒店工作达六年的客房部经理，应聘经济型连锁酒店管理公司的运营总监，可以想象其面临最大的挑战就是两个企业服务理念方面的差异。

4.4.3　甄选测试

为了真实地了解应聘者的性格、工作能力和业务知识水平等，酒店可以对那些通过了初步面试和求职申请评价的应聘者，安排与工作职位相关的测试，以达到进一步甄选应聘候选人的目的。

1）甄选测试的特点

（1）客观性

当对一个应聘者的某项测试进行评判时，如果所有的结论或得分都是一致的，不会由于评判人的不同而发生改变，那么就可以说这项测试是完全客观的。例如，测试中的选择题和判断题就是非常客观的。

（2）可靠性

可靠性是指应聘者对甄选测试反应的一致性。如果一组被测试者在某一时间内接受英语听力测试的平均分数是80分，而在一周以后再次接受同一级别的英语听力测试时的平均得分低于60分，那么可以认为这种测试是不可靠的，因为它产生的测试结果差异明显。一般来讲，后来的测试结果与先前的测试结果略有变化是正常的，但是如果两者相差过大，就意味着测试的设计或评价方法存在一定的缺陷。

（3）有效性

有效性是指一项测试所能够测量出的其所要测量内容的程度。简单地讲，如果一项测试不能表明某人是否具有完成某项工作的能力，那么该测试就不具备有效性。例如，酒店对应聘大堂行李员的应聘者安排有关臂力方面的体能测试，以确定应聘者的体力是否能够胜任此职位的工作，这就是一项有效的选择测试；但是，如果酒店也将此应用于行政酒廊服务员的招聘甄选中，同样的测试显然就不具备有效性。

（4）标准化

标准化是指与实施甄选测试有关的过程和条件的一致性。为了能够根据相同的测试来比较同一职位所有应聘者的表现，每一个应聘者都必须在尽可能相似的条件下接受酒店安排的测试。例如，测试说明和允许完成的时间必须相同，测试环境也必须相似。如果一位应聘者是在酒店的培训教室接受英语对话测试，而另一位则是在前厅部总服务台内接受这种测试，测试结果很可能会有差别。

2）甄选测试的方法

（1）运动及身体协调能力测试

运动及身体协调能力测试主要测验手的灵活、胳膊移动的速度及反应速度等，它对从应聘者中选择餐厅厨师、酒吧调酒师，以及其他以轻体力劳动为主要工作内容的员工是十分必要的。通常使用的测验方法有插入、调换、组装、分解等。

插入：一种专门设计的手腕作业检查盘的上部和下部各有48个孔，上部盘插着48根圆棒，被测验者要两手同时从上盘中一个一个拔出圆棒，将其插在对应的下盘的孔中，以检查手及胳膊的灵活性。

调换：使用的检查盘同上，用单手拔出一根棒，用同一只手将拔出的棒上下反转，插入原来的孔中，以检查其反应速度。

组装：另一种手指灵巧检查盘有50个孔，在这里附有金属小铆钉和座圈，要求被测验者从上半部盘的孔中，用一只手拔出圆形的铆钉，同时用另一只手从旁边圆柱中取出座圈，把它安在铆钉上，仍然用一只手将其插入与拔出的孔相应的下半部的孔，以此来检测手指的灵活性。

除了运动协调能力的测验以外，有时酒店还要求进行体能测验，体能包括静态的力量（举重）、动态的力量（拔桩子）、身体协调能力（跳绳）及耐力等。

（2）心理测评

①情商测评。情商（EQ）又称情绪智力，主要是指人在情绪、情感、意志、耐受挫折等方面的品质。心理学家在研究中发现：在决定成功的多种因素中，智商大约只起20%

的作用，80% 的因素来自其他方面，其中主要是情商。

情商测评是指运用现代心理学、管理学及相关学科的研究成果，通过心理测量、情景模拟等手段，对人的情商进行测量和评鉴的活动。情商测评主要有两种方法，即量表法和投射法。

量表法，又称问卷法，是指被试者对一定题目进行自我评定，即对拟测量的情商特征编制若干测题，让被试者逐项回答，以其答案来衡量评价某项情商特征。量表法记分比较客观，解释比较容易，可操作性强，因而在国内外人员选拔中应用较多。其不足之处是无法判断被试者是否坦率而真实地回答测试题。在进行该类测验时，被测试者往往偏向好的一面，即选择社会所期望的答案，存在把自己表现得更好的倾向。

投射法。投射是指个人把思想、态度、愿望、情绪等不自觉地反应于外界的事物或他人的一种心理作用，投射法就是利用投射原理测评情商的一种方法。

由于投射测验的材料大都刺激模糊，结构疏松，往往仁者见仁，智者见智，故被测者不易知道测验的目的及他的反应在心理解释上具有什么意义，可毫无顾忌地表现某种行为或感情，对刺激情景作出反应。运用投射技术编制的测验原理简单，被测者"撒谎"的可能性较小，但记分和解释都比较困难，对主考人的理论修养和专业技术要求较高，故目前应用还不广泛。

②人格测评。人格测评是心理测评的重要组成部分，是指通过对个体人格特征的测量与评估来预测其稳定的心理特质与习惯化的行为倾向，从而全面准确地了解一个人的心理状况。常见的人格测评方法有问卷测评、投射测评、情景测评、主题笼统测评等。

③职业兴趣测评。职业兴趣测评是基于美国学者约翰·霍兰德（John Holland）的职业兴趣理论进行测验。霍兰德认为人的人格类型、兴趣与职业密切相关，兴趣是人们活动的巨大动力，从事感兴趣的职业可以提高人们的积极性，促使人们积极、愉快地工作，且职业兴趣与人格之间存在很高的相关性。

职业兴趣测评主要用于考察受测者对特定工作、职业的兴趣和偏好，它不仅能够测量出受测者适合的工作类型，详细分析受测者的优势和劣势、适合的职位以及今后可能的发展方向，还能提供受测者对现代各类职业的喜好程度、职业兴趣分布状况等信息。

小资料

人格类型理论

美国约翰·霍普金斯大学心理学教授霍兰德于 20 世纪 60 年代创立了人格类型理论（Personality Typology Theory）。人格类型理论建立在以下一系列假设基础之上。①大多数人的人格类型可以归纳为以下 6 种，即现实型（Realistic Type，R）、研究型（Investigative Type，I）、艺术型（Artistic Type，A）、社会型（Social Type，S）、企业型（Enterprising Type，E）和常规型（Conventional Type，C）。每一种特定类型的人，都会对相应职业类型中的工作或学习感兴趣。②现实中存在与上述人格类型相对应的六种环境类型。③人们在积极寻找那些适合他们的职业环境，以求在其中能够充分展示自己的技能和能力，表达自己的态度和价值观，并且能够完成那些令人愉快的使命和任务。④一个人的行为是其个性特征和环境特征共同作用的结果。

在上述理论假设基础上，霍兰德提出了人格类型与工作环境匹配模型。他认为，当人格类型与职业环境相吻合时，就能够达到适应状态，其结果是劳动者找到了适宜的工作职位，企业的工作职位获得了合适的人才，劳动者的才能与积极性得到很好的发挥。

人格（兴趣）类型与职业对应表

类　型	特征描述	典型职业
现实型 R	此类型的人具有顺从、坦率、谦虚、自然、实际、害羞、稳健、节俭的特征。 行为表现：喜欢从事技艺性或机械性的工作，能够独立钻研业务、完成业务，动手能力强。	人际要求不高的技术性工作，如机械维修工、工程师、园艺工、厨师等。
研究型 I	此类型的人具有分析、谨慎、好奇、独立、聪明、精确、理性、重视客观的特征。 行为表现：喜欢思考性、智力性、独立性、自主性的工作；这类人往往有较高的智力水平和科研能力。	要求具备思考和创造能力，社交要求不高，如科研工作者、报刊编辑、计算机程序设计工程师等。
艺术型 A	此类型的人具有有创意、易冲动、独立、直觉化、情绪化、理想化、富于幻想的特征。 行为表现：喜欢通过各种媒介表达自我的感受（如绘画、表演、写作），审美能力比较强，感情丰富且易冲动，不愿顺从他人。	艺术性的、直觉独创性的工作，如作家、音乐家、画家、设计师、演员、舞蹈家、诗人、摄影师等。
社会型 S	此类型的人具有友善、慷慨、负责任、喜社交、善于说服他人、洞察力强的特征。 行为表现：喜欢与人交往，乐于助人，关心社会问题，常出席社交场合，对公共服务与教育活动感兴趣。	经常与人打交道，需要较高沟通技能，关注他人感受的工作，如教师、心理咨询师、导游、酒店服务员、社区工作者等。
企业型 E	此类型的人具有冒险、野心、独断、冲动、乐观、自信、追求享受、善于社交、期望引起公众注意等特征。 行为表现：性格外向、直率、果敢，精力充沛，自信心强，追求政治或经济上的成就，有支配他人和说服他人的能力，敢于冒险；有领导和说服他人的能力。	管理或督导性质、可以发挥领导力的工作，如企业经理、政治家、律师、销售经理、采购经理等。

类　型	特征描述	典型职业
常规型 C	此类型的人具有服从、谨慎、保守、自控、现实、稳重、缺乏想象力等特征。 行为表现：喜欢从事有条理、有秩序的工作，按部就班、循规蹈矩、踏实稳重，讲求准确性（如数字、资料），愿意执行他人命令、接受指挥而不愿意独立负责或指挥他人。	注重细节，讲究精确的事务性工作，如会计、成本核算员、银行出纳、办公室职员、秘书、数据处理人员等。

资料来源：侯光明.人力资源管理[M].北京：高等教育出版社，2009.

（3）专业能力测试

专业能力测试是指对应聘者进行实际工作操作的测验，这种测试的内容是按职位要求设计的，如应聘餐厅服务员，就要展示对菜单的认识、说出布置某种风格餐台要用到的餐具等；而应聘厨师职位，则需要演示实际烹调操作技能。

专业能力测试只适合有专业经历的应聘者，不适合一般的应聘者，通过专业能力测试后聘用的员工，往往能很快地进入角色，更容易取得工作成绩。

4.4.4　面试

对应聘者进行面试，是获得与应聘者有关信息的重要的也是最常用的方法。一般初次面试由酒店人力资源部门实施，人力资源部门的主管或指定人员担任主试人。通过初次面试，淘汰那些学历、经历、资格等基本要求不符合的应聘者。复试或带有评定性质的面试则通常需要由用人部门主管担任主试人。有时为了保证面试工作的公正、客观，还需要组成一个临时的面试组，面试组一般由人力资源部门的主管、用人部门主管和其他专业人员或高级主管组成。

1）面试分类

（1）按酒店方面参加面试的人员划分

①单独面试。单独面试是指一对一的面试，面试人员应该是用人部门的管理者。单独面试主要适合应聘者比较多、面试时间比较分散或预计淘汰率比较高的情况。

②综合面试。综合面试是指酒店人力资源部门和具体用人部门同时参与的面试。人力资源部门的人员负责了解应聘者的工作和学习背景，以及非智力素质，用人部门的管理者负责了解应聘者的专业知识和技能水平。综合面试适合应聘者比较集中或招聘职位人数比较少的情况。

③合议制面试。合议制面试通常是由酒店人力资源部门负责人、用人部门负责人、熟悉招聘职位的专业人员和酒店最高决策者组成小组，对应聘者进行综合面试。合议制面试的提问比较多、时间比较长，但录用决策比较迅速。合议制面试适合员工需求紧急或高级别职位的招聘情况。

（2）按面试问题的类型划分

①结构化面试。结构化面试又称标准化面试，是根据所制订的评价指标，运用特定的问题、评价方法和评价标准，严格遵循特定程序，通过面试人员与应聘者面对面的言语交流，对应聘者进行评价的过程。结构化面试测评的要素涉及知识、能力、品质、动机、气质等，尤其是有关职责和技能方面的具体问题，更能够保证甄选的成功率。

结构化面试中常见的问题可以细分为"行为描述""情景模拟""思维分析"和"意愿表述"四种类型，具体运用见表4.5。其中，"要求应聘者叙述过去工作经历的具体事实来证实其所说的内容"被认为是最有效的，因为"过去的行为是未来行为的最好预言"。因此，面试人员可以按照"应聘者从事过的某项工作所处背景（Situation）—应聘者所承担的具体工作任务（Task）—应聘者为完成工作任务所采取的行动（Action）—应聘者在完成上述工作任务后得到的结果（Result）"这样一种逻辑层次进行了解，这种模式又被称为"STAR 面试法"。

表 4.5　结构化面试问题的类型及应用

问题类型	发问要点	举　例
行为描述型	直接围绕与工作相关的关键胜任能力来提问，并且让应聘者讲述一些关键的行为事例。	"请你讲述一次处理顾客投诉的加班经历。当时你的表现是怎样的？"
情景模拟型	提供应聘者一个与未来的工作情景相关的假设情景，让其回答在这种情况下可以怎样做。	"假如你发现一名下属在开部门会议时一直在打瞌睡，你会采取什么措施？"
思维分析型	提供一个比较复杂的社会问题，让应聘者发表自己的看法，考察其思考、分析问题的能力；一般不要求应聘者发表专业性的观点，也不对观点本身正确与否作评价，主要是看应聘者是否言之有理。	"中国有句古话'人之初性本善'，你怎么看？"
意愿表述型	考察应聘者的求职动机与拟任职位的匹配性、应聘者的价值取向和生活态度。	"离开原来工作单位，你觉得自己会失去什么，有可能得到什么？"

②非结构化面试。非结构化面试就是没有既定的模式、框架和程序，面试人员可以"随意"向应聘者提出问题，而对应聘者来说也无固定答题标准的面试形式，面试人员提问的内容和问题顺序取决于其兴趣和现场应聘者的回答。这种方法给面试双方充分的自由，面试人员可以针对应聘者的特点进行有区别的提问，并允许应聘者围绕某一主题自由发表议论，从中观察应聘者的组织能力、知识面以及谈吐和风度等方面的表现。非结构化面试比较适用于酒店招聘中、高级管理人员。

（3）按应聘者参与面试的情况划分

①单人模拟面试。单人模拟面试是指每次由面试人员只对一位应聘者讲明模拟设置的

某种工作情景，一般情景中只有一个角色或主角，要求应聘者尽可能贴近实际地解决问题。有时面试人员可以参与进去，担当配合人员。单人模拟测试适合应聘者较少或复试时使用。

"公文处理"是针对管理职位实施的一种单人模拟面试方法，具体做法是首先假设应聘者已经到位了某一职位。然后给他提供一批文件，文件的类型和内容要根据这一职位在实际工作中经常遇到的情况来设计，一般有信函、备忘录、报告、电话记录、上级指示、下级请示等。接着让应聘者在规定的时间和条件下处理完毕，并说明理由和原因。通过这种方法，可以对应聘者的规划能力、决策能力和分析判断能力等作出评价。

②多人模拟面试。多人模拟面试是指每次由面试人员对两位或两位以上应聘者讲明模拟设置的某种工作情景，并为每位应聘者分配各自扮演的角色，要求每位应聘者都尽可能地发挥自己的能力，贴近实际地解决问题，有时面试人员可以参与进来担当协调人员。多人模拟面试适合应聘人员较多或初试时使用。

"无领导小组讨论"是多人模拟面试的代表，具体做法是把几个应聘者组成一个小组，给他们提供一个议题，事先不指定主持人，让他们通过小组讨论的方式在限定的时间内给出一个决策，评委们则在旁边观察应聘者的行为表现并作出评价。通过这种方法，可以对应聘者的语言表达能力、分析归纳能力、说服能力、协调组织能力和集体意识等作出评价。

案例启迪

领导者的"细节"辨识力

凯蒙斯·威尔逊自 1952 年创建第一家假日酒店（Holiday Inn），不到 20 年间，他就把假日酒店开到了 1 000 家，遍布全美国高速公路可以通过的地方，并走向全世界，从而使假日酒店集团成为第一家达到 10 亿美元规模的酒店集团。

威尔逊在谈到事业成功的体会时，有句名言："只要你独具慧眼，能物色到合适的人为你工作，那么，世上就无难事。"一次，威尔逊和员工聚餐，有个员工拿起一个橘子直接就啃了下去。原来，那个员工高度近视，错把橘子当苹果了。为了掩饰尴尬，他只好装作不在意，强忍着咽了下去，惹得众人哄堂大笑。

第二天，威尔逊又邀请员工聚餐，而且菜肴和水果都和昨天一样。看到人都来齐了，威尔逊拿起一个橘子，像昨天那个员工一样大口咬下去。众人看了看，也跟着威尔逊一起吃起来。结果，大家发现这次的橘子和昨天的完全不同，是用其他食材做成的仿真橘子，味道又香又甜！大家正吃得高兴时，威尔逊忽然宣布："从明天开始，安拉来当我的助理！"所有人都惊呆了，觉得老板的决定很突兀。

这时，威尔逊说："昨天，大家看到有人误吃了橘子皮，安拉是唯一一个没有嘲笑他，反而送上一杯果汁的人。今天，看到我又在重复昨天的错误，他也是唯一没有跟着模仿的人。像这样对同事不落井下石，也不会盲目追随领导的人，不正是最好的助理人选吗？"

资料来源：艾小荷 . 一个关键的橘子 [J]. 中外管理，2014（6）：100-101.

2）面试的重点

（1）语言表达能力

在语言表达能力方面，面试侧重于考查应聘者语言表达的清晰性和逻辑性，包括演讲能力、介绍能力、规劝能力和沟通能力等。

（2）组织能力

在组织能力方面，面试侧重于考查应聘者对组织协调性的理解，如会议主持能力、部门利益协调能力和团队组建能力等。

（3）处理事务能力

在处理事务能力方面，面试侧重于考查处理事务的条理性和力度，如公文处理能力、解决冲突能力和并行工作处理能力等。

3）面试准备

（1）确定面试时间

目的是可以让应聘者充分做好准备，更重要的是可以让面试者提前对自己的工作进行安排，避免与面试时间发生冲突，以保证面试的顺利进行。

（2）安排面试地点

酒店在安排面试地点时应当便于应聘者寻找。此外，面试现场应该做到宽敞、明亮、整洁、安静，为应聘者创造一个和谐的环境。

（3）提前熟悉应聘者的情况

面试者应提前研读应聘者的相关资料，对应聘者的基本情况有一个初步了解，这样在面试中可以更有针对性地提出问题，以提高面试的效率。

（4）准备面试提纲

①面试提纲必须围绕招聘职位的重点工作内容来编制。

②提问的问题应该具体、明确。

③面试提纲由若干面试项目组成，如"沟通能力""专业知识""敬业精神"等。每一面试项目均应设计相应的提问内容，以便面试时更有针对性、更加具体。

④如果应聘者有着不同的情况和经历，不需要每个人选都用同一套提纲依序问到底。因此，每一面试项目可从不同角度列出一组问题，以便面试时合理选择。

⑤面试提纲可以分为通用提纲和重点提纲两部分。通用提纲涉及问题较多，适合于提问各类应聘者。重点提纲则是针对应聘者的特点和应聘职位的工作特征设计的，以便对职位要求中有代表性的信息有所侧重。

4）正式面试

（1）初始阶段

在面试的初始阶段，面试人主要是了解应聘者最基本的情况，如工作经验、家庭背景、居所地址、过去的奖励及处罚、离开原单位的原因和身体状况等。

（2）深入阶段

面试的深入阶段是指就应聘者工作的动机及行为等方面做实际探讨的阶段。在这一阶段要注意不要像对待犯人一样对待应聘者，不要以恩赐的态度自居，不要讥讽应聘者，不要凌乱无序地独占面试时间，也不要使应聘者居于面试的主导地位；所提出的问题应该尽可能地让应聘者一次听懂，同时注意倾听、回答并鼓励其充分表达自己的真实想法。此外，还可以通过重复应聘者的话或总结其语意，来了解应聘者的意见和思想，例如，"你对平淡无奇的工作没有兴趣，对不对？"

（3）互动交流阶段

为了尽可能详细地获得应聘者的信息，在面试接近结束时，可以通过询问应聘者有没有什么问题来强化一下双向沟通，面试者可从应聘者所提出的问题对对方作出判断。应聘者可能的回答如下。

回答一：我没有什么问题想问。

回答二：我的工资是多少？你们酒店有带薪年假吗？

回答三：我需要承担什么责任？我喜欢具有挑战性的工作。

面试者应该能够从这些回答中发现应聘者的潜在动机，第一种回答表达的含义是"无所谓"或"无目的"，第二种回答表明其关心的是个人利益，第三种回答是对工作的一种追求。

（4）结束面试

如果面试的问题已经基本完成或预定的时间已到，面试人就要将面试引向结束。此时非语言的沟通可以发挥作用，如面试人可以改变姿势，视线转向门口，看一下手表等均可以暗示面试结束的时间已到，还可以用"你最后还有什么问题需要了解的吗？"来收尾。

5）面试过程中应注意的事项

（1）对应聘者要充分重视

有时面试人在面试中会表现出对应聘者一种漫不经心的态度，这样会使对方感觉自己受到冷落而反应不积极，不利于了解应聘者真实的心理素质和潜在能力。

（2）由浅到深、由易到难，循序渐进地提问

面试人在提问时，应该先向应聘者提问一些比较熟悉、容易回答的问题，帮助应聘者树立自信心，放松紧张的心情，逐渐进入状态；接下来可以问一些难度比较大的问题。此外，为了更加详细地了解某些信息，面试人可以在适当的时候进行追问。

（3）关注应聘者的肢体语言

酒店的许多工作是直接与顾客面对面进行和完成的，因此应聘者的举止是否大方得体，是否能够显示出有一定的职业素养，这是面试人必须认真观察和考虑的细节问题。在面试时要注意应聘者的一些非语言动作行为，包括身体的姿势、谈话的语气、声调、说话时的手势、表情、发型和衣着等。

（4）对应聘者应该前后一致，不能先紧后松，或者先松后紧

刚开始时由于面试人精力比较旺盛，思想比较集中，提问仔细，对应聘者测评比较准确；到了面试后期，由于长时间工作，特别是参加面试的应聘者比较多的时候，面试人有可能因疲倦所致，就草草了事，这样面试的整体结果就不会很理想。

（5）注意克服第一印象中的消极因素

一般来说，应聘者在参加面试时都会进行刻意打扮和充分准备，所以给面试人留下的

第一印象都比较好。但是第一印象可能是准确的，也可能是不完全准确的，因此要防止第一印象的影响，这样才能比较客观地判断、评价应聘者。

（6）要防止与己相似的心理影响

"与己相似"这种心理是指当应聘者某种背景和自己相似，就会产生好感或同情的心理活动。例如，听到应聘者与自己是同乡或同一所大学毕业，面试人就产生一种与己相似的感觉，从而自觉或不自觉地放宽对应聘者的条件要求，这样就难以保证面试的质量。

（7）避免"刻板"印象

所谓"刻板"印象是指有时仅凭目测就对某个人产生一种固定的印象。例如，一见到老年人，马上就认为这是一位思想保守的人，认为穿牛仔裤的人一定是思想开放的人。这种"刻板"印象往往会影响面试人员客观、准确地评价应聘者。

案例启迪

糟糕的面试经历

32岁的保罗·詹姆斯从报纸上看到蓝湾酒店正在招聘宴会销售主管，他认真地对比了应聘条件，发现自己应该是一个非常不错的候选人：超过6年的酒店工作经验，其中有差不多3年的时间是在做销售，对各种美食的制作与赏鉴有浓厚的兴趣。于是，詹姆斯把自己的求职简历寄给了蓝湾酒店的人力资源部。

作为蓝湾酒店的运营总监，艾伦·克里对是否雇用新的下属管理人员有最终决定权。人力资源经理对所有的人选进行初步筛选，然后将最有可能入选的人交由克里面试。

6月的第一个星期五上午，克里接到了人力资源经理皮特·彼得森的电话："艾伦，我刚与一位年轻人谈过话，他可能正是你要找的宴会销售主管的合适人选。他曾有过不错的工作经历，头脑也似乎很有条理。现在他就在我这儿，随时准备去见你。"克里在回答前犹豫了一下："嗯，皮特。"他说，"我今天特别忙，不过我挤点时间出来见他吧。你让他过来吧。"

5分钟后，保罗·詹姆斯来到了克里的办公室并作了自我介绍。"请坐，詹姆斯先生，"克里说，"我打完几个电话再和你谈。"15分钟后克里打完了电话，开始与詹姆斯谈话。克里对詹姆斯的第一印象不错。几分钟后，克里办公室的门打开了，一位管理人员喊道："客房部新启用的几间行政公寓出了点问题，需要您帮助解决。"克里站起身说："对不起，我要出去一会儿。"10分钟以后克里回来了，谈话又继续了10多分钟，这时电话铃响了，他们的谈话再次被打断。

在接下来的半个多小时，面试同样被多次打断。最后，詹姆斯看了看表，遗憾地说："对不起，总监先生，我得去机场接我妻子了，她刚从澳大利亚回来。""好吧，詹姆斯先生。"克里说，"今天晚些时候给我打电话。"这时，办公桌上的电话又响了。

4.4.5　甄别个人资料

1）甄别应聘者履历

酒店对应聘者的履历进行调查和核实，采用的方法一般是以电话方式进行，也有以电子邮件方式进行的，目的是防止应聘者隐瞒一些劣迹，同时还可以了解应聘者一些以前的职业情况，包括职位、任职时间、薪酬水平和离职原因等。

2）甄别应聘者提供的证书

（1）观察法

通过眼睛观察和与真文凭的对比来识别假文凭。有些假文凭做工比较低劣，比如纸质硬度不够、没有防伪水印、学校公章模糊、钢印不清等，都可以用眼睛识别。当然，现在的一些假文凭制作得比较逼真，水印、公章、钢印等一应俱全，简单地通过眼睛看很难识别。如果手边有真文凭，可以将它与需识别的文凭进行对比，这时往往可以发现其真伪。

（2）提问法

根据文凭中所涉及的专业，面试人员提出一些专业性问题，有助于初步判断文凭的真伪。

（3）核实法

面试人员可以与文凭颁发学校或机构的学籍管理部门联系，让他们协助调查该文凭的真伪，一般地说，这些单位都能积极协助，准确率很高。此外，还可以登录有关的网站，如中国高等教育学生信息网，对文凭的真实性进行查询。

4.5　录用与员工就职

录用和员工就职工作看上去似乎十分简单，但实际上包括深刻含义和重要内容。一些酒店不重视录用与员工就职工作，应聘者在被录用后被立即安排上岗，这不仅会给员工今后工作造成一定程度的困难，而且会给员工留下一个不良印象，难以唤起新员工的工作热情。因此，酒店有必要认真做好录用与就职工作。

4.5.1　确定并公布录用名单

1）录用通知

在通知应聘者被录用时，最重要的原则是"及时"。有许多用人机会是由于在决定录用后没有及时通知应聘者而失去的。因此，录用决策一旦作出，就应该立即通知被录用者，具体的做法有电话通知和电子邮件通知两种方式。不论采取哪一种方式，都应该向被录用者准确说明报到时间、报到地点、需要携带的物品和证件，以及正式开始工作的日期。如果使用正式的录用通知书，还可以注明被录用者将获得的薪酬标准和主要工作职责。

2）辞谢通知

在招聘过程中的任一阶段，应聘者都可能被拒绝，大多数人都会接受未被选中的事实。即使如此，酒店也有必要对已经参加过测试和面试的应聘者给予答复，并将其应聘资料存档，保留一定时间；如果有新的职位空缺，酒店可以从中优先考虑。

4.5.2 签订劳动合同

劳动合同依法订立即具有法律约束力，当事人必须履行劳动合同规定的义务。合同签订后可以报劳动管理部门备案，或请劳动管理部门对合同进行鉴证。通过备案或鉴证，促使合同符合国家有关的法律、法规和政策，便于维护酒店和被录用者双方的合法权益。

我国《劳动合同法》对劳动合同中的试用期限有相关规定：劳动合同期限三个月以上不满一年的，试用期不得超过一个月；劳动合同期限一年以上不满三年的，试用期不得超过二个月；三年以上固定期限和无固定期限的劳动合同，试用期不得超过六个月。

4.5.3 建立新员工档案

当新员工报到时，酒店应该立即着手建立个人档案，其中的内容包括职位申请表、面试测评表、录用批准书、劳动合同、体检合格证明和其他有关该员工的资料。

4.5.4 介绍工作环境

为了让新员工迅速适应工作要求，在员工报到后，酒店应该首先让其熟悉企业的基本情况，如组织结构、员工手册、主要管理人员等；然后介绍部门同事，并详细讲述工作的内容、隶属关系、横向联系及其基本规则等。这项工作既有利于新员工对酒店产生良好的印象，加强感性认识，又能防止原有老员工将自己的偏见传递给新员工。

【复习思考题】

1.有哪些因素会对酒店招聘工作产生影响？如何进行有效控制？

2.比较分析内部招聘与外部招聘的优缺点。

3.酒店外部招聘渠道主要有哪些形式？各有什么特点？

4.简述招聘工作的流程。

5.如何评估酒店招聘效果？

6.酒店常用的甄选测试方法有哪些？各有什么特点？

7.什么是结构化面试？如何设计结构化面试？

8.试设计一份招聘酒店餐饮部经理助理的面试提纲。

【案例研究】

委托代理招聘与合格人才的选择

　　郝胜是一家豪华度假酒店的总经理，现在正急需物色一位合适的人选担任酒店前厅部经理，接替刚刚被提升为酒店副总经理的原前厅部经理。

　　经过考虑，他决定委托一家专业从事酒店与餐饮业人才招聘的机构来选拔候选人，因为该机构拥有国内一流的酒店人才信息。最近，郝胜先生收到了该机构为此而发来的拟发布的广告，以及刚刚收到的 3 位求职者投来的简历。

代招酒店高级职员启事

招聘职位：酒店前厅部经理

工资与福利：年薪 28 万元外加酒店其他福利

我公司特代表某著名豪华度假酒店招聘前厅部经理 1 名。

工作地点：上海市，具体任职要求：

年龄在 30 岁以上，有在五星级国际品牌酒店工作过的经历，会讲流利的英语。

精力充沛，擅长交际，有事业心，能全心全意地管理部门工作，激励员工，为顾客创造一流的服务和优良的环境。

如想了解详细情况或发送本人简历，请致函：hotelzhaopin123@163.com

应聘者简历（一）

姓名：于飞

年龄：41 岁

出生地点：上海

婚姻状况：离婚

现家庭住址：江苏省南京市

学历状况：

1998—2001 年，初级中学，学习课程：英语、语文、历史、化学、生物、数学。

2001—2004 年，高级中学，学习课程：英语。

上学期间曾担任学校足球队主力队员和学生纪律检查员。

2004—2007 年，某酒店管理职业学院上学，取得酒店与餐饮管理专科毕业文凭。2001 年曾获学院二等奖学金。

工作经历：

2007 年 6—12 月，某国际品牌四星级酒店，酒店服务实习。

2008 年 7 月—2009 年 11 月，洲际酒店集团旗下某品牌酒店（有 300 间客房）见习经理。见习部门：前厅、客房、餐厅、酒吧、厨房、人事、财务。

2009 年 12 月—2013 年 11 月，洲际酒店集团旗下某品牌酒店（有 260 间客房）前厅部助理经理。主要负责：前厅计算机管理系统的引进和使用；管辖员工6人。

2013年12月—2018年10月，某高尔夫俱乐部餐饮部经理。主要负责餐饮部的经费预算、员工的招聘和培训、设备的安装和保养、采购和服务管理。

2018年11月—2020年6月，结婚成家，辞去工作。这个阶段曾在闲暇时光集团公司任兼职顾问，负责该集团的豪华度假中心前厅接待人员的岗前培训。

2020年7月至今，万豪酒店集团旗下某品牌酒店前厅部经理。主要负责前厅部的日常管理、员工的招聘、财务预算与控制和市场营销。

个人爱好：旅游和网球。

应聘者简历（二）

姓名：罗虹

年龄：37岁

出生地点：湖南省长沙市

现家庭住址：上海市

现在受雇企业：某国际品牌酒店

工作经历和学历：

2020年3月至今，某国际品牌酒店前厅部经理。

该酒店是一座拥有98间客房的快捷酒店。虽然职务是前厅部经理，但也负责酒店的客房管理工作。

（2019年6月—2020年3月因病住院）

2015年2月—2019年6月，锦江酒店集团旗下某品牌酒店预订部主管。主要负责酒店市场营销、提高房间利用率方面的工作，同时还担任过酒店值班经理。

2012年11月—2015年2月，某四星级国际品牌酒店（有196间客房），担任前厅部接待主管，负责员工培训、预订、接待和收银工作。在此期间，取得了很好的实际工作经验。

2010年7月—2012年10月，雅高酒店集团旗下某酒店前厅实习经理，并曾在杭州、深圳等地的酒店工作过。

毕业于某外国语大学旅游学院，并取得了该校酒店管理本科文凭。毕业后第一个职业是在某时尚杂志当文字编辑。

个人兴趣：烹调、瑜伽和游泳。

推荐人：朱艺颖女士，某本土品牌酒店（五星级）总经理助理。

应聘人简历（三）

姓名：黄宇华

年龄：44岁

国籍：英国

出生地点：中国香港

现从事职业：某国际品牌酒店（四星级）客房销售经理

简历：

2002—2007 年，牛津 TYK 酒店实习生，法国柏地克斯酒店见习经理。

2007 年 9 月—2011 年 7 月，日内瓦国际管理大学求学，毕业后取得学士学位。学习专业：酒店前厅和客房管理。

2012 年 1 月—2014 年 3 月，瑞士 TYK 酒店前厅部助理经理，管辖员工 3 人。

2012 年 12 月，工作能力被经理发现，提升为预订部经理，一直到 2016 年 3 月离开该酒店。

2014 年 3 月—2019 年 5 月，回香港帮助父亲筹建一家酒店，然后又加入了对该酒店的管理。2019 年决定返回英国。

2019 年 6 月至今，被某国际品牌酒店派回中国内地担任旗下某酒店销售部经理（五星级），管辖员工 8 人，主要负责销售计划、预算、协议定价、客房推销和会议接待工作。

从 2023 年 9 月开始，在上海攻读 MBA 学位（在职）。

个人兴趣：旅行和音乐。

推荐人：鲁迪先生，某旅游 OTA 平台副总经理。

讨论问题

1. 酒店通过中介机构招聘管理人员有哪些有利条件和不利因素？

2. 招聘广告的内容和形式是否符合酒店招聘要求？

3. 从这 3 个人的简历中，反映出候选人的哪些优势和劣势，你觉得谁的优势更突出？

4. 酒店在招聘中使用招聘申请表和自拟简历两种形式，各有哪些利弊？

开阔视野

人工智能开启员工招聘新模式

人工智能（AI）在候选人筛选和人才招聘的应用方面主要包括三个环节。

第一个环节是自动化、智能化的简历筛选。

招聘团队通常需要花费大量时间逐一查看、筛选和评估每份简历，这不仅效率低下，还容易受到个人偏好和主观判断的影响。应用了人工智能后，人才招聘团队只需要结合职位任职资格预设相应的算法和标准，由人工智能自动筛选出符合职位要求的简历。这不仅提高了筛选速度，同时确保了筛选结果的公正性和客观性。

Pymetrics 公司利用神经科学和人工智能技术为招聘提供创新解决方案就是一个典型例子。Pymetrics 使用一系列在线游戏来测量候选人的认知和情感能力。这些游戏基于神经科学研究，被设计成有趣而引人入胜的形式。候选人完成游戏后，Pymetrics 的人工智能系统会分析其表现，预测他们在特定职位上的成功概率。Pymetrics 的人工智能系统使用大量的数据来训练预测模型。该系统可以分析过往成功员工的游戏表现，以此为基础预测新的候选人是否与成功员工具有相似的特征。Pymetrics 已经为多家全球领先企业提供了解决方案，包括 Unilever、埃森哲和领英。

第二个环节是面试问题的智能生成。

面试是评估候选人能力的关键环节。传统的面试问题设置很大程度上依赖于 HR 的经验，人工智能则可以根据大量的面试数据生成更有针对性的问题，这样可以更精准地评估候选人的能力和潜力。

Vervoe 公司专注于使用人工智能改进面试和评估流程。Vervoe 的人工智能驱动的平台允许雇主为候选人创建模拟的工作任务，以此评估他们的技能和潜力。此外，还可以根据公司的需求和职位描述自动生成面试问题，确保问题与职位相关，并能够准确评估候选人的能力。候选人完成模拟任务或回答面试问题后，Vervoe 的系统会自动评分。这大大提高了评估的速度，并减少了人为偏见的可能性。多家公司已经使用 Vervoe 的平台进行招聘，包括亿贝（eBay）、优步（Uber）和缤客（Booking.com）。

第三个环节是候选人的综合评估。

人工智能不仅仅局限于简历筛选和面试问题生成，它还可以与候选人在线聊天，实时评估他们的沟通技巧、思考方式和解决问题的能力。通过分析候选人的在线行为和社交媒体活动，结合简历、面试和测试数据，人工智能能够为企业提供深入的评估报告，帮助决策者更好地了解候选人。深感科技（DeepSense）通过分析候选人在社交媒体上的行为，如他们的帖子、点赞、分享和评论，来评估他们的性格特点和价值观。深感科技通常从各种社交媒体平台如领英、推特（Twitter）、脸书（Facebook）等收集数据，基于此评估多种性格特点，如开放性、尽责性、外向性、宜人性和神经质性。此外，它还可以评估候选人与特定职位或公司文化的适配度。

综上，人工智能技术正在逐步改变传统的招聘模式。它们不仅提高了招聘效率，更重要的是为企业提供了一种更加科学、系统的方法，确保每一个职位都能找到最匹配的人才。人工智能的应用可以极大地优化企业人力资源管理，为组织的长远发展奠定坚实的基础。

资料来源：路江涌，张月强 . 人工智能时代的人力资源精准管理 [J]. 清华管理评论，2023（11）：74-84.

第 5 章　酒店员工培训

【学习目标】

通过学习本章，学生应该能够：

掌握：酒店员工培训的步骤；

酒店员工培训的基本规律；

酒店针对员工普通技能和综合能力常用的培训方法。

熟悉：酒店员工培训的分类；

酒店确定培训需求的方法；

酒店员工培训计划所包含的内容；

酒店员工培训的组织形式。

理解：员工培训的概念；

员工培训对酒店和员工的意义；

酒店员工培训的特点。

【关键术语】

员工培训	在职培训	培训目标
培训需求分析	培训计划	培训效果评估
企业大学	在线培训	培训外包
讲授法	示范指导法	视听法
角色扮演法	模拟法	工作教练法
模拟法沙盘模拟训练法	文件处理训练法	工作轮换
案例研究法 行动学习法	远程培训	

开篇案例

香格里拉酒店集团员工培训的"双轨制"

一、重视"培训"的企业文化

香格里拉酒店集团（Shangri-La，以下简称"香格里拉"）始终非常注重对员工的培训，其在培训方面的投入力度在同行业中是数一数二的。香格里拉在招聘方面主张"Hiring For Attitude，Training For Skill"，意思就是"招聘你的态度，培训你的技能"。在新员工入职的前半年里，香格里拉会安排四堂培训课程，把香格里拉的组织文化传递给他们，包括一些服务的技巧，还有处理顾客投诉的方法和经验。

香格里拉的员工职级大致可以分为总监级、副总监级、部门经理、主管、普通员工五个级别，针对不同级别的员工都有相对应的培训体系。在普通员工级别，香格里拉采用的是伙伴式的"老带新"培训，主要以工作实践中的指导为主；主管级员工的培训，香格里拉称之为"部门培训"，以在岗集中培训方式为主，培训内容围绕工作中的基本流程和服务技巧展开；部门经理级别员工的培训，香格里拉称之为"天使培训"，主要以介绍香格里拉的服务文化为主。此外，还有针对总监和副总监级的培养领导力的制度体系，香格里拉称为"卓越督导"培训。

香格里拉集团有自己的培训学院，集团每年都会选出较为优秀的员工送到香格里拉学院进行更深入的培训，这也是香格里拉集团内部培训的一大特色。

二、让"伙伴"当老师

香格里拉集团每位即将上岗的新员工，都会得到所在部门为其指派的一名老员工的帮助，并结成工作伙伴关系。这两位员工要满足两个前提条件：第一是职级接近，第二是能融洽相处——这种伙伴式的"老带新"称为"Buddy Trainer"。这是香格里拉集团员工初到职位时最普遍的一种培训机制。Buddy Trainer一方面强调"带领"，即老员工带领新员工在实践中逐渐适应新的环境，融入新的组织文化，了解所在行业的特点等。Buddy Trainer强调的另一方面是"伙伴"。安排与新员工职级相近、在职时间稍久一点的员工做搭档，使两个人都会觉得非常亲切。如果让上级或者是导师制里所说的"导师"去指导新员工，就难免带有上下级的色彩，而"伙伴"之间，无论是在工作上还是生活上，都会给对方提出一些具有平级色彩的建议，并且这样的建议更容易被对方接受。对于刚入行的新员工来说，有一个亲切的伙伴，能够帮助他们更快速地融入新环境。

需要特别指出的是，Buddy Trainer中的两个人一定是属于同一部门的，如果员工被调转到另外一个部门或另一个职位，那么该部门还会给他（她）安排新的"伙伴"。比如咖啡厅新来了一个员工，部门就会为其选择一个已经在咖啡厅就职一年左右的"伙伴"。如果他（她）被调到前台，还会在前台指派一个"伙伴"帮助他（她）适应新职位。

因为酒店行业是一个非常强调服务品质的行业，所以香格里拉还格外重视对员工情商的培养，特别是与顾客之间积极互动能力的培养。同时，酒店业的离职率是相当高的，工作一年后仍能够留在酒店的，基本上就算是"老员工"了。特别是现在的"90后""00后"

员工，他们的职业期望普遍偏高，可能希望两到三年就能做到部门主管。虽然这些年轻人一心求"快"，但其自身的素质有时并不符合行业的标准和要求。无论是 Buddy Trainer 中的"师傅"，还是"徒弟"，香格里拉都希望他们能有一个更加平等、融洽的关系，能够在工作中互帮互助，扎扎实实地迈好职业生涯中的每一步。

三、导师制瞄准中高层

与基层员工伙伴式的"老带新"相比，香格里拉为中高层管理人员提供的则是较为复杂的"导师制"。香格里拉集团已形成了一系列针对中高层人员的培训方案。如集团行政培训生（Cooperate Management Trainee，CMT），还有集团行政管理培训生（Corporate Executive Trainee，CET）和集团高级行政管理培训生（Corporate Senior Executive Trainee，CSET）。这些培训的目的基本上都是将三级经理培养为二级经理，将二级经理培养为一级总监，将一级总监培养成为未来的总经理或驻店经理。

中高级员工一旦被总部选中为 CMT、CET、CSET 人选，就要接受为期约 16 个月的专项培训。培训分为 3 个阶段：轮岗培训（3~4 个月）、重点职能培训（6 个月）和执行培训（6 个月）。培训期间，员工要在不同的酒店里接受特定训练，培训后总部会对其作出评价，判断其是否能够顺利"毕业"，然后再到其他酒店去担任新职务。比如，香格里拉在青岛确定了一个三级厨师做 CMT 人员，在轮岗培训阶段，他要在酒店转岗熟悉不同部门的情况；在重点职能培训阶段，可能要被派往其他酒店加强重点技能的训练；在执行培训阶段，他将作为二级行政副主厨在另一家酒店工作任职。这期间，各个酒店的总经理将作为他的导师，每隔一段时间（1~2 个月）就会找他进行一次面谈，了解他的学习过程和遇到的困难，给予指导，并在每个阶段完成后对其进行培训效果评估。所有培训结束并评估合格后，他才有可能正式被晋升为行政主厨，派驻到酒店任职。

与此同时，部门的总监还将承担起副导师的责任和角色。刚才例子里的行政副主厨，每到一家酒店工作，行政主厨就自然成为他的"副导师"，这种关系和 Buddy Trainer 类似，但最后还是由总经理对他的表现拿出评估意见。在每一个员工接受培训之前，先由他的上司进行能力评估，然后总结出其在能力素质方面还有哪些欠缺，并上报总部形成培训计划。受训人员被派驻到酒店时，该酒店会提前收到总部下发的培训计划，并根据培训要求，制订相应的培训方案。在执行培训阶段，员工通过直接上岗，在实践中接受训练和导师的指导，导师也会对其提出更具针对性的反馈意见。在培训结束时，导师（总经理）会对他的领导力、执行力和辅导能力进行综合打分。

香格里拉集团的人力资源管理层认为，在更强调合作和服务品质的酒店行业，"老带新"和"导师制"这两种培养模式是可以共存，并互为补充的。

资料来源：改编自《香格里拉培训：导师制瞄准中高层》中国人力资源开发网。

5.1　酒店员工培训概述

5.1.1　员工培训的含义

员工培训就是按照一定的目的，有计划、有组织地通过讲授、训练、实习和辅导等方法向员工传授专业知识、服务技能和管理思想以及企业文化，使员工的行为方式在理论、技术和职业道德等方面有所提高或改进，从而保证员工能够按照酒店预期的标准或水平完成所在承担或将要承担的工作与任务的活动。从某种意义上说，员工培训是酒店人力资源增值的重要途径，是维持整个酒店有效运转的必要手段。

习近平总书记指出："我国工人阶级和广大劳动群众要大力弘扬劳模精神、劳动精神、工匠精神，适应当今世界科技革命和产业变革的需要，勤学苦练、深入钻研，勇于创新、敢为人先，不断提高技术技能水平，为推动高质量发展、实施制造强国战略、全面建设社会主义现代化国家贡献智慧和力量。"[1] 新时代赋予员工培训新的使命，就是要为培育工匠精神作贡献。

与员工培训有关的另一个概念是人力资源开发，对于这两个概念有两种理解：一是认为员工培训主要针对普通员工，而人力资源开发主要针对企业管理层的核心成员，但二者的目的一致，即提高能力和转变思想；二是认为员工培训是一种着力于实现短期目标的行为，目的是使员工掌握当前所需的知识和技能，而人力资源开发则是一种着力于实现长期目标的行为，目的是使员工掌握将来所需的知识和技能，并以积极的态度应对未来工作的需求，广义的人力资源开发包括员工培训、激励管理和员工职业生涯管理。

准确地理解员工培训的含义应该从以下 4 个方面入手。

1）员工培训是酒店一种重要的投资方式

人力资本作为一种稀缺的生产要素，是指个人具备的才干、知识、技能、体力、资历、时间、健康和寿命等要素的总和，是组织发展乃至社会进步的决定性因素，但它的取得并不是无代价的，而是通过投资活动才能取得的。在人力资本投资形式中，员工培训是最重要的形式之一。此外，在知识经济时代和信息社会里，酒店资产的增加不仅意味着物质资产规模的扩大，更重要的是资本增值能力的提高，以及对物质资本吸引力的增强，而这些离开了对人力资源的投入都难以实现。许多成功的酒店之所以舍得对员工培训进行大规模的投入，正是因为意识到了这一点。

2）员工培训是为实现酒店的经营目标服务的

员工培训作为人力资源管理基本职能之一，为培训而培训是不会收到良好效果的，必须从酒店的功能着手，找出对员工进行培训的具体目标。如果一种培训活动不能对酒店的经营目标产生积极的影响，就没有理由开展。酒店在计划及实施员工培训时，必须首先明确这样一些问题：为什么要进行培训、需要进行什么样的培训、哪些人需要接受培训、由

1　《习近平致信祝贺首届大国工匠创新交流大会举办》，求是网，2022 年 4 月 27 日.

谁来进行培训、如何进行培训、如何评价培训的效果等，而所有这些问题的回答都是以是否有利于提高酒店的整体绩效、是否能够有效地促进酒店经营目标的实现为出发点。

3）培训是员工职业发展的推动器

现代人力资源管理认为，员工作为组织成员，不但要为实现组织目标而努力，同时也要努力使自己的人力价值增加，使自己的职业能力增强，把自己推向更高的职业发展阶段。真正有效的员工培训活动不仅能够促进酒店经营目标的实现，员工的工作能力、工作技能和工作素质得到提高，也为员工的职业生涯发展提供了有力保障。因此，培训是员工职业发展的推动器。

4）培训是一种管理手段

把对员工的培训看成是一种管理手段，是因为它不是在消极地约束员工的行为，而是在积极地引导员工的行为。组织行为理论指出，一个人的工作绩效取决于这个人的工作行为，这个人的工作行为又由这个人在具体工作情景下所选定的行为目标决定。酒店管理者期望通过培训促进酒店经营目标的实现，这一过程必须通过影响员工在特定工作情景下的行为选择完成。由此可见，管理者可以利用员工培训有效地改变员工的工作态度、规范员工的工作行为。

5.1.2　酒店员工培训的特点

1）全员性

酒店员工培训应该是全员性的，凡是在职的酒店员工，无论是一般服务员，还是管理者，无论是资深的老员工，还是阅历较浅的年轻员工，都有要求参加培训的权利和接受培训的义务。

2）系统性

员工培训是一项系统工程，它要求其中的各环节、各层次保持协调一致，从而使员工培训过程能够有效运转起来。首先，要从酒店经营战略出发，确定员工培训的模式、培训的内容以及具体对象；其次，应适时地根据酒店发展的规模、速度和方向，合理确定受训者的总量与结构；最后，还要根据参加培训的人数，合理地设计培训方法、培训时间、培训地点等。

3）实用性

员工培训作为酒店的一种投资应该产生一定的回报，员工培训要始终把提高员工的工作绩效和酒店的整体绩效作为出发点，要促使培训成果转化成生产力，并能迅速促进酒店竞争优势的发挥与保持。在实践中，酒店应当优化和筛选培训项目，使员工所掌握的技术、技能和更新的知识结构能够很好地适应当前工作的需要。此外，还要有必要的超前培训，因为只有为顾客提供超值的服务和实现特色化经营，酒店才有可能在激烈的市场竞争中取胜，而必要的超前培训则是制胜的有效手段。

4）层次性

员工培训应当是分层次的，对于不同知识和文化背景、不同工作任务，以及有不同知识和技术需要的员工，培训的内容和重点都应有所不同。虽然培训要针对全体员工来实施，但这绝不意味着在培训过程中就要平均化。按照"二八法则"的解释——企业中80%的价值是由20%的员工创造的，加之受培训资源所限，酒店在员工培训中应适当向关键职位倾斜，特别是中高层管理者和一线员工。

5）持续性

现代酒店的培训理念是"终身培训"。随着经营环境的变化和服务竞争的加剧，以及物质生活水平提高带来的消费档次升级、消费模式个性化等，即使是那些接受过常规服务培训的基层员工，也必须持续不断地接受再培训，以适应新旧服务内容和形式上的交替。为此，酒店对员工的培训不能"一培永逸"，靠一次培训就"终身受用"是不可能的。知识在更新、科技在进步、社会在发展，为顺应时代的变化与要求，酒店必须持续不断地创新员工培训的内容、方式和方法。

6）成人性

酒店员工培训的对象是成人，针对他们的培训，存在着"年龄可能较大，机械记忆力减退；各种干扰因素较多，容易分散精力"等困难，但是美国学者马尔科姆·诺尔斯（Malcolm Knowles）研究发现：

- 成人需要知道他们为什么要学习。
- 成人有进行自我指导的需求。
- 成人可为学习带来更多的与工作有关的经验。
- 成人是带着一定的问题去参与学习的。
- 成人受到内部和外部的激励而学习。

小资料

"721"学习法则

"721"学习法则最初由美国普林斯顿大学创造领导中心（The Center for Creative Leadership）的摩根·麦克（Morgan McCall）、罗伯特·W.艾森格（Robert W. Eichinger）和米歇尔·M.伦巴多（Michael M. Lombardo）三人提出。后在米歇尔·伦巴多和罗伯特·W.艾森格合著的《构筑生涯发展规划》中正式提出。该法则综合考虑了各种因素，认为70%的经验的获得来自工作中的学习，边工作边学习边总结，不断应用于实践，再进行经验的调整总结，再实践，一步一步循环往复中形成可靠的经验和技能；20%的经验来自通过与身边优秀的人沟通、讨论、交流，从而习得他人的经验，并借鉴参考之，内化成自己的经验；10%则来自常规的培训。"721"学习法则重点强调了如下四点：学习主体对于学习而言非常重要；学习的根基是真实的实践；反馈是学习不可或缺的环节；同伴是比较重要的学习资源。

在员工培训中应用"721"学习法则，要坚持如下基本原则：一是企业要帮助受训者认清理想自我与现实自我之间的差距，使之成为推动学习的基本动力；二是遵照"721"法则，制订与执行一个具有挑战性与可行性的培训计划；三是保持受训者与监督者之间的持续对话，且双方都要对培训效果负责，以确保整个培训过程深入而有效地进行；四是要鼓励受训者努力工作以获取值得信赖的伙伴、建议者、教练、咨询者和帮助者；五是尊重共同工作人员的隐私；六是引导受训者寻找与利用机会，通过提出合作目标，建立联系，提供支持、建议和思想引领的方式，推动受训者和组织成员间的合作；七是帮助受训者参与培训发展计划的制订与实施，这一过程包括健全的评价、分析、设计、发展、执行与再评价。

5.1.3　员工培训的意义

1）员工培训对酒店的意义

（1）传播企业文化

员工培训能使员工对酒店的经营宗旨、战略目标、服务理念和产品特色等有深刻的体会和理解，能培养和增强员工对酒店企业文化的认同感。

（2）提高员工文化、技术素质

员工培训能使员工了解职位要求，通过提高员工的职业素养和专业技术水平，达到任职资格的要求，使工和酒店双受益。通过培训，新员工可以比较快地适应新环境，掌握操作技能；原有员工能够不断补充新知识、及时学到新的服务技能，从而更加适应企业发展的需要。

（3）改进工作行为

员工培训可以确保员工掌握正确的工作方法，改变错误或不良的工作习惯。酒店很多服务工作都有可能产生一定的浪费与损耗，如客房清洁工作、洗涤工作、餐饮服务工作等，未经培训的员工造成的损耗会更大。根据国外酒店业的统计资料，正确的培训可以减少73% 的浪费。在酒店业的另外一些研究中发现，未受过培训的员工所造成的事故数量是受过培训员工数量的 3 倍。特别是在比较危险的机器设备上工作，未受培训的员工除不知如何使用设备之外，这种无知造成的心理紧张与不安也是导致事故的一个重要因素。例如，让从未受过培训的厨房员工使用和维修肉片切割机，就很容易造成事故。

（4）提高员工劳动生产效率

酒店进行员工培训的重要目的是提高劳动生产率，使每位员工在同等劳动条件和劳动时间内完成更多的工作。例如，在餐厅服务中，一位经过良好培训的服务员能够同时负责接待 3 张标准台的客人。很多培训项目的效果虽然不能直观地反映出来，但却能够从顾客的满意度中得以体现。当然，劳动生产率还受到组织、管理、士气、资金、设备以及其他因素的影响，但是员工的素质起着决定性的作用。现代企业管理理论认为，劳动生产率与员工的关系可以用公式表示为：$P=CM$。P 指劳动生产率，C 指员工素质或员工的合格条件，M 指激励，即劳动生产率是合格员工与有效管理方式的乘积。

（5）提高酒店管理效率

员工培训能改进员工的工作行为，提高员工完成任务的质量水平，因而可以让管理者从日常琐碎的事务中解脱出来，不再频繁陷入补救错误、更正失误的事务中，可以有更充足的时间从事更重要的管理工作。

（6）发挥激励作用

当员工接受一项合适的培训时，会有一种被重视的感觉。经过培训后，他们会主动应用所学到的新技能，提高个人工作绩效。例如，经过培训，员工了解了自己工作与其他工作环节的联系及其重要性，就会主动按时上班，增强工作自觉性与责任心；而员工没有经过职业培训，则容易无故旷工和迟到。一些研究证实，在酒店行业，接受系统培训的员工流动率会显著降低。

2）培训对员工的影响

（1）增强员工的就业能力

无论是新员工还是在职员工，经过一段时间的培训，会掌握更多的工作方法和技能，这就意味着其就业能力的增强。

（2）有利于员工的发展

员工培训能够使员工出色地干好本职工作，并可以扩展知识面和工作领域。如果员工确实有能力，且德才兼备，则可以晋升到更高一级的职位。

（3）使工作更为安全

酒店对员工工作期间的人身安全负有一定的责任，发生安全事故对员工造成的影响是十分不利的。员工经过严格的培训可以减少事故的发生，从而降低工作中的人身安全风险。

（4）增强员工的工作满足感

所谓工作满足感，是指对一个人的工作或工作经验进行正面评价令其产生的一种愉快的或有益的情绪状态。究其根本，员工的工作满足感取决于员工个体对工作及其回报的期望值和实际值的差异情况。正常情况下，员工普遍希望学习新的知识和技能，希望接受具有挑战性的任务，希望晋升，这些都离不开培训。因此，通过培训可增强员工的工作满足感。

5.1.4　员工培训的分类

1）根据员工培训时间划分

（1）全脱产培训

全脱产培训是指员工在一定时期内完全离开工作职位，参加进修学习。它可以使员工集中精力，且时间比较充裕，培训过程连贯，对系统性的学习有比较好的效果。因此，全脱产培训比较适合酒店管理人员的进修培训。

（2）半脱产培训

半脱产培训是安排员工利用部分工作时间参加某种形式的培训学习。半脱产培训应以不影响正常工作为原则，力求达到学以致用的效果。例如，礼仪知识讲座、服务案例分析以及顾客投诉分析等培训课程都可以采取这种形式。

（3）在岗培训

在岗培训，又称职位培训，即员工在工作职位上，直接在培训指导者、师傅或上一级管理者的指导下进行与工作任务一致的实际训练，既完成了工作任务又接受了培训。

2）根据员工培训的性质划分

（1）入职培训

入职培训，又称上岗引导，它侧重于酒店工作环境的介绍、经营理念和服务宗旨的讲解以及企业基本规章制度的学习。开展入职培训主要有两个目的，一是创造一个有利于新员工能够很快融入工作环境中的机会，即社交引导。研究显示，能够真正融入企业的新员工，其工作效率要明显高于不能完全融入人的人。二是传递有关工作的必要信息，见表5.1。在一些大中型酒店里，新员工的入职培训工作一般由人力资源部门统一组织，并承担具体的工作，对于一些小型酒店则通常由总经理亲自负责，以保证入职培训的效果。

表 5.1　酒店员工入职培训的主要内容

分　类	内　容	为新入职员工解决的疑惑
工作背景	•酒店发展历程 •经营、服务和管理理念 •酒店可接受的行为规范 •酒店的战略目标	•企业是如何创立的？ •企业凭什么生存？ •企业的经营宗旨是什么？ •企业的未来有前途吗？ •什么是我可以做的，什么是未许可我不能做的？ •我如何与周围的同事建立起良好的关系？
工作常识	•酒店基本的规章制度 •员工所拥有的基本权益 •所处职位的管理层级	•我如何适应这家企业？ •作为员工我有什么权利？ •我有权获得哪些一般和特殊的福利待遇？ •我的直接上级和下级都包括谁？谁和我是平行的工作关系？ •在企业获得晋升，上一级的职位是什么？
工作责任和工作技能	•职位说明 •职位规范 •绩效评价指标和标准	•我现有的知识和技能可以完全胜任新的职位吗？ •为了让我适应企业和自己的职位，我现在和将来可以得到哪些培训？ •要在这家企业做好工作应该达到什么样的绩效水平？

（2）指导性培训

指导性培训是指针对某项具体工作，训练员工如何按规范完成的一种培训，它通常需要确定培训需求、制订培训计划、分解培训步骤，并由专人完成各项培训内容。这类培训是酒店人力资源管理工作中最常见的。

（3）补救性培训

补救性培训是指当出现员工知识老化和技术钝化、顾客满意度下降、设备更新以及酒店经营状况恶化时，所安排的员工培训。补救性培训既要涉及新知识、新技术，同时还应该注意针对工作中所出现的问题，反复强调以往培训过的内容——"回顾和提升"是补救性培训的主要特点。

3）根据员工培训的场所划分

（1）教室课堂培训

有条件的酒店会专门装修出若干间现代化的培训专用教室，安装多媒体教学设备，专业理论培训以及服务案例讨论都可在此进行。有时候酒店的内部会议室也可开展教室课堂培训。

（2）工作现场培训

员工在工作现场参加培训，不仅有强烈的真实感，而且便于培训指导者及时近距离地检查培训效果，特别是一些强调动作规范、操作娴熟的工作，大都适合在工作现场进行培训。

（3）在线培训

在线培训（E-Learning）是通过互联网技术，运用电子课件或计算机模拟软件对员工进行培训，使员工培训的场所从现实迈入虚拟。在线培训的优势在于能即时更新、储存、利用、分配和分享培训内容或信息；此外，灵活的学习方式也使在线培训受到酒店年轻员工的欢迎。

案例启迪

厦门佰翔酒店集团的"佰得培训平台"

厦门佰翔酒店集团针对以往员工培训的痛点，聚焦亟待提升的能力项，积极探索适应信息化、数字化转型的有效培训方式及培训工具，旨在为产业人才高质量培养、培训高效管理、员工自主学习提供全链条解决方案，为酒店产业人才队伍能力提升与产业培训协同提供平台支持。在这一背景下，"佰得培训平台"应运而生。

以职位胜任力为导向整合培训资源，全天候实时赋能员工培训。在App端、H5端同步上线的"佰得培训平台"为员工配置了可"24小时在线"的学习平台，以满足全体员工个性化、移动化、碎片化学习的需求。该平台以课程体系为核心，融合数字化平台技术，集成包括视频、课件、题库等多种类型的优质培训资源，设有职业能力、领导力、专业能力、特色课程等四大模块学习内容，全面涵盖酒店前厅、房务、餐饮、康体市场营销、人力资源、工程、安保、财务、收益等10个方向。平台全面规划课程数达1 300多门，通过分阶段有序部署、更新，持续充分保障佰翔酒店集团各层级、各职位、各类型的培训资源供给。

除平台课程外，集团成员酒店还可以借助"佰得培训平台"构建内部企业文库，丰富自制课程、应知应会、管理制度、标准化流程等学习内容，促进企业知识的存储、沉淀和复用，提高企业知识获取的效率与便捷性，实现培训资源的共建共享。

此外，为帮助学员更精准地获取学习资源，更快速地达到职位能力要求，更清晰地展示个人知识技能提升轨迹，"佰得培训平台"还结合职位胜任力需求，为成员酒店规划各职位学习地图，帮助酒店体系化、精细化推送学习资源。

以人才培养及输出为目标实现培训全流程管理，推动员工培训数字化转型。为深入推进培训系统化、信息化、数字化管理，"佰得培训平台"针对培训活动与线上考试实行全流程管理与档案留存，保障集团各层级培训、人才项目培训的计划、实施与评估。

平台提供多样化的培训形式，适用于各类场景下的培训教学，具备课程体系化、学习流程化、管理标准化、效果可视化等优势特点，将传统意义上的培训延伸为基于大数据和个人发展需求的主动学习、持续学习、多场景学习，实现培训流程可监管、学习效果可追踪、培训数据可沉淀。

"佰得培训平台"还具备持续升级迭代"精准化专项培养"功能，科学绘制人才培养提升路径，为佰翔酒店集团构建四阶人才梯队培养体系，即针对应届毕业生培养的"酒店管理培训生计划"、针对基层骨干培养的"强基计划"、针对后备中高管培养的"佰人计划"、针对总经理及新晋经营层培养的"领翔计划（TTP）"，以及各专业能力提升专项培训、佰翔讲坛系列培训提供支撑，实现人才培养体系与人才赋能平台的深度连接、相辅相成，为推动佰翔酒店集团中高级管理骨干和核心专业人才的培养与输出目标的实现奠定坚实基础。

资料来源：改编自《共创共享赋能平台　推动人资数字转型　佰翔酒店集团"佰得培训平台"正式上线》翔业集团网站。

5.1.5　不同层级员工的培训侧重点

从广义上讲，培训对象应该包括酒店各个层次、各个类别的所有员工。但是，由于不同类别的员工在工作性质、工作方式等方面大相径庭，因此，培训的侧重点也有所不同。

1）新入职员工

酒店在招聘录用新员工的时候，虽然会运用各种考试、测评等科学方法，挑选出符合招聘条件、有发展潜力的人员，但是，所录用的新员工并非一开始就完全具备完成规定工作所必需的知识和技能，也缺乏在特定集体中进行协作的工作态度和行为习惯。为使他们尽快融入组织，尽快掌握必要的知识、技能和服务意识，必须对他们进行培训，具体包括：酒店的经营理念与使命；新员工工作所需要的专门信息，如酒店组织架构及其职能等；与新员工个人利益相关的管理制度，包括薪酬福利制度、考勤制度、培训制度等；帮助新员工建立与同事和工作团队的关系，消除由于进入新环境可能带来的不安与焦虑。

2）普通员工

普通员工是酒店员工队伍的主体，他们主要负责完成具体的服务工作或服务支持工作。对普通员工的培训，主要是依据工作说明书和工作规范的要求，明确权责界限，传授必要的工作技能和技巧，培养与酒店文化相适应的工作态度和行为习惯，使之不仅高质量完成本职工作，而且能在酒店中不断发展自己。

3）专业技术人员

在酒店的财务部、工程部和计算机部门一般有会计师、工程师等专业技术人员。这些人都有自己的业务范围，掌握着本专业的知识和技能。在现代企业中，团队工作方式日益普遍，如果专业技术人员局限于自己的专业领域，彼此之间缺乏沟通与协调，势必会影响团队的工作质量。培训专业技术人员的目的之一，就是让他们了解别人的工作，促进彼此之间的沟通协调，使他们能从酒店整体出发开展工作。专业技术人员参加培训的另一个重要目的，是紧跟时代的发展，不断更新专业知识，及时了解各自领域内的最新动态和最新知识。

4）基层管理者

基层管理者如领班、经理助理等在酒店中处于一个特殊的位置，他们既是酒店整体利益的代表，又是其下属员工利益的代表，很容易发生角色冲突和矛盾。从实际情况看，酒店中大多数的基层管理人员过去都从事具体的业务性或事务性的工作，在管理方面经验不足，在他们担任基层管理职务后，必须通过培训尽快掌握必要的管理技能，明确自己的新职责，改变自己的工作观念，熟悉新的工作环境，习惯新的工作方法。

5）部门经理及以上人员

酒店部门经理要对整个部门的经营管理全面负责，因而部门经理的知识、能力及行为方式对本部门的经营状况影响极大，甚至会直接影响整个酒店的经济效益。从这个意义上说，所有部门经理及以上人员有必要优先参加培训。

一般说来，部门经理都有丰富的工作经验和优秀的才能，因此，对他们的培训主要是达到以下目的。

①使他们更加有效地运用自己的经验，发挥自己的才能。

②帮助他们及时发现和理解酒店外部环境和内部条件的变化。

③帮助他们提高和完善工作中的专门技能，如处理人际关系的技能，主持会议、授权、沟通等方面的技能。

④对于新上任的经理人员，应帮助他们尽快熟悉酒店的经营战略、方针、目标、酒店公共关系等，以使他们顺利适应工作。

5.2　员工培训的组织

5.2.1　影响员工培训有效性的因素

1）管理者的支持与参与

员工培训必须得到酒店高层管理者的全力支持，这种支持必须是实际的，而不仅仅是口头上的，具体表现在：能否为员工提供培训时间的便利；能否积极评价员工培训对工作的意义和帮助；能否根据企业发展战略确定培训和转化的目标；能否为员工的培训转化提供资源上的支持；在培训结束后，能否继续为培训成果的保持提供强有力的支持等。

除了高层管理者，酒店各部门主管对于部门内员工的能力及需要何种培训，通常比培训的计划者或最高管理层更清楚，因此他们的参与、支持及协助，与培训能否收到预期的效果特别是培训成果的巩固有很大的关系。

2）培训者的观念和业务能力

员工培训工作在酒店人力资源管理中的受重视程度，可以从培训者的层次和观念反映出来。出色的培训者不仅是员工培训的实施者，同时还从中扮演着促进酒店战略达成的角色。因此，培训者必须对酒店的运营模式、组织资源、组织目标和战略推进步骤等有深刻的认识和理解，而完成每一项培训工作都需要多项能力的配合，战略意识、人际沟通能力、专业培训知识和技能尤为重要。此外，培训者还需要具备较强的分析判断能力、组织能力和语言表达能力。

3）受训者的积极性

员工培训的目标能否实现，最终体现在受训者是否掌握了培训内容，是否能将培训内容应用到实际工作中，而这些取决于受训者的学习能力和应用能力，特别是受训者是否认识到培训的意义，并认真地参与培训。受训者的受训态度（受训的目的、动机和愿望，对培训的了解、兴趣、看法和信心等）是其积极性的具体表现，从培训效果的角度来讲，受训者的受训态度与培训过程同等重要。

著名培训大师戴尔·卡耐基（Dale Carnegie）说，人的心灵之门是从里面反锁着的，只有他自己才能打开。在这道门内，是一个十分懒惰的心灵，他不会在你第一次轻轻敲打之后就开门，你需要不停地敲打和叫喊，才有可能最终打开这扇门。所以如果在培训规划中，酒店方面能够充分考虑员工个人发展的诉求，并采取各种措施激发受训者的学习动力，那么培训效果就会得到改善。

4）培训方法的适用性和规律性

在酒店员工培训实践中有各种不同的方法，只有针对不同的培训内容和培训对象选择适用的培训方法，才能达到预期的培训效果。此外，在员工培训中，存在着一定的规律性，充分认识和理解这些规律，并在实践中遵循和利用这些规律，有利于确保员工培训的有效性。

5.2.2 员工培训的基本规律

1）整体差异性规律

同一酒店的员工在工作能力方面存在着比较大的差异，这些差异往往是由员工不同的知识结构、文化程度、性格特征、品格修养、年龄层次以及职位工作环境所导致。因此，在接受培训的过程中表现各异，有的员工对技能操作掌握比较快，而对理论知识如成本控制方法、酒店当地旅游信息、酒水知识等掌握相对比较差，而有的员工则恰恰相反；有的员工各方面能力都优于其他员工，相反，有的员工各方面能力则较低。心理学研究发现，员工学习能力的差异处于一种数学中的正态分布，如图5.1所示。也就是说，100位参加学习的员工中，50位处于中等水平，各有15位略高于平均值和低于平均值，有10位能力最强，成绩优异；另有10位能力差，成绩处于下等。

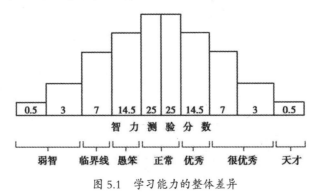

图 5.1 学习能力的整体差异

认识这一基本规律，要求培训者因材施教，因人而异。第一，要放弃使所有员工经过培训都达到同等水平的幻想，当员工没有达到理想目标时不至于过于失望，因为部分员工培训效果不理想是一种正常现象。第二，要区分员工的不同特点，如能力差异和心理差异，根据不同水平的表达能力、操作能力、记忆力、理解能力、基本功或基础知识、心理素质等，采用灵活多样的培训方法，不断增强培训效果。

2）学习效果的阶段性变化规律

心理学研究发现，员工在接受培训期间，学习的效果呈现出明显的阶段性变化。

（1）迅速学习阶段

员工在接受培训的最初阶段，当学习的积极性被调动起来之后，会对培训内容产生浓厚的兴趣，对新知识的好奇心会驱使员工主动思考，乐于尝试，创造性地采用各种方法来掌握知识和技术。因此，学习效果很好，学习进步快。但是，这一阶段的时间是比较短暂的，一旦过去则将是一个缓慢的过程。

（2）缓慢学习阶段

当员工初步掌握了某项工作的培训要求之后，其学习兴趣与积极性会减弱，学习进度变得十分缓慢，相对处于一个稳定的时期。在这一阶段，员工的培训效果始终在提高，但速度较第一阶段相差甚远。当然，不同素质的员工在这一阶段的表现是有区别的，意志坚定者会持之以恒，总以创新的方法和较高的热情迎难而上，其学习效果远优于其他员工。个别意志薄弱者会对培训产生厌恶情绪，甚至放弃进一步提高的机会。

（3）心理界限阶段

经过较长时间的缓慢进程，员工对某项工作内容的学习会处于饱和状态，相对达到了心理界限阶段。如果继续按先前的方法培训，效果将不理想。

尽管由于培训内容不同，上述这些阶段所占时间和变化程度会有差异，但是，阶段性是比较明显的。只有充分认识这些变化，才能更好地开展培训工作，在培训过程中，有意识地区分阶段、调整培训内容、改变培训方法是帮助员工克服学习的心理障碍的有效措施。学习效果的变化过程如图 5.2 所示。

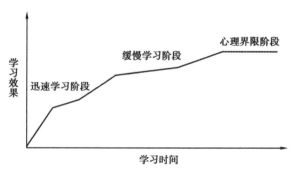

图 5.2　学习效果的阶段性变化

3）分散性培训优于集中培训规律

心理学研究证实，人的兴趣和注意力的集中都有一定的时间界限。超过一定的时间限度，学习效果会明显下降。在员工培训过程中，特别是针对在职培训，培训的时间及节奏安排是必须要注意的。将某项培训内容分解，短时间学习，其效果远远优于集中一上午或一下午、一天，甚至几天的学习。

例如，在西餐宴会服务员的入门培训中，可以将整个服务工作分解为西餐宴会摆台、宴会开餐检查、迎宾服务、餐前服务、菜肴服务、酒水服务、餐中服务、结账送客、仪表与行为以及宴会设备和设施的保养等若干部分，分别制订培训计划，每天用半小时集中学习某项内容，逐步练习和巩固，经过一个月左右的时间，新员工就能比较扎实地掌握西餐宴会服务工作，相反，如果集中一周时间，天天学习这些内容，效果则不会太理想。

4）以考核促培训规律

培训考核是对一段时期内培训效果的总结和评估。在员工培训中，经常考核员工的学习效果，是激励员工学习的有效措施。因为，考核会给员工造成一定的心理压力，员工会把考核结果同晋升、奖惩、自尊等方面自觉或不自觉地加以联系，从而实现"用外在的环境压力迫使其努力学习"的目的。事实上，任何一项学习的效果都会受到考核的影响。妥善安排考核的内容、时间、次数以及结果的处理会加强员工对所学知识的理解、掌握和吸收。培训效果的考核还有利于检查员工工作情况，便于发现不足，改善薄弱环节，改正错误，使员工更加熟练地掌握正确的工作方法。

5）学习机制制约培训效果的规律

员工掌握知识和技能通常是运用看、听、触、嗅、尝五种基本感觉来实现的，如果员工能同时运用几种感官进行学习，便可以获得较佳的学习效果。例如，在酒吧调酒培训中，如果只是用语言和文字向员工介绍调酒配方，那么员工只能停留在浅显的感性认识阶段，很难立即调制出达到标准的鸡尾酒。如果在介绍鸡尾酒的配方之后，让员工观察调酒示范，结果就会好一些。如果让员工全力投入学习——聆听、观摩、记录、品尝、尝试、辅导，员工的学习便会达到更好的效果，逐步成为合格的调酒师。

研究资料表明，人的各种感官在学习时所起的作用是不同的。通过"味觉"可学到1%；通过"触觉"可学到1.5%；通过"嗅觉"可学得3.5%。美国缅因州的国家训练实验室的研究表明：传统的学习方式"听讲"，效果是最差的，按照从劣到优的排序依次是"阅读""视听""示范""小组讨论""在做中学"或"实际演练"，最佳的学习方式是学完后"马上应用"或者"教别人"，如图5.3所示。

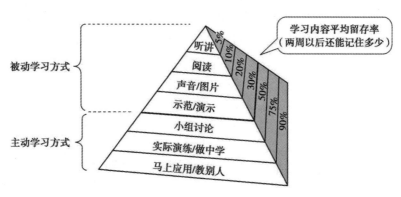

图 5.3　学习效率金字塔

6）自我效能影响学习动机的规律

自我效能是个人对自己完成某方面工作能力的主观评估。评估的结果如何，将直接影响一个人的行为动机。针对员工培训而言，自我效能是员工对自己能否掌握知识或技能的判断。一个自我效能程度高的受训者会全力参加培训项目的学习，即使在环境不利于学习时他们也最有可能坚持下去。相反，一个自我效能程度低的人会对自己能否掌握培训内容产生怀疑，他们最有可能由于心理或身体上某些因素而退出培训。

针对酒店员工培训，提高受训者自我效能的方法主要包括以下几点。

①口头说服。通过鼓励性语言使员工相信他们能胜任学习。

②逻辑证明。论证新任务和已完成任务之间的联系，当员工学习遇到困难时，培训者可以提醒他们曾经成功地掌握了类似的培训内容。

③示范。让那些已经学有所成的员工向受训者展示自己的绩效。这样可以使员工受到同事成功的鼓舞，增强信心。

④绩效回顾。让员工建立一个成功绩效的档案；管理者将员工安置到他们可能获得成功的职位上并提供适当培训，那么员工就知道他们应该做些什么，怎么去做。

5.2.3　酒店员工培训的组织形式

员工培训的组织形式是指培训部门向员工提供培训时的组织方式。有时在同一家企业，尤其是那些大型的、分权的或连锁经营的酒店企业，可以存在多种培训组织形式。

1）学院模式

这种模式的培训组织形式就如同一所大学的结构。培训组织由一名主管会同一组对特定课题和在特定的技术领域具有专业知识的专家来共同领导，由这些专家负责开发、管理和修改培训项目，因此培训项目是与培训人员的专业技能相一致的。其优点是培训组织的专业水平较高，培训组织的工作计划容易制订。不足之处在于培训者对酒店经营问题不敏感，培训可能不能完全满足企业经营管理的需要。

2）客户模式

客户模式的培训组织形式，是根据酒店的业务职能设置的，培训工作以满足酒店业务部门的需求为目标。在这种模式下，培训项目与业务部门的特定需要保持一致，而不是与培训人员的专业技能相一致，因此培训能够较好地满足酒店经营的需求，但是，培训者需要花费大量时间研究经营部门的业务，投入到自身专业的精力大大减少，同时所设计的培训项目通用性较差。

3）矩阵模式

这是一种培训者既要向培训部门经理汇报，又要向特定职能部门经理汇报工作的培训组织形式。培训者兼具培训专家和职能专家两个方面的职责。这种模式有助于将培训与经营需要联系起来，而且还要求培训者保持自身专业知识的不断更新与完善。其主要问题是培训者可能面对不同指令之间的冲突，而且培训专家的工作负荷过重。

4）企业大学模式

企业大学是一个企业中的教育实体，它作为一种战略性工具支持企业完成其使命，通过众多活动来推进个人和集体的学习、知识和智慧的发展。企业大学设立学习项目的出发点通常是由于企业经营问题或者机遇所带来的战略转移，通过学习解决方案来向全员传播企业战略思想，从而帮助企业实现其战略目标。

在酒店业，企业大学的特点主要集中在两个方面。一方面，注重学习和实践的结合，强调员工在行动中学习的能力。另一方面，在教学方法方面，除了传统的课堂教学，也有模拟实际情况的案例教学，还有为了培养学员解决问题的能力而设立的实习或现场学习。以麦当劳的汉堡大学（Hamburger University）为例，它对每个麦当劳餐厅的经理或特许经营者的训练，都是从普通店员做起，再经历班次经理、助理经理和餐厅经理的全角色训练，它所推行的学习方法包括传统的课堂教学、在实验餐厅的实际操作、为培养学员解决问题的能力而设立的案例模拟。

5）培训外包模式

外包（Outsourcing）的核心理念是"做自己做得最好的，其余的让别人去做"。培训外包作为管理外包的一种，分为部分外包与完全外包。

部分外包就是将整个培训职能进行具体的划分，然后将酒店内部有能力执行的部分交给人力资源部，将酒店没有能力完成的部分交给培训供应商来完成。该模式的特点是：酒店通常不需要提供具体的物力（如培训场地、培训设备等）和人力（培训讲师、培训管理者等），而是将整个培训的决策、实施和管理完全交给酒店内具体职能部门，职能部门将依托酒店外的培训条件（物质条件和人力资源条件）选择所需要的培训。

完全外包模式则是酒店将整个培训业务（包括制订培训计划、设计课程内容、确定时间表、提供后勤支持、进行设施管理、选择培训讲师、培训评估等）全部交给本酒店以外的培训机构。该模式的优点在于：培训业务在酒店外独立进行，从而最大限度地简化了酒店培训管理的组织，节约培训管理费用；专职的培训专家成为酒店的"外脑"，便于酒店便捷地接受先进的管理理念和其他企业先进的管理经验；一批专业讲师的直接介入，将大幅提高酒店培训的效果。

由于酒店外包培训必然存在酒店与培训机构的"业务沟通过程"，在这一过程中，商业机密泄露的可能性是存在的。因此，需要严厉的法律保障，以及通过订立严格的合同来降低这种风险。

5.2.4　培训管理制度

员工培训制度化是人力资源管理规范的一项要求，也是在实际培训工作中相关各方利益平衡的结果。培训制度为培训计划的实施提供了基本的保证和依据，还使培训经验得以固化和沿用，从而提高培训的有效性。

培训管理制度主要包括培训计划管理制度、培训激励制度、培训考核评估制度、培训奖惩制度、课程开发与管理制度、教材开发与管理制度、师资开发与管理制度、培训经费使用与管理制度等。

小资料

管理培训生计划

管理培训生计划（Management Trainee Program，MTP）是企业为满足对高级管理人才长远的需求而实施的一种人才培养制度。MTP在国际上已经有近百年的历史，美国通用电气公司的财务管理培训项目（Financial Management Program，FMP），其历史可追溯到1919年。亨利·明茨伯格的专著《管理者，而非MBA》的出版在管理界引起了极大的震动，促使企业界和学术界对MBA教育进行了深刻的反思。MBA教学并没有彻底脱离课堂环境，很多案例甚至都是虚拟的。与之相比，管理培训生的实战性更强，而且其真实的工作环境也会增加学员的压力，同时提升工作积极性。在MTP训练中，出色地完成一项实际工作带给受训者的激励是完成一个MBA案例所不能同日而语的。此后，越来越多的企业更加青睐自主培养管理人才，MTP也由此得到了企业更加广泛的认同和更高层次的发展。

企业导入MTP，通常会集中优势资源对具备高层管理潜能的年轻人进行系统、全面的训练，培训时间一般为1~3年。受训对象一般是毕业三年之内的大学生，主要是应届毕业生。其目的是使这些初出茅庐的学生以及工作经验尚不丰富的青年员工，在短期内成为既具有实际的工作经验，又具有专业技能和系统管理技巧的管理人才。

不同企业对于MTP有多种称谓，如IBM公司的"蓝色之路"计划、贝塔斯曼的"青年才俊"计划、西门子公司的"学生圈"、摩托罗拉公司的"摩托营"计划，如家连锁酒店的"新星"计划。以管理培训生的方式预订、储备高级人才目前已成为诸多持有理性人才选用观企业的共同意愿，企业一旦接受MTP，必须系统设计该计划的各个环节并制订切实可行的实施机制，以保证管理培训生计划的顺利进行，从而达到预期目标。管理培训生制度的实施是对企业人力资源运行和支持体系的严峻考验。

资料来源：王平，陈丽英.企业如何实施管理培训生计划：以香格里拉酒店集团为例[J].中国人力资源开发，2007，24（1）：77–80。

5.3 员工培训的步骤

酒店员工培训是一项系统性的人力资源工作，它不仅有自己的特点和规律，而且整个培训过程也是有章可循的。每一个完整的培训过程由培训需求分析、制订培训计划、实施培训计划和评估培训效果四个步骤组成，这四个步骤构成了一个相互联系、首尾相接的完整系统，如图5.4所示。

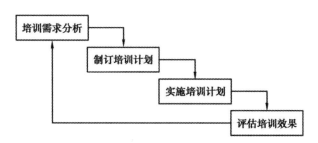

图 5.4　员工培训的步骤

5.3.1　培训需求分析

培训需求分析是指酒店在规划与设计员工培训项目之前，由酒店的相关人员对组织、工作任务以及人员三者的相关情况进行系统的鉴别与分析，以确定是否需要培训以及如何进行培训的一种活动。培训需求分析是确定培训目标、制订培训计划的前提，也是进行培训评估的基础，它是整个培训过程的起点。培训需求分析的准确与否直接关系到整个员工培训工作的有效性。

1）收集培训需求信息

收集培训需求信息是指通过多种方法和手段，广泛收集与培训需求相关的证据的过程。由于培训需求的多样性和多变性，只有在大量、充分掌握具有价值的信息的基础上，才有可能对培训需求作出正确的分析和判断。因此，培训需求信息的收集需要借助多种方法来实现，在酒店业，观察法、问卷调查法和访谈法是比较实用的。

在收集培训需求信息的过程中如果发现以下现象，说明员工培训是有必要尽快开展的。

①工作流程混乱。当员工不能和睦相处地开展工作时，有时候是因为没有对他们进行有关团队精神和关于工作衔接方面的培训，使得一些员工不知道如何继续或支持其他员工的工作。

②工作效率低下。有一些指标可用来评估酒店员工的劳动生产率，例如，餐厅服务员单位时间内盯台数量，或客房服务员单位时间内清扫的客房数；管理人员应该要求员工满负荷的工作量，而分期分批地交叉培训则是提高员工劳动生产率的有效途径。

③损耗率上升。员工必须懂得工作中成本与收益、供应和消耗之间的相互关系。例如，酒店员工应该意识到厨房配菜过量、低价出租客房、不小心打碎餐具等都意味着损耗，当员工知道这些损失将影响酒店的收益，为了增加工资，他们将愿意努力减少工作中的损耗。但是，关于防止浪费和降低损耗的技术，必须通过培训才有可能应用。

④顾客抱怨增多。当顾客抱怨员工对待他们的服务方式明显错误的时候，员工所属部门应该仔细调查每一次顾客投诉，并围绕发现的问题研究对策，分析问题的原因，讨论是不是因培训不够而导致顾客不满。

⑤员工士气低落。当员工对自己的工作安排不满意时，就会表现出服务态度差，工作状态低迷，劳动纪律松懈，这些都是士气低落的表现，也象征着组织中职业作风低下。解决这一问题的有效方法之一就是培训。员工对自己的工作了解得越全面、越深入，就越能

够在工作中表现出自信心和自豪感。自信心和自豪感将有助于提高酒店员工的士气。

⑥过高的员工流动率。当员工在酒店中能够经常地获得新技能、新知识，他们一方面会感觉到酒店对他们的重视程度，另一方面会认为在酒店中有比较光明的发展前途；反之，员工会对自己的工作厌倦或失去信心，其结果就是流动率上升。因此，如果员工流失率高于行业平均水平，那么就有必要检讨员工培训是否及时和有效。

2）分析培训需求

收集到培训需求信息之后就需要对其进行整理分析，既要分析培训需求的可能性，也要分析培训需求的现实性。培训需求分析的内容主要涉及组织分析、任务分析和人员分析，如图 5.5 所示。

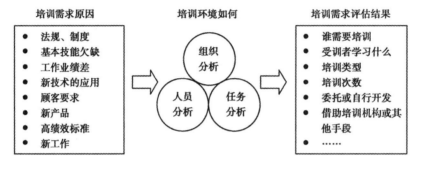

图 5.5　培训需求综合分析模型

资料来源：雷蒙德.人力资源管理：获得竞争优势：英文 [M].影印本.北京：清华大学出版社，2000。

（1）组织分析

组织分析是在酒店层面展开的，它包括两个方面的内容，一是对酒店未来的发展进行分析，以确定酒店今后的培训重点和培训方向；二是对酒店的整体绩效作出评价，即将酒店当前绩效与绩效考核指标和标准进行对比，找出差距，分析原因，提炼出现实的培训需求。

（2）任务分析

任务分析的主要对象是酒店内的各个职位，是通过查阅职位说明书或具体分析完成某一工作需要哪些技能，了解员工有效完成该项工作必须具备哪些条件，找出差距，确定培训需求。任务分析类似第 3 章介绍的工作分析，只是它比工作分析更详细。任务分析的主要目的在于了解完成每项工作任务的 KSAO，K（Knowledge）就是知识，S（Skill）就是技能，A（Ability）就是能力，包括完成工作所需的脑力和体力，O（Others）是其他因素，包括工作对员工的个性、兴趣和态度等方面的要求；这些对确定员工的培训需求至关重要，是设计培训课程的重要依据。

（3）人员分析

人员分析一般是对照工作绩效标准分析员工目前的绩效水平，找出两者之间的差距，以确定培训对象、培训内容及培训后应达到的效果。人员分析的具体内容见表 5.2。

表 5.2　培训需求分析中"人员分析"的内容

序　号	项　目	内　容
1	知识结构分析	分析员工的学历水平、职业教育经历和已参加的专项短期培训科目。
2	专业结构分析	分析员工的专业是否对口、对目前工作的感兴趣程度、是否有必要调整职位以使其有更大的能力发挥余地等。
3	年龄结构分析	需要考虑年龄与培训的投资回收期、个人的学习能力等的关系，以确保合理的年龄搭配，以此决定职位的培训内容。
4	个性分析	主要分析员工的个性特点对胜任工作职位的影响及其匹配程度，以便设计具有针对性的培训内容。
5	能力分析	主要分析员工实际拥有的能力与完成工作所需要的能力之间的差距。

3）确认培训需求

培训需求的确认将直接关系到培训目标的确定、培训计划的制订以及培训方式方法的选择等。一些重要的员工培训可通过召开由酒店相关部门负责人、员工代表和人力资源专家共同参加的主题会议，由培训项目开发人员对整个培训需求信息收集、分析过程进行汇报，然后由与会代表发表意见，最后达成统一意见。

4）撰写培训需求分析报告

培训需求分析报告主要介绍培训需求信息获取情况，并依据所掌握的信息进行分析，客观地得出结论。培训需求分析报告最好以酒店部门为单位进行编写，报告中一般应涉及职位知识与技能要求、员工与职位要求的差距、部门员工及管理者对培训的建议等，分析报告的具体内容见表 5.3。

表 5.3　培训需求分析报告的主要内容

序　号	项　目	内　容
1	报告提要	简要介绍培训需求报告的主要内容
2	实施背景	阐明产生培训需求的原因 培训需求的意向
3	目的和性质	说明培训需求分析的目的 之前是否有类似的培训分析 分析之前培训分析的局限与缺陷
4	实施方法和过程	介绍培训需求分析使用的方法 介绍培训需求分析的实施过程
5	培训需求的分析结果	阐明通过培训需求分析得出的结论
6	分析结果的解释、评论	论述培训的理由 可以采取哪些改进措施 培训方案的经济性 培训是否可以充分满足需求 提供参考意见
7	附录	分析中用到的图表、资料

资料来源：滕宝红，廖天 . 培训经理职位培训手册 [M]. 广州：广东经济出版社，2011.

5.3.2 制订培训计划

1）确立培训目标

培训目标是指培训活动所要达到的目的，从受训者角度讲，是指在培训结束后应该掌握什么内容，达到何种效果。培训目标的确立不仅对培训活动具有指导意义，而且是培训评估的一个重要依据。培训目标的设置有赖于培训需求分析，培训目标要与酒店的经营理念相统一，要与酒店档次、员工基础、培训条件相协调，要尽可能量化、细化并可行。酒店员工培训的目标一般可以分为结果导向型、学习型、工作行为型和反应型四种。

（1）结果导向型目标

这类培训目标的构成主要是一些可量化的工作标准或工作绩效，最终希望通过员工培训加以改进或提升。例如，以提高酒店前台办理入住手续的工作速度、减少餐厅厨房的浪费、控制部门差旅费为目标的培训都属此类。

（2）学习型目标

学习型目标是指在培训中通过传授专业知识和专业理论，最终实现受训者职业素养的改善和提高。例如，讲解主要客源国文化习俗方面的知识、介绍葡萄酒的品鉴知识、安排管理者学习新的管理方法等，这些培训的目标均属于学习型目标。

（3）工作行为型目标

工作行为型目标追求的是通过培训员工的工作技能和解决问题的方法与技巧，最终使员工的工作行为对酒店的服务水平和服务质量产生积极的影响。因此，诸如"殷勤待客之道""顾客投诉解决技巧"和"高效沟通"等课程的培训目标都属此类。

（4）反应型目标

反应型培训目标通常不会立即对酒店的经营管理和服务工作产生影响，而是潜移默化地改变员工对工作的认识和对企业的感情，例如，教员工练习瑜伽、第二外语培训和开展戒烟减肥讲座等。反应型培训目标的实现往往是直接给受训者带来好处，间接地作用于企业发展。

2）设计培训内容

设计培训内容首先要确定培训主题和先后次序，关于次序安排一般是由负责员工培训工作的专业人员先起草一份提纲，然后征求受训部门主管的意见，加以修订；也可以直接与受训部门的主管协商确定。有时需要培训的内容太多，在一定的时期内不可能全部满足，或者因为资源（人、财、物、时间、信息）的不足，一些培训内容就不得不暂缓或放在次要位置上。这样，在正式制订培训计划时，就应该有一个权衡和筛选的过程，以保证培训有重点、有效果。酒店员工培训的具体内容主要涉及以下 3 个方面。

（1）服务意识、职业道德和企业文化培训

酒店工作的特点决定了员工应有良好的服务意识，高度的责任心和职业道德感。因此，酒店员工培训中要时刻注意该方面员工的思想动态，采用灵活的方式，强化员工的服务意识与职业道德观。该项培训要深入挖掘员工服务中有关服务意识和职业道德方面存在的问题，通过宣讲企业文化、树立服务榜样、剖析典型案例等形式，使员工从根本上重视职业道德，提高服务意识。此外，还应该在培训中注意树立酒店与员工之间的相互信任，培养员工的团队精神，增强其作为酒店一员的归属感和荣誉感。

（2）服务技能技巧培训

服务技能技巧的培训是酒店员工培训的主要内容，它直接关系到各项服务工作能否依照标准完成，并保证顾客满意。通过这方面的培训，应该使员工掌握完成本职工作所必备的技能和技巧，包括一般技能和特殊技巧。例如：客房部服务员客房清洁工作培训、做床培训；餐饮部服务员摆台、上菜撤盘培训；厨师烹调培训；前台服务员接待程序、客房预订服务等方面的培训都属于技能培训；餐饮部服务员看台培训、前台服务员处理疑难问题等方面的培训则属于服务技巧培训。服务技能技巧培训应该常抓不懈，不断让员工掌握最新的工作技能和方法，提高工作能力和工作效率。

（3）文化知识培训

通过这方面的培训，应该使员工掌握完成本职工作所必需的知识，包括基本知识和专业知识。文化知识培训对员工素质的提高起着潜移默化的作用，特别是有关接待礼仪和酒店产品的基本知识对酒店服务质量有直接的影响。例如：一位合格的酒店服务员应该扎实地掌握酒店服务礼仪、本职位基本常识；熟悉主要客源国经济、地理、历史和民族风俗习惯；了解酒店各项服务措施，懂得顾客消费心理等。这些知识并不需要十分明显地在每一项服务工作中表现出来，但却制约着一位服务员的服务质量。

为了便于受训者学习，一般还要将培训的内容编制成相应的教材。培训的内容不同，教材的形式也不同。一些基础性的培训可以使用社会上公开出售的教材，而那些具有特殊性的培训则要专门编写教材。

3）确定培训对象

培训对象是指哪些员工需要接受培训，在确定培训对象时，一般需要考虑以下4个因素：①培训场地所能容纳的员工数量；②培训内容适用对象；③培训时间以及所要解决的员工排班问题；④受训者的潜力。培训对象可由各部门推荐，或自行报名再经甄选而定。

4）甄选培训讲师

培训讲师的主要任务是：参与培训课程设计与开发、组织培训、授课、主持培训考核等。培训讲师选择得恰当与否对于整个培训活动的效果和质量有着直接的影响，优秀的培训讲师往往能够使培训工作更加富有成效。

选择培训讲师一般有两种途径：一是外部聘请；二是酒店内部选拔。外部聘请的培训讲师由于其在社会上有一定声望，有可能会激起受训者的积极性；他们通常对某些具体的酒店管理问题有专门深入的研究，且见多识广。但是，外聘讲师费用较高，而且一些外聘培训讲师有可能缺乏对本酒店实际状况的深入了解而造成讲课内容脱离实际。内部选拔的培训讲师费用较低，培训针对性较强，但可能会深度不够，调动不起受训者的学习积极性。培训讲师无论是选择外部聘请的，还是酒店内部选拔的，都应具备良好的个人品质、扎实的专业知识、丰富的实践经验、有效的沟通能力和一定的培训技巧。

5）选择培训时间

选择合理的培训时间是制订培训计划的一个关键。培训时间的选择如果及时、科学，不仅有利于组织目标和职位目标的顺利实现，提高劳动生产效率，而且也有助于受训者安心地接受培训，从而保证培训的效果。在制订培训计划时，必须准确预测培训所需时间，以及该时间段内人员调动是否有可能影响培训计划的执行。

在培训时间的安排上，酒店应该考虑安排在经营淡季，主要以短期培训（3个月内）为主。由于酒店业的特殊性，员工工作一天下来都会比较累，因此，经常无偿占用员工的休息时间进行培训，是员工非常反感的事情。

培训时间确定之后，要及时地发布通知，告知每一位受训人员以便他们提前做好准备和安排。

6）准备培训场地和设施

合适的培训场地有助于创造有利的培训条件和良好的培训环境，从而提高培训的效果。培训场地的选择首先应当考虑与培训的方式相适应，除此之外还应当考虑参加培训的人数、培训的成本等因素。另外，培训地点还应配备必要的教学设施，如座椅、电脑、投影仪、屏幕、白板、文具等，准备好培训设备和教具也是培训计划顺利实施的重要保证。

7）优选培训方法

选择合适的培训方法是培训计划的核心内容，直接关系到培训的成功与否。在实践中，培训方法有很多，如讲座法、演示法、案例分析法、角色扮演法等，不同的方法适用于不同的培训内容。例如：对于专业知识类培训，如服务礼仪、产品知识，主要客源国风俗习惯等，可以选用讲座法；对于技能性培训，如点菜服务、客房清洁等，则应考虑演示法或情景分析法等。为了提高培训质量，达到培训目的，往往需要将几种方法结合起来，灵活使用。不同的培训方法所产生的效果是不同的，因此需要在制订培训计划时与培训讲师共同研讨与确定，以达到培训效果的最优化。

为了验证培训效果、督促受训者学习，每一次培训结束后还必须进行考评，常用的培训考评方式分为笔试、口试、实践操作3种方式。

8）编制培训经费预算

培训经费是酒店开展员工培训的物质基础。在编制培训经费预算方案时，通常需要采集的信息包括以下3个方面。

①需要参加外部培训的员工可能发生的费用，如学费、资料费、参观考察费、交通食宿费等费用。

②酒店内部组织培训可能发生的各项费用包括培训场地、聘请讲师、购买教材等方面的费用。

③酒店培训需要新建培训教室、新增设备器材等方面的费用开支。

小资料

企业年度培训预算的编制方法

根据国务院《关于大力推进职业教育改革与发展的决定》（国发〔2002〕16号）的规定：一般企业按照职工工资总额的1.5%足额提取教育培训经费，从业人员技术要求高、培训任务重、经济效益较好的企业，可按 2.5% 提取，列入成本开支。因此，要将有限的培训经费合理地运用，就必须加强预算管理，企业年度培训预算常用的方法有比较预算法、比例确定法、人均预算法、推算法、需求预算法以及费用总额法。

比较预算法主要是参考同行业关于培训预算的数据，如同行业企业培训预算的平均数据（可取人均培训预算）、同行业优秀企业的培训预算数据等。

比例确定法是对某一基准值（如企业全年产品销售额、企业全年纯收入等）设定一定的比率来决定培训经费预算额。

人均预算法则是预先确定企业内人均培训经费预算额，然后再乘以在职人员数量的培训预算决定法。

推算法是根据过去培训预算使用额来推算预算，或是运用上一年度对比法来决定预算。

需求预算法是根据企业培训需求确定一定时限内必须开展的培训活动，分项计算经费，然后加总求和。

费用总额法是指企业划定人力资源部门全年的费用总额，其中包括招聘费用、培训费用、社会保障费用等，其中培训费用的额度可以由人力资源部门自行分配。

5.3.3　实施培训计划

实施培训计划就是要以既定的培训计划为依据，具体落实培训计划中规定的相关工作，扎扎实实地组织开展各项培训活动，保质保量地按时完成培训计划，以确保培训目标的实现。关于培训计划实施过程中最核心的"员工培训的方法"将在本章第四节详细讲述。

5.3.4　评估培训效果

酒店员工培训的评估工作包括培训计划执行情况和培训效果评估两部分，前者主要是围绕培训时间、培训参加人和培训进度等方面，比对培训计划检查落实情况，后者则主要监控培训是否实现了预期的目标，更主要的是为以后的培训找到可改进和优化之处。

1）评估员工培训的指标

评估酒店员工培训主要可以从知识、技能、反应、绩效和投资回报等方面的成果进行考量。具体来讲，对员工培训进行评估，需要回答以下一系列问题。

● 培训内容是否按既定计划、既定方式顺利完成？

● 受训者掌握的程度如何？

● 受训者实际接受的程度如何？

● 受训者在培训后有哪些变化？

● 受训者所在职位和部门的工作有何改观？

● 培训投资与收益的分析结果如何？

● 本次培训中成功与失败之处有哪些？

2）评估员工培训效果的模型和方法

关于员工培训效果的评估，唐纳德·L. 柯克帕特里克（Donald L.Kirkpatrick）提出的培训效果评估模型具有代表性，该模型又称"四级培训评估模型"。

第一级，反应评估。受训者作为培训的参加者，在培训中和培训后必然会对培训活动形成一些感受、态度及意见，他们的反映可以作为评价培训效果的依据。反应评估是在培训刚刚结束后，立即对受训者进行了解，及时掌握他们对培训内容、培训方法、培训讲师和培训地点以及培训时间等方面的反应，完成受训者对具体培训科目综合看法的分析。

"反应评估"的方法：培训结束之前就所需要了解的问题进行问卷调查，见表5.4。

表5.4　员工培训反映调查问卷

你好！感谢你参加本次匿名调查。					
为了以后培训的改进，请客观如实地回答下列问题，我们将对问卷作保密处理。					
部　门		职　位		培训讲师	
培训课程		培训时间		培训地点	

1. 你对此次培训的总体感觉满意吗？ A. 非常好　B. 较好　C. 一般 D. 较差　E. 非常差	4. 你觉得本次培训的时间安排合理吗？ A. 非常好　B. 较好　C. 一般 D. 较差　E. 非常差
2. 你认为培训讲师的授课水平如何？ A 非常好　B. 较好　C. 一般 D. 较差　E. 非常差	5. 你如何评价本次培训的教学设备和设施？ A. 非常好　B. 较好　C. 一般 D. 较差　E. 非常差
3. 你认为培训内容对以后的工作有帮助吗？ A. 非常好　B. 较好　C. 一般 D. 较差　E. 非常差	6. 你是否喜欢培训教室的座位安排？ A. 喜欢　B. 不喜欢

7. 你对本次培训的后勤服务（休息、午餐等）有什么意见？

8. 你对此次培训还有哪些意见和建议？

第二级，学习评估。这一级评估的目的是确定技能、技巧、基本概念和基础知识是否已经有效地传授给受训者，学员是否已达到最低标准的熟练程度。

"学习评估"的方法：笔试、口试、工作行为测试和工作现场技能评估等。

第三级，行为评估。受训者在培训中获得的知识和技能能否应用于实际工作，能否实现由学习成果向工作能力的转化，是评价培训效果的重要标准。经过培训后，员工的实际工作表现是对培训效果最客观的反映。"行为评估"就是核查受训者在参加培训后对所学内容的掌握程度，特别是在工作中对所学内容的自觉运用水平。受训者的行为评估通常在培训结束 1~3 个月后进行。评估的行为变量包括工作积极性、服务规范性、操作熟练性、解决问题的有效性等。在评估中，首先对受训者的工作行为是否发生了变化作出判断，然后分析这种变化是否由培训所引起，分析受训者行为变化的程度。

"行为评估"的方法：行为观察、培训后对受训者上级主管的问卷调查。

第四级，结果评估。利用一系列数字化指标，比较研究员工培训前后企业经济效益、服务水平和顾客满意度等方面发生的变化。培训结果评价的另一个重要内容，是评估培训费用的使用效果，即评估培训对实现组织目标的影响性质和影响程度，如对提高劳动生产率、改进服务质量、提高销售额、降低成本、利润增长等方面的影响。

"结果评估"主要是采取对比的方法，即培训前后有关经营数据的比较、培训成本和收益比较分析、顾客满意度变化分析。其中，培训收益分为短期收益与长期收益，短期收益体现为通过培训提高员工工作效率，长期收益体现为员工能力和素质的改善对酒店发展的作用。

案例启迪

凯丽皇宫酒店面包房的员工不会使用新烤箱

凯丽皇宫酒店在一个月之前刚刚完成了一次彻底的装修，不仅更新了客房的门窗、床垫和马桶，甚至连窗帘也换成了色调更加高雅的天鹅绒材质的，餐厅则为了满足新菜单的要求，对所有的厨房设备和餐具进行了更新，这一切都是为了迎接 70 周年店庆，另外还有一个重要的国际会议下个月将在凯丽皇宫酒店召开。

马修·路易斯是凯丽皇宫酒店的行政总厨，他对新装修过的工作环境非常满意，为了准备新菜单和培训手下的厨师，他已经两周没有休假了。但是，有一件事最近一直困扰着他——面包房的产品质量很不稳定，有员工向他反映那台自动化程度很高的新烤箱一点都不好用。路易斯自己也没用过这种烤箱，他认为是自己的员工没有掌握使用这种烤箱的技术方法，于是他找到了负责员工培训的凯恩·丹尼斯。

"我正在失去信心。"路易斯对丹尼斯说，"我们在使用这台新烤箱时老是把面包烤糊，而且新烤箱比我们原来用的那一台操作起来要复杂许多，我们好像有些不得要领。""马修，"丹尼斯回答说，"也许你们还没有熟悉新烤箱吧。你知道，酒店把你的手下送到烘焙学校去学习了一周，目的就是让你们尽快熟悉这台新设备。"

"是的。"路易斯说，"烘焙学校里是有先进的烤箱，但是我的人说那里的烤箱与我们酒店的这种烤箱一点也不一样。""那么生产烤箱的厂家销售经理杰克呢？是他推荐的这个培训学校，而且还赞助了培训费用，难道他没有和你们在一起吗？"丹尼斯问。路易斯回答说："没有，那时他休年假了。"

丹尼斯又问："你找过负责采购设备的彼得·克雷曼吗？可以要求厂家派技术人员来我们酒店指导一两天啊。""我要求过。"路易斯说："可他说设备已经调试好了，操作培训的事由你负责，所以我就找你来了。"在路易斯离开后，丹尼斯开始静静地梳理面包房所面临的问题，发现酒店员工培训的流程中的确存在着一些缺陷。

5.4　员工培训的方法

5.4.1　影响培训方法选择的因素

为了使员工培训活动具有针对性和实效性，同时又能适应酒店培训条件的有限性，在选择培训方法时应当考虑以下影响因素。

1）员工培训的目标

员工培训的目标对培训方法与技术的选择有着直接的影响。一般来讲，培训目标仅仅是为了让员工认识或了解一般的工作知识，培养员工比较普通的工作技能，那么，多媒体培训、讲授法、模拟法等多种方法均能采用；如果培训目标是为了掌握某种应用技能或特殊技能，则应当把示范指导法、沙盘模拟训练、角色扮演等方法列为重点。

2）培训所需的时间

由于各种培训方法与技术所需要的时间长短不一样，因此，为了最大限度地发挥各种方法的功能，保障培训的效果，必须考虑培训方法与培训时间是否吻合。有的培训需要较长的准备时间，如多媒体培训、视频录像播放培训等；有的培训则需要较长的实施时间，如自我学习、工作教练法、沙盘模拟训练等。

3）培训的经费

酒店在选择培训方法时需要考虑整个培训获得的经费预算。例如，培训经费充足则可以考虑参与性、互动性更强的培训方式；如果经费预算紧张，则只能选择室内讲授、小组讨论等传统学习方式，另外还需要考虑培训的差旅费和食宿费等。

4）受训者的数量

受训者人数的多少也是选择培训方法时要考虑的重要因素。当受训者人数较少时，选择案例分析法或角色扮演等会有不错的效果；当受训者人数众多时，选择讲授、多媒体培训、大型研讨会等更为恰当。

5）受训者的基础和特点

受训者所具备的基础知识和基本技能、学历背景、工作经验以及个性特点等是影响培训效果的重要因素，需要培训组织者事先对受训者进行摸底分析，以便选择出更具针对性的培训方法。

6）相关技术的支持

现代企业的培训大都需要相关的信息技术或设备予以支持，如智慧教学工具、多媒体教学设备、网络终端设备等。

5.4.2　普通技能培训的方法

1）讲授法

讲授法是指培训讲师通过语言表达、板书，以及其他辅助性教学工具等系统地向受训者传授知识、观念和技能的方法，是酒店培训中采用最多的一种培训方法。这种方法比较适合以简单地获取知识为目标的培训。在以服务礼仪、产品知识、服务管理流程为主要内容的培训中经常使用这种方法。

采用讲授培训法要确保讲授内容的科学性，应尽量配备多媒体设备，以加强讲授培训的效果。培训讲师与受训者要相互配合，可用问答方式获取员工对讲授内容的反馈，提问可分为三类：第一类是测试性提问，目的在于考察受训者已达到的水平；第二类是启发式提问，以激发受训者自行思考；第三类是讨论性提问，主要是鼓励每个受训者发表自己的意见，增进相互了解。讲授法要求培训师具有丰富的专业知识和经验，能够突出重点，语言要清晰、生动、准确。

2）示范指导法

示范指导法是酒店操作技能培训中最常见的一种培训方法，是通过示范教给受训者如何操作，例如，培训一名新员工如何做床、摆台、折口布等。在采用示范指导法时，培训者主要用比"言传"更重要的"身教"的方式来指导受训者实际操作，使受训者在较短的时间内掌握工作要领和技术。

（1）明确培训后要实现的目标

培训者首先要非常清楚培训后要实现的目标，这是培训工作的"导航灯"，决定着培训的整个过程。例如，在客房服务员做床培训中，其工作目标可定为"让每位客房服务员在 10 分钟内，按标准流程完成两个床位的整理工作"。

（2）分解培训项目

根据培训目标，将培训项目分解为若干步骤，区分重点、难点和一般内容，并按操作的连贯性、系统性以及节奏性安排各个环节。合理分解培训项目是确保培训顺利进行的关键。例如，客房铺床工作的整个过程可以分解为如下环节：①将床拉到容易整理的位置；②将床垫拉正放平；③将第一张床单铺在床上；④将第二张床单铺在床上；⑤将毛毯铺在床上；⑥将床单与毛毯下垂部分掖入床垫和床架之间；⑦将枕芯装入枕套；⑧放枕头；⑨盖上床罩；⑩将床推回原处。

（3）确定培训的具体程序

上述工作完成后，酒店还要具体落实培训程序，其中包括时间分配、考核的要点、考核的方法、培训地点和培训用具等。例如，在客房清理过程中，除了各培训环节的时间安排之外，在培训地点方面，还应该选择一标准客房，需要的培训工具和物品有清洁车、布巾、玻璃杯、烟灰缸、文具、香皂、卫生纸、小水桶、干抹布、湿抹布、刷子、清洁剂以及垃圾桶等。

（4）分步指导

示范指导法的培训过程主要分为以下 4 个步骤。

①讲解。讲解工作情况，了解员工对该项工作的认识，说明工作的目的及重要性，提高员工对培训的兴趣，使受训者安心学习，放松自如。对一些关键点要重点强调和重复，并且一次讲述的内容要得当，不要超出受训者能够接受的程度。

②示范。表演、示范该项工作各环节操作。强调重点，动作力求缓慢，难点内容应该

反复示范，每一步骤的操作都要做到详尽、耐心，并且要严格按照编定的正确的操作程序进行。

③尝试。在完成整个讲解和示范过程以后，培训者就要监督、指导被培训者，让他们实际操作，并及时纠正他们的错误。在操作过程中，可以让受训者解释各步骤的关键点，同时通过提问突出重点，直到受训者完全领会。

④跟踪辅导。在培训讲师的指导下，让受训者独立上岗操作，并对其工作表现进行检查。培训讲师要解答疑问，辅助员工熟练掌握该项工作。这一步骤所需时间比较长。

3）视听法

所谓视听法就是利用视频或音频教材进行培训的方法。视听法被广泛应用于提高员工的服务技能、沟通技能和谈判技巧等方面，同时也可用于培训某些工作流程的操作要领。培训者可以根据受训者的专业水平通过重播、慢放或快放音视频内容，来灵活地调整培训进度，还可以让受训者接触到不易解释说明的难题和事件，如顾客投诉。视听法一般很少单独使用，它经常和讲授法、案例分析法等其他方法一起使用，通常被视为一种辅助教学手段。

4）角色扮演法

角色扮演法是设定一个最接近真实情境的培训环境，由两个以上的受训者扮演指定的角色，借助角色演练来理解培训的内容，从而提高受训者解决现实问题的能力。受训者要扮演的往往是工作情景中经常遇到的人，如上级、下属、顾客、其他职能部门经理、同事等。使用角色扮演法进行员工培训，比较好的做法是将编排的有关服务工作的剧目提前拍摄成视频，并将正确和错误的表现分别编辑，形成鲜明的对比。

角色扮演法多运用在人际问题的分析、态度的改变以及人际关系技能的开发等方面，其产生实效的关键在于角色互换和员工讨论。角色互换的作用是让员工转换身份体验自身工作的重要性，例如，当服务员扮演客人时，就能更加深刻地体会客人的心理感受，认识到不良工作方法对顾客的伤害。在员工表演的同时，要让其他受训者积极参与讨论分析，集思广益，总结正确的工作方法。角色扮演法的成功在很大程度上取决于参与者是否愿意实际地扮演角色，并好像在真实的工作环境中一样表现。

5）模拟法

模拟法是一种模拟现实中真实工作情况进行培训的一种方法，受训者的表现能反映出其在"模拟"工作情境中可能发生的真实情况。该方法在酒店中常用于服务技能、待客礼仪等侧重于操作能力和敏捷反应能力的培训。酒店员工培训中，模拟法主要强调的是模拟环境对实际工作情形模拟的仿真程度，并通过把受训者置于模拟的工作环境中，让受训者反复进行操作训练，以解决实际工作中可能出现的各种问题，为进入实际工作职位打下基础。

案例启迪

日本服务员的表情训练

在日本，各酒店招收服务员时，都要对其进行专业训练。其中一个比较重要的训练项目，是表情训练。

表情训练分两类：微笑和鞠躬。微笑就是让服务员在接待顾客时面带微笑。它要求笑得甜美、自然、大方，绝不能皮笑肉不笑。训练方法是，负责训练的经理讲述各种顾客的心理，让受训的服务员观察各种明星彩照，然后成对练或自己对着镜子练，最后举行一次小小的微笑游行，由经理带队，专门到闹市、公园等公众聚集地区向群众微笑致意。

鞠躬练习的要求是：头部和上身自然，标准鞠躬，弯度有 15 度、30 度和 45 度三种，超过度数的都不合要求。过去训练鞠躬，是由教练人员用肉眼来衡量标准。现在是用一种特殊的鞠躬器来衡量。鞠躬器形似体重器，上端有度盘和指针，指针随着人的鞠躬向下转动，表明弯曲度数。鞠躬器还附有一个红外线设备，使教练员通过荧光屏能看到训练情况。受训人员如此反复，直到能达到一次鞠躬即符合标准度数的要求为止。

虽然微笑和鞠躬的训练时间通常为一个月，但足见组织者的匠心独运。

资料来源：余塔山 . 日本服务员的表情训练 [J]. 饭店世界，2011（2）:1.

5.4.3　综合能力培训的方法

1）工作教练法

工作教练法又称实习法，是指由一位有经验的资深员工或直接主管人员担任指导教练，在工作职位上对受训者进行综合培训的方法。指导教练的任务是教会受训者如何做，提出如何做好的建议，并对受训者进行鼓励，有些类似于"师傅带徒弟"。为做好这项工作，作为教练，必须对有关工作及其与组织目标间的关系有全面的了解，他们还应该非常愿意与受训者分享信息，并愿意花时间从事这项培训工作。在运用工作教练法时，可以适当淡化上下级关系，转而强调建立"教练与学员"的关系。

运用工作教练法并不一定要有详细、完整的教学计划，但应注意有三个方面的要点是必须"传授"的：一是关键工作环节的要求；二是做好工作的原则和技巧；三是工作中需要避免、防止的问题和错误。酒店人力资源部门则必须为这种方法的应用制订必要的评估标准，这样才能保证"训练"的有效性。

2）沙盘模拟训练法

沙盘模拟训练法，也称沙盘推演，是一种体验式、互动型的教学和学习方式。它通过模拟与培训与主题相关的企业重要经营活动，使受训者亲身参与模拟企业的成长与发展历程，在与其他模拟企业开展市场竞争和不断完善改进中，完成训练与学习。培训讲师根据需要，可以对受训者进行必要的引导，适时启发学员思考，当受训者"陷入"经营困境时可以提出建议，并对培训中的核心问题进行解析。

酒店沙盘模拟训练通常会涉及战略规划、产品开发、经营计划、设备投资与改造、接待能力规划、物资采购、财务规划、市场与销售、财务经济指标分析、团队沟通与团队建设等多个方面。酒店的组织结构和管理操作可以全部展示在"沙盘"上，受训者被分为几个小组，组成一个市场中的两个或两个以上虚拟的竞争酒店，并在小组中分配给参与者一定的角色，如总经理、总会计师、营销副总经理、运营总监等，他们要对酒店产品的价格水平、营销策略、服务模式等做出决策并模拟运营，在模拟运营中去体会和应用复杂、抽象的经营管理理论。

采用沙盘模拟训练要注意两点：第一，要明确完整的规则，并对规则进行细化和量化，以确保可以分出胜负。第二，沙盘模拟做完之后要有结果，虽然沙盘模拟的结果不是培训的目的，但是可以通过结果使受训者对沙盘模拟内容有更加深刻的认识，并从中总结出具有启发意义的结论。

3）案例分析法

案例分析法是通过给受训者提供一定的案例资料，由其进行分析并提出解决对策的一种培训方法。案例分析法并不苛求解决问题的结果如何，而十分强调分析过程是否正确，其主要任务是训练受训者在分析和解决问题过程中的逻辑思维能力和理论应用能力。

案例分析法需要受训者在分析过程中将理性思维和感性思维综合起来运用，并掌握各种技巧，包括批判性思考、分析、沟通和判断。一般来讲，案例分析的复杂性和类型由不同的培训目标和讨论的主题所决定。案例分析法实施的关键在于根据特定的培训目标，设计或编写合适的案例，并能很好地引导受训者进行分析和讨论。该方法对所选案例的质量要求较高，案例的质量高低会直接影响案例分析的效果和培训目标的实现。

4）文件处理训练法

文件处理训练法是将通常堆满管理人员办公桌的各种文件，如备忘录、请示、报告和电话记录等交给受训者处理的一种模拟培训方法。所提供的文件大都没有条理和规律，所涉及的问题有些需要紧急处理，有些需要常规处理。文件处理训练要求参加培训的人首先根据重要性和紧迫性两个维度，将文件中的信息划分为"重要且紧迫""重要但不紧迫""紧迫但不重要"和"既不重要也不紧迫"四类，然后按照一定的先后顺序处理这些文件。采用这种培训方法，主要目的是培养受训者一种工作习惯，即首先要对各种情况安排好处理的先后顺序，然后再对每种情况进行决策。

5）工作轮换

工作轮换法是指让受训者在预定时期内变换工作职位，使其获得不同职位的工作经验的培训方法。工作轮换法既是一种针对管理者的培训方法，也是一种"锻炼"，正如习近平总书记所指出，"对那些看得准、有潜力、有发展前途的年轻干部，要敢于给他们压担子，有计划安排他们去经受锻炼。这种锻炼不是做样子的，而应该是多职位、长时间的，没有预设晋升路线图的，是要让年轻干部在实践中'大事难事看担当，逆境顺境看襟度'[1]"。以酒店管理职位的工作轮换培训为例，让受训者有计划地到各个部门（如客房部、餐饮部、销售部和财务部等部门）学习，在每个部门工作几个月，实际参与所在部门的工作，以便了解各部门的业务，扩大受训者对整个酒店各工作环节的了解。工作轮换法能够丰富受训者的工作经验，改善部门间的合作，使之明确自己的优势和劣势，在企业找到适合自己的定位。但是工作轮换容易受工作职位的限制，比如一些专业性很强的职位（如财务部的工作）实施工作轮换就比较困难，一些关键性职位实施工作轮换会对职位实际工作的正常开展造成影响，事先要有预估。

---

1 习近平：《在全国组织工作会议上的讲话》，《党建研究》2013 年第 8 期。

6）行动学习法

行动学习法又称为"干中学"（Learning by Doing），是给受训者一个实际工作中面临的问题，让他们合作解决并制订一个行动计划，然后由他们负责实施这一计划的培训方法。这种方法强调通过行动来学习，即通过让受训者参与一些实际工作项目，或者解决一些实际问题，例如领导酒店某一部门或项目扭亏为盈、参与项目开发小组等来开发受训者的业务、沟通和领导能力。

一般情况下，行动学习小组包括6~10人，也可以吸收一些客户和供应商加入，其构成可以不断变化，并且成员最好多元化，来自不同领域。这样成员就可以从自己所熟悉的领域提出自己的建议和想法，以帮助团队达成最终的解决方案。行动学习的过程包含两种交替进行的活动：一是集中的专题研讨会，二是分散的实地活动。行动学习法主要应用于管理人员的培训和解决战略问题，该方法将学与做紧密结合，既可以培养人，又可以解决实际问题，有利于促进培训成果的转化。

小资料

拓展训练

拓展训练（Outward Bound），原意为一艘小船离开平静的港湾，义无反顾地驶向未知的旅程，去迎接一次次挑战，去战胜一个个困难。拓展训练起源于第二次世界大战。当时，盟军在大西洋的船队屡遭德国潜艇的袭击。在船只被击沉后，大部分水手葬身海底，只有极少数人得以生还。英国的救生专家对生还者进行了统计和分析，他们惊奇地发现，这些生还者并非那些年轻力壮的水手，而是意志坚定懂得互相支持的中年人。经过一段时间的调查研究，专家们终于找到了答案：这些人之所以能活下来，关键在于他们有良好的心理素质。于是，提出"成功并非依靠充沛的体能，而是强大的意志力"这一理念。当时德国学者库尔特·汉恩建议，利用一些自然条件和人工设施，让那些年轻的海员参加一些具有心理挑战的活动，以训练和提高他们的心理素质。英国人劳伦斯·沃特采纳了汉恩的提议，于1942年成立了一所阿德伯威海上训练学校，以年轻海员为训练对象，这便是拓展训练的雏形。

第二次世界大战以后，在英国出现了一种叫作"Outward Bound"的管理培训，这种训练利用户外活动的形式，模拟真实管理情景，对管理者和企业家进行心理和管理两方面的培训。

由于拓展训练这种新颖的培训形式和良好的培训效果，很快就风靡整个欧洲的企业培训领域并在其后的半个世纪中发展到全世界，训练对象也由最初的海员扩大到军人、学生、工商业人员等各类群体。

拓展训练以短期培训为主，一般都在户外进行，主要包括场地、野外和水上三个部分。场地训练即在专门的训练场上，利用各种设施，展开攀登、跳跃、速降、通过等课程；野外训练包括远足宿营、野外定向、登山攀岩、户外生存技能等课程；水上训练主要是扎筏、漂流、跳水等课程。在训练后要由一位有经验的教练人员组织一次讨论，探讨在训练中发生的事情、受训者学到的东西、训练与工作的关系以及如何设置目标并将所学知识应用于工作中。

在实践中，拓展训练最适合用来开发与团队效率有关的技能，通过拓展训练既可以帮助受训者认识自身潜能、增强自信心、改善自我形象、克服心理惰性、磨炼战胜困难的毅力、启发想象力和创造力以及提高解决问题的能力，还可以使之认识和领悟团队合作的重要性，从而增强团队的参与意识和责任感，改善人际关系，促进团队沟通，学会帮助人等。

5.4.4　数字技术在员工培训中的应用

习近平总书记指出："因应信息技术的发展，推动教育变革和创新，构建网络化、数字化、个性化、终身化的教育体系，建设'人人皆学、处处能学、时时可学'的学习型社会，培养大批创新人才，是人类共同面临的重大课题。"[1]近年来，以计算机技术、网络技术、远程技术和虚拟技术等为代表的数字技术，开始广泛地应用于员工培训。

一些已经实现跨区域连锁经营的酒店，为了追求培训的规范化、标准化、同步化、远程控制化和反复化，对基于数字技术的培训方法十分重视。

1）交互式视频培训法

交互式视频培训法是以计算机为基础，综合文本、图表、动画及录像等视听手段来培训员工的方法。交互式视频通过与计算机主键盘相连的监控器，让受训者以一对一的方式接受指导，进行互动性学习，受训者可以用键盘或触摸监视器屏幕的方式与培训程序互动起来，培训内容可存储在服务器或可读式光碟上。

交互式视频培训法可以使受训者自我控制学习内容和学习进度；培训内容具有连续性，能实现自我导向和自定进度的培训指导，内置的指导系统能及时提供指导和进行信息反馈；在线服务能监控受训者的学习绩效，受训者也可自己得到绩效反馈。但是，交互式视频培训法的课程软件开发费用昂贵，如果不能及时更新培训的内容，可能会影响培训效果。

2）远程培训

远程培训是为分散在不同地域的企业员工提供同步学习机会的一种培训方式。远程培训通常采用两种技术使学员之间进行双向沟通：一种是通过网络设备，对处在不同地域的受训者进行培训；另一种是通过移动通信终端进行培训，只要拥有手机，员工就可随时接受培训。培训课程的材料及讲解可通过互联网分发给受训者，也可通过企业内部网或局域网实现资源共享。

远程培训不受时间和空间的限制，节约成本，同时还能提高培训管理的效率，实现自我导向和自我学习，尤其适合连锁经营的酒店集团，利用这种方法可以为虚拟现实、动感画面、人际互动、员工之间的沟通以及实时视听等提供支持。目前，酒店业主要是利用这种技术向员工提供关于标准操作规程、新店筹备、技能培训以及专家讲座等方面的信息。

3）虚拟现实法

虚拟现实是指可为受训者提供三维学习方式的计算机技术。将模拟现实技术运用于情

1　习近平：《习近平致国际教育信息化大会的贺信》，《人民日报》2015 年 5 月 24 日。

景模拟领域的方法即虚拟现实法，这种培训方法通过使用专业设备和观看计算机屏幕上的虚拟模型，以及利用技术来刺激受训者的多重知觉，让受训者感受模拟环境，并同虚拟要素进行沟通。在虚拟现实中，受训者所获得的知觉信息数量、对环境传感器的控制力，以及受训者对环境的调适能力都会影响其"身临其境"的感觉。

【复习思考题】

1. 如何进行员工培训需求分析？
2. 开展员工培训对酒店和员工分别有什么重要意义？
3. 为什么说员工培训是一种投资？
4. 如何运用员工培训的规律增强培训效果？
5. 你认为"四级培训评估法"对员工培训效果的评价是否全面？为什么？
6. 影响酒店员工培训的因素有哪些？
7. 员工培训的主要方法有哪些？各有什么特点？
8. 试运用"示范指导法"设计一份餐饮部服务员"餐巾折花"培训提纲。
9. 新技术应用于酒店员工培训具有什么特点？

【案例研究】

东呈酒店集团的人才开发体系

作为一家以轻资产模式扩张的连锁酒店企业，东呈酒店集团（以下简称"东呈"）高度重视人才，人才可以说是东呈的核心资产。在以人才为核心的现代企业竞争中，东呈人才开发战略的构建与完善，进一步提升了东呈在中国乃至全球酒店业的竞争力。

东呈相继推出"青苗工程""青穗工程"等人才培养模式，多维度、多层次地构建东呈集团人才培养闭环。

东呈的"青苗工程"是与全国上百家院校启动校企合作，通过开设"青苗工程"定制培养班的办法，源源不断地为东呈连锁门店输送人才。"青苗生"毕业后在东呈完成为期6个月的培训及实践，通过考核后正式入职，入职后再经过层层考核，两年内打造成为酒店行业的佼佼者。

基于集团平台化、金融化、国际化三大战略对人才结构变革的需要，东呈推出的"青穗工程"是瞄准国内双一流高校毕业生以及海外留学生群体中的"高学历""高素质""高潜力"三高人才，挑选具备"快速接收能力"的优秀者，进入集团各个部门和一线门店历练，培养成为东呈各管理阶层储备干部，为东呈全球化经营奠定人才基础。

东呈酒店集团的人力资源管理为实现数字化转型与创新进化，推出"数字化""平台化""生态化"三大全新战略。承担东呈内部人才培养重任的"东呈大学"将酒店人才培养体系迁移到线上，实现培训模式、课程内容、教学方法、人才管理与师资力量全面升级迭代。

通过"训战结合""双线培养"与"在线培训"相结合的办学模式，帮助员工提升个人能力，拓展未来职业发展空间。

东呈大学推出的线上培训体系，改变了过去15天全脱产培训，实行15天每天3小时线上学习；实操环节从培训中改为培训前，既提高了学员学习效率和实操能力，又减少了全脱产学习带来的人力、物力和时间成本。东呈大学"从线下到线上"办学形式的改变，还带来了"训战结合"的创新办学模式。训战结合旨在帮助学员完成线上学习后走出课堂，回到本职职位进行业绩攻坚，指派导师进行辅导，既让学员在实战中充分理解和运用所学知识，又能帮助一线部门提升业绩。真正赋能一线，实现培训模式升级迭代。

东呈大学对全部培训课程进行切分，分为SOP类、知识类、技能类以及态度类四类，并根据不同课程的特点，采取针对性授课方式，实现课程内容升级迭代。

东呈大学依托职位胜任力"ASK"模型，推出"测训结合，双线培养"的培训思路，实现人才开发升级迭代。"测训结合"采用的是酒店专业人才测评系统，学员每完成一个层级的培训就进行一次测评，通过持续改善，优选出高潜人才进行定向培养。"双线培养"则是在原有专业技能培养S线基础上，增加综合素质培养K线。东呈大学借助互联网课程资源，按初、中、高层级，选配对应的课程，通过学员自学、课后作业、团队分享三个步骤，实现学员专业技能和综合素质全面提升，适应未来酒店业对人才发展的需要（见图5.6）。

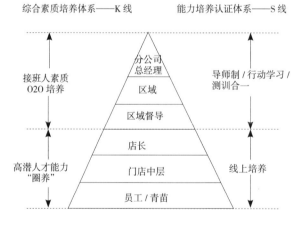

图5.6 东呈人才开发"双轨制"成长路径图

为适应线上培训体系的需要，东呈大学还针对不同级别的讲师资源，进行不同侧重的培养，实现师资力量升级迭代。对初级讲师的培养重点放在精炼的微课讲授上；将中级讲师打造成"网红"形象；重点打造高级讲师有影响力和领导力的KOL（Key Opinion Leader）形象。

随着5G技术加速普及，数字化、智能化趋势进一步深化，东呈开启打造共创、共享的人才培养机制，目的是集合群众智慧，把酒店专业技能的科研教学工作社会化，让酒店从业者成为课程内容的提供者、参与者与学习者，增加课程储备，提高平台含金量（图5.7）。同时，在完善在线培训体系的基础上，东呈将在每次培训后收集学员人才测评数据、考试数据、人才盘点数据、客户体验网评等大数据进行综合分析，得出学员各维度综合能力图谱。东呈大学将根据学员短板进行智能化配课，针对掌握不够好的技能模块反复训练，直到熟练为止。

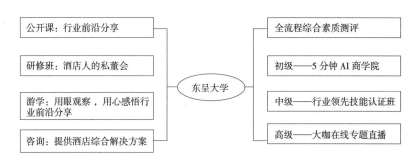

图 5.7　东呈人才开发的在线平台

未来东呈还计划借助内部技术力量研发 AI 培训系统，彻底实现连锁酒店人才培养智能化。AI 培训系统将根据每一位学员培训结果的大数据分析，进行培训内容、培训方式、课程设置自我迭代，增减授课时长和配套练习的次数；系统还会根据数据变化随时安排复训复评，并针对运营管理，细致为每个区域每家门店安排学习任务。

资料来源：东呈大学推出线上培训体系，引领酒店人才培养迈入数字时代 [EB/OL].（2020-5-26）[2024-2-12]. 中国日报中文网 .

讨论问题

1.东呈酒店集团的人才培养体系有什么特点？在实施"青苗工程"和"青穗工程"中可以分别采用哪些培训方法？

2.东呈酒店集团的人才培养体系数字化能够带给你什么启示？

3.你认为东呈酒店集团的人才培养在实施过程中可能会遇到什么困难？如何解决？

开阔视野

星巴克（Starbucks）为何要送员工读学位

世界咖啡业巨头星巴克曾经与美国亚利桑那州立大学（ASU）合作，推出一项独一无二的项目，让星巴克的员工——咖啡店服务生、咖啡店经理及其他雇员——去攻读该校的网络课程，未来可以获得学士学位。为此，星巴克将为学生提供全额学费。

一、"星巴克大学成果计划"

星巴克提出，根据调查显示，在读的美国大学生中大约有一半人或者因为高昂学费，或者因为家庭原因而不能读完四年大学。而在美国的星巴克员工中，超过 70% 的人都是在读大学生或者渴望上大学的高中生。

星巴克历来把员工称为"合作伙伴"，这是星巴克的企业文化。据介绍，在美国星巴克的员工中，仅有 25% 的人员拥有学士学位。与此相对应的是，约 70% 的员工声称，自已要么正在读大学，要么渴望上大学。因此，星巴克提出，我们要帮助自己的员工，希望能够使他们有机会上大学或者读完大学，而这种帮助和资金投入是星巴克所能做到的最好的投资计划。

为此，星巴克和ASU合作，专门制订了一项名为"星巴克大学成果计划"（CAP）的计划。该计划将面向星巴克在美国的所有员工——无论全职还是兼职，只要全职入学，皆有机会获得全额奖学金、助学金的资助，并获得学士学位。

这项计划将会使众多人员受益，包括那些每周仅工作20个小时的人。为此，星巴克最终要投入2.5亿美元。

二、新型高等教育模式

ASU是一所研究型大学，其目标是成为一所全面发展的大学，而非成为一所独一无二的大学。与星巴克的合作伙伴关系，使ASU在获得巨大收益的同时，也适应了美国提高教育水平的需要。

ASU提供有40种网络学历教育的课程，每个学分从482美元到543美元不等。星巴克称，在四年当中，前期将为其员工攻读大一、大二课程时，平均支付6 500美元的学费；到后期即大三、大四时，再平均支付6 500美元的学费。除此之外，还可以支付其他一切相应费用。换言之，星巴克将为自己的员工支付近乎所有的学费。

当然，星巴克员工也可以获得奖学金，以及来自联邦政府和ASU的助学金，以此帮助他们支付大一、大二时的费用。奖学金和助学金两者相加，可以帮助学生支付几乎所有费用，从而帮助学生完成学业并最终获得学位。据称，星巴克大约80%的员工有资格进入这一计划，而凡是被ASU录取的全职学生，都将有机会获得奖学金。

三、企业应该承担社会责任

实际上，星巴克并非第一次为员工接受教育进行如此大规模的投入。据星巴克发言人说，星巴克还曾经为其员工接受西雅图市立大学和斯特雷耶大学教育投入过650万美元。

就"星巴克大学成果计划"而言，星巴克需要为此支付巨额代价。很自然，人们会询问，在获得了学位后，这些员工还可以离开星巴克吗？

星巴克创始人舒尔茨在回答《高等教育纪事》记者采访时表示，"星巴克大学成果计划"没有附加任何条件，计划完全出自企业文化与企业价值观的需要。员工毕业获得学位后，没有要求他们一定留在星巴克，但他期待这一计划可以对在职员工有益的同时，吸引更多新人加入星巴克。

舒尔茨强调，该计划向社会彰显了星巴克作为一家大公司所应承担的社会角色和社会责任。特别是在教育的重要性愈发凸显，在很多人还接受不到高等教育的时候，企业就更应该承担起这种社会责任。

四、合作共赢的教育结果

ASU和星巴克的合作，用中国语言表述，就是我们通常所说的"校企合作"，即学校与企业的合作。但就我们的理解来说，校企合作一般都限于短期的员工培训，通常不过数天、数十天，最长不过数月的职业或者素养培训；或者限于少数高级管理层人员到高校学习一年，获得MBA、EMBA或其他硕士学位。像这样大规模地针对全体员工，让他们去读四年大学，应该称得上是首创。

　　无疑，就美国教育部、ASU 和星巴克而言，这是一项三家共赢的项目。首先，就美国教育部而言，推动了高校与企业的合作，拓展了一种新型的高等教育模式；其次，对 ASU 来说，在培养人才方面，特别是利用网络培养人才方面，迈出了更加坚实的步伐，据统计，ASU 原有的远程教育人数不过 1 万人，但星巴克员工加入后，人数将增长 10 倍之多；最后，对星巴克来说，主动承担社会责任为自己赢得了广泛的赞誉，与此同时，更为员工的个人发展提供了机遇，也为企业的未来发展储备了人才。

　　资料来源：郭英剑 . 星巴克为何要送员工读学位 [N]. 中国科学报，2014-07-17（7）.

第6章 酒店绩效管理

【学习目标】

通过学习本章，学生应该能够：

掌握："平衡计分卡"模型；

　　　酒店员工绩效考评的方法；

　　　关键绩效指标（KPI）管理的原则。

熟悉：酒店绩效管理的基本流程；

　　　酒店员工绩效考评的主体；

　　　解决绩效考评误差的措施。

理解：绩效和绩效管理的概念；

　　　员工绩效考评应该遵循的原则；

　　　基于绩效考评结果的考评面谈目的和重点。

【关键术语】

绩效	绩效考评	绩效指标
目标管理	绩效目标协议书	平衡计分卡
关键绩效指标（KPI）	绩效考评周期	图表考评等级法
排序考评法	一一对比法	强制配给考评法
重要事件法	行为观察考评法	绩效考评面谈

开篇案例

广州碧水湾温泉度假村的员工积分制管理

2002 年开业的广州碧水湾温泉度假村（以下简称"碧水湾"），是一家当年按五星级标准建造的度假型酒店，硬件相对陈旧。方圆三千米内的温泉酒店及客栈超过 300 家，竞争十分激烈。多年来碧水湾通过员工积分制，克服酒店人力资源管理的困境，凭借亲情待客服务，弥补设施设备的不足，在激烈竞争中立于不败之地。碧水湾也因此在中国温泉行业最高奖"金汤奖"的评选中连续三届获评"最佳服务温泉"企业，也是唯一一家连续三届获此殊荣的企业，并在北京人民大会堂召开的首届"中国服务"大会中，荣获"中国服务十佳品牌企业"称号。

碧水湾的亲情服务究竟是如何保证的呢？碧水湾的管理者们认为，具有酒店特色的积分制管理是他们的制胜法宝。

碧水湾将员工积分分为两类：固定积分和表现积分。固定积分鼓励员工不断学习，提高学识、提升学历、获得职称或技能等级证书等；表现积分包括工作和生活两方面，如提前上班、主动加班、帮助同事、创新工作和获得荣誉等。这些积分来源于四个渠道：上级奖励、自行申报、同事申请、固定项目，充分体现了民主集中制原则。当积分可以自行申报或由同事申报时，企业从制度设计上就摆脱了员工唯上的被动工作状态，给予了员工积极主动工作的权利与空间。积分制让员工知道领导在与不在工作都一样，这是酒店管理中的重要改革。

传统的酒店管理有半军事化的特点，层级制导致员工有较强的服从性，较小的主动性。领导在与不在，员工工作就不一样，是酒店普遍存在的问题，碧水湾实施的员工积分制管理从机制上为解决这个问题提供了方法。在碧水湾，员工的积分情况每个月、每个季度、每一年度都会被公开。员工所有好的行为会与其荣誉、晋升、奖励、工资相结合，通过加分及时得到强化与发扬，而对于员工不好的行为也会减分，从而制止这种行为蔓延。当然，减分不是绝对的，因为员工后期的努力依然会为自己"加分"。"加分＋减分＝最后的排名"，排名最终决定员工能获得多少奖励。

积分制让所有员工有了努力的目标和成功的通道，也激发了员工的工作热情。例如，某日，一位度假客人询问GRO（客户关系主任）当地哪里可以买到新鲜的竹笋。GRO询问有关部门后无果，客人表示那就算了。为不让客人遗憾，GRO又联系到计财部的本地同事，在同事的帮助下，其朋友次日早上四点钟上山采来竹笋，在客人离店前送到其手中，客人十分惊喜。正因为积分制，让GRO和计财部同事有了热情帮助客人的动力。

为构建积极向上的企业氛围，碧水湾用奖分去培养员工的好习惯，用扣分来约束员工的坏行为；把工资以外的福利与积分排名挂钩，打破二次分配上的平均主义，让优秀的员工不吃亏，放大激励的效果；让吃亏是福变成现实，员工每次的额外付出都能得到积分奖励，解决分外事没人做的问题；赋予管理人员奖扣分权限，管理人员在日常管理中可以奖扣分交叉运用，让管理人员的理念更容易实现。例如，有一天，碧水湾某领导发现洗衣房后面有一些遗留的围栏和废弃的设备没有拆除和清理，于是将此照片发至管理群，工程部经理仅1个小时便组织人完成了全面清理整改。如果是在以前，至少需要两天时间才能完成。有了积分制，部门的执行力提高了，员工的主动性增强了，减少了人盯人的人力成本，管理更轻松更有效。

总的来说，碧水湾的积分制是基于"点赞"心理需求构建的新型绩效管理制度，不同于以经济指标为核心的绩效评估制度，它全方位鼓励员工为顾客提供优质服务、弘扬优秀企业文化，将企业倡导的文化量化为可计算的分数，明示给员工，将员工行为与员工切身利益挂钩。

资料来源: 彭青. 没有高颜值加持的碧水湾, 凭什么成为"现象"? [Z/OL].(2019-02-28)[2019-03-04]. 搜狐网.

6.1 绩效管理概述

6.1.1 绩效的概念

绩效, 在企业管理活动中具有非常丰富的含义, 从工作的事前控制角度讲, 绩效既是组织所要实现的目标, 也是部门或团队需要承担的职责, 还是组织成员应该完成的工作任务; 从工作完成的过程角度讲, 绩效是组织持续发展的表现, 是部门或团队的行动进展, 是组织成员的工作行为表现; 从工作的事后评价讲, 绩效是一定时期组织在内外部多种因素影响下所取得的运营成果, 是部门或团队的价值体现, 是组织成员的工作成绩。人力资源管理活动中所研究的"绩效", 虽然也涉及工作事前、事中和事后全过程, 但是主要对象是部门或团队, 特别是员工个体在工作中的干事表现。正如习近平总书记所指出的: "业绩都是干出来的, 真干才能真出业绩、出真业绩。"[1]

绩效一般由三个层面构成: 组织绩效、部门或团队绩效、员工绩效, 三者所包含的内容及其管理和考评方法都不尽相同。酒店组织绩效通常包含营业额、盈利、成本等财务性内容, 同时也包含顾客满意度、员工满意度、员工成长与发展等非财务性内容; 部门或团队绩效的内容与其相应的职责相关, 体现了酒店总体目标在该部门或团队的分解; 员工绩效一般表现为员工的工作结果, 有时也表现为员工的工作过程。

在绩效的三个层面中, 员工绩效是基础, 部门或团队绩效、组织绩效都建立于员工绩效之上。如果组织目标按一定的逻辑关系被层层分解到每一个职位, 每个任职者达到了组织的要求, 组织的绩效目标就能够实现; 部门或团队绩效是员工绩效的整合和放大, 组织绩效又是部门或团队绩效的整合和放大。因此, 员工绩效的达成状况显得尤为重要。

员工绩效不仅是其工作所达到的结果, 而且还包括完成工作过程中所表现出的技能和态度。具体地讲, 酒店人力资源管理所研究的员工绩效, 是指员工在工作过程中所表现出来的与酒店经营目标相关的工作业绩、工作能力和工作态度。

员工的绩效是受多种因素影响的, 既有员工个体的因素, 如知识、技能、价值观和家庭背景等, 也有酒店的因素, 如酒店的规章制度、激励机制、生产工具、工作地点和场所等。员工的绩效与影响绩效的因素之间的关系, 可以用公式表达为:

$$P=f(K, A, M, E, O)$$

式中, f 表示一种函数关系; P (Performance) 代表绩效; K (Knowledge) 代表知识, 指与工作相关的知识; A (Ability) 代表能力, 指员工所具备的工作技能; M (Motivation) 代

---

1 《习近平在中央党校(国家行政学院)中青年干部培训班开班式上发表重要讲话强调 筑牢理想信念根基树立践行正确政绩观 在新时代新征程上留下无悔的奋斗足迹》, 《人民日报》2022年3月2日。

表激励，指员工在工作中所受到的激励；E（Environment）代表环境，包括生产工具、工作地点和场所等；O（Opportunity）代表机遇，指产生绩效的条件和机会。

以餐饮部厨师的绩效为例。首先，厨师必须具备基本的烹饪理论知识（Knowledge），这方面的知识直接影响其绩效（如菜品的营养价值）；其次，厨师的烹调技能（Ability），如刀工的熟练程度，也会影响其绩效水平（如配菜的速度）；再次，厨师烹制菜肴在餐厅经营活动受到的重视程度（Motivation），同样会影响其绩效的实现；厨房设备的性能、操作间的布局等（Environment）也与厨师的绩效相关；最后，技艺高超的厨师如果有机会成为名人主厨（Opportunity），并得到盛赞，其绩效则会显得更加突出。

6.1.2　绩效管理的概念

1）绩效管理的含义

广义的绩效管理，是指为了达到组织的目标，通过持续开放的沟通过程，形成组织所期望的利益和产出，并推动团队和员工做出有利于目标达成的行为。在人力资源管理范畴，讨论比较多的则是员工绩效管理，它是指组织按照一定的绩效目标和标准，采用比较科学的方法收集与绩效有关的信息，定期对员工的绩效水平做出评价和反馈，以确保员工的工作活动和结果与组织要求相一致，进而保证组织目标完成的管理手段与过程。

绩效管理不是简单的任务管理。任务管理的目的只是围绕实现当期的某个任务目标，而绩效管理则是根据整个组织的战略目标，为了实现一系列中长期的组织目标而对员工的绩效进行的管理，绩效管理对组织的成长与发展具有重要的战略意义。

2）绩效管理的目的

（1）战略目的

绩效管理能够把员工的努力与组织的战略目标联系在一起，通过提高员工的个人绩效来提高企业整体绩效，从而实现组织战略目标。

（2）管理目的

通过绩效管理，可以对员工的工作行为和结果进行评估，以便适时给予相应的奖惩以激励员工，其评价的结果是企业进行薪酬管理、晋升选拔以及是否留任员工等人力资源管理决策的重要依据。

（3）开发目的

在实施绩效管理的过程中，可以发现员工工作存在的不足，在此基础上有针对性地进行指导和培训，从而不断提高员工的素质，达到提高绩效的目的。

（4）沟通目的

绩效管理中的绩效反馈可以让员工了解自己的工作表现，使其明白组织对自己的期望是什么，哪些工作是最重要的；此外，绩效反馈也为员工提供了工作中需要改进的信息。

（5）发展目的

通过绩效管理可以发现员工的能力、工作特长、职业兴趣、执行力、团队合作意识，以及晋升潜力等，从而为组织的人力资源团队建设和发展提供决策信息。

6.1.3 绩效管理的原则

1）企业文化导向原则

良好的绩效管理制度可以告诉员工什么是组织所期望的，什么是不允许的，以及应该如何去实现组织目标。一个能持续促进酒店发展的绩效管理制度，必须充分体现企业目标和文化，使绩效管理真正发挥企业文化建设的价值导向作用。例如，"顾客满意"，这是许多酒店的企业文化核心，曾亮相《哈佛商业评论》的青岛海景花园大酒店，在针对顾客抱怨的绩效管理制度中强调"四个之前"——顾客不悦之前、消费结束之前、顾客离店之前、离店24小时之前；同时要求，顾客投诉就是"火警"，要按119原则火速处理，并制订相应的平息抱怨的程式和要求。

2）目标分解原则

绩效管理要以工作分析为基础，以客观准确的数据资料和各种原始记录为前提，制订出全面具体、切合实际，并且与酒店的战略发展目标相一致的考评指标和标准体系。员工越清楚地了解他们的任务和目标，绩效管理效果越好。

3）双向沟通原则

绩效管理的实质在于通过持续动态的沟通真正改进绩效，实现酒店的经营目标，同时促进员工发展。通过有效的绩效互动沟通，管理者把工作内容、目标以及工作价值观传递给下属，双方达成充分的共识与承诺；另外，绩效考评后管理者要肯定被管理者的业绩，指出不足，为其能力和业绩的不断提高指引方向。

4）简单化原则

从理论上讲，绩效管理手段越科学，考评因素越多，定量技术运用越广泛，则绩效管理的效度越明显。但是，实际情况往往不允许那样去做。因为绩效管理的结构简单，要素减少，可以缩短绩效测量、处理和评价的过程，有利于绩效管理工作的进行，也便于管理者掌握和普通员工接受。因此，绩效管理中的考评要素要少而精，方法要简便易行，以保证绩效管理结果的及时、有效。

案例启迪

青岛海景花园大酒店的绩效管理措施

青岛海景花园大酒店（以下简称"海景"）曾被美国《福布斯》杂志评为中国50家最优商务酒店之一，其服务管理案例还亮相《哈佛商业评论》并被收入哈佛商学院管理案例库。在多年的经营中，"海景"不断推进酒店管理的标准化、规范化，结合我国文化和国情，立足海景实际，以创新为灵魂，大胆探索富有中国文化特色的酒店管理模式，创造了独具特色的亲情服务文化和"亲情一家人"的服务品牌。

"海景"在实施绩效管理的过程中，有两项是最难执行的，一是检查，二是处罚。"海景"对检查有两句名言：一句是"管理的一半是检查"，另一句是"下级不会做你要求的，下级只会做你检查的"。这句话的意思就是说布置任务并不代表执行好，必须通过检查来提高执行力。"海景"有着极为细致的定性和量化的绩效标准，人人接受检查，事事时时有人查，没有不检查的事，没有不被检查的人。为配合关键绩效指标（KPI）的达成，"海景"提出"关键时刻在关键部位做关键事"，其中一项具体规定就是中午11：30—13：30管理人员一律不允许回办公室，全部下到服务一线，副总任总指挥，××经理去西餐厅督导，××总监去中餐厅督导，事后都要写出督导报告。

检查本身不能创造质量，它只是找出问题，检查的目的是整改。酒店通过一天又一天、一次又一次严格、细致、重复和全面的检查，强化员工的正确行为，使之成为全体员工的养成和习惯。每个部门、每个班组每天都落实一切工作和服务的检查表，由上级打分，并由当事人签字认可。如有不同意见，可以越级上诉。"海景"的管理组织原则是：上级可以越级检查，不允许越级指挥；下级可以越级投诉，不允许越级请示。在如此严格的检查机制下，"海景"的工作质量和服务质量得到了有力的事先保障。说个小例子。一尘不染，是用来形容干净的，但在"海景"地下一层的锅炉房居然做到了"一尘不染"，在楼梯口放着装清水的一个桶和一个拖把，笔者拿起拖把拖几下地再放到水桶里，没有一点尘土，这就是对楼道卫生的标准。难怪素以高标准评价事物的德国专家来此，叹为观止，道出一句肺腑之言：这是我在中国看到过的最干净的锅炉房。

"海景"有一分钟表扬和一分钟批评的制度。一分钟表扬就是对员工在工作中好的绩效表现立即反馈给该员工，及时给予肯定的称赞，跟他们握握手或拍拍肩膀。一分钟批评是指有人出差错，经理在一分钟内要立即作出反应。批评时不要夹杂表扬，否则被批评者会分不清是表扬还是批评。批评时间要短，一分钟解决问题。

"海景"管理有很突出的理念，那就是遏制违规违纪和改掉不良习惯最有效的方法——罚款。

"海景"的处罚中有两个明显的特点。

（1）有极为细化的处罚标准，有小错即罚。举个小得不能再小的例子。某员工店内遇到其他部门的员工不打招呼，罚款5元。这实际就是在强制培养员工文明礼貌的习惯。

（2）大错重罚。酒店的观点是有了大错，不痛不痒的罚不起作用。对大错，必须罚到痛，终生难忘。有一次，已去其他地方高就的原管理者回"海景"吃饭，海景两位高管陪他们喝多了，没法参加晚间的会议，被罚各掏3千元，投入酒店的慈善捐款基金箱内。现任副总的周泉红女士曾被罚得更惨。当时她任企业文化部总监，北京有某重要领导人来店就餐，对是否挂出欢迎横幅，没有做充分准备预案。待到决定挂时，赶做横幅，匆忙中又把领导的名字写错了。结果她被一撸到底，"削职为民"当普通员工，半年后才被调任到其他部门负责。

客观地讲，也不是每个人能经受得起重罚，走人的事也有发生，酒店也做好了可能走人的准备，但处罚决不动摇。离去的员工并不怨恨酒店，他们只是个人承受不了而已，这样反而在外传播了"海景"严格管理和优质服务的好口碑。

"海景"的企业文化有两个核心，一个是创造和留住顾客，另一个就是把员工培养成社会有用之才。因此，酒店对员工不是雇佣关系，而是培养关系。酒店认为优秀员工是培养出来的，只有高素质的员工才能生产出优质的服务，所以培养员工就成了"海景"的战略方向。正是在这样的理念指导下，对新员工入店的重点不是放在处罚上，而是放在关怀上，让新员工尽快融入"海景"团队之中。酒店有上级关心下级的绩效管理机制，并且也是量化考核的——上级每周必须做两件关心下级的事；做得好的，分等、评奖。哪怕请下属员工们吃个饭聚一下也可以。有位南通来的实习生想看看青岛，上级主管是位有孩子的母亲，她放弃休息，陪实习生去玩，还给她钱买东西。

资料来源：王大悟．做中国人管得最好的酒店：青岛海景花园大酒店登上《哈佛商业评论》之解读 [J]．饭店世界，2011（2）：3.

6.1.4 绩效管理在酒店人力资源管理中的作用

1）有助于更好地进行员工管理

客观地评价员工绩效和帮助员工发展，是酒店人力资源管理工作的两个重要方面。由于绩效管理给员工提出了明确的工作要求，使员工责任心增强，清楚自己应该怎样做才能取得业绩，从而进一步发掘员工的潜能。绩效管理还可以帮助实现上下级之间、员工之间更好地沟通。通过沟通，可以促进酒店员工相互之间的了解和协作，有助于使员工的个人目标与企业目标达成一致，增强酒店的凝聚力和竞争力。

2）为员工培训提供依据

一方面，通过绩效管理可以发现员工当前工作绩效的优势与不足，而帮助其改进和提高绩效的有效途径之一就是开展培训。另一方面，有效的员工培训，必须针对员工的绩效表现与工作规范、组织发展要求等方面的差距，来研究确定下一步的培训目标、内容及方式。

3）有助于建立公平的薪酬体系

薪酬分配必须遵循公平与效率两大原则，因此，酒店必须对每一位员工的劳动成果进行评定和计量，按劳付酬。只有薪酬与贡献匹配，才能使员工感到公平合理，从而激励员工多作贡献。目前，对企业制订薪酬体系影响比较大的原理是 3P 模型，即以职位价值决定薪酬（Pay for Position）、以绩效决定薪酬（Pay for Performance）和以任职者胜任力决定薪酬（Pay for Person）的有机结合。清晰的绩效标准，以及对员工进行定期的绩效测量和考评，可以保证酒店薪酬体系的公平性和合理性。

4）为制订员工晋升、调迁、辞退决策提供依据

每位员工都希望企业能公正地评价其工作表现和工作能力，以满足其物质和精神的需要。科学的绩效管理会使酒店掌握每位员工的工作表现，进而采用严格的奖励和惩罚手段，鼓励先进，鞭策后进，淘汰不合格员工，给每位员工以公正的待遇。此外，通常符合晋升条件的员工人数多于晋升名额，在这种情况下，公平公正的做法就是依据绩效考评结果择优晋升。

6.1.5 绩效管理的分工

高层支持、广泛参与，是绩效管理顺利进行的重要组织保障，没有酒店高层领导的支持，绩效管理很难正常开展，而没有广大管理者和员工的积极参与，绩效管理也就失去了

必要且重要的民主机制和群体基础，结果注定也是要失败的。

　　为了确保绩效管理工作的真实、公平、高效，近年来，一些大型酒店开始采用绩效管理委员会的形式统筹绩效管理工作。绩效管理委员会通常是由人力资源部门或总经理办公室负责组建的非常设机构，一般由酒店的最高管理者和比较固定的 3~4 位熟悉酒店多项业务的资深管理者，再加上人力资源部经理和财务部经理组成。酒店绩效管理委员会主要负责确立具体的绩效目标和标准，并使之落实到每个部门。各级管理者和员工都应积极、直接地参与绩效管理全过程，包括计划、观察、协调、评价、辅导和沟通等各个环节，酒店人力资源部门除了在本部门内实施绩效管理外，还要对整个酒店日常的绩效管理工作承担主导性的服务和协调职能。

　　人力资源部在酒店绩效管理工作中的主要职责如下。

　　在绩效战略规划中，人力资源部要赢得酒店高层领导支持，鼓励全体员工积极参与，在广泛互动、民主协商的基础上形成绩效战略规划，确定绩效考评方案，上报酒店高级管理层审核，并召开职工代表会议审议。

　　在绩效跟踪监控中，人力资源部的主要任务包括：采取措施保证绩效管理程序分阶段、按期推进，对绩效管理过程中出现的问题进行及时处理，对可能出现的问题进行预防性监控，召集日常绩效反馈和定期绩效工作会议，为各级主管人员提供咨询和服务。

　　在绩效考评中，人力资源部要综合考虑预算约束、工作性质和组织特点，选择和设计适当的绩效指标体系、考评方法及技术，针对具体的考评对象选择恰当的考评者，确定考评的周期和日程安排，在专业操作层面上积极预防和有效避免有可能出现的考评主观误差。

　　在绩效反馈改进中，人力资源部应及时提供有关绩效沟通和信息反馈的技能训练及专项培训，并按照"摆正态度—做好准备—讨论问题—圆满结束"的基本工作流程，组织好绩效面谈和信息反馈工作。

6.1.6　绩效管理的基本流程

　　绩效管理是一种典型的动态管理，包括绩效战略规划、绩效跟踪监控、绩效考评和绩效反馈四个基本阶段（图 6.1），它们之间要紧密相连，环环相扣，是一个循序渐进的积累、改进和提升的过程。在一轮绩效管理结束后，酒店应在本轮绩效管理的基础上进行总结，结合酒店下一阶段的战略目标，制订下一轮的绩效计划，使得绩效管理能持续进行下去，达到不断提升酒店绩效的目的。

　1）绩效战略规划

　　绩效管理要以酒店的战略目标为引导，对战略目标的认识和领会将关系到绩效管理体系的成败。绩效战略规划的核心任务就是将酒店战略目标通过协商互动、充分沟通层层落实下来，它是酒店战略规划在绩效管理层面的具体化和细化。制定绩效战略规划要体现全局统筹性，保证绩效规划与酒店战略相衔接，具有正确的方向感，这是酒店高级管理层及人力资源部门的职责之一。

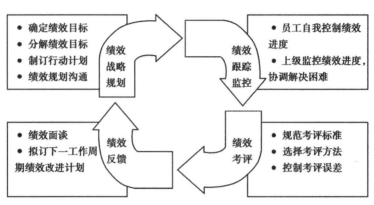

图 6.1　绩效管理流程图

（1）绩效目标与考评指标的设定

为了保证绩效管理的可行性，首先需要在识别外部机会和威胁、分析自身优势和劣势的基础上，结合时间维度将战略目标分解为绩效管理周期的具体目标。在这一过程中必须厘清酒店行业的一些基准数据（如人均劳效、餐饮毛利率和能耗率等）或竞争对手的标杆数据、各部门任务或目标、员工的职责描述、员工上一个绩效周期的考评结果、沟通方式等。一般而言，酒店每个职位的绩效考评指标体系都是由工作数量、质量、时间和成本4个方面构成。

为了确保酒店绩效考评指标的有效性，需要从以下6个方面加以注意。

①绩效考评指标与企业战略保持一致。当企业战略发生改变的时候，绩效考评指标应该及时调整，要体现出对各级员工新的要求，强调绩效考评指标对日常工作的引导作用。

②绩效考评指标具有可执行性。要在保证效用的前提下，抓住关键价值驱动因素，设置可以衡量的绩效考评指标，力求便于操作和管理。

③绩效考评指标应该"少而精"。绩效考评指标应该限制数量，做到既简明又可测量，少而精的指标体系可以使考评信息处理和评估过程缩短，提高绩效考评工作效率。

④绩效考评指标界定清晰。星级酒店不仅部门多，而且工作职位细分比较复杂，因此每项绩效考评指标的内涵和外延都应该界定清楚，避免产生相互交叉、重叠或存在考评"真空地带"。

⑤绩效考评指标体系要有较高的信度。一方面是指当多个评估者对同一被考评者的评价结果一样或者近似，说明绩效指标的一致性高；另一方面是指在一定时间内考评指标保持相对的稳定。

⑥绩效考评指标体系要有较高的效度。这里所谓的"效度"是指考评结果与真实的工作绩效相关联程度。为了提高绩效考评的效度，应根据酒店各职位的工作职责设置相应的考评维度和每个维度的具体考评项目，在充分调查研究的基础上确定每一项目等级的级差数以及各个维度的权重数，并着重考评可量化的指标。

（2）绩效规划的沟通

在制定绩效规划的过程中，一定要经过公正规范的沟通程序进行充分协商，且经过各方当事人广泛认可、普遍接受，最终形成切实可行的绩效契约和行动计划。绩效规划的沟通主要包括：管理者向下属传达酒店绩效管理计划、上下级一起探讨和沟通在绩效规划周期内应该履行的工作职责、要达到的工作目标、各项工作任务的权重、授权水平、绩效衡量方法、管理者可以为下属提供的支持与帮助、工作中可能遇到的障碍及解决方法等一系列问题。

2）绩效跟踪监控

在绩效规划实施中，各级管理者应该充分信任员工，授权员工基于目标承诺进行自我绩效控制。同时，管理者与下属要保持联系，对下属的工作绩效不断进行测定、指导、监督、记录、反馈，发现影响绩效达成的障碍应以快捷、恰当的方式予以调整和解决。

（1）现场监控

所谓现场监控，就是采用现场观察、工作进度记录、员工汇报、走动式管理和随机检查等多种方式方法，广泛搜集、掌握和分析有关绩效规划执行进度的信息。

（2）数字监控

所谓数字监控，就是运用企业资源规划系统（Enterprise Resource Planning, ERP），跨越多个部门或职位，实时获得一系列的酒店经营管理数据，对酒店多个绩效目标的达成水平进行动态监控。

（3）互动监控

所谓互动监控，就是针对绩效管理实施过程中的相关矛盾和问题，管理者以会议、座谈或一对一面谈等方式进行了解，以便获得更深层次的绩效信息。

3）绩效考评

经过一定的工作周期，在人力资源部门的协调下，组织有关人员采取适当方式方法对前期绩效状态进行系统的考评，是绩效管理流程中一个很关键的工作环节。绩效考评是酒店中员工最为熟悉、最受关注的绩效管理工作，但在实际中也是矛盾和问题最多的绩效管理环节。在实际考评工作中之所以会出现很多矛盾和问题，这与绩效测量本身的复杂性、绩效评价的主观判断性以及酒店的企业文化等多种因素有关。

如何在实际操作层面改进考评技术和方法，提高绩效考评结果的准确性，是酒店绩效管理工作需要长期研究解决的课题。

4）绩效反馈改进

绩效考评最直接、最重要的目的就是为员工提供绩效反馈，以便帮助其改进工作和进一步提高绩效水平。反馈不是一种单向信息传递，而是一种双向沟通活动，其中以绩效面谈和集体讨论为主要形式，辅之以电子邮件和非正式交流沟通，在考评者与被考评者之间就绩效问题实现充分的交流。

（1）绩效反馈的关键——绩效面谈

在绩效面谈和讨论时，有关各方要事先做好充分准备，以便帮助其有的放矢地就一些关键绩效问题做实质性的讨论。在绩效面谈过程中，考评者要让员工做主角，以平等、友好和诚恳的态度倾听当事人的陈述，并尽量用描述性、探讨性而非判断性、命令性的语言和口气与员工就一些重大绩效问题进行充分讨论，对于正面绩效状况及其行为表现要做出充分肯定，对于负面绩效状况及其行为表现则要以适当的、策略性的方式坦诚相告。

（2）绩效改进的落实——制定新的绩效规划

面谈和讨论结束，考评者和被考评者要就一些重大的绩效问题以及绩效改进的基本方向和主要措施达成共识，并拟订下一工作周期绩效改进计划。

绩效反馈改进，既是上一工作周期和绩效管理流程的终点，又是下一个工作周期和绩效管理流程的起点，处于承上启下的节点上，发挥着非常重要的作用。

6.2 绩效管理方法

6.2.1 目标管理法

目标管理（Management by objectives，MBO）是由美国著名管理学家彼得·德鲁克首先提出的，他认为，目标管理就是组织的上级和下级管理者一起制定组织的共同目标，根据预期效果规定每个人的主要职责范围，并以这些衡量尺度作为工作的指导方针和评定个人贡献的标准。后来，许多管理学家进一步丰富了MBO的思想，并形成了一种系统的管理方法——目标管理法。概括地讲，目标管理法是将"以员工为中心"提升到与"以工作为中心"相同的高度，并实施系统化的管理；它是在一个组织中由上级管理人员会同下级管理人员以及员工一起来共同制定组织目标，并将其具体落实到组织的每个部门、每个层次、每位员工，与他们的绩效成果密切联系，明确地规定每个部门、层次和员工的业绩和奖酬等一套系统化的管理方法。

1）目标管理法的特点

（1）目标管理是员工参与绩效管理的一种形式

目标管理不是完全由上级分配绩效目标，而是上下级协商制定绩效目标。一方面，下级要理解上级确定的绩效目标，明确自己需要完成的任务，上级将根据这一目标来衡量其业绩；另一方面，上级也要了解下级对绩效目标的想法、资源状况、在完成任务时可能遇到的困难，通过上下级之间的沟通，就需要实现的绩效目标达成统一意见。在实现绩效目标的过程中，各部门要对酒店的绩效总目标进行分解，制定出各部门和各职位的绩效目标；用总目标指导分目标，用分目标保证总目标，从而确保酒店绩效总目标的最终实现。

（2）采用目标管理法必须重视授权

通过管理授权，使酒店的总目标落实到各管理层级，而且权责分明，每个部门、每个员工能更有效地实现自己的绩效目标。此外，通过管理授权，可以增加员工从工作中获得奖励的机会，使员工感到自己具有更大的价值，而主动地将自己的行为和绩效联系起来，从而成为自我激励型的员工。

（3）目标管理法强调自我控制

自我控制是指下级在目标设定之后能够积极主动、自觉自愿地完成所制定的目标，而不是在上级不断地监督和控制下完成任务。授权使下级具有一定的决定权，使员工自我控制成为可能，而自我控制要求酒店必须及时地把与绩效有关的信息传递到各个层级，而不是仅仅在部门经理之间流转。

（4）目标管理法要求酒店有完善的奖惩制度

在绩效目标达成的过程中，上级管理者应定期检查目标的完成情况。在目标任务完成后，应根据下属的绩效进行考评和奖惩，奖惩制度必须公平、公正、公开，真正使员工认识到只要通过努力大部分人可以实现自己的绩效目标，而没有完成绩效目标的人必须受到惩戒。

2）目标管理法的实施

目标管理法在酒店业中的应用，通常包括以下 6 个主要步骤。

①规划组织总的绩效目标：制订组织的整体战略计划并确立总的绩效目标。

②认领部门绩效目标：部门负责人与他们的上级一起讨论确定部门应该达成的绩效目标。

③分解部门绩效目标：部门负责人与其部门的所有下属一起讨论部门的目标，并要求下属们制定他们自己的目标。换句话说，就是为了实现部门目标，确定每位员工应该怎么做。

④以时间为节点设计职位绩效目标：部门负责人与他们的下属一起以季度、月和周为时间单位，研究确定各个职位在对应的期段内应该达成的绩效目标。

⑤监测绩效进度：即对绩效目标的完成进度进行监测。部门负责人要把每位员工的实际工作情况与预期的目标相比较。

⑥反馈绩效情况：部门负责人与下属一起定期召开绩效分析会议，讨论绩效目标的达成情况，并对下一阶段的工作做出规划与调整，以保证实现预期的绩效目标。

3）目标管理法的核心——目标协议书

目标协议书是以企业绩效目标为基础的员工绩效协议书，它通过各级员工与其直接上级平等协商的方式签订，它以全面量化的形式明确各级员工及其直接上级在员工年度绩效目标执行过程中的权利和义务。从某种意义上讲，目标协议书是员工劳动合同书的实施细则，是工作说明书的阶段化和具体化表现。

在目标协议书中，第一，必须要对目标内容的含义进行清晰的界定，才不至于造成歧义并妨碍未来的绩效考评工作。例如，在酒店部门经理的目标协议书中，"员工满意度"就是一个重要指标。"员工满意度"可以被理解成"员工对上级管理的满意度""员工对本职工作的满意度""员工对个人薪酬的满意度""员工对内部培训的满意度"等多种内涵；"员工满意度"的统计工作可以被理解成"满意员工数量占所在部门员工总数的百分比（员工满意度分满意、不满意两个等级）""满意度为满意和较满意的员工数量占被调查员工总数的百分比（员工满意度分满意、较满意、不太满意、不满意 4 个等级）"等多种内涵。可见，不进行明确的阐释，后续的考评管理将寸步难行。

第二，在目标完成的标准方面同样需要进行明确的界定。目标完成的标准可分为数量标准（如营业额 5 780 万元）、频率标准（如事故发生率 2 次／年）、类别标准（如服务质量等级 A 级）、次序标准（如在酒店内顾客投诉排行第二名）、差距标准（如资产负债率标杆差 3%）、比率标准（如顾客满意率 98%）等 6 种形式。

小资料

目 标 协 议 书 的 结 构

目标协议书不仅将员工年度目标的标准和时限以书面契约的形式全面量化确定，同时也将目标执行以及影响目标执行的各种关键要素一并以书面契约的形式量化确定。目的是减少日后绩效考评中模糊性和主观性成分，降低考评争议的发生概率，使员工及其直接上级在目标管理中的各种失职行为"无处藏身"。

一份完整的目标协议书主要由以下内容构成。

（1）目标的内容和含义（与绩效目标相关联的项目以及项目本身的内涵）。

（2）目标完成的标准（各项目标完成的数量、质量、成本和安全度）。

（3）目标完成的时限（各项目标完成的最后期限，应精确到日或小时）。

（4）目标执行的方法和步骤（各项目标执行的范围、对象、工具和流程）。

（5）目标执行的难点和措施（阻止各项目标顺利实现的关键障碍以及针对性的清除手段）。

（6）目标执行所需资源（确保各项目标顺利实现的人力、物力、财力以及信息资源等支持）。

（7）直接上级责任（在各项目标执行过程中上级的控制、培训和辅导责任）。

（8）目标变更（企业内外主客观因素发生重大变化导致目标无法按原定计划实现时，对目标完成的标准、时限乃至目标本身进行调整的条款）。

（9）违约处理（当员工或其直接上级因违反目标协议书的有关条款导致目标未能按时、按标准完成时，对员工或其直接上级在任用、职级和薪酬等方面的处罚）。

4）目标管理法的局限性

（1）一些目标难以确定

绩效目标必须具体，并尽量用数字表示，如增加餐饮收入5%等，切忌用"我们将尽最大努力让顾客满意"这类口号式的话，因为这种形式很抽象，很难进行测量，绩效考评结果的精确性就难以保证。对于诸如"员工满意度""顾客满意度"这类绩效目标，由于涉及的内容比较多，多以定性评价为主。

（2）目标管理很费时间

确定绩效目标需要大量时间，因为它要经过几上几下的协商才能达成共识，并且还要监测目标的完成进度及提供反馈。也就是说，在对每位员工进行正式考评以前，就已经花去了很多时间。

（3）同下属一起确定绩效目标有时会变成一场"激战"

当上级推行比较高的业绩指标时，下属则可能主张比较低的业绩指标，所以采用目标管理法一定要了解下属的工作和能力。为了激励下属的工作行为，目标的确立必须公正并且具有可实现性，既现实而又具有挑战性，对工作和下属的了解越多，确立的绩效目标标准就可能越科学，下属的积极性就可能越高。

6.2.2　基于"平衡计分卡"的绩效管理

1）平衡计分卡的含义

1992 年哈佛商学院教授 Robert S.Kaplan 和复兴方案公司总裁 David P.Norton 在《哈佛商业评论》发表的《平衡计分卡——评价指标驱动业绩表现》正式提出关于"平衡计分卡"的理论和方法。其核心思想是：传统绩效评估体系只侧重于对企业内部短期财务绩效做事后评估，这种方法在工业化时代背景下可能是较为有效的，但是，在后工业社会中却越来越不适应组织学习和发展的新情况。为此，就需要从动态战略管理的高度，将企业内部流程与外部市场环境以及组织创新发展等统一纳入和整合起来，建立一种能够保证组织在战略层面可持续发展的新型绩效评估系统（图 6.2）。

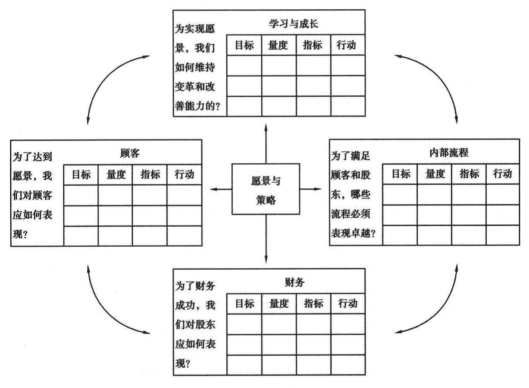

图 6.2　平衡计分卡模型

平衡计分卡是以信息为基础，系统考虑组织绩效驱动因素，多维度平衡评价的一种组织绩效评价系统，平衡计分卡同时也是一种将组织战略目标与组织绩效驱动因素相结合，动态实施组织战略的管理系统。平衡计分卡的基本原理是：根据组织战略从财务、顾客、内部流程、学习与成长 4 个角度定义组织绩效目标，每个角度包括战略目标、绩效指标、测量指标以及实现目标所需的行动方案，从而大大改进了以往绩效管理中由于只关注财务指标造成的局限性。平衡计分卡作为突破财务指标评价局限性的绩效评价工具被提出后，受到了企业界的广泛关注。

2）平衡计分卡的特点

采用平衡计分卡模型测量组织绩效，不仅可以得到绩效结果，还可以得到产生这些绩效的原因；可以发现行动或者结果是否与指标相符，是战略有缺陷，还是组织的执行效果达不到要求。这一模型的特点和优势主要体现在 3 个方面。

一是战略性。作为战略性评价管理体系，平衡计分卡是在企业战略目标的指引下，将战略目标、资源和行动有机地结合起来，构成一个完整而闭合的评价和管理循环。

二是综合性。在对一个组织或团队进行评价时，平衡计分卡是以一个宽泛的视角来考虑，它将不同的评价指标和模型进行集成，定性指标和定量指标都被融入平衡计分卡模型的框架中，以此对组织或团队作出比较全面的综合性评价。

三是动态平衡性。平衡计分卡的 4 个维度（财务、顾客、内部流程、学习与创新）不是孤立的，它们之间存在着一系列的既定假设。例如，增加酒店员工培训是为了提高其服务的质量，服务质量的提高可以反映在员工提高了其服务（如宴会预订、客房清洁等）的准确性和及时性，提高服务质量意在提高顾客的满意度，进而可能增加顾客的忠诚度和消费量，顾客满意度提高的最终结果就是为企业带来更多的利润和资金。对于酒店而言，如果当一个方面的指标有所提高，却没有引起相关方面指标的改善，那么就应该对平衡计分卡的指标体系进行重估，修改假设关系，这种对企业战略的动态评估和修订能力是平衡计分卡的一个重要和突出的特点。

案例启迪

希尔顿酒店集团率先在酒店业导入平衡计分卡

在 20 世纪 90 年代，希尔顿酒店集团公司（Hilton Hotels Corporation，以下简称希尔顿）意识到要保持市场发展速度和竞争力，需要有新的企业策略，改进酒店的产品和服务，以满足客人不断提高的期望。为此，希尔顿采取了两个战略步骤，第一步是实现品牌的价值，相应的策略是通过特许经营快速扩展品牌，通过集团化建立战略伙伴联盟，第二步是实现成员酒店服务的一致性，平衡计分卡系统就是实现服务一致性的策略性工具。

希尔顿的平衡计分卡体系根据连锁酒店的特性，对原本的模型进行了一系列调整、深化和改良，在传统平衡计分卡的财务、顾客、内部流程、学习与创新四个视角外，增加了四个价值驱动要素，即品牌管理、收益最大化、经营有效性和价值中心。平衡计分卡、价值驱动要素连同业务策略和业务流程，形成了一个服务于宾客、管理团队、业主股东、战略合作伙伴和社区的希尔顿价值链。

经过几年的实践，平衡计分卡成为希尔顿管理哲学的一部分，运用到集团、酒店、部门的各个层面，统一的量化业绩指标使得集团与市场竞争对手之间、酒店与酒店之间、部门与部门之间具有可比性，管理策略和战术的制定和执行变得快捷、具体、有序。然而，随着平衡计分卡管理方法的推广，大量的统计数据和报表、图表的制作，给酒店的管理人员带来了工作负担。为了把繁重的手工作业自动化，希尔顿通过引进先进的 IT 系统，消除平衡计分卡体系推广过程中的阻力，通过方便的透视报表，使连锁体系中的全部酒店、各级管理人员、每个营运部门的财务、非财务测算指标，都可以在计分卡系统中一目了然，同时随时可以看到与行业标杆之间的差距，及时采取应对措施。

希尔顿的平衡计分卡体系应用层面相当广泛，涉及酒店的全体雇员，包括管理阶层、一线员工和总部支持人员。通常，酒店的财务目标以及竞争对手的对比指标是由酒店总经理和总部的高级经理在希尔顿的年度工作计划中制订，非财务目标则是按照去年业绩的增长制定，总部人员根据如何支持集团总体目标的实现，也有自己的平衡计分卡。

为简化并提高沟通的效率，希尔顿还建立了类似交通灯号的视觉识别体系，每项经营业绩除了量化的数字表示之外，还按照达到、未达到、严重落后于既定目标，分别用绿色、黄色和红色表示。这些颜色标记被广泛运用于各种各样的管理表格和图表，管理人员可以一目了然地掌握各项指标所处的状态。

希尔顿根据对宾客需求的调研，确定了宾客满意度的十大要素，融入平衡计分卡系统中，作为服务质量管理的稽查要点。这十大要素依次为：浴室清洁、安全感、客房总体清洁、淋浴设备正常、可以得到预订的客房类型、客房安静、第一次进入客房的气味、对于服务请求的及时响应、办理入住登记的协助和礼貌、账单错误的处理。

平衡计分卡系统给管理人员提供用于制定和调整行动措施的有效信息，并根据酒店独有的顾客需求分析设定优先级，配合持续改进的程序，实现酒店经营产品和服务的改善。希尔顿还制定了与之相关的一系列的奖励机制，鼓励通过创新提升经营业绩。

6.2.3　关键绩效指标（KPI）管理法

1）关键绩效指标的含义

关键绩效指标（Key Performance Indicators，KPI），是指基于组织宏观战略目标导向和客户价值关键驱动因素，通过核心业务系统整合而形成的一套量化管理指标。具体地讲，在酒店运营管理中，KPI 就是对酒店主要业务流程中的关键成功因素进行提炼和归纳，形成对酒店员工个体、团队或部门起战略导向作用的绩效衡量指标体系。

准确理解 KPI 的含义需要注意以下 4 个方面。

第一，KPI 是衡量组织战略实施效果的关键指标。KPI 一方面是战略导向的，另一方面又强调关键性，即对组织成功具有重要影响的方面。

第二，KPI 是连接个人绩效和组织战略目标的一座桥梁。基于 KPI 的绩效管理，可以保证员工努力方向与组织战略目标方向的一致性，使真正对组织有贡献的行为受到鼓励。

第三，KPI 反映得是最能有效影响组织价值创造的关键驱动因素。制定 KPI 的主要目的是引导管理者把精力集中在能对绩效产生最大驱动力的经营行为上，及时了解、判断组织运营过程中产生的问题，采取提高绩效水平的改进措施。

第四，KPI 是用于评价和管理员工绩效的可量化的或可行为化的标准体系。KPI 是一个标准体系，它必须是定量化的，如果难以定量化，那么也必须是可行为化的，如果定量化和行为化这两个特征都无法满足，那么就不是符合要求的关键绩效指标。

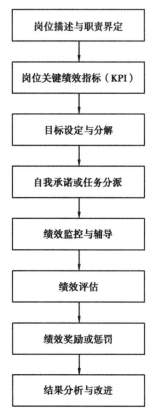

岗位描述与职责界定

↓

岗位关键绩效指标（KPI）

↓

目标设定与分解

↓

自我承诺或任务分派

↓

绩效监控与辅导

↓

绩效评估

↓

绩效奖励或惩罚

↓

结果分析与改进

图 6.3　KPI 管理流程图

酒店围绕 KPI 进行管理通常需要通过以下几个过程来实现，如图 6.3 所示。

2）KPI 管理的原则

（1）"80/20" 原则

选择和确定 KPI，要注意 "抓大放小" "纲举目张"，要找到具有 "80/20" 效应，即对酒店经营中 80% 绩效任务起到决定性作用的 20% 关键环节、业务流程和员工群体是哪些，以此为基础和依据建立起来的 KPI 体系才是真正 "关键" 的指标体系。

（2）SMART 原则

①KPI 体系必须是具体的（Specific），要有关于工作主体、客体、范围和职责等方面的具体要求，以保证其明确的指导性。

②KPI 体系必须是可衡量的（Measurable），必须有明确的衡量指标，包括定性标准或定量额度（如工作量、费用和利润等）。

③KPI 体系必须是可以实现的（Achievable），是实事求是的，不能因为指标脱离现实水平而使员工产生挫败感，但是指标还必须具有一定的挑战性，员工只有通过积极努力才可以达成。

④KPI 体系必须是相关的（Relevant），它必须与酒店的战略目标、部门的任务及职位职责相联系。

3）KPI 体系的设计

（1）组织功能分解法

组织功能分解法是指酒店分系统、分部门地对酒店总体战略目标逐级分解，明确各自所应该承担的职责，并以量化的形式确定 KPI 的一种设计方法。以三级分解为例，采用组织功能分解法可以将酒店 KPI 系统做如下分解。

一级 KPI：由酒店战略总目标直接分化而成，可以按照总目标内在逻辑层次分解为若干支持性子目标，形成若干关键绩效模块，例如，门店连锁发展模块、服务质量改进模块、成本控制模块、核心竞争力模块和安全运营模块等，由此设计酒店一级 KPI 子系统。

二级 KPI：可以根据酒店的组织机构设置，按客房部、餐饮部、康乐部、营销部、财务部和电脑部等部门进行分解，每个部门按一级 KPI 子系统根据具体情况灵活设置指标，例如，餐饮部可以将关键绩效模块分解为销售额、服务质量、盈利水平等，设计销售额增长率、顾客投诉率、客单价和餐饮产品综合毛利率等指标；营销部可以将关键绩效模块分解为旅游团队接待、会议服务接待和营销渠道建设等，设计集团销售成本、重点客户满意度、当地同级别接待的市场占有率和营销渠道建设费用率等指标。

三级 KPI：要将酒店各主要部门的绩效模块具体落实到员工一级，落实到具体职位，按照核心员工、关键职位逐级分解和设置指标。

（2）工作流程分解法

工作流程分解法是通过对组织内部工作流程输入端和输出端的关键参数进行设置、取样、计算和分析，按照工作流程各环节对客户最终价值的贡献份额，提炼出导致成功的关键绩效模块，将总目标按照业务单元、工作流程等层层分解，找到各主要职位的关键因素，由此选择确定KPI。以三级分解为例，采用工作流程分解法可以将酒店KPI系统做如下分解。

一级KPI：由酒店要实现的顾客最终价值直接分化而成，可以按照总价值链内在逻辑层次分解为若干支持性子目标，形成若干关键绩效模块，如服务模块、产品模块、收益模块和辅助支持模块等，由此设计组织一级KPI子系统。

二级KPI：可以按照接待服务、业务开发、新店筹备等关键工作流程进行分解，每个工作流程可以参照一级KPI子系统，灵活设置指标，如客房接待服务关键流程可以按照产品关键绩效模块，设置开房率、平均房价、客房设备设施完好率和顾客投诉率等指标。

三级KPI：要将接待服务、业务开发、新店筹备等各维度绩效模块具体落实到人，落实到职位，按照核心员工、关键职位一一选择和确定具体衡量指标。

6.3　员工绩效考评

6.3.1　员工绩效考评的主体

在酒店绩效考评工作中，被考评者是客体，考评者是主体，一般包括直接主管、部门内同级员工、下级、员工本人和顾客。

1）直接主管

由直接主管进行考评，也称为"自上而下考评"。酒店通常会在制度上规定，直接主管拥有对下属进行绩效考评的责任和权力。直接主管对下属的工作最熟悉，甚至有的主管以前就是从事其下属目前的工作，因此，可以把握绩效考评的关键点，并在很大程度上可以保证绩效考评工作的公正性。但是，当管理的下属比较多时，直接主管有时难以全面掌握员工的工作表现，因此会表现出一定的局限性。

2）同级员工

让同级员工相互进行工作绩效考评，是因为同级之间的工作相似性强，大家在一起共事，接触和沟通的机会比较多，彼此的工作表现了解得也更多一些。但是，同级员工之间进行绩效考评，有时会引起相互猜疑，以及出现通过"轮流坐庄"获得奖励或避免惩罚的不负责任的行为。

3）下级

由低级别的员工对其上司进行绩效考评具有重要意义，特别是对于上司的领导能力、沟通能力等方面的评价，往往具有很强的针对性，对促进管理者能力的提高和改进工作更有价值。

需要注意的是，员工由于顾虑上司的态度及反应，有可能在绩效考评中不会反映真实情况。为了解决这一问题，应当由专门的部门，如人力资源部组织员工对其上级领导进行绩效考评，并采取必要的保密措施，避免员工在考评上司时因暴露问题而受到打击报复。

此外，下级评价上级的工作绩效，有时会对管理者造成压力，影响其管理员工的力度。

4）员工本人

酒店开展员工绩效自我评价，有利于提高员工对绩效考评工作的认同感，减少他们的逆反心理，增强员工参与绩效考评的意识；促使员工总结经验教训，改进工作方法，加强自我管理。但是，值得注意的是，员工自我评价一般比其他考评主体的评价要高，很少有人会自我贬低。

5）顾客

这里所指的"顾客"，既包括酒店的外部顾客，也包含企业内部有协作、支持和配合关系的内部顾客。来自顾客的评价和考评，主要反映的是被考评者的服务质量和工作结果，而对绩效达成中被考评者的具体表现涉及得比较少。

小资料

360° 绩效考评

在实践中，由于工作绩效具有多维性，上级、下属、同级员工及其他考评者从各自角度所观察到的绩效情况是不一样的，为了更全面、更客观、更公正地对员工进行绩效考评，很多酒店近年来开始采用 360° 绩效考评法。

360° 绩效考评，又称"全方位评价"（Full-Circle Appraisal）和"多元复合评估"（Multi-Rater Assessment），其基本思路是：选择对酒店经营管理至关重要且容易观察到的绩效维度，然后由被考评者周围的相关人员，通常包括直接主管、同级人员、下级和顾客等，也可以不限于此，涉及间接上级、股东、企业外部公众和绩效管理专家等多方面相关人员，按照事先设置的考评等级量表，以匿名方式就这些维度绩效的水平进行全方位评估，然后由酒店人力资源部门将考评结果以适当形式反馈给被考评者，以帮助其进一步提高绩效水平。

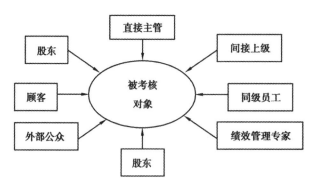

以人力资源开发为目的，采用 360° 绩效考评效果是最好的，特别适用于考评那些在组织中承担监督管理职能的员工，以及那些对酒店经营管理至关重要的、具有战略性的或比较难以量化的行为表现，如服务态度、员工主人翁精神、团队合作精神、领导能力和风格、人际沟通能力和职业技能开发情况等。

6.3.2　酒店的绩效考评周期

在酒店行业，绩效考评周期主要分为定期考评和聘期考评两种。定期考评的周期一般细分为年度、半年、季度和月度等。聘期考评的内容主要体现在受聘人任职时所签订的聘用合同中，考评结果作为下一聘期续聘、高聘或低聘的主要依据。不同考评周期的考评内容和结果运用不尽相同，见表 6.1。

表 6.1　酒店绩效考评周期分类表

考评周期	考评内容	考评结果运用
月度考评	本月的工作业绩和工作态度。	考评结果与工资挂钩。
季度考评	本季度的工作业绩、工作能力和工作态度。	考评结果与下一季度的月浮动工资直接挂钩，第四季度直接进行年度考评。
年度考评	对本年度的工作业绩、工作能力和工作态度，进行全面综合考评。	作为晋升、淘汰、评聘以及计算年终奖励、安排培训的依据。
聘期考评	对聘期内的工作业绩、工作能力和工作态度，进行全面综合考评。	确认是否续签合同，或是否续聘。

6.3.3　定性考评与定量考评

1）定性考评

定性考评是指用划分等级或使用精练的短语来评价员工工作表现和能力的方法，又称为评语考绩。定性评语有两类：一类是简单分等法，就是列述考评的基本内容，对每一考评指标都用优、良、中、差这类等级标准进行评定，最后综合，得到一个总的考评结果。这种方法的优点是简便易用，适用于考评那些难以量化的指标。其缺点是被考评的人数不能太多，应控制在 10 人左右，最多不能超过 30 人，否则，结果的准确性会下降。另一类是把评定指标转化成具体的工作描述，从频次、程度和效果等方面进行评价考评，这种方法虽然比简单分等法进了一步，但是难以用文字来描述工作指标中的各种情况。

2）定量考评

定量考评是指将评语转化为分数的考评方法。这种考评需要在确定考评指标的评定项目之后，对每一项目规定不同的得分，如正分、负分等，最后，通过积累各项目得分求得总分。这类考评简单易用，便于比较，但是定量的客观性很难掌握。

案例启迪

在"海底捞"绩效考核是锄头

海底捞餐饮股份有限公司董事长张勇在上完长江商学院 EMBA 的《绩效管理》课后，跟黄铁鹰说："黄老师，我觉得公司把结果指标作为目标分解到每个部门和员工身上，然后按此进行考核、激励和惩罚的做法，听起来科学，很有道理，但做起来太难了。因为企业绩效是所有员工协作劳动的结果，每个部门和员工的作用不同，指标就应该不一样。怎么确定这些指标，必须要懂行的人做才行，否则一定会捡了芝麻丢了西瓜，甚至考歪了。我说得懂行，可不是懂人力资源，而是要懂得做生意和管理的人。"

"我们现在对每个火锅店的考核只有三类指标，一是顾客满意度，二是员工积极性，三是干部培养。"

黄铁鹰说："这些指标可都是定性的，你怎么考核？"

张勇说："对，是定性的指标。定性的东西，你只能按定性考核。黄老师，我真不懂这些科学管理工具为什么非要给定性的指标打分。比如客户满意度，难道非要给每个客人发张满意度调查表？你想想看，有多少顾客酒足饭饱后，愿意给你填那个表？让顾客填表，不会反而增加顾客的不满意吗？再说，人家碍着面子勉强给你填的那张表，又有多少可信度？"

黄铁鹰说："那你怎么考核顾客满意度？"

张勇道："我们就是让店长的直接上级——小区经理经常在店中巡查。不是定期去，而是随时去。小区经理和他们的助理，不断同店长沟通，顾客哪些方面的满意度比过去好，哪些比过去差；这个月熟客多了，还是少了。我们的小区经理都是服务员出身，他们对客人的满意情况当然都是行内人的判断。"

"对员工积极性的考核也是如此，你黄老师去考核肯定不成，因为你看到每个服务员都是跑来跑去，笑呵呵的，没什么不一样。可是我就会跟你说：你看那个男生的头发长得超出了规定；这个女生的妆化得马马虎虎；有几个员工的鞋脏了；那个员工站在那里，眼睛睁着，脑袋走神了。这不就是员工积极性的表现吗？店长对组长、组长对员工的考核也如此，都是这种定性的考核。"

黄铁鹰又问："他们的奖金就根据这些定性的考核决定？"

张勇说："不仅是奖金，他们的提升和降职也都是根据这三个指标。你想想看，一个不公平的店长，手下的服务员怎么可能普遍有积极性？服务员积极性不高，客户的满意度怎么可能高？在这种情况下，不会等到这家店的营业额和利润数字出来后再提醒他或撤换他，因为结果一定不会好，即使好也不是他的原因。我们就有很赚钱的店，但是店长就是提不起来，因为他培养人的能力不行。他一休假，店里就出乱子。那么即便他的店很赚钱，他也可能被降职。"

黄铁鹰又说："按照你的考核方式，下级的命运全由直接主管来决定，这样是否足够公平和客观？"

张勇说："不是全部，而是主要由上级来决定。你想想看，上级同自己的直接下级在一起时间最长，工作交往最多，也最了解下级的工作状态和为人。如果他不对下级的升迁起主要决定作用，谁更有资格来决定呢？把大多数人拍脑袋地判断，用数据表现出来就客观了吗？我看不一定。其他人的意见只能起参考作用，如果其他同事对这个人有意见，平常就会自觉不自觉地表现出来，作为经常同他在一起的上级，很容易就会发现，这也是上级考察下级的一个方面嘛。"

"当然，我们的定性考核不是上级说你行，你就行。我们也逐渐摸索出一些验证流程和标准，比如用抽查和神秘访客等方法对各店的考核进行复查。对这些考核结果，要经过上一级以上管理者的验证通过。同时，我们还有越级投诉机制，当下级发现上级不公平，特别是人品方面的问题时，下级随时可以向上级的上级，甚至大区经理和总部投诉。"

"什么叫客观？我看这种用懂行的管理者对'人'的判断，比那些用科学定量化的考核工具得出来的结果更客观，至少在我们火锅行业是如此。你说对不对，黄老师？"张勇挑战地问黄铁鹰。

听完张勇的绩效评估，黄铁鹰想起 30 多年前，自己从城里中学毕业下乡当知青的经历。第一年，城里来的知青只拿了干同样活儿的农村青年一半的工资，知青们申诉为什么不同工同酬？队长说："别人拿锄头铲的是草，留的是苗；可是你们铲的是苗，留的是草，给一半工资都是照顾你们！"知青们哑口无言，因为在城市长大，刚下乡，分不清草和苗。

原来绩效评估工具就是锄头，懂行的管理者拿到手里就能铲草，不懂行的拿到手里铲的就是苗。

资料来源：黄铁鹰 . 海底捞你学不会 [M]. 北京：中信出版社，2011.

6.3.4　酒店绩效考评的方法

1）绩效目标考评法

绩效目标考评法是实施绩效目标管理的企业在考评周期结束时，将部门或员工所取得的工作成果与绩效目标协议书中的各项指标进行比对，以确定绩效考评成绩的方法。

酒店在应用绩效目标考评法时，部门或员工各项工作业绩与目标值的差距，决定着绩效考评的最终结果，但是这种差距所代表的意义却是不一样的。

有些绩效目标完成的数值越高，绩效考评成绩越好，如销售额、利润率和劳动生产率等。对于这类数值越高绩效考评成绩越好的指标来讲，需设定最低线，低于此线者即为绩效考评成绩不合格。

有些绩效目标完成的数值越低，绩效考评成绩越好，如投诉发生量、设备故障记录和工伤事故记录等。对于这类数值越低绩效考评成绩越好的指标来讲，需设定最高线，高于此线者即为绩效考评成绩不合格。

还有一些绩效目标是应该在一定的范围内，即数值过高或过低都对企业经营都有负面影响，如资产负债率。对于这类指标，需要分别设定最高线和最低线，高于最高线或低于最低线者均为绩效考评成绩不合格。

2）图表考评等级法

图表考评等级法是一种类似评分法的考评方法，它是目前酒店绩效考评工作中运用最普遍、最简单的绩效考评方法。在绩效考评过程中，单独使用定性考评法或定量考评法往往难以客观地考评员工的工作表现，而图表考评等级法是将定性与定量方法进行有机的结合，从而能得到相对公正的结果。图表考评等级法的运用基于以下 6 项工作：

（1）确定考评的项目

酒店不同内容的绩效考评工作，既可以在同一时间内开展，也可以分阶段进行，但是考评的项目必须明确而具体,比如关于服务技能的比赛、工作表现评估,评选"服务标兵""微笑大使"以及年终总评等,都是酒店经营中比较常见的绩效考评活动。绩效考评项目明确与否关系到考评结果的客观性。

（2）确定基本指标

在确定绩效考评项目之后,则应该进一步确定影响该项目的主要因素即指标。例如,对服务员工作表现的绩效考评通常要考虑的因素包括:服务质量、工作量、出勤情况、仪表仪态、工作方式、人际关系、可靠性、适应性、创造性等。在确定基本指标时要做到考虑周全、指标具体,否则考评结果的客观性难以控制。

（3）确定指标含义

由于每项考评指标包括的含义都是比较丰富的,不同的员工对同一指标会有不同的理解,即使是同一员工,受时间、职位和情绪等因素的影响,对绩效指标的理解有时也会发生改变,这常常是员工对绩效考评产生争议的根源。因此,各项指标在绩效考评工作中的具体含义必须加以统一、明确,而且解释权通常应该保留在主管绩效考评工作的人力资源部门。

（4）确定绩效指标权重

绩效指标权重即该项指标对整个绩效考评项目的影响程度。尽管影响考评项目的因素很多,但是每项指标的作用不可能是相同的。例如,在服务员工作表现的考评中,服务质量、出勤情况与人际关系和可靠性等因素的作用必然不相同,如果均等对待,那么考评结果就难以服人。绩效指标权重通常以数字表现出来,这是图表考评等级法的优势所在。假设,服务员的服务工作表现总分为100分,服务质量可以占20%,而人际关系可以只占5%。权重确定的合理与否直接关系到绩效考评结果的公平性。

（5）设计评估表格

为了便于准确计算每位员工的绩效考评结果,酒店通常要设计并印制好评估表格,让员工一目了然,心中有数。表格应该力求简单、明了,并能将各项考评内容纳入表格之中。

（6）计算考评结果

根据每位员工在各项的得分,利用评估表格加以汇总、累计,就能得到该员工的最后得分。表6.2和表6.3是图表考评等级方法所采用的两种表单示例。

表6.2 某酒店管理公司对下属酒店餐饮总监绩效考评表

考评对象		直接上司			考评时间		
绩效目标	分 值	绩效达成	评分标准			得 分	评 估
营业指标 （50分）	25.0	餐饮总收入	实际完成百分比 105%以上：25 99.9%~104.9%：20				

续表

绩效目标	分 值	绩效达成	评分标准	得 分	评 估
	25.0	餐饮利润	96.0%~99.9%：15 90.0%~95.9%：10 90.0% 以下：5		
客 户 （10分）	5.0	顾客满意度	管理公司进行问卷调查，每年 1 次 90.1 分以上：5 85.1~90 分：4 80.1~85 分：3 75.1~80 分：2 75 分以下：1		
	5.0	神秘客户暗访	管理公司邀请专业人士进行暗访，一般为 1 年 1~2 次 85.1 分以上：5 80.1~85 分：4 75.1~80 分：3 70.1~75 分：2 70 分以下：1		
员 工 （10分）	5.0	部门员工满意度	员工意见调查结果，以历史与客观的水平基点为基础 85.1 分以上：5 80.1~85 分：4 75.1~80 分：3 70.1~75 分：2 70 分以下：1		
	5.0	关键员工流失率	重要职位员工流失的有效控制 0~5%：5 5.1%~10%：4 10.1%~15%：3 15.1%~20%：2 20% 以上：1		

续表

绩效目标	分 值	绩效达成	评分标准	得 分	评 估
营运 / 执行（20分）	5.0	餐饮毛利率控制	按酒店核定的标准毛利率（GPR）检查 　　标准 GPR 偏差 ≤ 1.0%：5 1.0%< 标准 GPR 偏差 ≤ 1.5%：4 1.5%< 标准 GPR 偏差 ≤ 2.0%：3 2.0%< 标准 GPR 偏差 ≤ 2.5%：2 2.5%< 标准 GPR 偏差 ≤ 3.0%：1 3.0%< 标准 GPR 偏差： 0		
	15.0	消防检查	管理公司职能部门总监按公司制定的标准检查 90.1 分以上：5 85.1~90 分：4 80.1~85 分：3 75.1~80 分：2 70.1~75 分：1 69 分以下：0		
		安全检查			
		卫生检查			
民意测评（10分）	10.0	测评成绩	部门总监 / 经理的民意测评由酒店人力资源部组织，测评表由管理公司统一作出规定 95.1 分以上：10 90.1~95 分：8 85.1~90 分：6 80.1~85 分：4 80 分以下：2		

表6.3　酒店管理层员工领导能力考评表

（供上司、同行和下属使用）

部门：　　　　　　　　职位：　　　　　　　　姓名：

评价因素	对评价期间工作成绩的评价要点	评价尺度				
		优	良	中	可	差
勤勉态度	把工作放在第一位，努力工作	5	4	3	2	0
	对新工作表现出积极态度，勇于创新	5	4	3	2	0
	忠于职守，严守职位	5	4	3	2	0
	对下属的工作过失敢于承担责任	5	4	3	2	0
业务工作	正确理解上级的工作指示，制订适当的实施计划	5	4	3	2	0
	按照下属的能力和性格合理分配工作	5	4	3	2	0
	及时与有关部门进行必要的工作沟通与协调	5	4	3	2	0
	在工作中始终保持协作态度，顺利推动工作	5	4	3	2	0
管理监督	在人际关系方面下属没有不满或怨言	5	4	3	2	0
	善于向下属授权，鼓励他们发扬乐于协作的精神	5	4	3	2	0
	十分注意工作现场的安全卫生和清理整理工作	5	4	3	2	0
	妥善处理工作中的失误和临时追加的工作任务	5	4	3	2	0
指导协调	经常注意保持和提高下属的劳动积极性	5	4	3	2	0
	主动努力改进工作方法，提高所辖工作的效率	5	4	3	2	0
	积极训练、教育下属，提高他们的技能和素质	5	4	3	2	0
	注意进行目标管理，使工作协调进行	5	4	3	2	0
工作效果	正确认识本职工作意义，努力取得最好业绩	5	4	3	2	0
	工作方法正确，时间和费用控制得合理有效	5	4	3	2	0
	工作业绩达到预期目标或计划要求	5	4	3	2	0
	工作总结汇报准确真实	5	4	3	2	0
考核结果	1. 通过以上各项的评分，该员工的综合得分是：_____ 分 2. 你认为该员工应处于的等级是：　□ A　　□ B　□ C　□ D 　　A.85 分以上　　B.85~70 分　　C.70~60 分　　D.60 分以下 3. 考评者意见： 考评者签字：　　　　日期：　　　年　　月　　日					
以下部分为人力资源部门及总经理填写						
人力资源部门评定						

续表

评语	
处理方式	1. □转正：在 任 职；□升职至 任 职 2. □续签劳动合同，自 年 月 日至 年 月 日 3. □降职为 4. □提薪／降薪为 4. □辞退 5. □其他 经理（签字） 日期： 年 月 日
总经理核准	总经理（签字） 日期： 年 月 日

3）排序考评法

排序考评法是一种简单的绩效比较方法，主要可以分为简单排序法和交替排序法。

（1）简单排序法

这种方法是由考评者依据自己对某一组织（部门、班组或团队）中被考评者绩效状态的理解，通过主观判断，将被考评者的绩效水平，从最优到最差进行简单排列。

在利用简单排序法进行考评时，如果是多指标考评，则要将各个绩效指标分别进行排序，然后统计被考评者的各项指标排序号，再将序号加总，最后按照从小到大顺序排列，就可以得到被考评者绩效总排序情况。

例如，某酒店餐饮部共计有 4 个餐厅，现在要对这 4 个餐厅的主管进行考评，考评的指标有 3 个，其排序情况见表6.4。

表6.4　简单排序法示例

"业务能力"排序		"工作勤勉"排序		"月度销售额"排序	
1	A 餐厅主管	1	B 餐厅主管	1	B 餐厅主管
2	B 餐厅主管	2	C 餐厅主管	2	A 餐厅主管
3	C 餐厅主管	3	D 餐厅主管	3	D 餐厅主管
4	D 餐厅主管	4	A 餐厅主管	4	C 餐厅主管

根据表6.4统计 A、B、C、D 四个餐厅的主管按"业务能力""工作勤勉"和"月度销售额"三项考评指标排名：

A 餐厅主管绩效排名序号数：2+1+4=7

B 餐厅主管绩效排名序号数：1+2+1=4

C 餐厅主管绩效排名序号数：4+3+2=9

D 餐厅主管绩效排名序号数：3+4+3=10

因此，某酒店餐饮部餐厅主管绩效考评的总排序为：B 餐厅主管、A 餐厅主管、C 餐厅主管、D 餐厅主管。

（2）交替排序法

这种绩效考评方法类似于学校里的"学生成绩榜"，它是根据全体员工的工作业绩的大小，从最好到最差的次序进行排列。其步骤是：列出所有需要进行评价的员工名单；对有关主要评价要素逐一在表上显示，挑出最好的（第一名）和最差的（末尾一名）两位；在剩余员工中再挑出最好的（第二名）和最差的（倒数第二名）两位；依此类推，直到全部员工被排列完。

排序考评法简单、直接，但是不能区分不同性质的工作，因此不适合对整个酒店的员工的总体评价，只限于同一类职位的员工之间的比较。

4）——对比考评法

——对考评比法的操作如下：首先，列出评价要素对比表，见表 6.5；然后，把每位员工按照所有的评价要素（如工作量、工作质量等），分别与所有其他员工进行比较；通过双方比较，用符号"+"表示好、"-"表示差（注意选择比较方向：纵向、横向）；把每个员工所得单项用"+"符号相加，获得"+"最多的，即为单项最好者；最后把各单项成绩相加，即为总成绩，评出全面最优秀者。

表 6.5 员工绩效——对比考评表示例

评价要素	员工配对比较					横向对比	
	员工姓名	员工 A	员工 B	员工 C	员工 D	员工 E	"+"加总	最优秀
工作质量	员工 A	/	+	+	-	+	3	员工 A
	员工 B	-	/	+	+	-	2	
	员工 C	-	-	/	+	-	1	
	员工 D	+	-	-	/	+	2	
	员工 E	-	+	+	-	/	2	
工作数量	员工 A	/						
	员工 B		/					
	员工 C			/				
	员工 D				/			
	员工 E					/		

5）强制配给考评法

强制配给考评法是把考评结果按预先设定的比例分配到参加绩效考评的各部门，然后各部门根据本部门员工数量和比例要求来确定每个考评等级人数的一种方法。例如，预先设定在考评结果中有 15% 的优秀，25% 的良好，30% 的一般，20% 的较差，10% 的差。就像在学校中不是任何一个学生都能够得到"优"一样，一个人的工作业绩也总是与其同事相比较后得出的，因此这种方法比较简单，也相对公平，它适用于规模比较大、职位比较高的部门，不适用于只有三五个人的小团体。

强制配给考评法可以广泛地用于大型酒店的年终绩效考评。但是，强制配给考评法存在一些问题，其中最大的问题是如果一家酒店的整体绩效水平很优秀，对于排在末位的员工就很受打击。如果将强制配给考评法与实行末位淘汰制度结合使用，末位最差员工的比例要适当，一般不宜过大。

6）重要事件法

重要事件法是主管对下属与工作相关的优秀事迹或不良行为进行记录，并且在预定的时期内进行回顾考评的一种方法。在运用重要事件法进行考评时，一般是主管与下属一起以会议的形式讨论事件的过程和可以吸取的经验、教训，并把它们作为今后工作行为的正反榜样。

重要事件法通常是与其他绩效考评方法联合使用的，是作为其他绩效考评方法的一种补充方法。这种方法的优点是可以为绩效考评结果提供重要的事实根据，并且还可以帮助绩效考评者在进行鉴定时，根据记录全面考虑被考评者在一段时期内的工作表现，而不仅仅是最近的工作情况；同时对员工的重要事迹进行记录，还可以为下属克服工作中的不足提供具体的参照。重要事件法不适用于员工之间的比较，也不宜作为工资调整的主要依据。

7）行为观察考评法

行为观察考评法是从关键事件法发展而来的一种绩效考评方法，它采用以描述和反映员工各种绩效行为实际发生频度的形式来开发和设计考评量表。

行为观察量表见表6.6。行为观察量表通常由两部分组成：一是主体部分，是有关绩效行为典型表现的一系列陈述；二是辅助说明部分，包括背景信息、指导语和评分等级标准，评分等级标准一般采用从"从不"或"几乎没有"（1）到"经常"或"几乎总是"（5）的五级量表，来刻度被考评者的行为频度。

表 6.6　行为观察量表示例

被考评者		部门		考评指标		酒店服务员工作质量	
指导语：依据下列行为频度评价员工工作绩效，并以所列总分标准给出总体评价							
行为频度标尺	1分　　2分　　3分　　4分　　5分						
总分评价标准	15分以下——很差；15~18分——较差；19~22分——中等；23~26分——较好；27分以上——很好						
行为观察 评分	1. 对工作有激情，执行力强						☐
	2. 细致周到地为每位顾客提供规范化的服务						☐
	3. 能很快发现和了解顾客的需求，并采取恰当的服务行动						☐
	4. 具有良好的团队合作精神，对本部门所有工作都能积极配合行动						☐
	5. 与酒店其他部门保持良好的沟通关系						☐
	6. 及时完成和超额完成本职工作						☐
总　　分		考评评价			考评人（签字）		

在实际中，行为观察考评法可以分不同的绩效指标进行考评，最后加总得分，高分表示该员工经常表现出组织所期望的行为。行为观察量表开发设计比较麻烦，但实施成本则较低，便于考评者日常监控和具体指导被考评者的工作行为。

6.3.5 员工绩效考评面谈

绩效考评面谈是上级就绩效考评的结果与被考评者进行的沟通与交流，对员工的优良绩效进行肯定并鼓励其继续保持，对存在的问题双方共同制订计划加以改进。

1）绩效考评面谈的分类

正常情况下，根据面谈的目的和重点，可以将绩效考评面谈分为 3 种情况，见表 6.7。如果被考评者的工作绩效和工作态度都很差，且没有转变的可能，那么就无须进行绩效考评面谈，可以考虑直接淘汰。

表 6.7　员工绩效考评面谈分类

考评结果	考评面谈的目的和重点
工作业绩和表现令人满意——被考评者是可以立即提拔重用的	讨论员工的职业发展计划，制订一个特定的行动计划，包括培训辅导措施、专业知识的学习等，为其今后新的工作提供必要的知识和技能支持。
工作业绩和表现令人满意——但目前没有提升的机会	鼓励员工继续保持优良的绩效水平。没有提拔机会的原因可能是没有更多职位空缺，也可能是该员工管理能力方面欠缺等。
工作业绩和表现不理想——可以调教（通过培训、教育，有改正的可能）	明确指出员工的不足，并与之共同探讨，列出一个行之有效的个人工作改进计划，以帮助其提高工作绩效。

2）绩效考评面谈的准备

绩效考评面谈要有周密的准备，通常应注意如下 7 个方面。

（1）面谈地点

绩效考评面谈应该安排在一个安静、雅致的环境中进行，确保在面谈期间不受电话或来访者干扰。

（2）面谈时间

面谈要寻找对考评者和被考评者双方都合适的时间，能够让双方充分体会到这段时间是属于他们两人的，时间宽裕而不紧张。一般来讲，与普通员工的面谈时间应该控制在30 分钟左右，而与管理人员的面谈时间应该在 45 分钟左右。

（3）全面掌握考评结果

主管人员要详细审阅面谈对象的绩效考评结果，并掌握该员工绩效考评结果的基本要点，以利于双方沟通和面谈的顺利进行。

（4）争取创造有利的面谈气氛

为了使绩效考评工作收到理想的效果，与员工面谈前需要对沟通语言、方法和技巧等加以设计，应该以书面形式在"绩效考评面谈记录表"中列述出来，以备面谈中参考。

3）绩效考评面谈的实施

（1）缓和面谈气氛

亲切而熟悉的称呼、放松的闲聊、幽默等都利于缓和面谈的气氛。上级主管要避免过于严肃、紧张，像法官宣判一样宣布考评结果，以免造成员工的敌对情绪。

（2）帮助员工改进工作是面谈的主旨

"我能为你下一步改进工作做点什么？"应该贯穿绩效考评面谈的始终。上级主管应该让员工感知到上级的职责是帮助员工做好本职工作，或解决生活及工作中的问题，而非只为批评而面谈。

（3）鼓励员工自我评价

面谈开始时，上级主管通常可以让员工对自己的工作进行一次自我评价。然后，主管人员将绩效考评结果与员工的自我评估一一对比，共同探讨不一致的方面。

（4）积极交换对绩效考评结果的意见

主管人员要鼓励员工发表对绩效考评结果的看法，特别是当员工感到绩效考评对其某一方面评价不公正时，一定要让员工谈谈自己的意见。员工的完整叙述或许能让主管人员详细了解事情的真相，更正不正确的看法。当然，如果员工强词夺理、胡搅蛮缠，主管人员则应明确原则。

（5）掌握沟通技巧强化面谈效果

主管人员应该做一位良好的听众，并通过提问让员工对工作中的问题及改进措施畅所欲言。如果主管人员对员工的陈述表现出心不在焉，必然会使员工感到失望，那将失去双方合作的基础。

（6）鼓励员工制定自己的工作改进目标

主管人员应该在面谈中表明，只要员工今后的绩效目标合理，对企业的经营管理和员工个人发展有益处，组织会全力支持他们，帮助其完成业绩。

（7）提出希望，达成共识

在绩效考评面谈结束之前，主管人员要总结面谈的中心议题或让员工总结面谈要点，目的是保证双方对面谈内容有共同的认识，必要时可以让员工阅读"绩效考评面谈记录表"并签字。

案例启迪

史密斯在银湖度假酒店的绩效考评正常吗？

作为银湖度假酒店的驻店总经理，梅森·史密斯受到绝大多数下属的普遍称赞。史密斯先生是一位随和的人，他在酒店业的工作经历已经超过 20 年，非常了解这个行业的员工构成，因此总是尽个人所能帮助他的员工，如果一位员工在发薪之前需要一小笔资金，他会毫不迟疑地掏尽自己的口袋。如果一位下属需要离开一段时间去处理个人问题，史密斯通常不会扣减这个人的工资，相反，他会牺牲自己的空闲时间，直到下属回来。

银湖度假酒店今年的生意不错，每项工作都在顺利地推进，至少在年终的绩效考评来临之前不会出现大的波动。史密斯的一个部门经理，汤姆·罗杰斯今年遭遇了许多个人问题。罗杰斯的妻子6个月前体检时发现患上了一种比较罕见的血液病，不仅医疗费用很高，而且还需要许多昂贵的营养品。罗杰斯刚会讲话的小儿子患有严重的口吃，医生推荐了一家特别的矫正机构。罗杰斯已经借完了银行给他的贷款限额，最近他对自己的整个状况感到非常沮丧。

　　又到年终绩效考评的时候。史密斯决定将尽可能地帮助罗杰斯。虽然罗杰斯在工作中的表现很多方面比不上其他的部门经理，但史密斯还是在绩效考评表的每一项上都把他评价为"优秀"。由于酒店的报酬制度与绩效评价紧密挂钩，所以除了正常的生活补贴提高，罗杰斯还有资格得到10%的评绩提薪。

　　史密斯向罗杰斯解释为什么给他这么高的评价，罗杰斯知道自己的业绩实际上并不高于一般水平。罗杰斯非常激动并向史密斯表达了感激之情。当罗杰斯离开办公室时，他接下来想做的第一件事就是打电话给自己的妻子，告诉她自己遇到了一个多么好的上级。看着罗杰斯面带笑容离开办公室，史密斯有一种温暖的感觉。

6.3.6　绩效考评中常见的误差

1）晕轮效应

　　晕轮效应是指在绩效考评过程中，考评者往往会因为对被考评者在某一方面特征的印象非常深刻，而导致对其他方面的特征失去客观判断能力。例如，一位员工具有娴熟的服务技能和很强的服务意识，人们就容易认为他在管理工作方面也会很有能力。这种现象表现在绩效考评中，就是考评者不自觉地将某一绩效指标的评价印象迁移到其他绩效指标的评价上，让被考评者某一方面的绩效表现"折射"到其他方面，从而导致考评结果偏高或偏低。

　　对于一些缺乏量化标准的绩效指标（如工作主动性、服务态度、人际关系、工作质量），采用图表考评等级法和简单排序法进行考评时，晕轮效应会表现得比较明显；而采用关键事件法和行为观察考评法，发生晕轮效应的可能性比较小，这是因为这两种方法必须基于事实做出评价，且对应的绩效指标单一。

2）中心化倾向

　　中心化倾向又称"平均化倾向"，是指用同一方法评定所有被考评者时，考评等级或成绩被集中在中间区段，使考评结果没有拉开档次的一种倾向。中心化倾向在绩效考评工作中非常普遍，一方面考评者认为大家都是"同事"，不想对工作表现进行细致的区分；另一方面有时绩效考评指标及其评价标准"模糊"，也会导致考评者细分评价困难。

　　中心化倾向会导致绩效考评结果的扭曲，从而影响绩效考评目标的实现，因此可以考虑使用强制配给考评法来加以规避。

3）过分宽大或过分严格

　　在绩效考评过程中，有些考评者个性随和、态度宽容，而有些则个性严谨、态度强硬，前者对所有被考评者的评价都很高，后者给出的成绩则普遍很低。这种过分宽大和过分严格的现象在使用图表等级考评法和行为观察考评法时表现比较突出，可以考虑采用排序考评法和强制配给考评法来避免。

4）对比效应

对比效应可以分为两种。一是历史对比，随着时间的推移，考评者对同一个考评对象的评分可能产生逐年升高的趋势，这种趋势可能迫使绩效考评结果的真实水平降低。二是横向对比，即考评者将被考评者与其周围的人进行比较后，根据比较结果给予考评分数，而不是根据考评标准和实际业绩作出判断。采用排序考评法和一一对比考评法容易产生对比效应。

5）观察性误差

对被考评者工作成绩和表现进行考评，除有一些具体的项目（可以量化的）必须严格按标准进行以外，其他很多方面，如解决顾客投诉的方式、方法，是根据考评者对被考评者的主观观察来判断的。由于不同的考评者对同一被考评者的观察角度和方法有别，因此得出的结论就可能不同，这样也会影响绩效考评的结果。这种误差容易出现在运用重要事件法和行为观察考评法进行的绩效考评中。

6）偏爱或偏见

考评者对被考评者的偏爱或偏见，也是导致考评结果失真的重要原因，这类情况主要涉及人际关系、民族、年龄、性别、性格等方面。例如，考评者对与自己关系不错、性格相投的人会给予较高的评价；而有的考评者对女性、低学历者等持有偏见，往往会过低地评估他们的工作行为。

7）压力影响

考评者在绩效考评过程中的压力可能来自两个方面：上级和下级。由于很多绩效考评结果会与被考评者的晋升、工资调整等有着密切的关联，因此考评成绩对被考评者的影响是非常重要的。在这种情况下，上级为了提拔某位员工，或涉及员工的裁留问题，就可能给考评者施加一定的压力；而就被考评者而言，因为考评意义重大，有时会找考评者对质考评结果，这也给考评者造成了压力。这些压力都会在一定程度上造成绩效考评结果的失真。

8）首因或近因效应

首因或近因效应产生的原因在于，考评者仅根据员工最初或最近的工作表现就对其整个绩效考评周期的工作做出评价。例如，员工在绩效考评周期开始时非常努力，绩效也非常好，即使其后来的绩效并不理想，考评者仍然按照开始的表现，对其整个考评周期的绩效作出比较高的评价。此外，一些员工很懂得"时间因素的重要性"，往往在临近考评时在工作中努力积极表现，争取得到好的绩效成绩。为此，酒店可以考虑采取不定期考评或缩短考评周期，以及采用绩效目标考评法，来纠正首因或近因效应带来的误差。

6.3.7 解决绩效考评误差的措施

1）考评标准客观化

绩效考评标准应该尽可能准确、明了，尽量使用量化的客观标准，例如，考评酒店餐饮部经理的经营业绩时，可以规定餐饮部的综合毛利率水平不能低于45%，而不是提出"为酒店创造显著的经济效益"，以减少考评者主观的干扰。

2）交替使用多种考评方法

每一种绩效考评方法都有其自身的优点和缺点，例如，强制配给考评法可避免中心化倾向及过分宽大（或严格）现象的出现，但在全体被考评者工作成绩和表现普遍比较优秀的情况下，容易使排序靠后的被考评者产生不平衡的心理。因此，酒店一定要根据考评目的、对象、时间和考评者的水平等具体情况，考虑选择两种或两种以上的绩效考评方法。

3）严格、认真地挑选考评者，并安排相关的培训

对绩效考评者进行有关克服晕轮效应、中心化倾向、过分宽大、偏爱或偏见等方面的训诫，有助于避免问题的发生。在实际培训过程中，可以向考评者提供一些有关绩效考评的模拟案例，并要求他们对案例中的人进行考评，然后把每位参与者的考评结果以图解的形式表示出来，并分析各种误差出现的原因。

【复习思考题】

1. 绩效管理对酒店人力资源管理有什么重要价值？
2. 酒店员工绩效管理应遵循什么原则？
3. "平衡计分卡"规划绩效目标的原理是什么？在酒店行业具体应用时需要做什么改进吗？
4. 设计关键绩效指标（KPI）应该遵循什么原则？
5. 酒店绩效考评方法主要有哪些？试分析它们的优缺点。
6. 为什么说"绩效考评面谈是真正体现员工绩效管理工作价值的一个重要环节"？
7. 绩效考评的误差有哪些？如何加以避免？

【案例研究】

华住酒店集团客房服务绩效管理的数字化转型

"胖线上、快线下"把日常业务线上化，是华住集团（以下简称"华住"）作为全球领先的酒店集团在数字化转型之初的构想。随着越来越多的互联网企业实施"大中台，小前台"战略，华住也深受启发，强调要"胖线上、快线下、强中台"。为了实现中台集约化管理，华住将内部正在使用的各式各样的系统都以"华通"这个统一的平台呈现出来。

当中台强到一定程度，成为华住的"大脑"，华住就将自己的数字化战略调整为"人机合一、让天下没有难管的店"。不断升级的举措，目的都只有一个——提升单店效率和发展速度。酒店业内有一种说法，认为华住的店长是比较好做的，"因为他们经过了武装，

知道如何使用各种各样的工具，知道如何发展会员，知道如何进行 GOP（Gross Operating Profit，营业总毛利润）管理。"

以华住自主开发的智能化 RMS（Revenue Management System，收益管理系统）和客房数字化系统为例。根据实际供求情况，RMS 可以根据周围三千米的大数据自动调整房价，减轻了酒店经理的工作量。这些数字化工具除了能降低工作复杂度，还可以接替人工去做一些工作，例如，华住推广的"华小二"接打电话机器人。经测算，这些数字化工具平均每天能帮助酒店员工节省25%的时间，相当于2.3小时的工时。在这些工具的加持下，华住旗下的海友酒店甚至实现了"5人运营模式"，以较少的人力管理成本，最大程度满足客人客房清扫或者是其他服务的随叫需求。

客房数字化系统能够自动分配清洁或维护人员。一旦客人退房，系统会通过应用程序向酒店保洁员推送通知，这简化了酒店前台和保洁员之间的沟通，为延迟退房的客人提供了更灵活的时间。

这套数字化系统推动了保洁的绩效模式从时长算薪转换成了计件算薪。"以前，保洁赚取固定工资，没有动力去打扫更多的房间，只能依靠客房主管分配清扫区域。现在，酒店的退房信息能够实时反映到阿姨手机上，保洁打扫完自己的区域后，可以帮助别人去做，每打扫一件就做一次计件。"从后台统计的数据来看，保洁的客房清扫时间平均需要15~20分钟，较原有模式减少了33%。

当然，数字化也在倒逼一些矛盾快速显现。计件模式的弊端体现在保洁为了抢房减少清扫工序。为了不让交付标准降低，单体酒店还可以让主管逐一查房，但对于旗下七十万间客房的华住来讲，查房量无疑是巨大的。

华住的策略是，加入客人点评功能，并与保洁打扫的质量挂钩。如果连续获得好评，达到一定级别之后，主管不仅可以免查房，还可以根据打扫质量算单价。

数字化生产工具改变了传统生产方式，而新的绩效考核方式既提高了主管行使权力的效率，又保障了保洁的责权划分和利益分配的公平性。

讨论问题

1. "胖线上、快线下、强中台"战略是如何对华住的绩效管理数字化转型产生影响的？
2. 华住实施的数字化客房服务绩效管理有哪些特点？

开阔视野

OKR，目标管理的新工具

企业在全面推行全员绩效管理时，往往面临一些共性问题：绩效考核管理成本高，考核结果区分度差；基于计划预算的全员考核体系出现僵化的趋势，难以应对环境变化及时做出动态调整，部门经理以下人员的绩效指标分解指导性和适用性差；组织、团队和个人的绩效目标严重脱节，组织绩效、团队绩效和个人绩效存在巨大差异；优秀员工组成的团队绩效并不优秀，甚至很差；团队绩效好，但综合在一起的组织，整体绩效水平却很低。

最早被谷歌等高科技企业采用的目标管理工具——OKR（Objectives-Key Results，目标-关键结果）对破解上述问题作出了积极的回应。OKR与KPI同属目标管理的工具，但是在底层逻辑方面存在差异。OKR制定目标后，目标不是用来直接考核的，企业一般采用"360度环评"（注意，不是360度绩效考核）的方式来间接考核，也就是将过程管理拆解为关键行动、推进会议、周期小结、复盘优化四大步骤，持续推进OKR完成度，保障企业战略的有效落实。KPI则是直接对标事前规划好的关键性量化考核指标，员工的收入与考核的结果息息相关。

导入OKR，需要更新的观念包括以下三点。

第一，OKR本质是目标管理而不仅是一种绩效考核技术。方向的极致聚焦、投入的合理流向和资源的有效配置是OKR管理的根本目的，这种目标管理引导员工目标、上级目标和企业目标进行比较，引导员工当期行为和目标要求进行比较，引导员工工作结果和关键成果要求进行比较，而不是引导员工横向比较，如果希望通过OKR区分员工之间的优劣，则是舍本逐末之举。

第二，OKR是一套敏捷沟通和信息管理机制。今天企业面临快速多变和高度不确定的商业环境，内外部信息同步迭代和分布式决策对企业效率来说非常关键，OKR强调自下而上、目标实时对齐与调整、上下级和同事间的公开透明、高频反馈与辅导，即"建立和维持沟通体系"。如推行OKR过程中没有配套提升沟通价值和降低信息流动成本的措施（如数字化平台建设），效果会大打折扣。

第三，OKR塑造积极、自驱的绩效文化。OKR强调目标的野心和高挑战性、弱化评价结果与个人利益的关联性，显然是更倾向于积极的人性假设，符合高素质、高成就动机群体的人设，贴合基于信任和心理契约的企业文化。如果严守控制和约束的管理价值观，以及消极的人性假设，更多靠利益和外力驱动员工行为，推行OKR必然南辕北辙。

实施OKR的步骤主要有四个。第一步，由员工提出目标和关键结果，由管理者与团队成员进行探讨，并就OKR中的目标和关键结果达成一致。第二步，OKR达成一致后，团队成员在团队会议中公布自己的OKR，并确保责任具体到个人。第三步，在OKR执行的过程中，持续对过程评估并进行必要的调整。对过程进展的评估，每季度至少要执行一次；若有必要，则可以对目标和关键结果进行调整。第四步，OKR年度评估，对已完成的OKR项目及未完成的项目进行差距分析。

一般来说，如果企业的大部分职位是属于工作目标很明确，且长期不变；工作要求很清晰，且长期不变；组织结构很稳定，且长期不变；那么采用KPI合适。如果企业大部分职位是属于网状式结构，需要大量的沟通与协作；不确定流程，经常有新的挑战与困难；工作流多变，需要时刻跟进市场变化，那么采用OKR更合适。可见，常规运营的酒店企业并不十分适合采用OKR，但是对于那些正处于数字化转型阶段的酒店，以及为酒店、餐饮和零售等业务搭建创新型平台的互联网企业具有更适合实践OKR的组织环境。

第7章　薪酬和福利管理

【学习目标】

通过学习本章，学生应该能够：

掌握：酒店薪酬管理的原则；

　　　酒店薪酬体系设计的主要环节；

　　　酒店员工福利的作用；

　　　弹性员工福利制度的优点与不足。

熟悉：酒店薪酬管理的可选择策略；

　　　酒店职位工资制的主要类型；

　　　宽带工资制的特点；

　　　酒店个人绩效奖励和团队绩效奖励的主要类型；

　　　我国社会保障制度的构成。

理解：薪酬的概念；

　　　影响酒店薪酬管理的主要因素；

　　　员工福利的概念。

【关键术语】

薪酬	薪酬管理	职位评价
薪酬调查	薪酬结构	结构工资制
职位技能	工资制	宽带工资制绩效奖励
直接计件工资计划	标准工时计划	差额计件工资计划
可变计件工资计划	利润分享计划	收益分享计划
目标分享计划	虚拟股份奖励计划	员工持股计划
股票期权计划	员工福利	法定员工福利
企业补充福利	弹性员工福利	

开篇案例

上海波特曼丽嘉酒店的"市场领导型"薪酬管理理念

在国际知名的人力资源咨询公司及外包服务公司翰威特咨询公司（Hewitt Associates Inc.）与《哈佛商业评论（中文版）》联合进行的亚洲最佳雇主调查中，上海波特曼丽嘉酒店（The Portman Ritz-Carlton, Shanghai）曾两次当选为中国最佳雇主之首，同时还获得过亚洲最佳雇主之首的殊荣。据悉，此次亚洲范围的最佳雇主调查在中国内地、中国香港地区、中国台湾地区、韩国、马来西亚、菲律宾、新加坡和泰国8个国家和地区同时进行，吸引了来自305家公司的84 183名员工参加。

此项最佳雇主调查共分三部分：第一部分，公司首席执行官问卷，发掘亚洲地区所面临的主要商务和人力问题；第二部分，雇员观点调查，雇员对工作的参与程度和应尽义务的观点和看法；第三部分，使用翰威特咨询公司设计的人力资源库筛查，用来挑选参与活动的雇主在人力资源方面实践的问卷，如员工招聘、新员工培训、培训计划、工作环境和条件、福利待遇等。最终由独立评论团评审得出结果。

可以说，这项调查覆盖了企业人力资源管理的方方面面，上海波特曼丽嘉酒店凭什么击败众多著名跨国公司，从涉及众多行业的企业中脱颖而出？

其实，原因很简单：上海波特曼丽嘉酒店笃信，员工本身就是绅士和淑女，企业需要像对待绅士和淑女客户一样去对待员工，员工才是公司最宝贵的客户。这个理念，贯穿了上海波特曼丽嘉酒店人力资源管理工作的所有环节，也把企业推向了成功。

对于员工招聘和薪酬管理，上海波特曼丽嘉酒店实行的是"市场领导型"策略，他们的信条是："一流的公司要用一流的员工，支付一流的薪水。"一般来说，一个合理的薪酬系统必须对内有公平性、对外有竞争力。

就对外的竞争力而言，上海波特曼丽嘉酒店的员工薪酬是可以引以为傲的：90%以上的职位薪酬在上海酒店行业都是市场首位，经理层更是远高于同行。上海波特曼丽嘉酒店认为高薪是理所当然的，市场上真正有服务天赋又有培养潜力的员工实在很少，所以他们有资格拿市场的最高价，并且为了保持薪酬的对外竞争力，酒店还有一条不成文的规定：一旦某位员工能力和绩效达到新的高度，酒店就给予升职、加薪，而不是等到年终的大规模绩效评估。上海波特曼丽嘉酒店人力资源管理总监韩淑媛说："如果等到员工忍无可忍再向你提出，就已经太晚了。"

根据世界经理人网站的网上调查，80%以上的经理人认为企业薪酬管理的关键在于建立并运行奖惩分明的薪酬体系，由此可见绩效评估以及按绩效付酬的原则在企业中的重要性。

对于这两个方面，上海波特曼丽嘉酒店都制订了一系列有针对性的规定，特别提出了明确的绩效导向——奖励"为顾客（包括内部和外部的）服务优异的员工"。此外，上海波特曼丽嘉酒店还把对内公平性延伸到了招聘工作中：每当出现空缺职位，酒店管理层总是首先考虑内部。"我们总是先看看内部是否有合适人选可以兼顾这个职责，"时任总经理狄高志说，"如果一个人能担任多种职责，酒店就可以提高效率，降低成本，而员工也会很高兴，因为他的新职责可以让他学更多的东西，而薪水也会提高。"

7.1 薪酬概述

薪酬属于经济社会生活中的初次分配，所谓初次分配是根据土地、资本、劳动、数据等各种生产要素在生产过程中的贡献进行分配。市场在资源配置中发挥决定性作用，根据各种生产要素的边际贡献决定的要素价格来进行要素报酬分配，这是我国社会主义市场经济初次分配的基本原则。党的二十大报告指出，"坚持按劳分配为主体、多种分配方式并存，构建初次分配、再分配、第三次分配协调配套的制度体系。"[1]因此，企业要努力提高劳动报酬在初次分配中的比重，坚持多劳多得，着重保护劳动所得；同时要完善工资制度，健全工资合理增长机制，增加劳动者特别是一线劳动者劳动报酬。

酒店经营的成功与否，在很大程度上取决于企业管理水平、服务质量和员工工作积极性的高低，而这些因素的提高与员工自身的利益又有着密不可分的关系，只有在员工对自己的工作回报感到满意的情况下，他们才有可能竭尽全力地为酒店努力工作。这是因为，在现代社会，劳动是人们谋生的手段，对物质生活的追求仍然是人们的第一需要。从社会经济发展的角度判断，人力资源成本必将是不断攀升的趋势，以劳动密集型为特征的酒店行业必须正视这一现实，通过加强薪酬管理，一方面稳定员工队伍，另一方面将人力资源成本控制在酒店运营可承受的范围内。

7.1.1 报酬与薪酬

报酬（Rewards）是指员工因为完成某一工作而获得的他认为有价值的所有回报。对企业而言，报酬是企业对员工为企业所作出的贡献（包括他们付出的时间、学识、技能和经验，以及达成的绩效等）给予的相应回报。在员工的心目中，报酬不仅仅是自己的劳动所得，它在一定程度上也代表着员工自身的价值，体现企业对员工工作的认同，甚至还能够反映出员工个人的能力和职业发展前景。

现代人力资源管理理论认为，报酬可分为外在报酬（Extrinsic Rewards）和内在报酬（Intrinsic Rewards）。外在报酬是指企业主要以物质形式向员工分配其劳动所得，即本章所讨论的"薪酬"。内在报酬是指员工由工作本身所获得的心理满足和心理收益，包括参与决策的机会、较大的职权范围、工作的趣味性、个人发展的机会、工作的成就感等。

约翰·E.特鲁普曼（John E.Tropman）提出定制化和多样性相结合的整体报酬计划，认为应该把基本工资、附加工资、生活补贴、额外津贴、福利待遇、晋升机会、发展机会、

1　习近平：《高举中国特色社会主义伟大旗帜 为全面建设社会主义现代化国家而团结奋斗：在中国共产党第二十次全国代表大会上的报告》，《人民日报》2022 年 10 月 26 日。

心理收入、生活质量和个人因素等统一起来，作为一个整体来考虑，它不再局限于以工资和福利为主体的外在报酬，而是将所有企业能够提供的、对员工有价值的东西统一作为组织的激励资源，并以此为基础来设计总报酬计划（表 7.1）。

表 7.1　总报酬计划的构成

项　目		内　涵
外在报酬	薪资（工资、奖金）	固定薪酬和浮动薪酬
	福利待遇	社会保险、补充商业保险、有薪假期与无薪休假制度、生活消费品供给等
内在报酬	工作与生活平衡	旨在帮助员工在事业和家庭方面同时获得成功的政策和制度规定，主要包括提供灵活的工作时间；安全、宽松的工作环境；重视员工的身体健康；关心员工的赡养对象；提供信贷支持以改善员工的生活质量；支持员工融入所在的社区生活；鼓励员工参与管理和在组织变革过程中发挥积极的作用等
	绩效与认可	组织绩效、团队绩效和个人绩效三者结合来实现组织的战略和发展目标；对员工的行为、努力及绩效给予特别的认可或关注
	个人发展与职业机会	学习机会（包括学费补助、新技术培训、在职或脱产学习等）；专家或导师的指导与培训（领导力培训、非专业领域的学习等）；发展机会（实习、职位轮换、海外工作机会、工作晋升等）

总报酬计划的特点主要表现在以下几点。

第一，总报酬计划是真正以员工需求为导向的利益回报系统。它强调将那些对员工最具价值的要素作为企业支付报酬的基础，能够针对员工需求制订不同的报酬组合，进而将有限的激励资源最大限度地作用于员工价值，支持企业在劳动力相对短缺的市场竞争中获得人才优势。

第二，总报酬计划更加强调员工利益、人力资源战略和组织战略的一致性。它在系统分析组织内、外部环境的基础上，将多种激励方式有机地整合在一起，强调目标与绩效管理，成为支持组织战略实现的有力工具。

第三，总报酬计划更加强调沟通和员工参与。它强调员工参与、员工选择和充分沟通，能够更容易地促进员工对劳动回报公平性的认同，进而提升企业报酬体系的有效性。

第四，总报酬计划更加具有弹性。它以员工需求为导向将多种激励方式有机地整合在一起，一旦组织面临竞争压力或变革的需要，可以及时调整报酬的构成要素和各要素之间的比例关系，进而调整和引导员工行为。

第五，总报酬计划有助于更好地控制人工成本。它在关注外在报酬的同时，也强调内在报酬（如发展机会、工作环境、企业文化等）为员工带来的价值，企业可以有选择性地进行人力资源投资，并设计双赢的报酬项目来节约成本。

7.1.2　薪酬的概念

从经济学角度来看，在市场经济条件下，薪酬是劳动力价值或价格的转化形式，它是劳动力这一特殊商品的价值的货币表现。从形式上看，薪酬是员工付出劳动以后，得到的以货币和其他物质形式为主的利益回报。全面理解薪酬的含义，应该注意以下4点。

第一，要明确薪酬的支付者和薪酬的直接受益者。薪酬的支付者是用人单位，薪酬的直接受益者是付出劳动力的员工本人。

第二，要明确支付薪酬额度的依据。企业应该根据劳动者已经完成和即将完成的工作量，或已经提供和即将提供的服务价值，来确定支付多少薪酬为宜。

第三，要明确支付薪酬的形式。支付薪酬的形式，不论名称或计算方式如何，对企业而言均表现为货币支出，对员工而言则应该是其生活质量的提高、工作条件及环境的改善。

第四，要明确支付薪酬的标准。企业支付薪酬必须要符合国家和地方政府所制定的相关法律或条例，企业与员工个人以书面或口头形式对薪酬的约定是企业支付薪酬的约束条件，当地经济发展水平和劳动力市场的供求情况则对企业支付薪酬的标准具有重要的影响。

根据上述内容，酒店薪酬实际上是指当员工为履行其职责、完成工作任务或实现绩效，而付出劳动、时间、学识、技能和经验时，酒店所支付的以物质形式为主的各种回报。

7.1.3　薪酬的构成

从薪酬的货币支付形式区分，薪酬可以分成直接货币薪酬和间接货币薪酬。直接货币薪酬又称直接经济薪酬，是指酒店以工资、奖金、佣金和股票分红等名义，采用现金形式支付给员工的薪酬部分；间接货币薪酬又称间接经济薪酬，是指酒店以各种以非现金形式支付给员工的劳动补偿及回报，如各类保险、住房公积金和带薪休假，以及其他可以使员工节省开支的措施等，福利待遇是间接货币薪酬的主要表现形式。

从薪酬管理的角度来考察，员工的薪酬可以包括固定薪酬和浮动薪酬，其中固定薪酬是指在法律的保障范围内，依靠劳资双方达成的契约，劳动者明确可知的、固定获得的劳动回报；固定薪酬通常是按月发放，并根据员工的职位等级与职位类别确定具体的发放标准，具体包括基本工资、职位津贴和福利待遇等。浮动薪酬则指相对于固定薪酬来讲具有风险性的劳动回报。浮动薪酬的获得通常是非固定的和不可预知的，它与员工的具体工作表现和所取得的绩效正相关，主要包括员工可能获得的奖金、佣金和分红等形式的即期货币回报，以及年金、股票期权等延期回报。

小资料

我国《企业会计准则》对职工薪酬的界定

我国的《企业会计准则第9号——职工薪酬》从规范人力资源成本计量的角度，对职工薪酬的构成进行了详细的界定：

职工薪酬，是指企业为获得职工提供的服务或解除劳动关系而给予的各种形式的报酬或补偿。职工薪酬包括短期薪酬、离职后福利、辞退福利和其他长期职工福利。企业提供给职工配偶、子女、受赡养人、已故员工遗属及其他受益人等的福利，也属于职工薪酬。其中：

1. 短期薪酬，是指企业在职工提供相关服务的年度报告期间结束后 12 个月内需要全部予以支付的职工薪酬，因解除与职工的劳动关系给予的补偿除外。短期薪酬具体包括职工工资、奖金、津贴和补贴，职工福利费，医疗保险费、工伤保险费和生育保险费等社会保险费，住房公积金，工会经费和职工教育经费，短期带薪缺勤，短期利润分享计划，非货币性福利以及其他短期薪酬。

2. 带薪缺勤，是指企业支付工资或提供补偿的职工缺勤，包括年休假、病假、短期伤残假、婚假、产假、丧假、探亲假等。

3. 利润分享计划，是指为职工提供服务而与职工达成的基于利润或其他经营成果提供薪酬的协议。

4. 离职后福利，是指企业为获得职工提供的服务而在职工退休或与企业解除劳动关系后提供的各种形式的报酬和福利，短期薪酬和辞退福利除外。

5. 辞退福利，是指企业在职工劳动合同到期之前解除与职工的劳动关系，或者为鼓励职工自愿接受裁减而给予职工的补偿。其他长期职工福利，是指除短期薪酬、离职后福利、辞退福利之外所有的职工薪酬，包括长期带薪缺勤、长期残疾福利、长期利润分享计划等。

7.1.4　薪酬的意义

薪酬水平及其相关政策对酒店和员工具有不同意义。

1）对酒店层面的意义

（1）配置功能

在酒店内部，由于员工一般都会愿意到薪酬较高的职位或部门工作，因此，利用薪酬差别可以引导人力资源的流向，促进酒店内部人力资源的有效配置。

（2）协调功能

协调功能体现在两个方面：一方面，通过调整薪酬水平，可以将组织的绩效目标和管理者意图传递给员工，促使个人行为与组织行为融合，协调员工与组织之间的关系；另一方面，通过合理的薪酬制度和结构，有助于化解员工之间的矛盾，协调人际关系。

（3）激励功能

薪酬中的一部分是酒店基于员工的工作绩效发放的，反映了员工工作数量和质量的状况。为了提高生活水平，员工通常会不断提高自身的业务素质，以求能够为酒店提供数量更多、质量更高的劳动，从而获得更多的薪酬。因此，薪酬可以激励员工提高工作效率，改进工作质量。

（4）增值功能

薪酬既是酒店购买劳动力的成本，也是一种对人力资本的投资，一方面它能够给酒店带来大于成本的预期收益；另一方面，随着员工工作经验的积累和工作技能的熟练，其劳动力价值的增幅通常会超过酒店薪酬的增幅。这两方面的预期收益，是酒店雇佣满足工作需要的员工，并支付合理薪酬的动力。

2）对员工个人层面的意义

（1）补偿功能

劳动力的价值是由生产和再生产劳动力所必需的生活资料的价值决定的，它包括三个部分：一是为维持员工自身生存所必需的生活资料的价值；二是养活员工家属所必需的生活资料的价值；三是员工自我投入的教育和培训费用。员工向酒店付出劳动获得薪酬后，可以换取物质、文化生活资料，补偿劳动力消耗与教育支出。

（2）保障功能

薪酬能够保障员工的生理需要和安全需要，增强对预期风险的心理保障意识，增强对酒店的归属感。

（3）价值实现功能

员工享有比较高的薪酬水平不仅表示其在酒店中的地位比较高，还可能表示其职业资历比较深，工作能力比较强；而对于薪酬水平比较低的员工，则通常意味着其工作地位比较低，职业资历比较浅，或工作能力比较弱。基于这种将薪酬与员工个人工作价值相联系的认识，许多酒店采取了年资加薪（工龄工资）的做法，即员工每在酒店工作满一年就相应地有一次加薪机会，任职期限越久，薪酬水平就越高。

7.1.5 薪酬管理的原则

薪酬管理是指企业在发展战略的指导下，综合考虑内外部各种因素的影响，确定薪酬策略和薪酬水平，设计薪酬结构，并适时进行薪酬调整和控制的过程。

酒店的薪酬管理应该遵循以下原则：

1）合法性原则

所谓合法性，是指酒店的薪酬制度必须符合现行的法律法规，并根据新的法律法规条款及时调整。

2）外部竞争性原则

所谓外部竞争性，是指在当地社会和人才市场中，酒店的薪酬水平要有吸引力，能够招到并且留住酒店所需人才，这是人力资源竞争中获得优势的一个必要条件。

3）内部公平性原则

内部公平性原则包含两个方面：一是横向公平，即酒店内部所有职位的薪酬应该尽量采用统一的标准进行设计；二是纵向公平，即酒店设计薪酬时必须考虑到历史的延续性，一个员工现在的劳动力投入产出比和过去乃至将来都应该是基本一致，并保持一定的增长趋势。

4）激励性原则

所谓激励性，是指在酒店内部各类、各级职务的薪酬水平上，适当拉开差距，调动员工的主观能动性，激发员工的潜能；薪酬的激励作用主要通过满足酒店员工的物质生活需要来实现。

5）经济性原则

经济性原则强调的是，设计薪酬时必须充分考虑酒店的自身发展的特点和支付能力；酒店支付所有员工的薪酬后，要有盈余，这样才能支撑酒店追加和扩大投资，保持可持续发展。

7.1.6　影响薪酬管理的因素

1）外部因素

（1）劳动力市场的供求状况

当其他行业或本行业部分酒店的薪酬水平上升时，往往会导致该地区酒店业整体薪酬水平发生改变。此时，酒店为了能够招募到一定数量和质量的员工，只能在原有薪酬水平的基础上进一步提高。因此，劳动力市场的供求状况对酒店薪酬水平的影响，可以归结为：如果社会上可供本企业使用的劳动力大于企业需求，则薪酬水平可以降低；反之，则应该提高。

（2）政府对全社会薪酬水平的调控

在市场经济条件下，政府对企业薪酬水平的干预主要表现为培育、发展和完善劳动力市场，用宏观经济政策调节劳动力供求关系，通过引导劳动力市场，从而间接地影响企业薪酬水平；另外，政府还可以利用调控个人所得税缴纳基点和缴纳比例等手段，间接影响企业的薪酬水平。

此外，政府还可以用法律、法规的形式来规范企业的分配行为，从而直接影响企业的薪酬水平。例如，以法规形式公布最低工资标准，规定企业必须为员工缴纳一定数额的社会保险费。按照我国《最低工资规定》，省、自治区、直辖市范围内的不同行政区域可以有不同的最低工资标准；最低工资标准一般采取月最低工资标准和小时最低工资标准的形式，其中月最低工资标准适用于全日制员工，小时最低工资标准适用于非全日制员工；最低工资标准的组成包括国家统计局规定应列入工资总额的工资、奖金、津贴等项收入，不包括加班工资、特殊工作条件津贴以及国家法律、法规和政策规定的保险、福利待遇。

（3）物价对薪酬水平的影响

物价水平对企业薪酬水平具有重大影响。当员工的货币薪酬不变，或其上调幅度小于物价上涨幅度时，物价上涨将导致员工薪酬购买力的下降；为了保证员工实际生活水平不受或少受物价影响，酒店应该及时采取措施，例如，给予一定的物价补贴、提高工资标准、增发奖金、实行薪酬与当地物价指数挂钩、低价向员工供应生活必需品等。

2）内部因素

（1）酒店的经营战略

薪酬管理应当服从并服务于酒店的经营战略。酒店选择不同的经营战略，其薪酬管理也会随之发生变化，见表7.2。

表 7.2　不同经营战略下酒店的薪酬管理

经营战略	经营重点	薪酬管理
成本领先战略	• 追求成本的有效性 • 简单快捷的服务	• 重视与竞争对手的人工成本比较 • 提高薪酬体系弹性 • 强调制度和服务流程的执行力
顾客中心战略	• 关注顾客满意度和忠诚度 • 为顾客提供无微不至的服务 • 加快营销速度	• 以顾客满意为奖励的基础 • 重视顾客做出的服务技能评价
服务创新战略	• 不断创新服务 • 缩短产品生命周期 • 引导顾客消费	• 以服务创新为奖励的重要依据 • 工资水平市场化 • 员工的工作职责宽泛化

（2）酒店的发展阶段

在不同的发展阶段，酒店的薪酬结构也会有变化，见表 7.3。

表 7.3　企业在不同发展阶段的薪酬结构

薪酬构成　＼　发展阶段	初创期	成长期	成熟期	稳定期	衰退期	二次创业
基本薪酬	低	有竞争力	有竞争力	高	高	有竞争力
激励薪酬	高	高	有竞争力	低	无	高
间接薪酬	低	低	有竞争力	高	高	低

资料来源：何娟.人力资源管理 [M]. 天津：天津大学出版社，2000：222.

（3）酒店的财务状况

酒店的财务状况会对薪酬管理产生重要的影响，它是薪酬管理各项决策得以实现的物质基础。酒店的财务状况良好，可以保证薪酬水平具有一定的竞争力，以及薪酬及时支付。

3）员工个人因素

（1）员工的工作表现决定其薪酬水平

就员工个体而言，其薪酬要受到他所提供的劳动量和服务质量的影响。此外，员工的能力不同，所表现出的工作质量也不尽相同，这种现实工作表现的差别，是导致员工薪酬高低差异的基本原因。

（2）员工的服务技能和受训练水平对其薪酬的影响

拥有高质量的服务技能和接受过高水平的职业训练，员工的工作表现一般情况下会比较出色，这样的员工其薪酬必然要高，另外，给予这部分员工比较高的薪酬也是为了补偿其在学习专业技术和知识时所耗费的金钱、时间、体能、智力甚至心理上的压力等直接成本，以及因学习而减少收入所造成的机会成本。

（3）员工的资历对其薪酬的影响

在酒店从业时间比较长的员工，其薪酬通常应该高一些，目的主要是补偿员工过去长期的劳动投入，减少员工的流动。这种将资历与薪酬挂钩的做法能够起到稳定员工队伍、降低员工流失率的作用。

此外，员工的工作经验、所从事工作的危险性等因素也会影响到员工的薪酬。

7.1.7　薪酬管理的可选择策略

每一家酒店薪酬管理的策略都不尽相同，这些策略一般涉及以下 6 个方面。

1）需求优先与成本优先

酒店在制订薪酬系统时，主要考虑用工需求能否及时满足而忽视人力资源成本控制的，称为需求优先；反之，如果主要考虑人力资源成本控制而忽视用工需求，则称为成本优先。

2）业绩优先与表现优先

业绩优先是指酒店主要根据员工业绩的优劣来支付薪酬，通常针对的主要对象是管理人员；而表现优先则是指酒店主要根据员工工作能力来支付薪酬，通常针对的主要对象是大多数普通员工以及绩效难以用数字衡量的非经营部门管理人员。

3）工龄优先与能力优先

在酒店中，如果工龄在薪酬系统中的权重比工作能力大，称为工龄优先；反之，则称为能力优先。相似的还有学历优先与能力优先、性别优先与能力优先等。

4）工资优先与福利优先

如果一家酒店员工工资非常优厚而福利待遇比较差，称为工资优先；如果一家酒店的福利待遇相当好而工资水平一般，则称为福利优先。

5）物质优先与精神优先

在薪酬系统中强调经济性薪酬而忽视非经济性薪酬，称为物质优先；反之，在薪酬系统中比较重视非经济性薪酬，不突出经济性薪酬，则称为精神优先。

6）公开化与隐蔽化

员工之间相互知道薪酬多少的称为公开化；反之，不提倡员工之间相互了解彼此薪酬的则称为隐蔽化。

7.2　酒店薪酬体系的设计

酒店薪酬体系设计重点要考虑到职位特性、人员特点、工作绩效表现、市场竞争等因素，职位（Position）要素影响员工的职位工资和基本工资，人员（Person）要素影响员工的福利待遇，绩效（Performance）要素决定了员工的绩效工资和奖金，外部市场（Market）状况则影响员工薪酬的外部竞争力。

7.2.1 工作分析

工作分析是确定薪酬的基础。结合酒店的经营目标，酒店管理层要在业务分析和人员分析的基础上，厘清各部门的职能和相关职位的关系，人力资源部门和各部门主管合作编写出工作说明书。通过这一步骤可以明确酒店的组织架构、各职位的职责、所需员工技能等情况。

7.2.2 职位评价

1）职位评价的含义

职位评价又称工作评价，是指根据各职位对酒店经营目标的贡献，通过专门的技术和程序对酒店中的各职位的价值进行综合比较，确定各职位的相对价值差异的过程。职位评价是在工作分析的基础上，对职位本身所具有的特性（如职位对酒店经营的影响、职责范围、任职条件、环境条件等）进行评估，以确定职位的相对价值，其实质是把员工的具体劳动转化为抽象劳动，进而使各种具体劳动之间可以相互比较，以确定各个职位在酒店中的相对价值。

职位评价有两个目的，一是比较酒店内部各个职位的相对重要性，得出职位等级序列；二是为进行薪酬调查建立统一的工作评估标准，消除不同酒店之间职位名称不同，或即使职位名称相同但实际工作要求和工作内容不同所导致的职位难度差异，使不同职位之间具有可比性，为确保薪酬的公平性奠定基础。

2）职位评价的方法

科学的职位评价体系是通过综合评价各方面因素得出薪酬级别，而不是简单地与职务挂钩，这有助于解决"当官"与"当专家"的等级差异问题。比如，一位四星级酒店的行政总厨并不一定比餐饮部经理的工资等级低，前者注重于技术难度与创新能力，后者注重于管理难度与综合能力，二者各有所长。目前，"减级增距"是一种趋势，即酒店内的职位等级正逐渐减少，而工资级差变得更大。

（1）职位排序法

职位排序法是根据一些特定的标准，例如，工作的复杂程度、对酒店的贡献大小等，对各个职位的相对价值进行整体的比较，进而将职位按照相对价值的高低排列出一个次序的职位评价方法。

排序时基本采用两种做法：①直接排序法，即按照工作说明书根据排序标准从高到低或从低到高进行排序；②交替排序法，即先从所需排序的职位中选出相对价值最高的排在第一位，再选出相对价值最低的排在倒数第一位，然后从剩下的职位中选出相对价值最高的排在第二位，接下去再选出剩下的职位中相对价值最低的排在倒数第二位，依此类推。

（2）职位要素比较法

职位要素比较法是对职位排序法的一种改进，这种方法与职位排序法的主要区别是：职位排序法是从整体的角度对职位进行比较和排序，而职位要素比较法则是选择多种薪酬要素，按照各种要素分别进行排序。

采用职位要素比较法首先要分析基准职位，找出一系列共同的薪酬要素。这些薪酬要素应该能够体现出各职位之间的本质区别，例如，责任、工作的复杂程度、工作压力水平、工作所需的教育水平和工作经验等，然后分别根据不同职位比较各个要素。

（3）职位分类法

职位分类法是将各种职位与事先设定的一个标准进行比较来确定职位的相对价值。具体而言，就是先将职位按总体工作内容分为不同的职类，在每一职类中，按职位工作内容的复杂程度、难易程度将不同的职位分为不同的等级，然后根据职位的工作内容，将不同的职位归入不同的工作类、工作级中，确定不同类、级的薪酬比率。对于组织结构比较复杂，部门工作性质和内容差异比较大的酒店，采用职位分类法确定薪酬比率是比较适合的，它属于一种定性的职位评价方法。

（4）要素分级计点法

要素分级计点法要选取若干关键性的薪酬因素，并对每个因素的不同水平进行界定，同时给各个水平赋予一定的分值，这个分值也称作"点数"，然后按照这些关键的薪酬因素对职位进行评价，得到每个职位的总点数，以此决定职位的薪酬水平。具体操作步骤如下：

①确定要评估的职位组。酒店中的职位繁多，很难在一个方案中比较，因此，最实际的做法就是将这些职位按照不同的工作性质分成不同的职位组，对于每个职位组提出一个方案。例如，可以分成行政人员职位、服务员职位、勤杂工职位等。

②收集职位信息。工作分析做得比较充分的酒店，此时可以直接利用在工作分析中得出的工作说明书。

③选择薪酬要素。职位不同，选择的薪酬要素也不相同，如受教育水平、身体素质要求、技能水平、沟通能力、决策水平等。

④界定薪酬要素。通过仔细界定，以确保在比较、权衡、应用这些要素的时候能保持一致，见表 7.4。

表 7.4　某酒店薪酬要素的选取及其权重的确定

薪酬要素	薪酬要素的定义	权　重
知识	已经通过的正规教育、职业资格认证、在职培训，以及有关外语和计算机水平的各种信息。	10%
沟通	主要指与他人进行交流，包括酒店内部沟通和外部沟通，重点关注的是沟通的频率、方法及目的。	15%
责任	主要指管理方面的要求，包括制订、监控或批准预算，以及对人或者组织进行管理监督，以及职位承担的职责对实现组织绩效目标的贡献度。	20%
决策	对部门或者整个酒店的规划、预算等进行审批，决定策略或办法。	20%
努力	职位所需要的付出，包括该职位所承担任务的多样性、复杂性和创造性。	10%
技能	完成该职位工作所需具备的工作经历、经验、培训，以及教育水平等。	15%
自主性	所获得的监督指导的类型以及频率，职位承担者是如何运用这些信息的。	10%

⑤确定要素等级。通常可以根据工作的复杂程度为每个要素确定 3~5 个等级。具体每个要素的等级可以根据具体情况确定，但要确保能够清楚地区分职位的水平。以"责任"为例划分等级，见表 7.5。

表 7.5 "责任"的等级界定

1 级	对酒店品牌、声誉、所辖部门当前和未来的运营状况，以及酒店总体经营绩效负有主要责任直至法律责任
2 级	对酒店主要部门、业务及声誉负有主要管理责任直至法律责任
3 级	负责部门的管理与业务开展，审核、分析相关经营数据，编制部门计划，制订部门预算
4 级	负责部门内部的日常工作，并掌握相关信息，宣传和维护酒店形象
5 级	完成上级主管安排的相关工作

⑥确定要素的相对价值。这一步就是确定每个要素的权重。对于不同的职位，同一种要素的重要性不一定相同，不同的要素在同一种职位中的重要性也不相同。例如，英语口语水平对前台服务员来讲是一个十分重要的要素，而对于餐厅服务人员来讲其重要性就显得弱一些。因此，这种确定要素权重的工作十分重要，一般由人力资源部的专业人员完成。

⑦确定各要素及各要素等级的分值。首先将职位的总分值确定下来，如可以设定是1 000 分，再乘以各个要素的权重，就可以得到各个要素的分值；然后对于每个要素，最高水平的就是这个分值，其他层次的可以按照等差的形式加以类推，见表 7.6。

表 7.6 某酒店薪酬要素不同等级所对应的分值（比率差为 30%）

薪酬要素	薪酬要素等级	对应分值
知识	1	59
	2	77
	3	100
沟通	1	68
	2	89
	3	115
	4	150
责任	1	70
	2	91
	3	118
	4	154
	5	200

续表

薪酬要素	薪酬要素等级	对应分值
决策	1	70
	2	91
	3	118
	4	154
	5	200
努力	1	59
	2	77
	3	100
技能	1	68
	2	89
	3	115
	4	150
自主性	1	59
	2	77
	3	100
合计总分值		1 000

⑧编写职位评估手册。完成上述工作步骤后，把所得到的结果汇编成册，便于使用。

⑨列出职位等级。一旦编好"职位评估手册"，就可以据此列出职位等级。对于每个职位都能够按照要素进行评估以确定其分值，按照结果将其列等。以"酒店总经理"为例的职位评价结果，见表 7.7 和表 7.8。

表 7.7　某酒店总经理职位评价分值结果

薪酬要素	薪酬要素权重 /%	薪酬要素等级	薪酬分值
知识	10	3	100
沟通	15	3	115
责任	20	5	200
决策	20	5	200
努力	10	3	100
技能	15	4	150
自主性	10	3	100
合计 100		—	965

表 7.8　某酒店薪酬等级结构表（高级管理者部分）

职　级	薪值范围	一线操作类	管理类	运营支持类	财务类	工程技术类
23	975~1 000		董事长			
22	949~974		总经理			
21	923~948					
20	897~922					
19	871~896				总会计师	
18	845~870		副总经理			
17	819~844		行政总厨	人力资源总监		

要素计点法的优点在于易于解释和评估。但是，建立一个薪酬分值评估方案是比较复杂的。

7.2.3　薪酬调查

酒店进行薪酬调查的目的，主要是为了保证薪酬水平具有竞争力。

1）薪酬调查的意义

①通过薪酬调查可以真实地反映当地酒店行业现行的薪酬水平。

②通过薪酬调查可以为所有的职位订立起薪点。

③通过薪酬调查可以显示出不同级别之间的薪酬差异。

④通过薪酬调查可以比较本酒店现行的薪酬与行业平均水平的差异。

⑤薪酬调查的结果可以清楚地向员工解释酒店薪酬政策的合理性。

⑥薪酬调查的结果还可以作为调整酒店薪酬水平的依据。

2）薪酬调查的对象

薪酬调查的对象，最好是选择与自己有竞争关系的酒店或同行业中的类似酒店，重点考虑员工的流失去向和招聘来源。由于酒店行业人员流动比较频繁，可以利用招聘面试、人员跳槽的机会，了解竞争对手的薪酬水平，但要防止以偏概全。

3）薪酬调查的内容

薪酬调查的数据，要有上年度的薪资增长状况、不同薪酬结构对比、不同职位和不同级别的职位薪酬数据、奖金和福利状况、长期激励措施以及未来薪酬走势分析等。

有些调查可以采用问卷的形式，这些问卷中一般包括下面这三类资料。

（1）有关酒店的基本资料

有关酒店的基本资料包括名称、地址、员工人数、酒店规模、营业额、星级水平和资产等。

（2）有关酒店的薪酬资料

有关酒店的薪酬资料包括基本工资、福利政策、薪酬结构、工作时段和假期管理等。需要注意的是，薪酬调查还应该收集有关退休保障、有薪休假等涉及员工福利的信息，为进一步制订员工福利方案提供依据。

（3）相关的职位类别

相关职位类别包括被调查酒店的工作类别划分、员工类别划分、员工的实际月薪酬水平、年度总收入、最近一次的加薪情况、奖金及津贴等。

4）薪酬调查与分析

只有采用相同的标准进行调查，并获得真实的调查数据，才能保证薪酬调查的准确性。在一些媒体上，经常能看到"××职位薪酬大解密"之类的文章，其数据多含有随机取样的成分，准确性值得怀疑。即使是国家劳动部门的统计数据，也不能取代薪酬调查直接用作确定薪酬标准的依据。具体地讲，如果调查某酒店保洁员的工资是 4 000 元，面对这种比较高的薪酬待遇，就有必要进一步调查该酒店关于保洁员的工作说明书，看其真正的工作任务包括哪些方面。

薪酬调查的结果，要根据调查数据绘制薪酬曲线，在"职位评估值——行业薪酬水平坐标图"上，首先标出所有被调查的酒店员工薪酬所处的点，然后整理出同类酒店的薪酬曲线（图 7.1）。薪酬曲线一般都采用最小二乘法来进行拟合。如果将评价点数或者序列等级设为 X，行业薪酬水平设为 Y，就可以得出薪酬曲线的方程 $Y=bX+a$。将各个职位的评价点数或者序列等级代入方程，就可以得出它们的行业平均薪酬水平。从薪酬曲线图上可以直观地反映某一酒店的薪酬水平在同行业中处于什么位置。

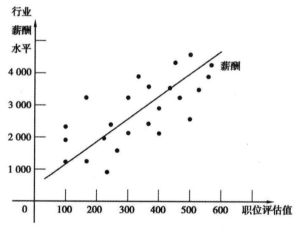

图 7.1　薪酬曲线图

7.2.4　薪酬定位

在分析同行业中其他酒店的薪酬数据后，需要做的是根据本酒店的经营状况确定薪酬水平。

在设计薪酬时有一个专用术语叫"25P，50P，75P"，意思是说，假设有 100 家酒店（或职位）参与薪酬调查，薪酬水平按照由低到高排名，第 25 位排名以后的代表低位薪酬（25P），第 50 位排名左右代表中位薪酬（50P），第 75 位之前的代表高位薪酬（75P）。一个采用

75P 策略的酒店，需要有雄厚的财力、完善的管理、过硬的产品和服务相支撑，因为降薪是非常困难的人力资源工作，一旦酒店的经营状况出现问题，酒店的人力资源成本压力就会凸显出来。

7.2.5　薪酬结构的确定

薪酬结构，即薪酬的组成部分。确定企业薪酬结构，就是确定不同职位的薪酬构成项目及其所占的比例。酒店的薪酬构成项目主要包括基本工资、职位工资、技能工资、绩效工资、工龄工资和职务津贴等。在同一酒店内从事不同性质工作的员工，其薪酬构成项目所占比重可以有所不同，例如，对于厨师，技能工资部分会在其薪酬中占比较大的比重；对于酒店销售部员工，其薪酬中占比最大的应该是绩效工资；餐饮部洗碗工的薪酬构成项目则主要是计件工资。在同一酒店中，不同层级的员工薪酬构成项目也可能不同，如高级管理人员和骨干员工的薪酬构成除了基本工资、职位工资、奖金等项目外可能还会有职务津贴、股票分红等项目，而普通员工则可能没有这些薪酬项目。

酒店在确定薪酬结构时，有以下 3 种策略可供选择。

1）高弹性薪酬结构策略

高弹性薪酬结构策略是指员工薪酬水平与酒店效益高度挂钩，变动薪酬（如绩效工资、销售提成奖励等）所占比例较高。这种薪酬结构策略具有很强的刺激性，员工能获得多少薪酬主要依赖于工作绩效的好坏。这是一种激励性很强的薪酬结构策略，变动薪酬是薪酬结构的主要组成部分，固定薪酬（如基本工资、工龄工资等）处于次要地位。

2）高稳定薪酬结构策略

高稳定薪酬结构策略是指员工薪酬水平与酒店效益挂钩不紧密，变动薪酬所占比例较低。这种薪酬结构策略具有很强的稳定性，员工的收入非常稳定。固定薪酬是薪酬结构的主要组成部分，变动薪酬则处于次要地位。

3）混合型薪酬结构策略

混合型薪酬结构策略是指员工薪酬水平与酒店效益挂钩的程度视职位职责变化而变化，这种薪酬结构策略既有激励性又有稳定性。当变动薪酬和固定薪酬的比例不断变化时，这种薪酬结构策略可以演变为高弹性或者高稳定的薪酬结构策略。

在薪酬结构策略选择方面，高弹性薪酬结构策略适用于酒店高级管理人员和销售部员工，其可以增加薪酬提升和下降空间，强调薪酬与工作绩效的挂钩，加大了激励力度；混合型薪酬结构策略适用于酒店中层管理者，采取灵活的方式，在激励和保障之间进行平衡；对于其他员工则可以采用高稳定薪酬结构策略，强调薪酬的稳定性，增强员工对企业的归属感，以保持员工队伍的稳定。

7.2.6　工资分级与定薪

工资分级与定薪的主要工作内容包括工资等级制度的制定和工资支付形式的选择，此部分内容在下一节详细阐述。

7.2.7 薪酬体系的实施和调整

1) 薪酬预算

对于薪酬实行预算管理，有利于酒店一段时期内的人力资源成本保持在一个既定的范围内。薪酬预算主要有两种方法：一是根据酒店内部每个职位未来一年的薪酬标准，计算出整个部门所需的薪酬支出，然后汇集所有部门的预算数字，编制酒店整体的薪酬预算；二是酒店的高层管理者首先决定企业整体薪酬预算额和增（减）薪的幅度，然后再将整个预算额分配到每个部门，各部门按照所分配的预算额，结合本部门内部的实际情况，将薪酬预算分配到每个职位上。

2) 薪酬调整

酒店的薪酬制度在执行的过程中，由于各种因素的变化，必须不断地加以调整，因为僵化不变的薪酬制度将会使其激励的功能退化。对于薪酬的调整主要包括以下 4 种情况：

（1）奖励性调整

奖励性调整就是当员工工作绩效突出时，应适当地调整其薪酬。

（2）根据生活指数调整

根据生活指数调整员工的薪酬，是为了补偿通货膨胀而导致员工的实际收入无形减少的损失。

（3）根据酒店经济效益调整

根据酒店经济效益调整员工的薪酬，是指当酒店经济效益良好的时候，应该普遍提高全体员工的薪酬水平；当效益欠佳的时候，可以考虑调回到比较低的水平。需要注意的是，这种调整应该是针对全体员工的，否则就有失公平。

（4）根据工龄调整

根据工龄调整员工的薪酬，是指在调整员工薪酬时要考虑工龄，工龄的增加通常意味着员工工作经验的积累与丰富。

3) 沟通

在制订和实施薪酬体系过程中，及时的沟通、必要的宣传或培训可以有效地保证薪酬制度的顺利推行。从本质意义上讲，劳动报酬是对人力资源成本与员工需求之间进行平衡的结果。世界上不存在绝对公平的薪酬制度，只存在员工是否满意的薪酬制度。酒店的人力资源部门可以利用薪酬制度问答、员工座谈会、内部刊物、企业微信等形式向员工介绍酒店的薪酬制度，还可以通过薪酬满意度调查来了解员工对薪酬制度的态度，以此为依据对薪酬制度做出适当的调整与修正。

7.3　工资制度与绩效奖励

工资制度是薪酬体系的核心，一般来讲，工资制度还具有比较明显的行业特点，酒店行业的工资制度主要有职位工资制和技能工资制两种，其中职位工资制应用最为广泛，而技能工资制的应用目前只限于酒店内的一部分职位。

7.3.1 职位工资制

1）职位工资制的概念及特点

职位工资制，是指以员工在酒店中的职位为基础确定薪酬等级和薪酬标准，进行薪酬分配的一种基本薪酬决定制度。职位工资制具有以下特点。

（1）根据职位支付薪酬

职位工资制是根据员工所在职位的工作内容进行薪酬支付的制度，员工在什么职位就能够得到什么水平的薪酬，很少考虑员工的年龄、资历、技能等个人因素。职位工资制比较准确地反映了员工工作的质量和数量，有利于贯彻"同工同酬"的原则。

（2）以工作分析为基础

职位工资的制定必须有严密、科学的工作分析，并以此为基础进行严格的职位评价，按照职位评价的结果将酒店的各个职位进行等级排列，进而确定各职位间的薪酬级差。

（3）具有较强的客观性

实行职位工资制，员工的薪酬是根据员工所在职位来确定的，薪酬的确定必然要对与职位有关的各种因素进行客观分析与评价，由于是"对岗不对人"，很少掺杂容易导致个人偏见的因素，因此，职位工资制的客观性比较强。

职位工资制是建立在"每个职位上的人都是合格的"以及"不存在人岗不匹配情况"这些假设基础上的，而且这种工资制度并不鼓励拥有跨职位的其他技能，由此可见，职位工资制既有明显的优点，同时也存在一定的缺点，见表7.9。

表7.9　职位工资制的优点与缺点

优　点	缺　点
1.实现了真正意义上的"同工同酬"。 2.按照组织结构和职位设置进行薪酬管理，操作简单，管理成本较低。 3.基本工资与职位晋升相挂钩，增强了员工提高工作技能和业务知识的动力。	1.由于基本工资与职位关联性极高，当晋升无望时员工没有机会获得较大幅度的加薪，其工作积极性必然受挫，甚至会出现消极怠工或离职的现象。 2.当酒店组织结构和职位比较固定时，工资水平也相对稳定，不利于酒店对经营环境的变化迅速作出反应，也不利于及时激励员工。

2）酒店职位工资制的主要类型

在酒店业，职位工资制的类型主要有职位等级工资制和年薪制。

（1）职位等级工资制

职位等级工资制是指将职位按照重要程度进行排序，然后确定工资等级的薪酬制度。职位等级工资制在实践中又可细分为一岗一薪制和一岗多薪制。

①一岗一薪制。一岗一薪制是指一个职位只有一个薪酬标准，凡是在同一职位上工作的员工都按照统一的薪酬标准获得薪酬。一岗一薪制的薪酬按照由低到高的顺序排列，组

成了统一的标准职位工资体系。在这一体系内，岗位没有工资等级，员工上岗时采用"试用期"或"熟练期"的办法，期满经考核合格，都可以按照职位工资标准获得薪酬收入。只有员工的职位发生变化时，其工资水平才会随之改变。因此，如果酒店想在不改变职位设置的情况下提高员工的工资水平，只能通过提高职位工资标准来实现。

②一岗多薪制。一岗多薪制是指在一个职位内设置几个工资标准以反映职位内部员工之间的劳动差别的职位薪酬制度。酒店的职位数量比较多，从管理成本角度分析，不可能为每一个职位都设立工资标准，因此酒店只能采取将相近或相似的职位进行合并以采取同一工资标准，这就造成同等级职位内部存在工作差别的问题。为解决这一问题，酒店可以在同一等级内划分档次，员工在一个职位等级内可以通过逐步考核而升级，直到其工资达到本职位最高标准。

由于一岗多薪制适合那些职位划分较粗、职位之间存在明显工作差别、职位内部的员工之间存在技术熟练程度差异的部门，而酒店符合这种条件的部门居多，因此应用比较广泛。

（2）年薪制

以企业一个经营周期——年度为单位发放经营者的报酬，被称为年薪制。年薪制是一种具有风险性的工资支付形式，依靠激励和约束相互制衡的机制，把经营者的责任和利益、绩效和所得紧密结合起来，以保护企业所有者的利益，促进企业的发展。年薪制只适用于那些在酒店中有实际经营权，并对酒店经济效益负有主要责任的人员，如董事长、总经理等高级雇员。

以下是结合酒店的具体情况，简单说明年薪制的操作过程。

首先，酒店所有者与负责酒店经营的总经理协商，确定其年薪总额为 80 万元，年薪的构成包括基薪和效益薪资两部分，其中基薪的构成主要是基本工资、职务工资、工龄工资和津贴（学历、职称等），每月按全部年薪的 50% 平均分摊到各月发放，合计 40 万元。

其次，确定经营、利润两项目标效益薪资：如果完成营业额基本目标 9 500 万元，则领取经营目标效益薪资 15 万元；如果实现税后利润基本目标 500 万元，则领取利润目标效益薪资 25 万元。

最后，为了体现效益薪资的公平性，可以为效益薪资设定目标达成系数，即把各项基本目标达成时的效益薪资系数设定为 1，没有达成基本目标时系数为 0，基本目标超额达成时系数按预先约定上调，可以上不封顶。

7.3.2　技能工资制

1）技能工资制的概念及特点

技能工资制是根据员工所掌握的与工作有关的技术、能力以及知识的深度和广度来支付工资的一种薪酬制度。技能工资制具有以下特点。

（1）以人为中心

技能工资制是以"人"为中心设计的薪酬制度。酒店关注的是员工在获取工作所需要的知识、技术和能力方面的差异，而不是员工所从事的工作差异，这一点与职位工资制恰好相反。

（2）工资与员工的技术和能力紧密相连

技能工资制支付工资的依据是员工个人掌握的、经过组织认可的知识、技术和能力水平。

（3）技能工资针对的是员工工作的潜能

技能工资制的假设条件是：员工掌握的知识和技能越多，员工的工作效率就越高，创造性也越强。事实上，掌握工作所需要的知识、技术和能力只是员工实现绩效的必要条件，但不是充分条件。如果技术和能力不能在工作中得到有效或恰当使用，酒店预期的绩效水平很可能无法实现。

技能工资制既有其优势，也存在一些明显的不足，见表7.10。

表7.10 技能工资制的优点与缺点

优　点	缺　点
1. 有效激励员工掌握组织所需要的知识和技能。 2. 员工技能多样性的增加使员工在工作间的流动变得更加容易，增强了其应对内外部环境变化和挑战的能力。 3. 掌握更多的知识、技能和能力会使员工成为一种弹性资源。 4. 有利于优秀专业人才安于本职工作，而不去一味地谋求晋升，从而保证了关键员工的稳定。	1. 技能是一种潜在生产力，需要通过管理和培训使这种潜在生产力变成实际生产率和绩效。因此，需要企业在培训方面给予更多的投资。 2. 对企业控制人力资源成本的能力要求很高。 3. 技能工资制因人而异，造成薪酬体系设计和管理困难，加大了工作难度。

如果把技能工资制与职位工资制进行比较，就不难看出两者之间的显著差别和联系，见表7.11。

表7.11 职位工资制与技能工资制的比较

比较点	职位工资制	技能工资制
工资支付依据	以市场和工作职位为基础	以市场和技能认证为基础
工资支付机制	报酬要素——薪点等级	技能模块——技能水平
建立程序	工作分析与职位评价	技能分析与技能认证
成本控制	通过职位设计、薪酬预算来控制	通过培训、技能认证和工作安排来控制
普通员工关注点	获得职位晋升	提高自身技能水平
管理层员工关注点	1. 员工与职位的匹配 2. 晋升机制	1. 有效利用技能 2. 提供培训和技能认证

2）技能工资制的主要类型

技能工资制的工资类型主要包括技术工资和能力工资。

（1）技术工资

技术工资是以应用知识和操作水平为基础的工资，主要适用于酒店的一些专业技术类员工，如工程部的电工和维修工、财务部的员工，以及餐饮部的厨师等。员工获得技术工资的前提是从事企业认可的专业技术工作，未从事企业认可的专业技术工作的员工，企业不向其发放技术工资。

技术工资制能够鼓励员工通过提高技能提升绩效，增强参与意识。采用技术工资制的职位主要是一些可以充分利用员工的新技术和新知识创造效益的职位。这种工资体制在给酒店带来技术进步、生产率提高的同时，也会使人力资源成本增加较快。

（2）能力工资

能力工资是依据员工对能力的获得、开发和有效使用来支付工资，它是建立在比技术范围更为广泛的知识、经验、技能、自我认知、人格特征、动机等综合因素基础上的工资体系。能力工资最初的出现是为了保证企业生产的连续性，允许员工承担其他员工因缺勤而空置的工作，员工不得不学会其他工作所需要的知识和技能，主动积累工作经验，即所谓的"一专多能"。较早实行能力工资制的美国星期五餐厅（T.G.I.Friday's）规定，如果员工掌握了新的技能，并有足够的经验，会在员工工作服的标志上显示出来，并同时获得加薪，而且掌握的技能越多，经验越丰富。升职的可能性也就越大。今天，能力工资已经成为提高员工的基本素质、增强企业综合竞争力的重要手段。

7.3.3　宽带工资制

1）宽带工资制的概念及特点

宽带工资制是在职位工资制和技能工资制基础上，进行的一种创新，它是指对多个工资等级以及工资变动范围进行重新组合，从而变成只有相对较少的工资等级以及相应较宽的工资变动范围。在宽带工资制中，每一等级工资的最高值和最低值之间的区间变动比率要达到 100% 或 100% 以上（图 7.2）。

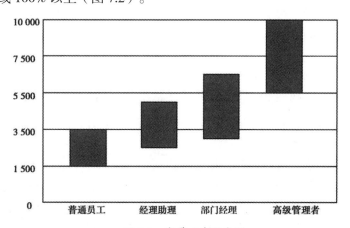

图 7.2　宽带工资示意图

在宽带工资制中，员工不再是只能选择沿着酒店唯一的工资等级层次垂直向上走，员工在职业生涯的大部分或者所有时间里，可能一直处于同一个薪酬宽带之中。员工只要在现有的职位上不断提高或稳定自己的工作绩效，也能够获得更高的工资；即使被安排到比较低层次的职位上工作，也一样有机会获得比较高的工资，并且随着能力的提高和贡献的增加，员工还可以进行横向流动。宽带工资制具有以下特点。

（1）降低工资等级

宽带工资制加大了一线服务人员、专业技术人员、管理人员和领导者的工资差距。传统工资体系的等级一般都有 10~20 个等级，而宽带工资制一般只有 5 个等级，并将每个级别对应的工资范围拉大，从而形成一个新的工资管理系统，以便适应新的竞争环境和业务发展需要。

（2）同一工资类别中最高值和最低值之间的变动比率比较大

在宽带工资制中，工资标准在某一工资类别的不同等级中差距比较大，特别是专业技术人员的工资等级间的差距更大，一般最高档与最低档相差一倍以上，且等级增多，让每个员工都有广泛的提薪空间。

（3）工资等级主要取决于员工的专业水平

在宽带工资制中，随着员工技能水平的上升，其工资也有机会随之上升，实际上是加大了员工个人专业知识和技能的含金量，员工不需要为了工资的增长而去计较职位的晋升，只要注意发展酒店所需要的技术和能力就有机会获得相应的工资待遇。

（4）能密切配合劳动力市场的变化

宽带工资制是以市场为导向的，一是使酒店的员工成本效益更高；二是使员工从单纯注重内部公平转向为更注重个人发展空间，以及自身价值内外均衡等方面。宽带工资的水平是以市场调查的数据以及酒店的用工定位来确定的，因此，工资水平的定期核对与调整可以使酒店在劳动力市场具有竞争力；同时也有利于人力资源成本的控制。

（5）部门经理可以更多地参与员工的工资决策

在宽带工资制中，即使是同一级别，由于最高点和最低点的差距至少有 100%，如何界定工资，空间是很大的。根据酒店定薪的基本原则，对下属的工资界定给予部门经理更多的建议或决定权，更能体现内部公平性。

2）宽带工资制的设计要点

（1）确定工资的宽带数目

在酒店行业，宽带工资一般设计 4~6 个职位等级，职位等级的划分更多地与酒店内部的管理层级相联系，具有相同或相似职位名称的职位往往划分到同一个职位等级。

（2）确定宽带工资的价位

宽带工资制是将酒店内部的职位根据管理级别来划分出几个工资宽带，不同部门的同一级别的职位应该处于同一个宽带范围内，但是由于职责和任职资格等重要的薪酬要素不尽相同，员工不可能获得完全相同的工资。因此，要对不同部门同一级别的宽带工资确定不同的工资价位。例如，同样是专员这个级别，财务部专员的薪酬水平可能要高于人力资源部的专员，即财务专员的薪酬宽带要高于人力资源专员的薪酬宽带；确定这种差异的标准通常有两个：一是不同职能部门对企业战略的贡献，战略贡献越大，薪酬水平越高；二是不同职能人员的劳动力市场价格水平。

（3）横向的职位轮换

宽带工资制的主要功能是有利于在酒店内部开展的横向职位轮换，这种职位轮换往往发生在同一工资宽带中。如果酒店不需要进行或者不能成功地进行大规模的职位轮换，那么宽带工资制就失去了其价值和意义。

（4）将员工放入工资宽带中的特定位置

在宽带工资体系设计完成之后，酒店需要解决的一个重要问题是如何将员工放入工资宽带中的不同位置上，通常的做法是：特别重视绩效考核的酒店，可以采用绩效曲线法，即根据员工个人的绩效将员工放入工资宽带中的某个位置上；而重视员工技术水平的酒店，则会严格按照员工的技术掌握情况来确定他们在工资宽带中的定位；那些强调员工能力的酒店会首先确定某一明确的市场薪酬水平，然后在同一工资宽带内，对于低于该市场薪酬水平的部分，根据员工的工作知识和绩效进行定位，而在高于该市场薪酬水平之上的部分，则根据员工的关键能力开发情况来确定他们在工资宽带中的定位。

7.3.4　绩效奖励

1）绩效奖励的概念

绩效奖励是酒店以员工的工作业绩和劳动效率为基础支付的薪酬。与固定工资相比，绩效奖励属于薪酬中的可变部分或浮动部分，因此也可称为可变薪酬或浮动薪酬。

2）绩效奖励的优缺点

（1）绩效奖励的优点

①通过将员工薪酬与其业绩挂钩的方式，酒店能够更好地将组织目标与个人业绩结合起来，有利于人力资源使用效率的提高。

②绩效奖励有利于薪酬向业绩优秀者倾斜，提高酒店的管理效率，节约人力资源成本。由于绩效奖励本质上是一种可变的人力资源成本，这会减轻酒店在固定成本开支方面的压力，使得酒店可以根据自身的经营状况灵活地调整薪酬的实际支付水平。

③绩效奖励与量化的员工业绩挂钩，可以促使员工关心自己工作的结果，真正实现多劳多得，更具公平性。

④推行绩效奖励体现了一种关注绩效的企业文化，使员工认识到个人收入与努力是呈正相关关系的，促使员工将其个人努力投入到实现组织目标的重要活动中去。

⑤绩效奖励有利于吸引和留住那些高绩效的员工。

（2）绩效奖励的缺点

①在绩效标准不公正的情况下，绩效奖励可能流于形式。

②可能导致员工之间或员工群体之间的过度竞争，而这种竞争可能不利于酒店的整体战略和利益。

③在其设计和执行过程中可能增加管理层和员工之间的摩擦。

④绩效奖励对酒店人力资源管理的影响非常微妙，如果没有配套的管理支持，其效果很难发挥。

3）绩效奖励的主要类型

根据奖励对象可以把绩效奖励分为个体绩效奖励和团队绩效奖励；根据时间维度又可把绩效奖励分为短期绩效奖励和长期绩效奖励。在实践中，根据绩效与奖励挂钩的方式不同，可把绩效奖励具体分为业绩加薪和业绩奖金。

（1）业绩加薪

业绩加薪是指将基本工资的增加与员工在绩效考核体系中所获得的评价等级相联系的一种绩效奖励形式。业绩加薪一般是在年度绩效评价结束时，酒店根据员工的绩效评价结果以及事先确定下来的加薪规则，决定员工下一年度的基本工资。

（2）业绩奖金

业绩奖金是一种不计入基本工资的一次性支付的绩效奖励，它具有灵活性和及时性的特点，可以根据酒店的实际情况进行调整和决定发放时间。我国很多酒店设置的月奖、季度奖和年终奖都是业绩奖金的典型形式，它们都是根据员工绩效考核结果发放给员工的。

4）个人绩效奖励计划

个人绩效奖励计划是针对员工个人工作绩效提供奖励的一种薪酬计划，只要员工通过个人努力提高了工作绩效，就会相应得到物质回报；这里所指的工作绩效主要体现在员工个人的工作效率方面，即在单位投入下所提高的产出。个人绩效奖励计划一般通过将绩效与事前制订的绩效标准相比较，来确定奖励额度，具有个人目标的导向功能。个人绩效奖励计划可以细分为以下4种。

（1）直接计件工资计划

直接计件工资计划需要首先确定一定时间内（如1小时）应当生产出的标准产出数量，然后以单位产出数量确定单位时间工资率，最后根据实际产出水平算出实际应得薪酬。这是一种激励效果非常明显的个人激励计划，对酒店的客房清洁与整理、餐饮部洗碗工和洗衣房熨烫工等职位比较适用。

（2）标准工时计划

标准工时计划需要首先确定正常技术水平的员工完成某项工作所需要的标准工时，然后再确定与之相对应的标准工资率。如果某位员工因技术熟练以少于标准工时的时间完成了工作，那么节约下的工时按照标准工资率计算出金额，作为奖金发放给员工个人。

（3）差额计件工资计划

差额计件工资计划的主要内容是使用两种不同的计件工资率，一种适用于一些产量低或等于预定标准的员工，而另一种则适用于产量高于预定标准的那些员工。例如，客房部员工每日的工作量为12间，每月应出勤22天，全月的工作量为264间客房，工资为3 500元/月，如果员工全月工作量低于264间，则按3 500元发放；如果工作量超出264间，超额部分应该按照每间15元加发。

（4）与标准工时相联系的可变计件工资计划

与标准工时相联系的可变计件工资计划的具体做法是：在确定标准工时时，有意将它定在工人需要付出较大的努力才能达到的水平上；不能在标准时间内完成工作的人将会得到一个有保证的工资率。但是，对于能在标准时间内或者是少于标准工时完成工作的员工，计件工资率则设定在标准工资率的120%甚至更高的水平上。因此，一旦达到或超过标准工时的要求，员工的收入增长会比其绩效的增长要快。

5）团队绩效奖励计划

（1）利润分享计划

利润分享计划是将酒店经营所得利润的一部分对员工进行分配的计划。利润分享计划又可分为即期现金计划和延期利润分享计划。即期现金计划是指每隔一定时间，把一定比例的利润作为利润分享额；延期利润分享计划则是将应分配给员工的一部分利润暂时缓发，而由酒店按实名为其存入一家信誉可靠的信托投资机构，委托其为参与此计划的员工进行理财，同时酒店可以承诺如果员工能够在本企业工作达到 5 年或更长时间以上，员工可以获得更为可观的奖金。

利润分享计划把员工薪酬的一部分与酒店总体财务绩效联系在一起，有助于促使员工关注酒店的整体经营成果，而不是只关注个人绩效。另外，利润分享计划也让酒店在薪酬方面拥有更大的灵活性，酒店可以根据利润的高低来调整发放额度。但是，利润分享计划也存在一些缺陷，它可能导致酒店经营者更多地关注短期利润，而忽略长期发展所需的核心竞争力的培育。

（2）收益分享计划

收益分享计划是酒店让员工分享因生产率提高、成本节约、质量改善所带来收益的一种团队奖励计划。收益分享计划是由部门或团队的工作绩效决定的，员工按照设计好的收益分享公式，根据部门或团队的工作绩效获取奖金。相比利润指标而言，成本、质量、生产率等指标更容易被酒店一线员工看成可由自己的行为所控制的指标。在那些物料消耗比较大的部门，如酒店管家部、洗衣房等部门，员工更清楚自己的努力与获得奖励之间的关系，因而它比利润分享计划的激励作用更强。

（3）目标分享计划

目标分享计划是指将综合绩效指标作为经营目标，在当年超过经营目标的情况下酒店对全体员工所进行的一种绩效奖励计划。目标分享计划的关键在于为每个部门确定一整套公平的目标，这类目标通常是根据部门核心业务流程确定 3~5 个关键绩效指标，同时需要各部门通过努力超越其在上一绩效考核周期（通常是一年）内所达成的绩效。目标分享计划的资金来源是该计划所创造的价值，而不是酒店额外支付的成本。

（4）团队奖励计划

团队奖励计划是适用于小工作群体的一种奖励计划。一些酒店在整个组织中推行可变薪酬计划未成熟时，首先会在一些特定的职位、项目小组或者班组中试行团队奖励计划。员工所获得的奖金是以小工作群体的业绩而非整个部门的绩效为确定依据的。最常见的情况是围绕一些具体的财务指标制订。

以某酒店总台为例实施团队奖励计划，可以按每超过"基本客房出租率"1%，前厅部总台能够提取奖金 1 600 元；然后再根据总台全体员工各自的工资按比例分配。假设某月客房平均出租率为 85.5%，而"基本客房出租率"为 80%，则奖金总额为：

$$（85.5\%-80\%）\times 100 \times 1600 \text{ 元} = 8800 \text{ 元}$$

工资水平：领班 1 名，工资为 4 000 元 / 月；资深服务员 3 名，工资为 3 500 元 /（月·人）；服务员 3 名，工资为 3 000 元 /（月·人）。每月工资总额为 23 500 元，8 800 元奖金按总工资合计得：每 1 元工资可得 0.37 元奖金。

当月总服务台各员工所得奖金应为：

领班：4 000×0.37=1 480（元）

资深服务员：3 500×0.37=1 295（元）

服务员：3 000×0.37=1 110（元）

（5）员工持股计划

员工持股计划是指由酒店内部员工出资认购本企业的股权，委托给员工持股会作为社团法人进行托管运作，从而实现员工参与酒店管理并分享红利的新型股权形式。酒店也可以通过赠予股份给员工（可以是现有股票，也可以是新增股票），从而使员工享受除工资体现出的劳动收益外的资本所有权收益，并通过持股会行使所有者的管理权。员工所持股份在未得到董事会批准的情况下，不能转让、交易或继承。

员工持股计划不仅能够为酒店民主管理奠定基础，而且可以扩大资金来源，增加员工收入；此外，还有利于调整经营收益权，留住人才。

案例启迪

锦江之星的员工持股计划

1997 年，锦江之星旅馆有限公司开设了国内第一家真正意义上的经济型酒店——锦江之星上海锦江乐园店。2013 年 11 月，锦江之星旅馆有限公司正式更名为锦江都城酒店管理有限公司，标志着中国最早的经济型连锁酒店转型为锦江国际集团旗下多品牌酒店管理平台。

锦江之星管理层的第一次员工持股计划，可追溯到 2004 年，当时锦江之星欲谋求独立上市，作为对高管的股权激励，首推的持股方式是：由锦江之星的 9 位核心高管，出资入股锦江之星，总比例占锦江之星股权的近 6%，每人所持股权从 0.2%~1.5% 不等，入股总金额为 1 527 多万元人民币，但因为资产规模和盈利能力还达不到独立上市的水平，最终"打包"纳入锦江酒店集团资产范围。2006 年，锦江酒店（02006.HK）在香港上市，上市后筹得的资金大部分用于锦江之星的扩张和发展。

2006 年，锦江之星增资扩股，注册资本从原来的 1.72 亿元，增加到 1.79 亿元，于是其第二次员工持股计划出台，将员工持股的范围在原来 9 位高管的基础上，扩大到了 23 位经营管理骨干。上海锦江国际酒店（集团）股份有限公司（锦江酒店）同意拿出了其占锦江之星近 3% 的股份，转让给这些中高层管理人员，每人持股比例从 0.05%~0.2% 不等，入股总金额为 1 402 多万元。这段时间，其取得了很显著的激励效果，锦江之星的资产价值翻了一倍，评估价值由第一期员工持股时的 2.3 亿元上升到 4.5 亿元。

不过这时，锦江之星在员工持股上遇到了一个难题，原有的股权激励模式似乎很难继续做下去。

"当时的主要原因是公司价值不断上升，2009 年公司评估价值已达到 15 亿元，让高管个人出资，就算只购买 0.01% 的股票，也要拿出 100 多万元的资金。而且，再继续做下去，员工持股的比例也会相当少。集团认为这样不能起到很好的激励作用。"现在锦江之星管理平台锦江都城酒店管理有限公司相关的领导表示。

所以，从 2010 年起，锦江之星旅馆有限公司开始尝试另一种全新的员工持股模式。

2010 年 5 月 13 日，锦江股份（600754.SH）重大资产重组方案获得证监会核准，锦江之星从 H 股回归到 A 股。随着资产重组工作的完成，锦江股份做出决定，即对以前两次股权激励中，公司管理层持有的锦江之星 8.775% 的股权进行回购。6 月 21 日，锦江股份与徐祖荣、杨卫民、陈灏等 37 人签署《股权转让协议》，锦江股份以标的股权对应的净资产评估值约为人民币 1.32 亿元为交易价格，回购了他们的股权，实现持有锦江之星 100% 的股权。

半个月后，锦江之星旅馆有限公司尝试这种迂回的员工持股计划：锦江之星的 3 位核心高管以及管理团队 34 人，在前期出售锦江之星股权所获的现金中，拿出一半以上的自有资金，从二级市场购入锦江股份 A 股（母公司）的股票。当时，这批高管合计买入 358.67 万股，约占总股本的 0.6%。成交价格在 16.81~18.26 元，以 17.45 元的均价计算，约 6 300 万元。至此，锦江之星高管持股计划，通过回购并继续从二级市场买入公司股票这种迂回的方式兑现。

此后，锦江之星旅馆有限公司进一步完善员工持股计划，制定了中期（5 年）方案，设立激励基金，每年达到预定的经营业绩后，提取一部分利润作为对管理者的奖励。"这套股权激励方案设计得比较完善，监管也非常严格。"上海锦江都城酒店管理有限公司人力资源部副总监杨威这样表示。这套员工持股计划的推行时间是从 2010 年开始，到 2014 年为止。

2010 年以后，锦江之星旅馆有限公司的员工持股计划中规定，有资格的对象在拿到公司给予的奖励基金后，在一个月之内，可以用这笔奖励加上另一半相同数额的自有资金，从二级市场购买锦江股份 A 股的股票。根据 2013 年的情况，有资格的管理者平均每人大概获得 10 万元奖励，税后约 7 万元，至少还要再拿出 7 万元自有资金，才能一起买入母公司股票。

此外，这部分奖励的现金只能用于购买股票，而不能用作他用。购买后，锁定 3 年，之后才可以解锁。从购买之日起满 24 个月后允许抛售该批次 50% 的股票，满 36 个月后再允许抛售 20% 的比例，最后 30% 的比例必须统一到 2018 年才允许抛售。杨威特别指出："我们管控的是锁定部分，他们购买的超额部分，完全是自主的。"

通过这种方式，锦江之星员工持股人数在逐年增加。2010 年，符合条件的中高层管理人员有 140 人，2011 年上升到 170 人，2012 年人数增加到 196 人。2013 年，享受到这种激励方式的人员首次超过了 200 人。锦江之星员工持股计划的范围，逐步从公司最高层到部门总监，再到区域公司总监，然后到地区总经理，以后甚至可以考虑门店一级的总经理。

锦江之星的这套员工持股计划实施后，有效地将员工的激励和企业的长期效益捆绑在了一起。

不过，2016 年 8 月国务院国资委发布《关于国有控股混合所有制企业开展员工持股试点的意见》中对员工持股进行了规范，其中一个关键点是需要检查国有控股混合所有制企

业营业收入和利润 90% 以上是否来源于所在企业集团外部市场，也就是说，要看扣除非经常性损益的净利润，如果利润靠出售内部不动产等资产和出售持有其他上市公司原始股的金融资产获得，就显然不是来源于所在企业集团的外部市场了。

锦江股份交出的 2016—2018 年年度报告显示，3 年中公司实现归属于上市公司股东的净利润分别为 69 458 万元、88 175 万元和 108 246 万元，实现归属于上市公司股东的扣除非经常性损益的净利润分别为 38 263 万元、67 285 万元和 73 934 万元。可以看出，这 3 年锦江股份扣除非经常性损益的净利润与归属于上市公司股东的净利润之比在 55.09%~76.31%，未达到上述国务院国资委文件的有关要求。

资料来源：李魏晏子 . 锦江之星激励有方 [J]. 上海国资，2014（3）：35-36.

（6）股票期权计划

股票期权计划是一种主要针对酒店中高层管理人员的长期绩效奖励计划。标准的股票期权是指当业绩条件满足时，允许被激励对象在一定的期间内（可行权期间）以事先确定的价格（行权价）购买酒店的股票。如果当前股价较行权价上涨，则被激励对象将获得收益；同时对酒店而言，被激励对象行使股票期权本质上是一种定向增发，可以为酒店筹得一定数量的资金。

股票期权计划的目的是鼓励酒店中高层管理人员努力工作，以不断改善酒店绩效，提升酒店股票价格，这样可以使企业和管理人员都能从中获益。在理想情况下，管理者应当通过效率、创新及顾客满意度等方面的优化来推动本企业股票价格的上涨，但在实践中，会有一些高管人员为了使股票升值采取一些短期行为，甚至弄虚作假，与股票期权设计的初衷相背离。另外，酒店股价能否上涨会受到很多外部因素的影响，并不一定和管理人员的努力正相关，这就会造成股票期权计划在外部环境不佳、经济不景气时期对中高层管理人员没有太大的吸引力。

（7）虚拟股份奖励计划

虚拟股份奖励是指酒店的经营者在名义上享有一定数量的股票，当酒店在经营者的努力下实现盈利后，经营者只能获得这些股票的收益，而不享有酒店实际的所有权利益。虚拟股份的收益来源一般包括两种：一是红利收益，即期初授予经营者一定数量的股票，在规定期限内经营者享有红利收益权；二是溢价收入，即期初授予经营者市场价的股票，期末若股票价值高于期初价值，那么经营者将分享这种溢价价值，否则将一无所获。

实施虚拟股份奖励计划，酒店所有者只是将虚拟股份记入专用账户，且它的价值随酒店股票价格的变化而变化。通常在约定时间到期后虚拟股份将被"收回"，在虚拟持有期间的所有增值均以现金形式向被奖励的经营者支付。

7.4　员工福利

7.4.1　员工福利的含义及分类

1）员工福利的含义

员工福利是指企业为了使员工保持稳定、积极的工作状态，根据国家或地方有关的法律、法规或政策，结合企业经营管理的特点和经济承受能力，向员工提供的各种非工资和奖金形式的利益和优惠措施。

2）员工福利的分类

（1）根据发放员工福利的依据划分

①法定员工福利。法定福利是国家或地方政府通过法律、法规和有关政策的形式，要求企业为员工提供的最基本的福利，是国家社会保障体系的重要组成部分。习近平总书记强调，"社会保障是保障和改善民生、维护社会公平、增进人民福祉的基本制度保障，是促进经济社会发展、实现广大人民群众共享改革发展成果的重要制度安排，发挥着民生保障安全网、收入分配调节器、经济运行减震器的作用，是治国安邦的大问题。"[1]因此，保障法定员工福利是企业守法经营的底线之一，其特点是只要企业建立并存在，就有义务、有责任且必须按照政府统一规定的福利项目和支付标准支付，不受企业性质、经济效益和支付能力的影响。

②企业补充福利。企业补充福利是指企业结合所属行业的特点和企业的经济效益为员工提供的，除法定以外的其他福利待遇。企业补充福利是多种多样的，既有货币形式，也有实物形式。企业补充福利受很多因素的影响，如行业特点、企业文化等，必须具体情况具体对待。例如，在国外酒店业中，对那些以工资为主要收入来源的管理人员，会给予相对优厚的福利，而对有机会获取小费收入的普通服务人员，福利则相对比较低。

（2）根据员工福利的享受对象划分

①集体福利。集体福利主要是指全体员工可以享受的公共福利设施，包括员工集体生活设施，如员工食堂、员工宿舍和浴室等；集体文化体育设施，如员工阅览室、员工网吧、健身房和篮球场等；医疗设施，如医疗室和救护室。

②个人福利。个人福利是指当个人符合国家及所在企业规定的条件时，可以享受的福利。如探亲假、冬季取暖补贴、子女医疗补助、生活困难补助、房租补贴和交通补贴等。

7.4.2　员工福利的特点

1）集体性

员工福利的集体性即员工福利主要形式是兴办集体福利事业，员工主要是通过集体消费或共同使用公共设施的方式分享员工福利。

1　习近平：《促进我国社会保障事业高质量发展、可持续发展》，《求是》2022 年第 8 期。

2）均等性

员工福利的均等性是指履行了劳动义务的员工，均有享受企业各种福利的平等权利，这在一定程度上起着平衡员工收入差距的作用。但是，均等性是针对一般福利而言，对于一些特殊的或高级别的福利，许多企业还是采取差别对待的方式。

3）补充性

员工福利主要是员工经济收入的补充或员工劳动的补偿，用以更好地满足员工生活的需要，主要是在员工工资的基础上发挥保障和提高员工生活水平的作用。

7.4.3　员工福利的作用

1）有利于酒店吸引并留住优秀人才

在酒店业激烈的人才竞争中，员工福利水平的高低是影响酒店员工团队稳定性的一个重要方面。酒店如果想留住和吸引优秀员工，就要满足员工生活上的需求，保证员工福利高于行业平均水平，因为良好的员工福利，有助于提高员工的满意度，强化员工的忠诚度。

2）树立酒店良好的社会公众形象

酒店通过为员工提供健全的法定福利以及具有鲜明行业特点的企业补充福利，一方面，可以获得当地政府的信任和支持以及良好的社会声望，从而有助于酒店树立"以人为本"的企业形象；另一方面，良好的员工福利体现了酒店对员工的情感关怀，可以激励员工以优质的服务待客，进而提高酒店的顾客满意度。

3）通过集团采购实物福利为员工争取更多利益

酒店通常以集团购买的方式为员工采购实物福利，这种方式可以产生规模经济效应，有利于员工福利支出的效用最大化。员工福利中的许多内容是员工工作或生活所必需的，即使酒店不为员工提供这些福利，员工自己也要花钱去购买，而在许多商品和服务的购买方面，由酒店实施的集团采购往往具有较大的议价优势。

4）满足员工的多样化需要

员工福利既可以满足员工在生理和安全上的需求，也能满足员工对归属感的需求；既可以是实物，也可以是服务或学习成长。如社会保险和企业补充性保险都可以满足人们的安全需要；带薪休假、集体旅游和内部聚餐活动等则可以使员工在紧张的工作之余调整生活节奏，放松身心，有助于员工之间增加交流，获得感情上的满足；员工福利的均等性还可以使员工感受到公平和受重视，从而获得归属感和尊重感。

案例启迪

洲际酒店集团的中国籍总经理保险福利改革计划

洲际酒店集团自1984年进入中国大陆市场，大中华区中国籍总经理的福利项目为社保和外国保险公司的人寿保险及意外伤害险。原则上所有酒店都应依照洲际酒店集团的保险标准执行；然而，部分酒店的中国籍总经理的福利由其自行安排，差异性较大，水平也不尽相同。

基于管理的规范性和福利成本的有效控制，洲际酒店集团由中国区总部发起，将旗下酒店的中国籍总经理纳入同样一个保险群体，使用中国本土的保险公司，在提升原有保险的水平以外，增加附加保险种类，降低保险成本。具体的步骤是：

第一步，了解国内外保险市场，搞清楚为现有中国籍总经理投保的国际人寿保险和意外伤害险的缴费标准和关联的外国保险公司，以及中国籍总经理的社会保险缴费情况。新计划是将中国籍总经理的国际人寿保险和意外伤害险转为国内保险，因此可以有一部分差额，用这部分差额为每位中国籍总经理进行附加医疗保险后都能有所盈余。由于计划将绝大部分中国籍总经理纳入受保人群，受保群体比较多且保费高，能够从国内保险公司获得更优惠的价格。

第二步，以"成本下降，保险内容扩充"为优势进行推广。洲际酒店集团中国区总部通过各酒店人力资源部门，了解到不同酒店总经理的情况。归纳为四种情况，根据这四种情况采取了不同的做法。

面对第一种情况，即为业主酒店已经为员工缴纳国际寿险和意外险。对于这部分业主，推广起来比较容易。因为此项计划能够帮助业主节约成本，业主也很希望加入其中。

面对第二种情况，即业主酒店有自己的高管保险福利计划，但是成本比起此项计划还是偏高的。对于这部分业主，推广阻力也较小，同样是因为加入进来能够帮助业主节约成本。

面对第三种情况，即业主酒店有自己的高管保险福利计划，但是成本比起现在的项目而言是低的。这部分酒店很少，对于这些酒店的业主，需要进行沟通。由于在加入新计划以后，能够给那些中国籍总经理更高额的保障，以及更完善的医疗保险；这些相对于业主目前所提供的高管保险福利计划的性价比是要高出很多，所以新计划的接受程度也还可以。

最困难的是第四种情况，即业主酒店并没有按合同承诺为中国籍总经理支付国外保险公司的人寿保险与意外伤害险。那么新计划对于这部分业主强加了一部分保险的成本。对于这部分业主，洲际酒店集团中国区总部认为本该交的保险他们没有为雇员缴纳，所以这本是应有的成本，以此来要求他们加入此项计划，但交涉难度很大。

第三步，要求国内新签的保险公司后续跟进，保证员工福利不断层。例如，在洲际酒店集团中国区总部在与保险公司的合同中，为每位受保人明确了具体的保险生效时间，以确保员工在新旧保险的衔接中不会有断层。

现在，洲际酒店集团中国籍总经理的保险福利在变为国内人寿保险加上意外伤害险，以及附加医疗保险后，不仅保险的险种增加，保险的程度提升，而且成本大幅度降低30%~40%；在此之前，他们的人寿保险为一倍年薪，意外伤害险为两倍年薪；现在将人寿保险和意外伤害险均延长为三倍年薪；新增的附加医疗保险主要包含住院、重大疾病、财产险、生育补助，同时他们的配偶及其子女也可以享受附加医疗保险。

资料来源：根据网络素材整理。

7.4.4 法定员工福利

1）社会保障制度

为了保护劳动者的权益，国家建立社会保障制度，设立社会保障基金，使劳动者在年老、患病、工伤、失业、生育等情况下获得帮助和补偿。企业必须参加社会保障，定期为员工缴纳保险费。目前，我国的社会保障项目主要有基本养老保险、基本医疗保险、生育保险、工伤保险、失业保险和住房公积金。关于这些社会保险的具体缴纳标准和实施细则，各地有非常详尽的规定。

（1）基本养老保险

基本养老保险是国家根据一定的法律和法规，为解决劳动者在达到国家规定的解除劳动义务的劳动年龄界限，或因年老丧失劳动能力退出劳动职位后的基本生活而建立的一种社会保险制度，主要是由社会保险机构按照一定的计算基数与提取比例向企业和员工统一征收养老费用，形成由社会统一管理的养老基金，当员工缴费年限累计满一定年限，退休后社会保险经办机构依法按月或一次性以货币形式向其支付养老金等待遇，从而保障其基本生活。

（2）基本医疗保险

基本医疗保险是政府为保障企业员工和退休人员在患病时能够得到基本的医疗救治，而设立的一种社会保险项目。它既包括医疗费用的给付，也包括各种医疗服务。我国的基本医疗保险是由用人单位和个人共同缴纳，由社会统筹使用的统筹基金和个人专项使用的个人账户基金组成。

（3）工伤保险

工伤保险是对法定范围内的劳动者因从事职业工作遭受伤害，或患有与工作相关的职业病而提供生活保障的一种社会保险项目。工伤保险的缴费完全由企业承担，政府在特殊情况下予以资助，劳动者个人不需承担缴费义务。工伤保险的对象是从事职业活动的劳动者本人，但保险获益者往往不限于劳动者本人，还包括他们的家属。在我国，工伤保险的费率存在着行业差别，酒店行业属于风险较小行业，基准费率一般为企业员工工资总额的0.5%左右。

（4）失业保险

失业保险是对劳动者因非本人意愿中断就业而失去经济来源时，按法定时限和标准给予其物质援助的社会保险项目。在市场经济条件下，劳动者的就业通常由竞争机制发挥主导作用，失业现象在所难免；对失业者予以适当的救助，可以使社会上保持一定数量和素质合格的劳动力资源，也有利于社会安定。

（5）生育保险

生育保险是在怀孕和分娩的女性员工暂时中断劳动时，由国家和社会提供医疗服务和生育津贴的一种社会保险。我国的生育保险由企业为所有员工（不分性别）承担，待遇主要包括两项：一是生育津贴，用于保障女性员工产假期间的基本生活需要；二是生育医疗保险，用于保障女性员工怀孕、分娩期间以及员工实施节育手术时的基本医疗保健需要。

（6）住房公积金

住房公积金是企业及其在职员工共同缴存的长期住房储金。其具有两个特征：一是积累性，即住房公积金虽然是员工工资的组成部分，但不以现金形式发放，并且必须存入住房公积金管理中心所委托银行开设的专户内，实行专户管理。二是专用性，住房公积金主要用于员工购买、建造、翻建、大修自住住房，任何单位和个人不得挪作他用。员工只有在离退休、死亡、完全丧失劳动能力并与单位终止劳动关系或户口迁出原居住城市时，才可提取本人账户内的住房公积金。

2）休假制度

（1）每周休假

我国实行劳动者每日工作时间不超过 8 小时，每周休息 2 天的工时制度。因工作性质或者生产特点的限制，不能实行每日工作 8 小时、每周工作 40 小时标准工时制度的，可以实行不定时工作制、综合计算工时制等办法，采取轮班制，灵活安排周休息日。

（2）年休假

我国的法律规定，在企业连续工作 1 年以上的员工，享受带薪年休假。员工累计工作已满 1 年不满 10 年的，年休假 5 天；已满 10 年不满 20 年的，年休假 10 天；已满 20 年的，年休假 15 天，且国家法定休假日、休息日不计入年休假的假期。对于企业因工作需要不能安排员工休年休假的，经员工本人同意，可以不安排年休假。对员工应休未休的年休假天数，企业应当按照该员工日工资收入的 300% 支付年休假工资报酬。

（3）法定节假日

员工在我国的法定节日享受有薪休假，具体包括元旦（1 天）、春节（4 天）、清明节（1 天）、五一国际劳动节（2 天）、端午节（1 天）、国庆节（3 天）和中秋节（1 天）等。对部分员工适用放假的节日及纪念日有：妇女节（3 月 8 日），女性员工放假半天；青年节（5 月 4 日），14～28 周岁的青年员工放假半天。此外，少数民族习惯的节日，由各少数民族聚居地区的地方人民政府，按照各该民族习惯，规定放假日期。

（4）有薪探亲假

凡在企业工作满 1 年的员工，如果与父母或配偶不居住在同一地区，未婚员工享有每年探望父母一次 20 天的假期；已婚员工享有每年探望配偶一次 30 天的假期；如因工作需要两年探望一次，可合并使用，延长至 45 天；此外，已婚员工还有每 4 年探望父母一次的假期，假期为 20 天。上述假期均包括公休假日和法定节日在内。

（5）婚假

员工结婚享有 3~30 天有薪假期，一般包括公休假日和法定节假日在内（注：各地标准不同，应参照当地《人口与计划生育条例》实行）。

（6）女员工产假

女员工产假为 98 天，其中产前休假 15 天。难产的，增加产假 15 天。多胞胎生育的，每多生育一个婴儿，增加产假 15 天。产假包括公休假日和法定节假日在内，其间工资照发。此外，国家允许各地在上述最低标准的基础上，结合本地具体情况适当延长产假。

（7）丧假

员工直系亲属（父母、配偶父母、配偶和子女）死亡时，享有 3 天有薪假期，一般包括公休假日和法定节日在内。

7.4.5　企业补充福利

企业补充福利受很多因素的影响，最主要取决于企业的经济效益，此外，行业特点和企业文化等也会对企业补充福利的设定产生影响。企业补充福利主要可以分为经济福利、设施福利、文娱福利和个人发展福利等，见表7.12。

表7.12　酒店行业常见的企业补充福利类型

类　型	含　义	主要项目	作　用
经济福利	指除工资和奖金外，为员工提供的其他经济性补助的福利项目。	交通补助、住房补助、补充养老保险、生日礼物等。	可以减轻员工的经济负担，满足员工的基本需求。
设施福利	指通过提供免费的生活及文化设施来满足员工需求的福利项目。	员工宿舍、阅览室、员工食堂、员工健身房等。	方便员工的工作和生活，改善和提高员工的生活质量。
文娱福利	指通过组织免费的文娱活动增进员工之间的友谊，以提高员工归属感为目的的福利项目。	旅游、观影、员工运动会等。	加深员工之间的相互了解；有利于企业文化的建设与弘扬。
个人发展福利	指为使员工在身心健康和职业发展等方面保持良好水平而免费提供或安排的福利项目。	健康检查、个人学历（技能）提高补助和员工个人职业规划咨询等。	保障和提高员工的工作能力，满足员工的发展需求。
其他福利	指以上所列未包含的其他福利项目。	慰问员工家属、"家庭日"活动等。	满足员工的其他需求。

小资料

企业年金

企业年金是指企业为员工建立的补充养老保险，一般由有实力的企业自愿建立，由企业和个人按照一定的比例缴纳费用，进入员工个人年金账户，由员工在退休后领取。企业年金作为企业对员工的一项福利保障措施，补充了社会基本养老保险保障水平的不足，也成为资本市场的重要参与者。

企业年金不像社会基本养老保险那样由国家强制实行，它的建立是自愿和有条件的。《企业年金办法》规定：只有"依法参加基本养老保险并履行缴费义务；具有相应的经济负担能力；已建立集体协商机制"的企业，才可以建立企业年金。企业年金所需费用，由企业和员工个人共同缴纳。企业缴费每年不超过本企业上年度职工工资总额的1/12，企业和员工个人缴费合计一般不超过本企业上年度职工工资总额的1/6。企业年金基金由企业缴费、员工个人缴费、企业年金基金投资运营收益组成。企业年金基金实行完全积累，采用个人账户方式进行管理。企业年金基金可以按照国家规定投资运营。

员工在达到国家规定的退休年龄时，可以从本人所在企业年金个人账户中一次或定期领取企业年金；员工未达到国家规定退休年龄的，不得提前提取；出境定居人员的企业年金个人账户资金，可根据本人要求一次性领取。

员工变动工作单位时，企业年金个人账户资金可以随同转移；员工升学、参军、失业期间或新就业单位没有实行企业年金制度的，其企业年金个人账户可由原管理机构继续管理；员工或退休人员死亡后，其企业年金个人账户余额由其指定的受益人或法定继承人一次性领取。

7.4.6　弹性员工福利

弹性员工福利是指由员工自行选择福利项目的福利管理模式，又称自助餐式福利计划、菜单式福利模式。在实践中，通常是由酒店提供一份列有各种福利项目的"菜单"，然后由员工依照自己的需求从中选择福利项目，组合成一套适合自己而又不超出酒店预设最高额度的福利"套餐"。需要指出的是，法定员工福利项目和一些酒店认为事关员工切身利益的福利项目（如设施福利、健康检查和补充养老保险等），是不能纳入弹性员工福利计划中的。

在酒店行业，通常都会根据行业特点、员工的薪资、工作年限以及家庭背景等为每一个员工设定可选择的福利限额，同时每项福利项目都会折算出具体的金额，员工只能在自己的限额内自由挑选福利；也有的酒店会事先分析员工的需求情况，将纳入弹性员工福利的项目进行"打包"组合，形成若干组"福利套餐"，从而降低员工的选择难度。

1）弹性员工福利的优点

（1）满足员工在福利方面的个性化需求

由于每个员工个人情况不同，他们的需求也就不尽相同。例如，刚入职的年轻员工比较欢迎以货币的方式支付福利，刚有子女的员工则会希望酒店提供"托儿津贴"，而年龄大的员工会比较看重补充养老保险和补充医疗保险。实施弹性员工福利，则充分考虑了员工个人的需求，使他们可以根据自己的需求来选择福利项目，从而提高了员工福利的适应性。

（2）保证员工福利效用最大化

由员工自行选择所需要的福利项目，在一定程度上讲，是员工参与了酒店员工福利项目的设计，从而减少了员工福利计划的盲目性，确保酒店的福利开支能够最大限度地解决员工的具体需求。

（3）有利于控制员工福利成本

弹性员工福利的实施通常会给出每个员工的福利限额和每项福利的金额，这样就会促使员工更加注意谨慎使用自己的福利选择权，从而有助于酒店进行福利成本控制。

2）弹性员工福利的不足

（1）增加了福利管理的复杂性

由于员工的需求存在差异性，因此任其自由选择势必要增加员工福利种类，进而加大了统计、核算和管理的工作量，这会增加酒店员工福利的管理成本。

（2）弹性员工福利的实施可能存在逆向选择的倾向

在实施弹性员工福利的过程中，各项福利项目都需要折算出具体的金额，有的员工可能会为了享受金额最大化，而选择并非自己真正需要的福利项目；还有的员工可能只顾及眼前利益或者考虑不周，从而过早地用完了自己的限额，这样当他再需要其他的福利项目时，就可能无法享有或者需要透支。

（3）减弱福利项目采购的规模效应

实施弹性员工福利允许员工自由进行选择，可能会使一些福利项目的享有人数比较少；当需要酒店采购某些福利项目时，如旅游、观影、健康检查等，如果数量有限，则难以获得规模采购的折扣优惠。

【复习思考题】

1. 薪酬水平及其相关政策对酒店和员工分别具有什么意义？
2. 影响酒店薪酬管理的因素主要有哪些？
3. 酒店薪酬管理的可选择策略主要有哪些？
4. 职位工资制与技能工资制分别具有哪些优点与缺点？
5. 宽带工资制的设计要点是什么？
6. 酒店在个人绩效奖励和团队绩效奖励方面主要有哪些类型？
7. 员工福利具有什么作用？
8. 酒店行业常见的企业补充福利有哪些类型？可以发挥什么作用？
9. 什么是弹性员工福利，它具有哪些优势与不足？

【案例研究】

美国星巴克咖啡的薪酬与福利创举

20 世纪 80 年代后期，美国医疗保健费用的涨幅已经超出消费者物价指数，为各大公司带来庞大负担，肯为兼职员工提供健康保险的公司少之又少，间或有之，也仅限每周至少工作 30 小时以上者。然而，1988 年年底，星巴克咖啡（Starbucks）的所有兼职员工开始享受完整的健康保险福利。这在美国的上市和未上市公司中，还是首例。

当星巴克的 CEO 霍华德·舒尔茨首次向股东们提出增加健康保险预算时，引起强烈质疑，股东们指着舒尔茨说："你干吗对员工那么慷慨，这是我们的钱啊。公司还没赚到半毛钱，你就想大做善事，这笔开销值得吗？"舒尔茨解释说，从表面上看，这要增加一大笔支出，但仔细算算，星巴克是可以因此省下更多的钱，因为福利做得好，员工流动率就会降低，也就是说可以节省一笔新员工的培训费。在星巴克，每培训一名新员工大约要花 3 000 美元，而每年为一名员工提供健康保险费只需 1 500 美元。

当时，许多公司故意提高资深员工的流动率，以节省薪资和健康保险的支出，这种做法在星巴克行不通。因为星巴克的咖啡吧台师傅和客人有很好的互动关系，老客户一上门，师傅就知道他们要点什么，彼此很有默契，这也是星巴克门庭若市的主要原因。资深师傅一旦离职，这种互动关系就被破坏了。更重要的是，星巴克的员工有三分之二是兼职的，各店早上五点半或六点就得开门，一直到晚上八九点才关门，非常需要固定做几个小时的兼职人员，他们有很多是大学生，和全职员工一样，对星巴克有很大贡献，理应给他们健康保险。听过舒尔茨的解释后，股东会最终同意为兼职者提供健康保险。

星巴克在员工健康保险上投下巨资，回报却更多，最明显的是人才流失减少。统计资料显示，全美同类企业的员工每年流动率高达 150%~400%，而在星巴克，咖啡吧台师傅的更换率平均是 60%~65%，店经理只有 25%，其他职位的员工是 50%。

1990 年 10 月，舒尔茨骄傲地向股东会报告，星巴克终于赚钱了。这是 3 年来首度出现盈余，和当初估计吻合。与此同时，舒尔茨又提出了让所有员工升格当股东的"员工配股计划"，他认为员工配股计划对星巴克的发展更具深远影响。

1991 年 1 月，星巴克人力资源部门就员工配股一事提出报告，但与舒尔茨的初衷相距甚远，这些设计多半是参考上市公司的方案，然而当时星巴克还是未上市公司，股票无法在公开市场买卖，因此配股给员工没有多大意义；也有人建议设立一个公司股票交易机制，但这实质上就沦为了变相的筹资。舒尔茨想要的员工配股计划，是让员工拥有星巴克股票，分享星巴克成长的利润，然而，利润的大小却和他们的表现息息相关。

最后，舒尔茨决定按照员工年薪为基准，无偿配股，尽管星巴克还是未上市公司。或许有人会认为，手边握有一些无法在公开市场交易的股票，能有什么用！不过，舒尔茨告诉员工："只要我们肯努力打拼，有朝一日星巴克符合上市标准，每个人就身价非凡了。"人力资源部门一位员工为配股计划想出一个很有创意的名称"豆股票"（Bean Stock），很幽默地点出了星巴克的本业，还让人联想到豌豆茎（Beanstalk）爬上天的童话故事，具有节节高升的寓意。星巴克几年后果真一飞冲天。

1991 年 5 月，舒尔茨正式向股东会提出"豆股票"方案，大股东均持保留态度，他们担心自己的股权会遭稀释。舒尔茨向股东们解释，无偿配股方案将使员工和星巴克的利害关系更为密切，员工的配股是否值钱，全看他们的表现。员工为了让股票增值，自然会提高工作绩效和士气，这对创造公司盈利有决定性影响。大股东的持股比率或许会因员工配股而遭到一些稀释，但只要员工肯付出，星巴克的股票上涨，大股东的回报反而更多、更快。

经过一番游说，"豆股票计划"在股东会表决通过。当时星巴克还是未上市公司，但配股计划已涵盖所有员工，包括每周工作 20 小时的兼职人员在内，一共 700 多人。为此，星巴克还争取到美国证券交易委员会的豁免权，因为按照规定，500 名股东以上的公司就被界定为上市公司。即使是今天，美国还找不到一个比星巴克更慷慨的配股计划，以成长最快的微软公司等其他高科技企业为例，他们的无偿配股仅限于顶尖的研发人员，至于传统服务业就更不用谈了。

1991 年 8 月，星巴克向所有员工宣布配股计划，9 月举办说明会，每位员工领到一个系有蓝丝带的文件袋，里面是一本"豆股票"说明书，全体员工开香槟庆祝小册里的一句话"欢迎新股东加入成长的行列"。从那天开始，星巴克就不再使用"员工"这个字眼，而以"股东"来称呼所有的星巴克人，此称呼一直沿用至今。只要工作满 6 个月，即使是兼职者也有机会成为"豆股票"的持有者。

1991 年 10 月 1 日星巴克会计年度结束，首次无偿配股，每名股东领到等值于年薪

12%的股票,如年薪是2万美元,就可领到2 400美元股票,第一年每股定为6美元,因此可领到400股。此后,星巴克年年盈利,因此将年薪12%的配股基准又提高为14%。股票价格则以新会计年度头一天为基准。1992年星巴克上市,所有股东都获利丰厚,持股越久,赚得越多。以1996年9月30日来算,每股股价33美元,加上几年来两次一股配一股,因此单单是1991年的400股就增加为1 600股,再乘上每股33美元,当年的2 400美元股票,5年后暴增为52 800美元。这还不包括每年14%的配股。

"豆股票计划"实施后,员工的工作态度有了大转变,有人为了替公司省钱,出差时改搭夜间班机,而且越来越多人提出节省开销,增加销售的具体建议,对客人的服务态度也更为亲切。不仅如此,1992年美国星巴克的仓储部和烘焙厂的员工决定退出工会,他们发表声明说:"星巴克让我们参与经营,我们所提的问题,皆获公司善意回应,从今天起,我们完全信任公司,不再搞工会组织。"困扰星巴克多年的劳资对立问题,自此迎刃而解。

舒尔茨曾经非常自豪地说:"'豆股票计划'及信任感,使得职员自动、自发地以最大热忱对待客人,这就是星巴克的竞争优势,如果没有这股服务热情,我们就输了。"

资料来源:霍华德·舒尔茨,多丽·琼斯·扬.星巴克咖啡王国传奇[M].韩怀宗,译.上海:上海人民出版社,2000.

讨论问题

1.美国星巴克咖啡的薪酬与福利计划体现其什么样的企业文化?

2.星巴克咖啡的"豆股票计划"能够带给你什么启示?

3.实地调查一下星巴克在中国的薪酬与福利计划,与本案例做对比,看看有什么差异?为什么?

开阔视野

酒店小费分配制度引发的管理问题

在我国四星级以上的酒店一般都设有礼宾部。礼宾部的一项重要服务内容是为客人提供行李运送、寄存等服务。由于入住这些高星级酒店的客人不少来自欧美国家,这些客人都有付小费的习惯。一般在客人满意的情况下,都会给行李员一定金额的小费。酒店虽然禁止索要小费,但是客人自愿支付的小费不在禁止之列,因为这也是对服务人员优质服务的一种肯定。各个酒店对小费的处理不尽相同,有的酒店要求当班的所有行李员上交当日收取的所有小费,然后再平均分配;有的酒店则是规定小费拿多拿少全归自己所有。

平均分配制度的优点是保证了收入公平,因为客观上讲,收取小费或多或少有运气的成分。在五星级酒店,一个行李员工作一天为十个客人服务可能只得到几十元的小费,而如果运气好碰到一个出手阔绰的客人一次就能得到一百元的小费。它的缺点是滋长了一些行李员的偷懒心理,因为不干活也可以分到钱。一旦出现一个行李员有偷懒行为,其他工作积极的行李员便会觉得不公平,从而出现为了多得小费而谎报小费收入的情况。

自拿自得制度的优点是激发了行李员工作的积极性，他们会因此而努力提高服务质量从而提高得到小费的概率和金额。比如，他们会记住给小费的客人的名字和一些个人喜好，以便下次遇到客人直接称呼客人名字并更好地为客人服务。缺点是他们会争着为一个出手阔绰的客人服务而忽视那些不给小费的客人。

　　北京的一家五星级酒店这两种小费分配制度都曾采用过，即使有领班和主管监督行李员的工作，仍然会出现这样或那样的问题。采用平均分配制度时，由行李领班平均分配指派工作任务，并监督每一个行李员的工作。虽然杜绝了怠工行为，但是仍然无法保证每个行李员都没有私吞小费的私心，毕竟收到多少小费只有行李员自己心里清楚，并且这种看似公平的制度依然存在不公平的地方。比如，一个经验丰富的老行李员和一个刚上岗的新行李员为同一个客人服务，由于服务水平的不同得到的小费可能是不同的，但是平均分配后得到的小费就相同了。因此在老行李员看来，付出的劳动没有得到应有的回报。

　　采用自拿自得制度时，为了防止出现行李员争抢客人的现象，这家五星级酒店规定由行李领班轮流分派工作任务给行李员，轮到谁就是谁。但这就要求行李领班绝对公正，否则谁跟领班的关系好谁就能分到"好活"，或者领班和谁也不说自己去为慷慨的客人服务。不熟悉酒店工作的人可能会问，领班怎么知道哪个客人慷慨呢？一个经验丰富的老行李员能从客人的国籍、衣着打扮、随身行李等判断出这个客人会不会给小费，会给多少小费。

　　世上没有绝对公平的制度，酒店该制定怎样的小费分配制度在体现相对公平的同时又能调动员工服务的积极性呢？

第8章　酒店员工激励

【学习目标】

通过学习本章，学生应该能够：

掌握：企业文化的激励机制；

　　　领导行为激励的方法；

　　　标杆激励的主要类型；

　　　目标激励的关键点；

　　　员工行为矫正的方法；

　　　减压激励的措施。

熟悉：人性假设理论的主要观点；

　　　主要内容型激励理论的核心思想；

　　　主要过程型激励理论的核心思想；

　　　强化理论的核心思想；

　　　如何实现目标激励的效果。

理解：需求和动机的概念；

　　　酒店员工激励的作用；

　　　酒店员工激励的主要因素。

【关键术语】

激励	需求	动机
X—Y 理论	Z 理论	超 Y 理论
"社会人"假设	需求层次理论	ERG 理论
双因素理论	成就需要理论	期望理论
公平理论	强化理论	目标管理理论
企业文化激励	领导行为激励	标杆激励
目标激励	员工行为矫正	减压激励

开篇案例

王品集团的财务激励方式

王品餐饮股份有限公司（Wowprime，简称王品集团）的北京员工张辉无疑是个幸运儿，升职为品牌部襄理后，她的新职位刚好达到集团员工入股标准的底线——只要资历满1年，店长、主厨、襄理以上的管理人员，均可加入员工持股计划。

不同于起源于西方企业的股权激励，王品的员工利润分享制度不带任何附加条件，"有钱就分"的东方式财务治理背后，王品的管理者是如何塑造激发员工自我管理的信任文化？

分钱要趁早

王品每家店每个月高达33%的利润被用来给员工发奖金，从普通的员工到主厨和店长，人人有份。和一年一次的发放惯例不同的是，王品的员工每个月都能领到奖金，这也是王品的文化和福利比较特别的地方。

背后有一个广为流传的小故事。创始人董事长戴胜益到香港海洋公园游玩，看到海豚表演钻火圈后，驯兽师立刻喂上1条鱼作为奖励，驯兽师说，如果事后再给奖励，即使是20条鱼，也很难再驱策海豚表演了。这个场景让他产生了"即时奖励、立即分享"的灵感。

"人也是一样，希望努力得到及时的回馈，我们规划同仁的奖金、入股办法制度就是从这个源头来的。"集团副董事长陈正辉说，大陆的入股计划复制台湾经验，台湾地区的每个单店原先都是一个分公司，持股结构为店长14%、主厨7%，其余股份由区经理、总监、各品牌总经理及董事长持有。和奖金一样，分红也是一月一分。当月没有被顾客投诉的店会得到额外奖励。这样一来，每个人都是老板，管理者根本不需要跟员工说该怎么省成本，大家省下的都是自己的钱，都会主动想办法开源节流。比如，厨师最容易有机会拿回扣。但如果让厨师成为股东、成为老板，他就会对这些关键性成本展开全面监督，而不会让虚增成本的事情发生。

但即时奖励、立即分享的方式也曾险些让公司陷入绝境。1998年金融危机的影响下，公司利润急剧下滑，由于每个月的利润都分掉了，没有余钱调度，迫不得已发生了唯一一次裁员，"那一次危机来得太快，我们也学习到一件事，赚到的钱不能全部分掉，要有应变储备"，从那时起，王品每月都提取一定比例的利润，留做安全基金。

8%的员工流动率

餐饮行业的员工流动率非常高，《2022年中国连锁餐饮行业报告》指出，餐饮企业管理层员工的流失率整体在13%～15%，基层员工的流失率在37%～38%，管理层员工的流失率显著低于基层员工的流失率。相比之下，王品集团8%的员工流动率，确实很低。陈正辉解释，跳槽的多数是基层的服务员。

"入股计划的功能之一是让每个店的核心管理人才稳定。"陈正辉和戴胜益两位创始人信奉一点：餐饮企业如果人事稳定，管理慢慢就会上去。陈正辉指着身边一位副店长说，他已经为公司服务了5年，而店长则是7年，这样的资深员工比比皆是。

财务方式激励自我管理

让员工认同，不仅需要在薪资上厚待，更需彼此之间完全的信任。王品集团坚持用非常简单的方式延续一种"信任文化"：财务完全透明化，每一位员工都能在系统里看到公司的财务报表，包括全国任何一家店的营收、成本等详细数据。陈正辉坦言，王品是一个没有秘密的公司。

透明同时意味着无形的放权。员工被给予自我监督的权利，"我们不希望采用强势的管理手段，而是训练员工有自觉性，比如，财务指标都是分部自己稽核，总部的稽核两三个月才来一次。"此外，各级管理人员会从财务报表上的问题，"发现"自己的任务，如某个店利润下降，店长、主厨就会分析是否因为成本过高，需要提高食材的利用率；看到区域性的利润波动，品牌部可能会考虑下一阶段的工作重点是帮助提升区域业绩。

由于利润分享将员工的利益与公司牢牢捆绑在一起，员工自发地创造很多不成文的服务管理方式，例如，有顾客准备求婚，店里的员工会主动专门设计餐桌摆设并放一束玫瑰花、点蜡烛，类似的创意不胜枚举。

"王品是责任中心制，当这些很好的创意让店铺的获利增加，奖金也越多。"很多员工正如老板希望的那样，将店铺当成自己的"企业"。在陈正辉看来，实现员工自我管理其实就是人性化的一部分，但在很多企业里，"人性化"可能会被理解为"务虚"，熟谙中国传统文化的戴胜益曾说过，技术能延续1年，策略能延续10年，但文化可以延续至少30年。王品将"人性化"的企业文化落到利益管理这个根本的层面，也恰恰印证了孔子所言：君子务本，本立而道生。

资料来源：魏薇．王品："帮派式"激励 [J]．经理人，2011（1）：70-71．

8.1 激励的基本原理

酒店管理的根本目的在于充分利用现有资源使各项服务工作能够高效运行，从而提高酒店的整体绩效，进而实现既定的经营目标。酒店的整体绩效是以员工的个人绩效为基础的，而员工的绩效在很大程度上取决于员工的"士气"和"能力"，其中，员工"士气"的提高主要是通过酒店的激励机制来实现的。因此，有效地激励员工不仅是酒店人力资源管理活动的一项重要工作，也关乎着酒店的生存与发展。

8.1.1 激励的概念

激励的英文 Motivation 来源于拉丁文字"movere"，原意是采取行动的意思；在我国最早出现"激励"一词的文献是《史记·范雎蔡泽列传》："欲以激励应候。"这里的意思是激发使其振作；可见，"激励"最初是和心理活动有一定关系的。现代心理学将激励定义为：在外界环境等诱因的作用下，个体根据自己的内在驱动力量，通过运用一定的自我调控的方式，从而达到激发、引导、维持和调节行为并朝向某一既定目标的过程。因此，营造良好的外界环境是实施激励管理的前提条件，针对营造识才爱才敬才用才的环境，习近平总书记强调，"必须积极营造尊重人才、求贤若渴的社会环境，公正平等、竞争择优的制度环境，待遇适当、保障有力的生活环境，为人才心无旁骛钻研业务创造良好条件，在全社会营造鼓励大胆创新、勇于创新、包容创新的良好氛围[1]"。

在现代管理学中，激励是指为使员工的需求得到满足，而激发其个人动机，使之有一股内在的动力，朝着一定的组织目标行动的心理活动过程，或者说是调动人积极性的过程。从激励的定义可以看出，尽管每个员工都可能朝着组织的目标而努力工作，但他们之所以愿意这样做，是因为这样做的同时也能够满足他们个人的需求。对管理者而言，在清楚地了解员工个人的需求和动机之后，就有机会引导员工的行为方向，使之与组织的目标相一致，并通过有效的刺激措施，帮助员工通过努力工作去实现这一目标。

8.1.2 激励的三要素

1）行为动因

在研究激励时首先要意识到，每个人的行为举止和思想活动都含有一种深层次的动因，使人按照某一特定方向或方式行动或思考，在与外界环境动力相结合后，会产生某种行为。

2）行为方向或目标

每个人的行为都具有方向性，但是个人行为目标是否清晰，是否与组织目标相一致，是选择激励措施所必须考虑的。要实现组织的有效激励，不仅要清楚地认识组织的整体目标，而且还要想方设法地将组织的整体目标，分解成对每一位组织成员都具有吸引力的个人努力工作的目标。

3）行为保持

每个人的行为从启动到发展，直至终结，都受到内在动因与外界环境力量的影响，通过调整由内在动因与外界环境力量所构成的行为导向系统，可以使行为或保持或中止。在实际工作中，酒店的人力资源管理水平是影响员工工作行为最主要的外界环境力量。

8.1.3 激励的作用

对一家酒店而言，科学有效的激励制度和方式、方法至少具有以下两方面的作用：

1）有利于酒店经营目标的实现

酒店要有较好的经营业绩就需要员工有较高的个人绩效水平。在酒店中，有时可以看到一些素质优良的员工其绩效水平却很一般，其中一个很重要的原因就是，优秀的绩效水平不仅取决于员工的个人能力，还取决于员工的努力程度。为实现经营目标，酒店必须在管理中及时、有效地对员工进行激励。进一步来说，有效的激励对酒店实现其经营目标有以下作用：

（1）为酒店吸引大批优秀的人才

---

1 习近平：《深入实施新时代人才强国战略，加快建设世界重要人才中心和创新高地》，《求是》2021年第 24 期。

在很多管理成熟的酒店中，激励措施有丰厚的薪酬福利待遇、优越的培训机制、畅通的晋升途径和良好的职业发展前景等，这些都可以使酒店在市场竞争中吸引大批优秀人才。

（2）协调组织目标和个人目标

在实际工作中，酒店的组织目标与个人目标之间既有冲突、矛盾的一面，又有一致、和谐的一面。很多时候，往往因为利益分配不均导致酒店的组织目标与员工的个人目标产生不一致，甚至是相悖的情况。这个时候就需要通过一些恰当的激励措施把个人目标和组织目标合二为一。同时，对于与组织目标不一致的员工个人目标也应该区别对待。在不会对酒店的组织目标造成重大危害和负面影响的时候，酒店应该承认其合理性，并在制度许可的范围内尽量帮助和支持员工去实现其个人目标，这样可以更好地激发员工的工作积极性，进而提高员工对组织的忠诚度和归属感。

（3）形成良性竞争环境，保证员工完成个人绩效

科学的激励制度包含着一种竞争精神，它的运行能够创造出一种良性的内部竞争环境，进而形成良性的内部竞争机制。在具有良性竞争机制的组织中，员工会感受到环境的压力，但是在竞争机制的作用下，这种环境压力能转变为促使其努力工作的动力。

2）促进员工的个人成长

每个员工都有自己的梦想，也都渴望得到别人能够肯定自己的工作。一些成功的酒店，或许它们的薪酬、福利不是最高的，但它们却往往比那些高薪的酒店更能吸引和留住人才。究其原因就在于这些酒店的激励方式更有利于员工成长，很多员工在选择自己的雇主企业时，相比于普通的物质薪酬而言，更看重个人成长。

案例启迪

丽思卡尔顿酒店以尊重和信任激励员工

丽思卡尔顿酒店曾经为员工招聘专门拍摄过一部短片，虽然只有一分钟，但却反映了酒店的座右铭：我们以绅士、淑女的态度为绅士、淑女们忠诚服务。在短片中，展示了全球最杰出的1%的顶尖人才，科学家、企业家、政治家、体育明星，在最后是丽思的服务明星，他们骄傲地说：我们是全世界顶尖那1%的服务人员！酒店员工将客人视为绅士、淑女，也视自己为平等的，用专业服务赢得尊重的绅士、淑女。因此，在丽思卡尔顿酒店工作的员工非常看重自己的价值，也认同自己是最优秀的专业人士。为此，当遇到行为不端、轻视或辱骂员工的客人时，丽思卡尔顿酒店会保护自己的员工，将客人拒之门外。

丽思卡尔顿酒店还有一个闻名遐迩的规定，就是任何一位员工，无论是客房服务、门童，还是行李员，无须上级批准，都有2 000美元的额度去服务有需要的客人。正是因为这个授权，客房人员会在发现客人落在房间的护照时，立刻打车到机场，从洛杉矶追到旧金山，在客人出国之前送还护照。有人会问：有没有人将这笔钱花在亲朋好友身上？有没有专门的预算来预计这笔钱占收入的比例？当了解到酒店每年的额外支出很少，也没有人滥用这笔授权时，很多人感到不可思议。曾任丽思卡尔顿的高级领导力总监Brian Grubb给出了一个非常美国式的回答，酒店所倡导的顾客独特体验并非一定要花钱才做得到；我们的员

工非常珍重酒店给予他们的权力，大家致力于在不花钱或少花钱的情况下，努力让客人得到极致的服务，在客人遇到问题时负起第一份责任并立刻解决。比如，有一位服务生在与客人聊天时，得知客人的妻子钟爱巴黎丽思卡尔顿酒店提供的意大利肉酱面，而且现在就很想吃。为了提供非凡的体验，服务员立刻向总厨们提供了那家店的电话号码，他们便可获得食谱并在旧金山为客人再现那份特别菜肴。当客房送餐人员奉上精心准备的美食时，宾客和妻子兴高采烈，喜悦之情难以言表。

Brian补充说，类似的独特体验并不需要很多钱，但需要非常多"情感投入"，丽思卡尔顿酒店非常相信自己的员工，同时，员工也热爱酒店，真心愿意为客人创造传奇，这形成了一个良性循环。

Brian还提到一个细节：每个动用了授权的员工，在报销这笔费用时，需要将自己的故事写下来传播出去。随后，他出示了一份小报，大概有6版，上面写着全球各家丽思酒店发生的各种各样的小故事。在每天的晨会时，由团队中的人轮流分享报上的小故事，再讨论如何在自己的工作中创造这个传奇服务。原来，丽思卡尔顿酒店用了最棒的方法来保障授权——没人会将钱用在自己的亲朋好友身上，因为无法向其他同事和公司交代；也没人会滥用，因为大家的目的都是创造独特体验，但并非一定要运用授权资金。无数晨会传播的故事都在提供各种灵感启发员工，丽思卡尔顿酒店用了最高尚也最善良的方法，既极大地尊重和信任了员工，又用这种信任为自己的商业经营提供了保证。

资料来源：徐汉群.传奇服务背后的秘密[J].中外管理，2012（8）：54-56.

8.1.4 激励的心理基础：需求

1）需求的概念

需求是个体内部的某种缺乏或不平衡状态，它表现出个体的生存和发展对于客观条件的依赖性，是有机体活动的积极性源泉。酒店员工既是生物个体又是社会成员，如食物、衣服、婚配、繁衍等，这是维持员工个体生存和延续种族发展所必需的；而从事劳动，在劳动中结成不同的社会关系以及人们之间的交往活动等，是维持其在人类社会生存和发展所必需的。

需求是人进行活动的基本动力。人的各种活动，从饮食起居、学习劳动，到创造发明，都是在需求的推动下进行的。需求激发人去行动，使其朝着一定的方向，追逐一定的对象，以求得自身满足。需求越强烈、越迫切，由它所引起的活动动机就越强烈。当人通过活动使原有的需求得到满足时，人和周围现实的关系就发生了变化，又会产生新的需求。这样，需求推动着人们去从事某种活动，在活动中不断地满足需求又不断地产生新的需求，从而使人的活动不断地向前发展。因此，可以说需求是激励的心理基础。

2）需求的分类

（1）按起源划分需求

人的需求是多种多样的，按照需求的起源可以将需求分为自然需求与社会需求。

①自然需求。自然需求是一个人生而所具有的，它是人类延续和发展其生命所必需的客观条件需求，它的满足是通过利用一定的对象或获得一定的生活状态而达到的。人的自

然需求有时也受社会生产力水平和生活条件的影响。

②社会需求。人类所特有的社会需求，是在人类社会历史发展过程中，在自然需求的基础上形成的。如对知识的需求、审美的需求、道德的需求、实现理想的需求等，社会需求会受到特定的文化背景、政治制度、风俗习惯等的制约，也可以说是人的自然需求在特有的社会制度和背景下的产物。

（2）按性质划分需求

按照人们需求的性质来说，可以将需求分为物质需求和精神需求。

①物质需求。物质需求主要是指人们生理上的要求，包括衣、食、住、行、安全等方面的需求，它是人类生活的基本需求，是推动人们行动的基础力量，只有在物质需求基本得到满足的前提下，人的行为管理才会有效。从这个意义上讲，最大限度地满足员工的物质需求是开发和利用人力资源的重要条件。

人们的物质需求是随着所处的社会经济和文化的发展不断变化的。例如，20 世纪 90 年代中国居民在解决了衣、食需求之后，物质需求主要是电冰箱、彩色电视机和空调器等用以改善生活质量的家用电器，而进入 21 世纪以来，宽敞舒适的家居环境和拥有自己的轿车，成为越来越多的中国居民所追求的物质生活目标。

②精神需求。精神需求则是指除物质需求以外的各类需求，如文化的、成就的、地位的、归属的需求等。学习、发展和参加社会活动的需求在精神需求中占重要的地位。精神需求主要是满足人的心理感受，比如工作内容、工作环境、团队等能带来快乐和满足感，人际关系融洽无间，上司的鼓励与表扬多于批评和指责等，这些构成了激发人们动机、支配人们行为的最有普遍意义的动力。

（3）按时间划分

人的需求具有一定的时效性，在一定的时间范围内需求是比较稳定的，由此可以将需求分为当前需求和长远需求。

①当前需求。当前需求是指现实生活中由某一具体的主客观因素引发的需求。例如，人进入 25 岁以后对个人问题考虑最多的通常是婚姻，"住房"就成为处于这一年龄段年轻人的当前需求。由于人的当前需求生成原因一般比较显露，只要对症下药，解决起来相对容易。解决员工当前需求问题，应该努力做到及时、准确。

②长远需求。长远需求是指个人根据社会经济、文化条件和工作环境的变化、发展趋势，所做出的着眼于未来的需求判断。长远需求是经过个人思想加工形成的，它对人的行为影响是渐进式的，因此，组织应该对员工的长远需求进行引导，使其个人理想和信念能够随着组织的发展逐步实现。个人长远需求的内涵要比当前需求复杂得多，同时也不容易准确把握，但是它对稳定员工队伍和人力资源开发、建设的影响是不容忽视的。

在实际工作中，对当前需求和长远需求不能偏废任何一方。如果只顾当前需求，不顾长远发展，就很容易使人力资源管理工作陷入日常琐事，形成低水平徘徊，达不到"树人"目的。如果只顾长远需求，忽视当前，该解决的思想问题放任不管，到头来势必积重难返，既不利于当前，也无益于长远。

8.1.5 激励实现的条件：动机

1）动机的概念

动机是激发和维持个体进行活动，并导致该活动朝向某一目标的心理倾向或动力。内驱力和诱因是两个与动机关系密切的术语。

内驱力指驱使有机体产生行为的内部动力。当机体缺乏某种东西而产生需求时，机体内环境的相对稳定状态（即内稳态）便遭到破坏。例如，需要水分或食物时，机体内细胞内外的水渗透压或血液中糖分的稳定水平便遭到了破坏。这种生理变化所产生的需求便对机体形成一种紧张的内驱力，从而导致寻求饮食的行为，以恢复内稳态。

个体并不仅仅是由于内驱力的驱使才被迫活动的。外部刺激有时也能激起个体的活动。凡能够引起个体动机的外部刺激，称为诱因。诱因按其性质可以分为两类，个体因趋向或获得它而得到满足时，这类诱因称为正诱因；个体因逃离或回避它而得到满足时，这类诱因称为负诱因。

总之，内驱力存在于个体内部，诱因存在于个体外部。内驱力是一种激活力，它释放的能量是无指向性的，可服务于任何具体的行为；与之相区别的是动机行为具有明确的指向性，是由内驱力和诱因相互作用所决定的。

2）动机的分类

（1）按起源划分动机

根据动机的起源，可以把动机分为生物性动机和社会性动机；前者与人的自然需求相联系，后者与人的社会需求相联系。

（2）按影响范围和持续作用时间划分动机

根据动机的影响范围和持续作用时间，可把动机划分为长远的、概括的动机和短暂的、具体的动机。前者影响范围广，持续作用时间久；后者只对个别具体行动一时起作用。例如，一位员工想成为优秀员工，为酒店的发展多作贡献，这个动机促使他努力工作，这种动机是长远的、概括的；如果仅仅为了获得高绩效或者是得到酒店的奖金，那么这种动机是短暂的、具体的。

（3）按起因划分动机

根据引起动机的原因，可以把动机分为外部动机和内部动机。外部动机是指活动动机是由外在因素引起的、是追求活动之外的某种目标。例如，有的员工的工作动机是为了获得一笔绩效奖金，这种动机就是外部动机。内部动机是指活动动机出自个体自身，并且通过活动能使个体的需求得到满足，例如，有的员工的工作动机是由其本人自行产生的，工作这一活动本身就是其所追求的目的，这种动机就是内部动机。这里需要强调的是，外部动机是可以转化为内部动机的。例如，酒店的激励措施主要影响的是员工的外部动机，如对优秀绩效的员工进行奖励，然而当员工努力工作不久后便从工作中得到快乐，并把工作本身看作一种乐趣，此时外部动机便转化为内部动机了。

3）动机的强度与工作效率

有人认为，随着动机强度不断增强，个体的活动就会不断高涨，活动的效率也就不断提高。但是，事实并非如此。当然，若个体动机很低，对工作持漠然态度，其工作效率肯定是很低的。然而，当动机过强时，个体则会处于高度的紧张状态，此时其注意和知觉的范围变得过于狭窄，反而限制了正常活动，从而使工作效率降低。例如，在酒店举行的员工技能比赛中，有些员工对比赛太过重视，非常渴望获奖；此时即使他们平时表现良好，但在比赛中往往也发挥得不正常。这就是因为动机过强，反而降低了效率。因此，为了使技能比赛卓有成效，就应避免员工参赛动机的强度过低或过高。

在一般情况下，动机最佳水平会因工作任务的性质而不同：在比较容易的工作任务中，绩效有随动机提高而上升的趋势；而在比较困难的工作任务中，绩效有随动机提高而下降的趋势。因此，当工作难度比较小的时候，工作动机必须十分强烈才能取得好的结果；反之，当工作难度很大的时候，适当降低工作动机的强度才能保证较好的绩效水平。

8.1.6　激励与需求、动机的关系

需求和动机密不可分，但并非一体。需求是内心体验到的某种事物的缺乏或不足，而动机是一种信念和期望，一种行动的意图和驱动力，它推动人们为满足一定的需求而采取行动，从而表现出某种行为。需求是动机的源泉和基础，动机才是驱使人们去行动的直接原因和动力。需求只有跟某种具体目标相结合，才能转化为动机，并在适当的条件下表现为外在的可见行为。

在人力资源管理过程中，激励的基础是管理者了解与把握员工的未满足需求，根据员工的需求创造满足需求的条件（也就是设置诱因）。当员工看到需求满足的可能性的时候，就会产生满足需求的欲望，即产生工作动机。动机推动员工采取行动（行动的方向是组织既定的工作目标），进而实现既定目标。因此，人力资源管理所讲的激励，是指管理者通过采取各种满足员工合理需求的措施，激发员工的工作动机，挖掘其潜力，调动其积极性与创造性，高效地实现组织目标的过程（图 8.1）。

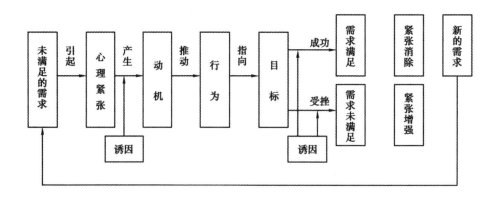

图 8.1　激励过程示意图

8.2　员工激励的指导理论

员工激励的指导理论大都是在心理学研究成果的基础上形成的，是把对人的行为分析的结论运用于管理实践所得出的。

8.2.1　人性假设理论

所谓人性是人们通过自己的活动所能够获得的全部属性的综合，是现实生活中的人所具有的全部规定性，即人的共同本性。如何判断人性，并根据人性的不同来激励员工是激励管理的一个重要前提。

1）X—Y 理论

美国心理学家道格拉斯·麦格雷戈（Douglas McGregor）提出的 X—Y 理论，是一种比较简单、实用的人性假设理论。

（1）X 理论——"经济人"假设

X 理论认为人的一切行为都是为了最大限度地满足自己的私利，员工工作目的只是为了获得经济报酬。主要观点如下。

①多数人天生是懒惰的，他们都尽可能逃避工作。

②多数人都没有雄心和抱负，不愿负任何责任，而心甘情愿受别人的指导。

③多数人干工作都是为满足基本的生理需要和安全需要，因此，只有金钱和地位才能鼓励他们努力工作。

④多数人的个人目标都是与组织目标相矛盾的，因此必须用强制、惩罚的办法，才能促使他们为实现组织的目标而工作。

⑤人大致可分为两类，多数人都是符合上述设想的人，另一类是能够自我鼓励并克制感情冲动的人，这类人应担负起管理的责任。

X 理论对改变放任自流的管理状态，建立科学管理体制具有重要意义，但是存在一定的局限性，很容易把管理者与被管理者绝对对立起来。

（2）Y 理论——"自我实现人"假设

Y 理论认为人的行为动力来自实现自我价值，主要观点如下。

①厌恶工作并不是普通人的本性。工作可能是一种满足（有充分的授权，因而自愿去完成），也可能是一种处罚（有较多的约束，因而只要可能就想逃避），判定的重要依据是被控制的程度。

②人们愿意通过自我管理和自我控制来完成应当完成的目标任务。

③报酬形式是多样的，其中最大的报酬是通过实现组织目标而获得个人自我价值的实现。

④人在适当条件下，不仅学会了接受职责，而且还学会了谋求职责。逃避责任，缺乏抱负以及强调安全感，这些通常是负面经历的影响，而不是人的本性。

⑤大多数人面对工作中的困难和问题时，都能发挥较高想象力、聪明才智和创造性。

⑥在现代工业化社会的条件下，员工的潜能只得到了部分的发挥。

管理者对 Y 理论的认同有利于员工工作效率的提高，特别是在酒店中一线基层员工对顾客的了解最全面、最具体，管理者充分地信任并积极授权，可以使员工及时、有效地满足顾客需求，而来自顾客的称赞，不仅是对员工服务工作的褒奖，也会使员工体会到自我价值。

2）Z 理论——"文化人"假设

Z 理论是由日裔美籍学者威廉·大内（William Ouchi）提出的，他认为成功的企业并非仅依靠技术和商业模式，还必须把企业视为一个"命运共同体"，强调全体成员之间的"微妙性、亲密感、信任感"，主要观点如下。

①工作并不是先天就让人厌恶，人们愿意去完成那些自己帮助建立起来的工作。

②人与人之间的关系既复杂又微妙，只有长期相处才能精确了解每个人的个性。

③信任员工可以使其坦率和诚实地对待工作和他人，忠实于企业，关心企业劳动生产率的提高。

Z 理论提出人是文化人，人的价值观、行为方式无不打着深深的文化烙印，因此，通过企业文化建设，使员工形成共同的价值观和共同的行为规范，对一个企业的生存和发展具有无可替代的重大作用。酒店的绝大多数服务产品必须通过员工传递给顾客，在这一传递系统中，员工之间必须相互配合，通力合作才能顺利完成，任何个人都无法独立胜任一整套的服务工作，因此在企业文化中倡导"信任、互助、亲和"是酒店企业近年来普遍关注的。

3）超 Y 理论——"复杂人"假设

"复杂人"的含义有以下两个方面：一是就个体而言，其需求和潜能会随着年龄的增长和知识的增加，以及地位和环境的改变而各不相同；二是就群体而言，人与人是有差异的，这些差异导致个体之间的需求各不相同。

"复杂人"假设是由美国学者约翰·J. 莫尔斯和杰伊·W. 洛希在"X—Y 理论"的基础上进一步研究后提出的，主要观点如下。

①人的需求具有多样性，而且这些需求随着人的发展、生活条件和工作职位的变化而发生改变。每个人的需求都各不相同，需求的层次也因人而异。

②人在同一时间内有各种需求和动机，它们会发生相互作用并结合为统一整体，形成错综复杂的动机模式。

③在人生活的某一特定时期，动机模式的形成是内部需求与外界环境相互作用的结果。

④由于人的需求不同，能力各异，对于不同的管理方式会有不同的反应。因此，没有一套适合于任何时代、任何组织和任何个人的普遍行之有效的管理方法。

超 Y 理论强调对员工的激励应该采取权变的思想，要因人而异，灵活多变。但是，这一理论强调员工个性差异，在某种程度上忽视了员工的共性，另外，过分强调管理措施的应变性、灵活性，不利于组织和制度的稳定。酒店定期进行员工满意度调查，并根据员工满意度水平考评管理层的绩效，并适时调整相关制度，实质上是受到超 Y 理论的影响。

4）"社会人"假设

"社会人"假设认为，人们在工作中得到的物质利益对于调动生产积极性只有次要意义，人们最重视的是工作中与周围人的友好关系，良好的人际关系是调动员工工作积极性的决定因素。该理论是美国学者埃德加·H.施恩在乔治·E.梅奥等人的研究基础上提出的，主要观点如下。

①生产效率的高低主要取决于员工的"士气"，而士气与员工的家庭和社会生活，以及企业中人与人之间的关系密切相关。

②组织中存在着某种"非正式群体"，这种无形的组织有其特殊的规范，影响着群体成员的行为。

③管理者在了解员工合乎逻辑的行为的同时，还需了解不合乎逻辑的行为，努力使正式组织的经济需求与非正式组织的社会需求之间达成平衡。

在"社会人"假设理论中，人与人之间的关系对于激发动机、调动员工积极性比物质奖励更为重要，这一点对于企业制定奖励制度有一定参考意义。但是，它过于偏重非正式组织的作用，对正式组织的研究有放松倾向。

案例启迪

面对千禧一代，酒店如何破局？

厦门世茂凡象酒店是世茂喜达酒店集团旗下首家专为中国"千禧一代"宾客打造的中高端生活方式酒店。为了迎合目标顾客的服务体验需求，厦门世茂凡象酒店在员工层面也竭尽全力聘用 90 后和 00 后的年轻人，以期消除由于代际差异造成的服务沟通障碍。酒店的管理者很快发现伴随着互联网成长的 90 后和 00 后们，开放、活跃、不安于现状、追寻自我。他们的世界是开阔的，每日接触着来自世界各地的资讯，与此同时，他们又很容易沉浸在自己的世界和想法中，有人称其为"封闭又开放的一代"。

随着学历背景的升级以及家庭经济实力的提升，00 后对于"工作是以挣钱和晋升为目的"的方向性越来越淡化。"佛道两栖"的他们在面对事物时多采取"关我什么事儿，关你什么事儿"的处理态度。以离职为例，相比较于传统意义的离职原因：钱或感情没有到位。00 后对于个人主观意识的追求变得更高，因此跳槽离职的原因也更加唯我主义。厦门世茂凡象酒店的管理者还发现这些年轻人离职后换行业的概率要比换酒店的概率更大一些。究其原因，一方面，多样的就业环境以及互联网等新兴产业对于他们具有更大的吸引力；另一方面，与酒店行业相比，其他行业的待遇相对更高。

基于员工特点的变化趋势，厦门世茂凡象酒店在日常运营管理中，弱化员工之间职级称呼，采用英文名的方式，拉近员工与管理层的距离。管理的前提是"尊重和理解"，当年轻员工工作出现失误时，避免采用传统公开的批评方式，而是站在朋友的角度，以帮助员工更好地完善自我为出发点，私下共同探讨寻求解决办法，用探讨层面替换指令层面。

作为国内新一代酒店品牌，世茂凡象酒店致力于打造一种活泼的工作氛围，即酒店员工如何更好地与客人一起玩耍——从过去传统意义上"服务员"的角色转换成"伙伴"的角色。员工不仅仅是单纯地提供服务，而是在服务过程中，能够更好地与客人沟通交流。酒店要让员工在工作中增加更多的参与感，在得到客人认可的同时，找寻自我存在的价值。基于这个新理念，厦门世茂凡象酒店尝试开展几个比较有特色的活动：

一是城市探索活动。在培训酒店员工的过程中，酒店会组织员工探寻当地一些小众且真正符合消费者出行意图与情调的地点或美食。当客人问询当地景点特色时，员工可以自动代入个人的主观感受，与客人分享游览经验。这样的举措是产品与员工的双赢转变，在提升员工参与度的同时，给予客人与众不同的服务体验。酒店不只是一个住宿产品，对于消费者而言，也是一个短期的度假地，客人来到酒店不只是住宿，也可能只是想与某一位酒店员工沟通交流。这其实是将标准化的酒店产品转换成人性化产品的过程。

二是员工座谈会。酒店会选择将思考性的谈话替换于传统的培训课程，以有别于传统专业性强且较为枯燥的培训体系。厦门世茂凡象酒店在培训中会选择员工感同身受的问题，然后鼓励员工从客人的角度换位思考并找到解决问题的办法，该方式大大提升了员工的参与度。同时，酒店定期会围绕不同的主题进行阶段性的座谈会。座谈会上会分享员工个人爱好与自身的经历，在分享的过程中引导员工思考如何将自身觉得美好的事物融合在酒店日常的运营和服务中，提高员工的融入性以及自我感受度。

三是打造吸引力圈层。区别于传统酒店的制服，酒店鼓励员工塑造个人形象，个性舒适得体的着装可以使员工更舒适地开展日常工作。在满足员工此类个性化工作诉求的同时，提升其社交性和荣誉感。当这类模式搭建成熟后，也会形成圈层效应，吸引更多相似的人员来到酒店工作，进一步保证酒店人员的稳定性。

资料来源：《面对千禧一代，酒店人工如何破局？》微信公众号：浩华管理顾问公司CHAT 资讯。

8.2.2 内容型激励理论

内容型激励理论强调通过满足员工的个人需求去刺激其行为。这些理论普遍认为，当人们预期他们以某种方式去行动，能满足他们目前渴望满足的需求时，他们就会被激发去做。尽管这几种激励理论强调的因素不尽相同，但它们都揭示了一个共同的原理：人们愿意做那些被奖励去做的事情，不管是内在奖励还是外在奖励，都是如此。内在奖励主要是指一些无形的东西，如自我实现的感觉及自尊心的满足等；外在奖励通常更多的是指有形的实物，包括奖金、住房、有薪假期和股票等。

1）需求层次理论

美国心理学家亚伯拉罕·马斯洛（Abraham Maslow）提出的"需求层次理论"，是试图揭示需求变化规律的主要理论。

马斯洛将人类行为的动力从理论上和原则上进行系统化的整理，提出了人类需求的层次学说。他把人的需求分为五个基本层次即生理需求、安全需求、社交需求、尊重需求和自我实现需求（图 8.2）。

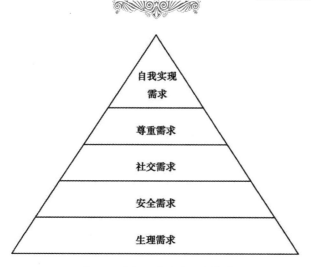

图 8.2 马斯洛的需求层次排序

（1）生理需求

这是人类最基本、最强烈、最明显、最原始的一种需求，包括对食物、水、空气、睡眠、住所等人类生存和种族延续所必需的各种需求。这些需求若不能得到满足，人的生存就成了问题。

（2）安全需求

当生理需求基本上得到满足之后，安全需求就上升到主要的位置。安全需求主要是指人们要求使已得到的生理需求具有保障，例如，摆脱失业的威胁，在将来年老或生病时有足够的保障，要求避免职业病的侵袭，希望解除严格的监督等。

（3）社交需求

社交需求，通常包括友谊和归属两部分内容。

①友谊。人们都希望朋友之间、同事之间的关系融洽或保持友谊和忠诚，并希望在生活中得到爱情。

②归属。人们都有一种归属感，有一种要求归属于一个组织或群体的感情，希望成为其中的一员，并与成员们相互关心和照顾。

社交需求的产生比生理需求和安全需求要复杂得多，它与一个人的生理特性、经历、教育背景、宗教信仰等都有关系。

（4）尊重需求

尊重需求是指在以上需求基本上得到满足的前提下，人们希望自己有稳定的社会地位，有追求名利的欲望，要求个人能力、成就得到社会的承认等。尊重需求可以分为内部尊重和外部尊重。

①内部尊重。内部尊重是指一个人在各种不同的环境中，自己有实力、能接受挑战、充满信心，能独立自主，有自尊心。

②外部尊重。外部尊重是指一个人希望自己的能力能被其他人广泛认可，即希望有地位、有威望、受到别人尊重、信赖和高度评价。

马斯洛认为，人的尊重需求得以满足，能够使人充满自信心，对社会满腔热情，体会到自己人生的价值。但是尊重需求一旦受到挫折，人往往会变得自卑、脆弱，容易失去自信心。

（5）自我实现的需求

自我实现的需求是指实现个人的理想、抱负，发挥个人的能力极限的需求，是人们努力实现个人最大愿望的一种需求。从人力资源管理的角度讲，帮助员工实现自我价值，意味着必须做到人尽其才，达到人与职位或工作的最佳匹配。为满足自我实现的需求而采取的途径是因人而异的。

马斯洛认为，上述五种基本需求是按次序逐级上升的，当下一级需求基本满足以后，追求上一级的需求就成了行为的驱动力，但这种需求层次逐级上升并不是遵循"一种需求100%的满足后，另一种需求才会出现"这一规律。事实上，在当今社会生活中大多数人在正常情况下，他们的每种需求都是只有部分得到满足。

马斯洛把五种基本需求进一步归纳为高层次需求和低层次需求两类，其中生理需求、安全需求、社交需求属于低层次需求，这些需求通过外部条件能使人得到满足，如借助于工资收入满足生理需求；借助于法律制度满足安全需求；借助于组织满足社交需求等。尊重需求、自我实现的需求是高层次的需求，它是从个人内心使人得到满足的，而且一个人对尊重和自我实现的需求，是永远不会感到完全满足的。因此，通过满足员工的高层次需要来调动其工作积极性，具有更稳定、更持久的力量。

小资料

需求层次变化的特例

在马斯洛提出需求层次理论之后，这一理论的信奉者通过进一步广泛的研究，发现对于大多数人而言，人的需要层次是相对固定的序列，但是，把需求看成是机械式的上升运动，忽视了人的主观能动性，忽视了通过思想教育可以改变需求层次的主次关系。此外，需求层次理论只注意了一个人各种需求之间存在的纵向联系，忽视了一个人在同一时间内往往存在多种需求，而这些需求又会互相矛盾，进而导致动机的"斗争"。为此，马斯洛做了非常具体的补充，即存在7种例外。

1. 有些人把自尊看得比爱更重要。这种人自高自大，想突出自我。

2. 具有天赋创造性的人，其创造性的驱动力似乎比其他相对的决定因素更为重要。这种人有时尽管缺乏基本需要的满足，但仍有创造性。

3. 有些人的抱负水平可能永远压抑或低下。如长期失业的人，只要能在有生之年得到足够的食物，他们就会心满意足。

4. 病态人格的人会永远丧失"爱"的需求，这些人在他们生命的最初的岁月中就已缺乏爱，因而永远丧失了给予和接受感情的愿望和能力。

5. 有些某种需求长期得不到满足的人，反而会对这种需求的价值估计不足。例如，一个从未经历过长期饥饿的人，容易低估饥饿的效应，而把食物看作是很不重要的东西。这种人为了追求较高层次的需要，会漠视自己低层次需求的存在，但低层次需求被长期剥夺后，他又会放弃高层次需求转而追求低层次的需求。

6.有些人受许多其他因素的影响，不按自己的需求和愿望行事。

7.有远大理想和崇高社会责任感的人，为了追求真理、实现理想，可以牺牲个人的一切。

2）ERG 理论

美国学者克莱顿·奥尔德弗（Clayton Alderfer）对马斯洛的需求层次理论进行修正后，认为人的需要主要有三种：生存需要（Existence）、关系需要（Relatedness）和成长需要（Growth）。由于这三个英文单词的第一个字母分别是 E、R、G，因此又被称为 ERG 理论。

（1）生存需要

生存需要是人类最基本的需要，包括生理上的和物质上的需要，这类需要相当于马斯洛提出的生理需求和安全需求。

（2）关系需要

关系需要指与他人进行交往和联系的需要，这相当于需求层次理论中的社交需求和尊重需求中的他人尊重部分。

（3）成长需要

成长需要指人们希望在事业上有所成就、在能力上有所提高，不断发展、完善自己的需要，这可以与需求层次理论中的自我实现需求以及尊重需求中的自我尊重部分相对应。

奥尔德弗构建的 ERG 理论模型（图 8.3）显示其创新点在于：

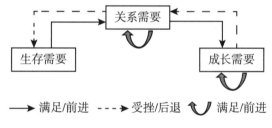

图 8.3　ERG 理论模型

第一，ERG 理论认为各个层次的需要得到的满足越少，人们就越希望满足这种需要；较低层次的需要越是得到较多的满足，就越渴望得到较高层次的需要。

第二，奥尔德弗指出可以同时有两种或两种以上需要占主导地位。例如，人们可以同时被对金钱的欲望（生存需求）、友情（关系需求）和学习新技能的机会（成长需求）所激励。

第三，ERG 理论还提出了"受挫—回归"的思想，认为多种需要可以同时作为激励因素而起作用，并且较高层次需要的满足受挫会导致人们向较低层次需要的回归。因此，管理措施应该随着人们需要结构的变化而作出相应的改变。当有些需要不能满足，或一时得不到满足时，也应该向员工解释清楚，做好思想引导工作，以防止"受挫—回归"现象的发生。

此外，ERG 理论还指出，人们所有的需要并不都是天生就有的，有些需要是经过后天学习和培养得到的，尤其是较高层次的需要。

3）成就需要理论

美国学者戴维·C.麦克利兰（David C. McClelland）在对人的个性需要进行研究后，提出人的需要是不断发展的，因此，当人与周围环境相互影响、相互作用时，他们需要一些因素的鼓舞，这些因素主要分属于权力需要、亲和需要和成就需要。

（1）权力需要

权力需要是指影响和控制别人的一种愿望或驱动力。不同的人对权力的渴望程度也有所不同。一般来说，具有较高权力欲的人，对施加影响和控制他人表现出很大的兴趣，即通常所说得喜欢对人"发号施令"，注重争取地位和影响力，他们喜欢具有竞争性和能体现较高地位的场合和情境，追求优异的业绩，目的只是获得地位和权力。

（2）亲和需要

亲和需要是指寻求被他人喜爱和接纳的一种愿望。具有这方面需要的人通常会从友爱、情谊、人与人之间的社会交往中得到欢乐和满足，同时他们会设法避免被某个组织拒之门外而带来的痛苦。有亲和需要的人喜欢保持一种融洽的社会关系，享受亲密无间和相互理解的乐趣，并随时准备去安慰和帮助处在困境之中的伙伴。

（3）成就需要

成就需要指个体追求成功的一种欲望。具有强烈成就需要的人渴望将事情做得更为完美，寻求独立、挑战和卓越，愿意进行有意义的、适当的冒险，他们追求的是在争取成功的过程中克服困难、解决难题、努力奋斗的乐趣，以及成功之后的个人的成就感，而并不看重成功所带来的物质奖励。个体的成就需要与他们所处的经济、文化和社会环境有关。

麦克利兰认为，具有高成就需要的人更喜欢承担责任、希望获得工作反馈和适度冒险性的环境，他们不一定是优秀的管理者，尤其是在企业中，高成就需要者感兴趣的是他个人如何做好，而不是如何影响或带领其他人做好；权力需要和亲和需要与管理者的成功有密切关系，较高的权力需要是实施有效管理的必要条件。

4）双因素理论

美国学者弗雷德里克·赫茨伯格（Frederick Herzberg）提出的"双因素理论"认为，使员工满意与不满意的因素是两类不同性质的事物。传统观点认为同一事物既可以引起满意，又可以引起不满意。赫茨伯格却认为，一类事物，当它存在时可以引起满意，当它缺乏时，不是导致不满意而是导致"没有满意"；另一类事物，当它存在时，人们并不觉得满意，而是"没有不满意"，当缺乏它时，会引起不满意。这两类事物，第一类称为激励因素，第二类称为保健因素。因此，赫茨伯格的这一理论被称为"激励因素、保健因素理论"，简称为"双因素理论"。

赫茨伯格认为，"满意的对立面是不满意"的观点是不正确的；事实上满意的对立面是没有满意；不满意的对立面应该是没有不满意（图8.4）。

（1）激励因素

激励因素是指能够激发人工作的积极性和创造性的因素。只有这些因素具备，才能真正激发起员工的工作动机。这些因素通常包括工作中的成就感、工作成绩能够得到承认、工作本身富有挑战性、职务上的责任感以及个人事业发展的可能性。

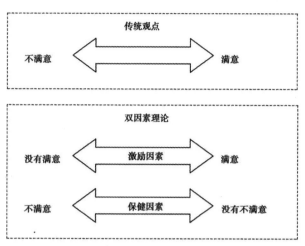

图 8.4 双因素理论与传统观点比较示意图

（2）保健因素

工作中的保健因素通常包括薪酬、人际关系、劳动环境、行政管理、福利政策以及工作安全等。当员工在工作中缺乏保健因素，则有碍于员工的身心健康。保健虽起不了治疗作用，但却有预防作用。当保健因素中任何一项使员工无法接受时，消极情绪及对工作的不满意就会油然而生。通常，员工的消极情绪往往通过以下几个方面表现出来，大量的违纪情况的出现、工作效率极低、人浮于事或消极怠工、缺勤率上升、懒散现象严重、员工对工作缺乏兴趣、人员流动率高，并经常发生争吵与内讧。但是，保健因素具备后，并不意味着员工对本职工作就一定抱有积极的态度，这一点与数学中的"必要条件"十分相似，保健因素对员工满意度的作用是"有之未必然，无之必不然"。

双因素理论与马斯洛的需求层次理论在很大程度上是非常接近的，例如，被赫茨伯格定义的激励因素，与马斯洛的尊重需求和自我实现的需求同属一类。赫茨伯格还指出满足较低层次的需求只能防止员工对工作的不满，而要达到真正的满意，就必须帮助员工实现其较高层次的需求。

8.2.3 过程型激励理论

过程型激励理论重点研究的是员工为满足个人需求而采取的行动是如何产生和发展的，以及如何保持或中止行动的延续。过程型激励理论主要包括期望理论和公平理论。

1）期望理论

期望理论是由美国著名心理学家维克多·H.弗鲁姆（Victor H.Adams）首先提出的，弗鲁姆认为人总是渴求满足一定的需要并设法达到一定的目标。这个目标在尚未实现时，表现为一种期望，此时目标反过来对个人的动机又是一种激发，而这个激发力量的大小，取决于目标价值（效价）和期望概率（期望值）的乘积。用公式表示如下：

$$M = \sum V \times E$$

其中，M 表示激发力量，是指调动一个人的积极性，激发人内部潜力的强度。V 表示目标价值（效价），这是一个心理学概念，是指达到目标对于满足他个人需要的价值。同一目标，由于每个人所处的环境和需求不同，其需要的目标价值也不同。同一个目标对每一个人可能有三种效价：正、零和负。效价越高，激励力量就越大。E 是期望值，是人们根据过去经验判断自己达成某一目标的可能性是大还是小，即能够达到目标的概率。目标价值大小直接反映人需要和动机的强弱，期望概率反映个体实现需要和动机的信心强弱。这个公式说明：假如一个人把某一目标的价值看得很大，估计能实现的概率也很高，那么此时这个目标激发动机的力量越强烈。

期望值也叫期望概率，员工往往根据过去的经验来判断一定的工作行为能够导致某种结果的概率。一名员工对某个工作目标，如果他估计完全可能实现，这时概率为最大（$P=1$）；反之，如果他估计完全不能实现，那么此时概率则为最小（$P=0$）。由此可见，对于一个一心想晋升的服务员来说，晋升对他来说效价（V）很高，如果他觉得晋升的可能性比较大（期望值 E 比较高），那么用晋升对其进行激励，则能收到较好的激励效果。

期望理论模型如图 8.5 所示，在员工激励中要兼顾以下 3 个方面的关系。

（1）期望 I：个人努力和绩效的关系

员工会将付出的努力程度与所能取得的工作绩效之间的概率进行判断，只有当员工认为他只要付出适当的努力就能取得他预期的高水平的工作业绩时，激励才能奏效。即目标实现的概率越高，激励效果就越好。

（2）期望 II：绩效与组织奖励的关系

员工会把取得工作绩效的大小与所获得奖酬的高低相联系而进行比较判断，只有在员工坚信他们的工作业绩会使他们获得很高程度的奖励或回报时，激励的有效性才会出现。

（3）效价：组织奖励和个人需要的关系

组织奖励需要匹配员工不同的需要，要充分考虑效价。组织要采取多种形式的奖励，满足各种需要，最大限度挖掘人的潜力，最有效地提高工作效率。

图 8.5 期望理论模型

案例启迪

奖励旅游的激励效果为什么不一致？

从 11 月份开始，海南开始进入旅游旺季，蓝色港湾酒店为了进一步提高服务质量，决定在一线员工中开展评选"微笑大使"即服务标兵的活动。酒店人力资源部专门为此项活动制定了奖励旅游的政策：根据三个月的工作表现，评选出 10 位优秀服务员，奖励这些服务员明年 5 月到上海旅游 5 天。为了了解这项奖励的激励效果，蓝色港湾酒店人力资源部选取前厅部进行了预先的问卷调查，在调查结果中发现，这项奖励旅游的政策对前厅部平时表现最出色的三位员工激励效果，并不一致，见下表。

	陈　浩	李　霞	王　欣
对获得"优秀服务员"的可能性评估（取值：0 ~ 1）	0.2	0.5	0.9
取得"优秀服务员"称号的重要（取值：0 ~ 5）	5	3	5
本次奖励方式是否值得（取值：0 ~ 5）	4	5	3
本次奖励对自己未来发展的影响（取值：0 ~ 5）	3	4	2
结　　果	0.2 × 5 × 4 × 3=12	0.5 × 3 × 5 × 4=30	0.9 × 5 × 3 × 2=27

从上表的最终结果得分可以看出，蓝色港湾酒店人力资源部设计的奖励旅游对员工激励有不同的影响。其中，陈浩认为获胜的可能性很小，尽管获奖后的旅游休假对其很重要，但最终还是会放弃努力；李霞认为通过努力有可能获得"优秀服务员"称号，同时奖励旅游对其非常有吸引力，其工作动力最大；王欣则认为获得"优秀服务员"称号并不困难，也很重要，但是考虑其他因素的影响，所以投入评选活动的工作动力并不大。

2）公平理论

公平理论是美国心理学家 J.S. 亚当斯（J.S.Adams）在 20 世纪 60 年代中期提出的。这一理论认为，人们在他们工作所得到的酬劳与他们所取得的工作绩效之间寻求一种社会公平，公平理论是建立在"公平"对人的激励的基础上。

公平理论的基本要点是：人的工作积极性不仅与个人实际报酬多少有关，而且与人们对报酬的分配是否感到公平更为密切。人们总会自觉或不自觉地将自己付出的劳动代价及其所得到的报酬与他人进行比较，有时也会将自己现在付出的劳动代价及其所得到的报酬与自己曾经的过往经历进行比较，此外还会以组织的"分配制度"作为参照系进行比较，最终对公平与否作出判断。公平感直接影响员工的工作动机和行为。因此，从某种意义来讲，员工工作动机的激发过程实际上是员工通过比较，做出公平与否的判断，并据此指导自己行为的过程。

公平理论用公式可以表示为：

$$Op/Ip=Oo/Io$$

其中 Op 代表了员工对自己所获报酬的感觉；Ip 代表了一个人对自己所作贡献的感觉，Oo 代表员工对他人（或自己过去）所获报酬的感觉；Io 代表了员工对他人（或自己过去）所作贡献的感觉。员工对自己是否受到公平合理的对待是十分敏感的，他们有时更关注的不是自己所获得报酬的绝对值，而是与他人（或自己过去）所获报酬进行比较后的相对值，当 Op/Ip=Oo/Io，也就是个人感觉自己所获得的结果与投入的比值与别人（或自己过去）相等的时候，就产生了公平感。如果一方的比值大于另一方，另一方就会产生不公平感。具体来说，有以下几种情况。

① Op/Ip=Oo/Io：报酬相当，感觉是公平的（自己满意）；

② Op/Ip>Oo/Io：自己的报酬比较高，感觉多得（自己满意）；

③ Op/Ip<Oo/Io：自己的报酬比较低，感觉不公平（自己不满意）。

在上述三种情况之下，员工所表现出来的激励状态是不一样的。第一种情况即双方比值相等的情况下，员工会觉得公平，此时应该说员工所处的是一个相对稳定的激励状态；第二种情况下，员工自己感觉报酬过多，自己多得了，此时员工会觉得很满意，并且受到了激励；第三种情况下，员工感觉不公平，此时员工可能出现如下的情况：心理挫折和失衡、改变投入、要求改变待遇、改变对自身的看法、改变对他人的看法、重新选择比较对象和离开现在的工作职位等。

调查和实验的结果表明，不公平感的产生，绝大多数是由于员工经过比较，认为自己目前的薪酬过低而产生的，但在少数情况下，也会由于经过比较认为自己的报酬过高而产生。

8.2.4 其他激励理论

1）强化理论

强化理论的代表人物是美国心理学家 B.F. 斯金纳（B.F.Skinner），这一理论属于内容型激励理论和过程型激励理论的综合，它试图解释的既包括为什么一个人会被激励以某种方式去采取行动，又包括一个人是怎样被激励的。强化理论是斯金纳等人在巴甫洛夫条件反射理论的基础上提出的，他们认为，人类（或动物）为了达到某种目的，本身就会采取行为作用于环境，如自卫等。又因为人们都是从尝试和成败中吸取经验和教训的，所以积极或消极的结果都会对人们的行为产生影响；如果所受到的刺激对他有利，那么这种行为就会重复出现；若对他不利，则这种行为就会减弱直至消失。因此，管理者要采取各种强化方式使员工的行为符合组织的目标。根据强化的性质和目的，强化可以分为正强化、负强化和自然消退。

（1）正强化

所谓正强化，就是奖励那些符合组织规范的行为，以使这些行为得到进一步加强，从而有利于组织目标的实现。正强化的刺激物不仅包含奖金等物质奖励，还包含表扬、晋升、改善工作条件、安排承担具有挑战性的工作等。

为了使强化达到预期的效果，还必须注意实施不同的强化方式。有的正强化可以是连续的、固定的，例如，酒店对每一次员工拾金不昧的行为都给予表扬和奖励，或每个季度根据绩效指标达成情况发放一定数额的奖金等。尽管这种强化有及时刺激、立竿见影的效果，但久而久之，人们就会对这种正强化有越来越高的期望，或者认为这种正强化是理所应当的。管理者需要不断加强这种正强化，否则其作用会减弱，甚至不再起到刺激行为的作用。

另一种正强化的方式是间断的、时间和数量都是不固定的，管理者根据组织的需要和个人行为在工作中的反应，不定期、不定量实施强化，使每次强化都能起到较大的效果。实践证明，这种正强化方式更有利于组织目标的实现。

（2）负强化

所谓负强化，就是通过批评、减少报酬、罚款、处分等手段惩罚那些不符合组织规范的行为，以使这些行为削弱甚至消失，从而保证组织目标的实现不受干扰。在实践中，酒店应该对每一次不符合组织要求的行为都及时予以明确的负强化，消除员工的侥幸心理，减少直至消除这种行为重复出现的可能性。

（3）自然消退

所谓自然消退，又称自然退化，是指撤销之前可接受的某种行为的强化，由于终止强化，该行为会逐渐减弱，甚至最终消失。例如，某酒店过去对员工利用业余时间自学除英语以外的第二外语，达到一定水平后会给予一次性的现金奖励，后来酒店发现即使是韩国或日本客人，他们在寻求服务时也会使用英语，员工在工作中使用第二外语的机会很少，因此酒店就取消了这一奖励规定，使员工学习第二外语的现象大大减少。

2）目标管理理论

目标管理理论是首先由美国著名管理学家彼得·德鲁克（Peter Drucker）提出的，他认为，企业的工作目的和任务必须转化为目标，管理者需要通过目标对下属进行领导，以保证企业总体目标的实现。所谓目标管理就是为了实现企业的总体目标，制订目标体系，发挥企业管理者与全体员工的主动性与创造性，采取经过适当授权的"自主管理"或"自我控制"的一种管理方式。

目标管理不仅有利于工作任务的完成和目标的实现，而且能够发挥激励员工的效果，具体体现在：

（1）明确的、具体的目标能提高员工的工作绩效

设定具体明确的目标要比笼统的模糊的目标效果更好，具体的目标规定了员工努力的方向和强度。例如，一个客房部服务员"一天要整理15间客房"，要比只有笼统目标"尽最大努力"的服务员做得更好。可见，目标的具体性本身就是一种激励因素。

（2）通过参与目标的制订可以提高目标的可接受性

目标管理理论的前提假设是每个人都忠于自己参与制订的目标，具有更看重自己劳动成果的心理趋向，因此，当目标是上下级共同确定、员工参与其中时，可能会产生出较高的工作绩效。

（3）目标越具挑战性，绩效水平越高

目标管理理论认为，如果员工的能力和目标的可接受性等因素不变，目标难度越大，绩效水平就越高，即工作压力在一定情况下可以转化为动力。

（4）及时的绩效反馈能带来更高的绩效

如果员工在朝目标努力的过程中能得到及时的反馈，他们会做得更好，因为反馈能帮助其了解已完成的和将要做之间的差距，即反馈引导行为。

8.3　酒店员工激励的方法

美国哈佛大学教授威廉·詹姆斯调查后发现：一般员工在平时工作中仅发挥出20%~30% 的能力；但是如果受到充分的激励，则员工的能力可以发挥80%~90%，其中

60% 的差距系激励的作用所致。因此，酒店应该如何采取有针对性的激励方法，最大限度地调动员工的积极性就显得尤为重要。

8.3.1 酒店员工激励的主要因素

能够对员工产生激励效果的因素很多，但是酒店工作的特点以及员工群体的特征，使得以下激励因素更值得重视。

1）薪酬

在所有激励因素中，"薪酬"是酒店员工，特别是普通员工最看重的。酒店普通员工的工作比较辛苦，收入在社会上普遍属于比较低的水平，他们更渴望多劳多得，以提高自己的生活水平。有研究表明，金钱刺激可以使员工的生产效率提高 30%。因此，酒店应尽可能提高员工的收入水平，特别是要充分利用奖金的效用，将员工不太看重的一些福利政策适当削减，而"集中优势财力"于员工的奖金发放上，这样才能极大地调动员工的工作积极性，从而为顾客提供更优质的服务，为酒店创造更大的效益。

评价薪酬激励因素的指标包括：薪酬体系的合理性、奖金与绩效挂钩的科学性、薪资调整的周期性，以及有无提供带薪年假等。

2）管理制度

管理制度与员工的利益有密切关系，但不如薪酬对普通员工积极性的影响那么直接，在酒店业，对于"管理制度"的激励作用，管理人员与普通员工有着比较明显差异——管理人员比普通员工更看重这个因素。

在实践中，如果酒店规章制度不健全或内容模棱两可，会使员工在工作时无所适从，不清楚应该做什么、怎样做以及不能做什么，干好干坏一个样，从而影响工作的积极性。管理人员身处管理层，对酒店规章制度的重要性比普通员工有着更深切的体会。规章制度模糊、不健全、不合理将直接导致管理人员在处理问题时无章可依或依章无效，只好凡事凭自己的主观决断，从而引发员工的不满，导致管理混乱，大大降低工作效率。因此，在实际工作中，酒店要大力做好制度建设，这是激励所有员工，尤其是管理人员的有效措施。

衡量"管理制度"激励因素的指标包括：规章制度的公平性、清晰性、完备性以及科学的绩效评估体系。

3）同事关系

酒店属于劳动密集型企业，不仅员工人数多，内部分工比较细，服务工作交叉的情况比较常见，而且工作联系大多需要通过人际沟通来完成，因此，和谐的同事关系是员工保持积极情绪的环境保证。酒店应该营造良好的企业文化，增强各个部门间的相互理解和员工的合作精神，加大对群体合作工作取得的成就后的激励，这样才能更好地调动广大员工积极性。此外，酒店还可以采取丰富员工文化生活的措施来增进员工之间的了解和友谊。例如，酒店可以通过面向内部的微信公众号、内部杂志、墙报专栏、图书阅览室、健康俱乐部、节日庆祝活动、聚餐、短途旅游等方式来创造良好的内部人际关系。

与"同事关系"激励因素相关联的具体指标包括：同事之间互相尊重、互相信任、互相帮助、富于团队精神。

4）领导水平

领导水平对酒店的经营与管理起着至关重要的作用，同时也会影响员工的工作表现。管理人员应该对员工坦诚相待，在工作上欢迎下属员工参与管理，适当对下属授权；在生活方面主动向下级表示关心。同时，管理人员自己也要勤于学习，不断提高自身的业务能力和管理水平，真正成为员工心服口服的榜样，这样才有可能对下属形成有效的激励。

衡量"领导水平"激励因素的指标包括：上级指导下属员工的态度及频次、上级工作能力及责任担当意识，以及上级对下属员工在生活方面的关心等。

5）晋升与培训

酒店管理人员处在一定的职位上，能够感受到相应的权利所带来的尊重感、成就感和责任感，在经济上也会得到比普通员工更丰厚的待遇；他们知道培训和学习不但可以提高自身素质和管理能力，而且可以给他们提供更多发展的机会。因此，管理人员比普通员工更看重"晋升与培训"这类激励因素。在实际工作中，酒店要注重员工知识和技能的培训，把员工培训与绩效考核、职业发展结合起来，建立员工自我约束、自我激励的培训机制；重视员工的职业发展前途，按系统性、制度化的原则开发多路径、多层次的职业发展空间，才能让员工安心在最适合的职位上工作。这也是酒店留住优秀员工、保持员工满意度、培养员工忠诚度的必由之路。

评价"晋升与培训"这类激励因素的指标包括：绩效在决定员工晋升中所占权重、员工晋升的优先条件、脱产培训机会，以及在职培训的数量与质量等。

6）工作条件

在实际工作中，酒店应该努力改善员工的工作条件，尽可能采用先进技术降低员工的劳动负荷，特别是在员工工作所必需的设施设备的配备方面不能"凑合"，在使用上不能设置"障碍"，否则会降低员工的工作积极性和工作效率。

与"工作条件"激励因素直接相关的是：员工上班通勤状况、所需设施设备齐全程度、设施设备使用的方便性，以及工作环境的适宜性等。

7）工作本身

酒店安排员工到其希望的工作职位，做其愿意做的工作，这本身就是一种激励。酒店可以通过对员工实行工作轮换、让员工选择自己感兴趣的工作和职位，改进不合理的工作流程，以及为员工设定明确的、富有挑战性的工作目标等来丰富工作内容，以达到激励员工的目的。

与"工作本身"激励因素相关联的是：工作的稳定性、员工对工作的感兴趣程度、工作的挑战性、工作成就感、工作饱满度、能够发挥员工个人专长的机会，以及工作对员工技能提高的影响。调查发现，"员工对工作的感兴趣程度""工作的挑战性"和"工作成就感"是酒店员工对"工作本身"最看重的激励指标。

8）信息沟通

酒店信息的透明化和公开化能够使员工意识到自己是企业的一分子，同时感受到酒店对员工个人价值的重视程度，从而激发员工的责任心和主动参与意识，提高工作效率。酒店可以采用每日例会、张贴公告、定期出版企业内刊和工作微信群等多种形式与员工进行沟通，鼓励各部门之间和部门内部员工之间交流相关信息，让员工知道酒店的愿景和目标，及时了解企业的经营动态和管理信息。

与"信息沟通"激励因素相关联的是：酒店内部信息公开的范围、信息沟通的途径、信息沟通的频次，以及各类信息所占比重等。

9）奖励

酒店常见的员工奖励有奖励旅游、实物奖励、公开表扬和别致的徽章等。调查发现，不同性别、不同年龄的员工对"奖励"这一激励因素的重要性，看法有明显差异。女性员工比男性员工、中老年员工比青年员工更重视这个因素。因此，酒店可以对不同性别和年龄的员工采取比较个性化的奖励措施，例如，对年纪较大的女性员工注意提供家居用品，其中表现突出的员工除公开表扬以外，让她们的家人参加酒店举办的员工开放日活动；而对年轻的男性员工来说，庆功聚餐或奖励旅游的激励效果会更好一些。

8.3.2 主要激励理论的应用

1）需求层次理论的应用

酒店在激励员工时可以按照需求层次理论所提出的五个层级，分别制定策略，采取有针对性的激励措施，详见表8.1。

表 8.1 基于需求层次理论的员工激励

需求层次	激励管理策略	员工激励措施
生理需求	1. 提高薪酬的竞争力 2. 完善医疗保障 3. 控制工作时长	1. 合理规划工资、奖金和津贴的比例 2. 特色健康保险 3. 健康的工作环境和合法的工作时长
安全需求	1. 安全的工作条件 2. 健全、合规的用工制度	1. 安全培训及意外事故的预防 2. 职业能力的培养
社交需求	1. 重视非正式组织的存在 2. 构建和谐的人际关系 3. 加强团队凝聚力	1. 接纳不与企业文化发生冲突的非正式组织 2. 建立双向沟通机制 3. 开展丰富多彩的团队建设活动
尊重需求	1. 完善绩效考核制度 2. 建立畅通的晋升机制 3. 制定公平的奖励制度	1. 明确各职位的权责利 2. 提供更多的内部晋升机会 3. 经常赞誉员工，做到"奖多于罚"
自我实现需求	1. 充分授权 2. 员工参与决策 3. 分享企业成长	1. 提供具有挑战性的工作 2. 提供能发挥特长的组织环境 3. 员工持股计划

2）双因素理论的应用

为了提高酒店员工的工作满意度，酒店首先应该调查研究酒店人力资源管理涉及的保健因素与激励因素影响因子，然后从酒店、政府、社会三方面着手，探索优化员工保健因素和激励因素的具体措施。在双因素理论中，员工薪酬只是保健因素中的一个方面，酒店人力资源管理的重点和难点是如何采取除"提高员工薪酬"以外的措施。表 8.2 对酒店员工工作满意度的影响因子和对策，进行了梳理和归纳。

表 8.2　基于双因素理论的员工激励

	具体因素	影响因子	激励对策
保健因素	薪酬福利	工资 奖金 福利待遇	
	工作内容、政策	工作适合与喜欢 工作与个人兴趣相符	
	与上级的人际关系	上级对待员工公平 上级对下属的帮助与支持 上级与下属的交流与沟通 上级承担失误责任的态度	提倡走动式管理 经常赞美下属 上级加强与下属的沟通频次 上级勇于承担失误责任
	与同事的人际关系	与同事业务方面的配合 融入所属团队的难易程度	
	工作条件、环境	工作场所的物理环境 考勤与排班制度	保证工作条件安全、适宜 合理安排班次，控制员工加班
激励因素	培训	在职培训 培训制度 脱产或半脱产进修	导师学徒制 轮岗培训制度 脱岗培训与在职培训相结合
	工作挑战性	工作量与工作进度 工作内容丰富与创新性 工作与员工知识技能相符	认可员工工作能力 认可员工的学历和特殊技能 根据员工责任进行授权
	工作成就感	工作的成就感	员工参与管理 开展员工技能与专业知识竞赛 员工服务社会
	晋升机会	晋升机会与制度	设置公平、公正、公开的晋升体制 拓宽员工晋升途径
	个人职业发展	酒店对员工的职业规划	指导员工职业生涯规划 帮助员工选择恰当的职业道路

3）期望理论的应用

期望理论所揭示的个人努力——绩效——组织奖励三者之间的关系，对酒店构建科学合理的绩效管理体系以及薪酬体系具有重要的指导意义，是将绩效管理和薪酬体系设计联系起来的理论纽带，图 8.6 显示了期望理论与绩效管理、薪酬管理之间的关联性。

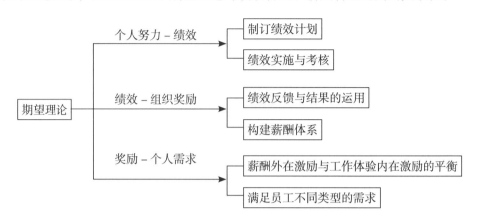

图 8.6　期望理论对绩效管理、薪酬管理的影响

在应用期望理论的实践中，要注意以下几点。第一，鼓励员工参与酒店的绩效计划与目标的制定，给予员工理解和讨论绩效计划的机会，同时保证绩效指标的公平、公正，以确保绩效指标体系作为考核业绩的重要手段而被员工接受。第二，在绩效评估阶段，管理者应该使用既定的评价标准与考核流程，对员工的工作业绩进行评估，从而保证绩效考评的公平、公正，提高员工对考评结果的认可度，进而强化其预期的激励价值。第三，一定要开展绩效考核面谈，这有助于管理者深入了解员工真正的需求，以便尽最大可能实施个性化的绩效考核结果应用，将绩效考核结果与员工利益联系起来，从而满足员工的真正需要。第四，提高绩效奖励在薪酬结构中的占比，使员工清晰地感知到自己在工作中的付出与回报是成正比的。第五，注意物质激励与精神激励并重，除了物质奖励，企业还可以通过扩大授权、荣誉表彰、收徒成师等方式提高员工的精神需求。

4）强化理论的应用

强化理论的"反应—刺激"模式突出的是对行为表现进行强化，它注重的是事件结果给行为带来的刺激性作用。在管理实践中，当被管理者做出了管理者喜欢或者不喜欢的行为后，管理者便会进行相对应的刺激，从而强化被管理者的个人行为，这样持续进行长久的调整，就会在被管理者个体行为和强化之间建立起一种外部相倚性的关系。当员工的个体行为和强化物之间形成非常紧密的相倚性关联的时候，激励的作用才能发挥到最大。因此，管理者要从下属的实际需要、所处环境出发，选择合适的强化物和合理的强化周期，以建立能够被下属所接受的外部相倚性，这是强化激励的基础之所在。

与其他激励理论相比较，运用强化理论实施激励的重点是针对被管理者的个体特点选择合适的强化物。关于强化物的选择，管理者应该认识到，首先是适度性，管理者必须要依据被管理者的接受程度来选择合适的强化物。其次是有限性，在实践中管理者所能掌控的强化物是比较有限的。最后是有效性，管理者选择的强化物必须要有很好的激励作用，而且强化物应该尽可能是独特的、稀有的。

在酒店人力资源管理活动中，管理者应该以正强化为主，目的是让管理者期望的行为尽可能多地重复发生，同时使被管理者愿意接受其行为带来的满足或者愉悦；以负强化为辅，发挥其约束和保障作用，减少甚至消除管理者不喜欢的行为发生，通常情况下被管理者的满意度也会下降。表 8.3 对强化措施所表现出的主要特点进行了总结。

表 8.3　强化措施的主要特点

时效性	对员工工作行为采取强化措施时，强化出现越早越及时，后续效果则越好，反之，当员工工作行为产生后，给予强化的时间延迟越久，强化的效果就越不理想。
节奏性	连续型强化：是指管理者对所关注的每一次工作行为都采取一定的强化措施。
	间隙型强化：是指仅对员工部分工作行为进行强化，依据时间或者受强化比率的不同分为定期强化和非定期强化，固定比率强化和随机比率强化。
持续性	对于员工积极的工作行为，可以将强化物根据员工的具体表现分为多次给予强化，这样的激励效果肯定要比一次性给予同等的强化物的效果要好。
层次性	良好行为的形成是一个递进的过程。如果管理者一开始就对下属的行为设定了极高的标准，以至于下属很难达到，这样下属就会对正强化失去信心。因此，在对被管理者的工作行为进行塑造时，要通过分步骤、分层次的方式实施。
消退性	管理者只有经常性变更强化量或者强化方法，并不断寻求新的强化物，才能使激励效果得以长久保持，否则下属对强化的感知会逐渐减弱，直至消失。

8.3.3　企业文化激励

1）企业文化的内涵

企业文化是指一个企业在长期发展过程中，把企业内部全体成员结合在一起的行为方式、价值观念和道德规范，反映和代表了该企业员工的整体精神面貌、共同的价值标准、合乎时代的道德水准和追求发展的文化素质，是增强企业凝聚力、向心力和持久力，保证组织行为的先进性，推动企业成长和发展的意识形态之总和。

企业文化主要包括三个层次：表层、中层、深层。表层的企业文化指可见之于形、闻之于声的文化形象，即所谓外显部分，如店貌、店旗、店歌、服务形象、员工风貌等；深层的企业文化是指积淀于企业及其员工心灵中的意识形态，如理想信念、道德规范、价值取向、行为准则等，所谓内隐部分；中层的企业文化是处于表层、深层之间的那部分文化，如酒店规章制度、组织机构等。上述三个层次中，最为重要的是深层文化，它是影响酒店及其员工行动，决定中层文化、表层文化的内核所在。

2）企业文化的激励机制

（1）核心价值观的引导机制

酒店的核心价值观决定其决策机制，进而影响酒店的组织目标和行动方案，因此，酒店的核心价值观不仅决定酒店的基本特征和个性，也为员工的努力指明方向，使员工激励有的放矢。核心价值观的引导机制具有决定性的作用，是企业文化激励机制的主宰。

（2）企业精神的驱动机制

酒店因各自服务方式、历史传统、产品结构、管理风格、员工状况的不同，受消费环境和当地文化的影响，必然会形成自己独特的企业精神。企业精神对员工激励的驱动作用在于：

①产生信仰。使员工产生对酒店使命、宗旨和战略目标的执着追求和坚定信心，并持之以恒。

②强化使命感。酒店的使命、宗旨和战略目标既是酒店的责任，也是全体员工的责任，在企业精神的驱动下，员工的使命感会得到强化。

③形成意志力。企业精神是意志力的凝结，没有意志力就没有企业精神。在完成使命、履行宗旨、实现目标的过程中，必然会遇到来自内部和外部的各种困难，通过不断地克服困难，可以使员工产生一种意志力。信仰、使命感和意志力最后协同整合成为精神驱动力。

（3）规章制度的约束机制

规章制度是酒店为了维护或规范其生产秩序、服务流程和员工行为而制定、颁布执行的规划、程序和条例等的总和。规章制度实际上是规定了酒店所有员工必须遵循的行为方式、程序及处理各种关系的规则，具有强制性的特点。因此，规章制度的激励是一种负激励、硬约束。

（4）和谐文化氛围的激发机制

文化氛围是酒店的价值观、企业精神、伦理道德与规章制度共同作用的产物，是一种无形的东西。酒店应该为员工创造和谐的文化氛围，让员工有家的温暖、事业的成就感、局内人的参与意识和受尊重的感觉，从而激发员工"爱店如家"的奉献精神、追求卓越的进取心、维护酒店利益的自觉性和勇于开拓富于创新的意识。

（5）并购中文化融合的激活机制

酒店规模的扩张，除了采取各类连锁模式，还有就是并购，而并购往往会产生文化冲突。一方面，被并购的酒店是否能接受兼并酒店的企业文化，或者说文化在移植过程中是否会水土不服。另一方面，大规模的扩张必然吸纳许多新的员工，引进许多新的职业经理人，他们带来新的理念、新的知识和新的管理方式，但同时又带来新老员工的文化融合问题；如果他们不能很好地接受兼并方酒店的企业文化，那么兼并方原有的企业文化将面临着被稀释和虚化，进而导致尽管在形式上实现了并购和资源整合，但仍然不能调动员工的积极性和创造性，仍然无法提高资源配置效率。因此，在并购重组过程中，不只是资本重组的并购，更深层的是文化的并购，要激活并购后的企业，企业文化的融合是其中的重要举措。

案例启迪

海底捞成功的奥秘藏在"充分授权"

四川海底捞餐饮股份有限公司是一家以经营川味火锅为主，融汇各地火锅特色于一体的大型连锁餐饮企业。极高的顾客满意度是海底捞近年来最为业界津津乐道的话题，海底捞成功的奥秘在哪里？

其实答案很简单——把员工当成家人。海底捞的员工住得都是城里人住得正规住宅，里面有空调和暖气，有专人给员工宿舍打扫卫生，换洗被单；宿舍里可以免费上网、电视、电话一应俱全；海底捞员工称他们的宿舍拥有"星级"酒店的服务！不仅如此，员工宿舍离工作地点必须步行 20 分钟以内。

在海底捞，员工不仅比其他餐馆吃得好、住得好，还能得到公司的信任。充分授权是海底捞信任文化的重要标志。董事长张勇在公司的签字权是 100 万元以上；100 万元以下是由副总、财务总监和大区经理负责；大宗采购部长、工程部长和小区经理有 30 万元的签字权；店长有 3 万元的签字权，这种放心大胆的授权在民营企业实属少见。

如果说海底捞对管理层的授权让人吃惊，那么对一线员工的信任更让同行匪夷所思。海底捞一线的普通员工有给客人先斩后奏的打折和免单权。不论什么原因，只要员工认为有必要都可以给客人免一个菜或加一个菜，甚至免一餐。这等于海底捞的服务员都是经理，因为这种权力在所有餐馆都是经理才有的。

做过服务员的张勇明白：要让员工的大脑起作用，还必须给他们权力。因为客人从进店到离店始终是跟服务员在打交道，任何餐馆客人的满意度其实都握在一线员工的手里。如果客人对服务不满意了，还要通过经理来解决，这个解决问题的过程本身又会增加顾客的不满意。所以把解决问题的权力放在一线员工手里，才能最大限度消除服务中的不满意。更关键的是，每桌客人的喜好只有服务员最清楚，只有服务员才能一桌一桌地感动客人。

当海底捞赋予服务员给客人免单权的同时，就意味着公司必须要承担极少数有劣迹的员工滥用权力的风险；同时，还必须承担当少数人的滥用得不到制止时，权力就有可能大面积被滥用的风险。因此，海底捞这种剑走偏锋的管理方法，无疑对其管理流程、监察制度和员工素质提出了更高的要求。

资料来源：黄铁鹰 . 海底捞你学不会 [M]. 北京：中信出版社，2011.

8.3.4　领导行为激励

1）情绪激励

管理者自身的心境和情绪具有传递性和感染力，因此管理者的情绪能对下属产生影响。管理者高昂的情绪、十足的信心和奋发的斗志往往能极大地调动员工的积极性。管理者在要求员工具有工作积极性时，首先要自己情绪高昂。

2）期望激励

管理者充分信任员工并对员工抱有较高的期望，员工就会充满信心。如果管理者仅要求员工较好完成工作，员工的工作表现可能就是一般，如果管理者要求员工严格按照标准，一丝不差地完成工作，员工就会努力达到工作标准。这是指管理者的期望直接影响着员工的行为。研究表明，在一个组织中，管理者对下属的期望高低与劳动效率、利润率尤其是员工的工作动机有着直接联系。如果管理者对下级员工抱有很高的期望，那么他就掌握了一个提高组织绩效和工作动力的工具。

工作绩效说明是期望激励的另一种形式。"你希望我做什么？""我在酒店服务中扮演什么角色？""什么叫顾客满意？""我怎样才能达到你所规定的绩效标准？"每一位管理者都必须能够准确地回答员工提出的这些问题，而且答案应当清楚明确。对员工的期望越具体、越明确，员工实现和超越这些期望的可能性就越大。当然，如果管理者对下属期望过高，员工可望而不可即，仍然无法激发员工的工作热情。

3）榜样激励

管理者的行为具有榜样作用和示范作用。我国自古就有"上行下效"之说，因而，管理者自身无时不产生着一种影响力。"严以修身、严以用权、严以律己，谋事要实、创业要实、做人要实。"[1]这不仅是习近平总书记对干部提出的要求，也是企业管理者榜样激励的行动指南。要想有效地激励员工，管理者就不要忘记自己树立起良好的榜样。

8.3.5　标杆激励

1）标杆激励与标杆管理

标杆管理是 20 世纪 70 年代末由美国施乐公司首创，后经美国生产力与质量中心进行系统化和规范化，并大力推广。标杆管理已经成为现代企业经营管理活动中支持企业不断改进和获得竞争优势的最重要的管理方式之一。标杆管理是一个系统的、持续性的评估过程，通过不断地将企业流程与世界上居领先地位的其他企业相比较，以获得帮助企业改善经营绩效的信息。简单地讲，标杆管理就是一个确立具体的先进榜样，解剖其各项指标，不断向其学习，发现并解决企业自身问题，最终赶上并超越它的这样一个持续渐进的学习、变革和创新过程。

标杆管理的基本环节是以最强的竞争企业，或行业中领先或最有名望的企业在产品、服务和流程方面的绩效及实践措施为基准，树立学习和追赶的目标，通过资料收集、比较分析、跟踪学习、重新设计并付诸实施等一系列规范化的程序，将本企业的实际状况与这些基准进行定量化评价和比较，分析这些基准企业达到优秀绩效水平的原因，并在此基础上选取改进本企业绩效的最佳策略，争取赶上并超越对手，成为强中之强。标杆管理方法较好地体现了现代企业管理中追求竞争优势的本质特性，因此具有良好的实用性和广泛的适用性。如今，标杆管理已经在库存管理、质量管理、市场营销、成本管理、人力资源管理、新产品开发、企业战略等各个方面得到广泛的应用，并不断拓宽新的应用领域。

标杆管理为企业提供了一种可行、可信的奋斗目标，以及追求不断改进的思路，是发现新目标以及寻求如何实现这一目标的一种手段和工具；因此，可以看出标杆管理的积极意义还在于能够有效地激励员工不断进取。

2）标杆激励的主要类型

（1）内部标杆激励

内部标杆激励是最简单且易操作的标杆激励方式之一。通过辨识内部绩效标杆的标准，即在酒店内部确立主要标杆目标，做到内部信息共享；通过辨识酒店内部最佳职能或流程及其实践，然后推广到组织的其他部门，不失为酒店提高绩效最便捷的方法之一。例如，某酒店客房部根据顾客的住宿登记，了解顾客的个人信息，为其提供个性化的服务，从而获得了顾客的赞许；餐饮部在了解了客房部这一服务精髓后，可以结合自己部门的特点，

1　习近平：《大力学习弘扬焦裕禄精神 继续推动教育实践活动取得实效》，《人民日报》2014 年 3 月 19 日。

建立顾客特殊就餐档案，对那些在酒店餐饮部举行过婚礼庆典和生日聚餐的顾客，提前在来年的同一时间发出祝贺和邀请，获得有自己特色的顾客满意度。

（2）竞争标杆激励

竞争标杆激励的目标，是与有着相同市场的酒店在服务、工作流程等方面的绩效和实践进行比较，直接面对竞争者。这类标杆激励的实施比较困难，原因在于除公共领域的信息容易了解外，其他关于竞争企业的信息不易获得。

（3）职能标杆激励

职能标杆激励是以行业领先者或某些企业的优秀职能操作为基准进行的标杆管理。这类标杆管理的合作者常常能相互分享一些技术和市场信息，标杆的基准是行业外企业（非竞争对手）及其职能或业务实践。由于不是直接的竞争者，因此合作者往往较愿意提供和分享技术与市场信息。例如，全球 500 强的美孚石油（Mobil）公司为了提高其加油站的顾客满意度，经过调查发现，有 80% 的顾客需要"能提供帮助的友好员工"，于是他们找到了号称全美最温馨酒店的丽思卡尔顿酒店，因为丽思卡尔顿酒店的服务人员总能保持招牌般的甜蜜微笑，因此获得了不寻常的顾客满意度。通过实地观察、感受以及电话访谈，美孚石油公司从丽思卡尔顿酒店员工自豪地为顾客提供满意服务，发现了其加油站可以学习借鉴的东西。

8.3.6　目标激励

目标激励就是酒店运用所制订的目标来调动员工的积极性。目标激励是一个系统工程，它的激励效果取决于以下 6 个方面。

1）取得酒店最高管理层的高度支持

一方面，目标激励是从由酒店最高管理层决定的战略目标开始的，这是目标激励体系的起点。另一方面，高级管理层实施目标激励的理念和行动是推动各级管理者调整管理模式的基础和榜样，否则目标激励所倡导的通过授权和分权进行自我管理就很难实现。启动目标激励必须依靠酒店高级管理层的权威和影响力，从而获得中层和基层领导广泛的支持和配合。

2）宣传培训是前期的基础性工作

只有酒店高层管理者了解目标激励是不够的，上级是目标激励的推动者，而下级是目标激励的达成者，他们都必须对目标激励有充分的了解。因此，酒店需要在实施目标激励的前期进行反复的宣传培训，宣传就是要让员工理解"什么是目标激励，及其优势"，培训则是要让员工学会"如何执行目标激励"。

3）制订适当的目标

首先，酒店要制订一个具有指导性的总目标，即酒店的战略目标，来协调所有的经营管理活动。其次，部门和员工制订目标时，要注意检查自己的目标是否与上一级目标相一致，以及为达成目标所必需的技能、预算和授权等条件是否具备。最后，要鼓励员工参与，通过上下双向沟通制订其愿意执行的目标。

4）进行适度的奖励

酒店实施目标激励要与绩效考核制度和奖惩制度相结合。因为，第一，追求个人利益最大化，获得加薪和升迁是促使员工实现自我管理和提高绩效的主要动力；第二，目标激励的本意也是希望将员工的个人利益融入企业目标，依据目标达成效果进行奖惩，可以使员工得到不断的激励，在实现个人利益最大化的过程中推动企业发展。

5）重视目标跟踪

目标激励不光是要设定目标，还要使整个酒店把各种资源调动起来，瞄准目标推进工作，这就需要不断对工作进度进行跟踪。跟踪的目的一是及时发现偏差，及时纠正偏差，避免资源浪费；二是为上下沟通和上级实行例外管理提供机会和内容；三是对员工的目标达成情况进行监督和鼓励。

6）以目标作为绩效考核依据

目标激励以制订目标为起点，以对目标完成情况进行考核为终结，并通过将考核结论反馈给员工来强化员工的自我成就感。目标激励特别适合那些在工作中有成就需要的员工，他们渴望将事情做得完美，追求的是在争取成功的过程中克服困难、解决难题、努力奋斗的乐趣，以及成功之后的个人成就感，而并不特别看重成功所带来的物质奖励。

8.3.7　员工行为矫正

1）行为矫正的含义

行为矫正是指在建立健全酒店规章制度的基础上，调整与矫正员工的行为，使之遵守纪，完成酒店的工作目标。严格地讲，员工行为矫正是一种员工被动激励的措施。

行为矫正包括三个方面的内容。其一，酒店必须制定出一套每位员工都熟知的完整的规章制度，其中要包括酒店的经营总则、员工守则、福利制度、服务准则、劳动管理、工作程序及其要求等。完整的规章制度是保证酒店矫正员工行为的前提。其二，纪律处分的明确规定。这是指在员工行为违反了酒店规章后的处理措施必须层次清楚，尺度合理。其三，则是要及时、一致而且无情地执行规章制度，强化员工的行为。例如，酒店已明文规定，迟到一次扣奖金50元。当一位员工迟到后，管理者视而不见，无动于衷，那么其他员工很快会出现迟到现象，这项规定就形同虚设。

2）行为矫正的手段

行为矫正的手段通常可以归为两类：一类是惩罚手段，即消极矫正；另一类是指导性的培训，即积极矫正。

（1）消极矫正

很多管理者认为，当员工违反了酒店的规章制度时，就必须加以惩处，这样，该员工不仅不会再犯错误，而且也起到杀一儆百的作用。这种通过惩罚矫正员工行为的效果被一些酒店管理者所肯定，他们认为酒店的工作性质和员工的心态决定了使用严格的规章制度、严厉惩罚是保证高质量服务的手段。

但是，消极矫正即惩罚本身存在一些弊病。首先，消极矫正只是达到了"惩前毖后"

的目的，却没有从根本上解决员工的问题即没有"治病救人"。当员工因为畏惧和被操纵而受到激励时，他们并不会尽力去实现什么壮志宏图，他们更关心的是如何避免被惩罚。其次，惩罚经常会引起员工的尴尬、逆反、愤怒、敌对情绪，从而导致上下级之间的心理对抗，破坏彼此的沟通和合作。最后，消极的矫正导致消极的结果，这就可能会使惩罚没有终止地进行，从而形成恶性循环。

消极矫正通常采用的模式可归纳为以下四步。

①口头警告，警告员工不要再犯。

②书面警告。告诉员工已两次违反规章制度，下次违反必将付出代价。

③惩罚。采用物质惩罚，如扣奖金、扣工资等；或采取精神惩罚，如当众批评、记过、降职等。

④开除。如果员工屡教不改或严重违反规章制度，给酒店带来巨大经济损失，则考虑给予开除处分。

消极矫正模式尽管在酒店业对于保障服务工作的完成具有一定的现实意义，但是却影响了管理者与员工之间的关系，容易破坏工作氛围。

（2）积极矫正

在酒店运营中，员工出现的违纪现象有两类不同的性质：一类是明知故犯；一类是非故意或无知而导致的违纪。如果不看问题的性质，一律采用消极矫正手段，确实容易导致不良后果。因此，积极矫正被很多酒店管理者所重视。

积极矫正是指管理者认为员工是勤奋而自觉的，出现工作失误后，只要给予说服教育、帮助他们改进工作，克服思想上和工作上的困难，那么违规犯纪的现象就会消失，酒店的规章制度还能得到强化。当然，如果通过帮助、培训、教育之后，一些员工仍然不悔改，那么惩罚是必要的。

积极矫正通常采用的模式可以归纳如下。

①口头提示。友好地指出员工的工作失误，解释这种错误的不利后果，让员工制订改进工作的措施。

②书面提示。当该员工再次违纪时，要态度严肃地与其单独谈话，找出再次违纪的原因。最后，以书面形式将该员工的违纪情况作记录，放入员工档案。此外，要与员工达成一份改进工作的计划。

③停职反省。当员工反复违纪时，管理者要指出员工的错误行为，着重强调规章制度，表示不愿失去这位员工，但要么必须改正错误，以后不犯，要么离职。为了使员工反省，酒店可以暂时停止该员工的工作，在几天内等待该员工的答复。许多员工当其在该酒店工作时，并没有感到有什么值得留恋的，但是一旦失业，则很快会发现原来的工作难得。这一步就是让员工悔悟，自己决定未来。一旦员工返回工作职位，可谓"浪子回头金不换"，很有可能成为一个合格的员工。

④开除。如果停职反省的员工最后决定不再上班，那就是自己开除了自己而不是酒店开除了他。即使员工离开了这家酒店，他依然感到酒店的宽容与大度。管理实践发现，70%的员工会自动返回工作职位，愿意遵守规章制度，并接受规章制度所列出的处罚。

积极矫正的最大益处莫过于建立起管理者与员工之间良好的合作关系，削弱双方的冲突，降低员工流动率，提高管理者的威望。

3）行为矫正中应避免的失误

管理者在对下属进行行为矫正时，往往容易出现以下一些失误。

（1）行为矫正简单化

一些新上任的管理者往往对行为矫正缺乏经验，对员工的违纪行为要么要求过严，小题大做，要么是采取宽容的态度，对违纪行为视而不见。这两种倾向都会给今后的工作带来极为不利的影响。特别是后一种宽容态度，当管理者实在无法容忍时，便会采取严厉的措施，管理者态度的转化会招致下属的反感。因此，作为管理者来说，要想强化规章制度，就要从最初开始做到态度一致。

（2）在矫正时没有保持冷静

管理者大发雷霆，其结果容易激化问题，招致员工的逆反和反抗，而且管理者也会说出过分的话，或出现过分的行为。该项失误容易降低管理者的威信。

（3）威胁而不采取行动

"雷声大，不下雨"，是一些管理者在员工行为矫正中的表现。如果管理者总喊"狼来了"，喊习惯了，狼没来，员工也就不再相信了。

（4）越级越权处理违纪员工

越级越权处理违纪员工是错误的。例如，某一部门经理下令开除某一违纪员工，最后这一员工并没有被开除，因为在该酒店开除员工是总经理的权利，那么这位经理的威信就会降低。

（5）逃避问题会失信于民

一些管理人员在发现违规行为后，自己不去处理，唯恐得罪员工，或者将问题上交，或者让下属去处理。这种做法往往容易失去员工的尊重和信任。

（6）迫使员工辞职离职

迫使员工辞职离职不是明智之举。一些酒店管理者既想开除违纪员工，又唯恐员工记恨自己或带来一些其他麻烦，所以采取了"空职法"，即解除该员工的职务，让其终日无所事事，迫使其自谋高就。在一些人际关系极为复杂的企业里，这种做法会给管理者带来一种"保护"。但是，在完全自主经营的企业里，这种做法由于对员工失控，会给企业造成极为不利的影响。

案例启迪

一定要解雇吗？

凯恩·史密斯是五月花连锁汽车旅馆公司在丹佛－奥罗拉大都会区的主管。他全面负责丹佛－奥罗拉大都会区5个连锁店的管理。平时每家汽车旅馆的晚上只有一个人值班。尽管每天汽车旅馆都是24小时营业，但是汽车旅馆的营业收入只是从星期一到星期五于当日存入附近的银行。因为当地银行星期六和星期日休息，所以这两天的销售收入要在汽车旅馆的保险柜中存放到星期一早晨。因此，在星期一完成销售额统计所需要的时间要比平时多。公司有这样的政策，区域经理和值班员工在一起时，才能打开保险柜，员工必须把每 1 000 美元放在一个棕色的包里，在包上作出标记，把包放在保险柜旁边的地板上，直到区域经理核实好每一个包中的钱数。

史蒂夫·卡特星期一清晨在位于丹佛东部的第 65 门店当班，为了节省区域经理的时间，他在区域经理到来之前就把销售额计算好了。这个星期一早晨，汽车旅馆的生意出奇地好，在给一个顾客的外卖打包时，史蒂夫错把一个装钱的包当作一个装有 3 个三明治的包，并将它和薯条、炸鸡包在了一起。15 分钟后，凯恩·史密斯来了，两个人开始清点营业收入。当他们焦急地发现有一个钱袋不见了的时候，一个顾客拿着装钱的包开车回来了。公司有一条政策，任何违反销售额统计程序的人必须被立即解雇。

史蒂夫很沮丧，"我确实需要这份工作，"他说，"我有一个刚出生的孩子，还有各种医药费开支，失业肯定会使我无法活下去。"

"你知道公司有关收入管理的规定，史蒂夫。"凯恩说。

"是的，我知道"，史蒂夫说，"而且我确实没有任何借口。但是，如果你不解雇我，我向你保证，我今后一定严格执行公司规定，我会成为最好的员工。"

此时，史蒂夫看到一辆顾客的汽车正在开进停车场，他说了声"抱歉"，便迎了出去。望着史蒂夫忙碌的背影，凯恩开始给公司总部的人力资源经理打电话，他实在拿不定主意要不要解雇史蒂夫。

8.3.8　减压激励

心理压力是指个体在环境中受到各种刺激因素的影响而产生的情绪和身体上的异常反应。当心理压力发生在工作场所时称为工作压力，它是工作中个人处理问题的能力与意识到的工作要求之间不相称时，与工作相关的不良刺激对个体所引起的负性主观体验和心理、生理反应。

工作压力和工作绩效之间的关系呈倒 U 形曲线。工作压力较小时，人处于松懈状态之中，工作绩效不高；当压力逐渐增大时，压力成为一种动力，它会激励人们努力工作，工作绩效将逐步提高；当压力等于人的最大承受能力时，人的工作绩效达到最大值；但当压力超过了人的最大承受能力之后，压力就成为阻力，工作绩效也就随之降低。因此，工作压力对绩效的影响要一分为二地看待，当工作压力较小时应适当增加压力，当工作压力较大时应缓解压力。

目前，我国酒店业员工的工作压力总体看是偏大的，主要表现在员工普遍承受着人际关系压力、顾客对高品质服务需求所带来的压力、职业发展的压力、工作量过大且工作单调的压力、规章制度要求严厉的压力等。工作时间长、工作强度大、薪酬福利比较低和人际关系复杂等原因叠加，导致员工比较容易产生懈怠、抱怨，甚至暴躁等负面情绪，从而影响服务质量。究其原因，有研究将之归纳为：①酒店行业服务工作的性质使员工感觉自己得不到尊重，在服务的过程中心理失衡产生的压力；②酒店层级管理严格造成心理压力；③职业发展方向不明，职业发展的困惑造成心理压力。因此，需要从生理和心理方面减轻员工工作压力，这实质上也是一种员工激励。

1）提供免费心理咨询

心理咨询在为员工提供精神支持与心理辅导、帮助其提高社会适应能力、缓解心理压力、保持心理健康方面是一种十分有效的做法。酒店可以考虑聘请资深专业人士为心理咨询员，免费向员工提供心理咨询，指导员工遇事更多地采用"能尽快地将不愉快忘掉""以幽默的方式化解尴尬局面"等积极应对方式去替代"遇苦恼事一人独处""将情绪压在心底里不让其表现出来"等消极应对方式，从操作层面提高员工的自我心理调节能力。

2）为员工提供压力管理的信息和知识

酒店可以为员工订阅有关保持心理健康的报纸、杂志，或利用移动互联网向员工手机推送心理卫生常识，供员工免费阅读。这也能体现企业对员工成长与健康的真正关心，使员工感受到来自企业的关怀与尊重，从而转化为一种有效的激励。

酒店还可以开设宣传专栏，普及个人心理保健知识，有条件的企业还可开设有关压力管理的课程，告知员工诸如压力的严重后果、代价（如疾病、工作中死亡、事故受伤、医疗花费、工作效率下降而造成潜在收入损失等）；压力的早期预警信号（生理症状、情绪症状、行为症状、精神症状）；压力的自我调节方法（如健康食谱、有规律锻炼身体、学着放松和睡个好觉、发展个人兴趣爱好等），让员工筑起"心理免疫"的堤坝，增强心理"抗震"能力。

3）向员工提供保健或健康项目，鼓励员工养成健康的生活方式

有条件的酒店可以建立专门的员工健身活动室，提供各种锻炼器械，让员工免费使用，通过健身、运动不仅有利于员工的生理健康（这也是心理健康的基础），而且还可使员工的工作压力在很大程度上得到释放和宣泄。

【复习思考题】

1. 需求、动机和积极性三者之间是怎样的关系？

2. 人性假设的各种理论对选择激励手段有什么影响？

3. 需求层次理论中各层级之间存在什么样的关系？

4. 双因素理论对充分认识员工满意度有哪些贡献？

5. 你认为对员工的行为管理，正强化的效果是否总是优于负强化吗？为什么？

6. 酒店业如何运用期望理论对员工进行激励？

7. 你认为酒店业采取标杆管理进行激励可以从哪些行业或职位选择自己的标杆？为什么？

8. 目标管理为什么能够发挥激励员工的效果？

9. 根据我国酒店人力资源的现状，如何分类实施减压激励？

【案例研究】

李卫应该怎样授权才能真正激励员工

李卫大学毕业后就进入某五星级酒店前台工作。工作两年来，李卫一直勤勤恳恳，表现优秀，并且和同事相处也很融洽，因此很快晋升为领班。他感觉自己从整体上很喜欢这个酒店氛围，但是还有一点他特别不满意，那就是前台卢经理。卢经理基本上是不给员工授权的，这让前台的基层员工们普遍感觉领导对他们缺乏信任，在酒店中没有地位。

卢经理在平时工作中要求前台员工在做任何决策时都需要向他请示，尤其是处理客人的投诉。他认为这样做能够保证工作的顺利进行，减少因为员工的肆意决策所造成的麻烦以及给酒店带来的损失。他把请示上级这一条作为员工日常工作必须遵守的一项原则，一旦违反，就要受到惩罚。有一次，前台赵静在给一对老夫妇办理入住手续时，发现他们是专门来过金婚纪念日的，被他们所感动，赵静决定给两位老人一个折扣作为祝福。事实上，这个折扣是在酒店所允许的范围内的。但事后，卢经理知道了这件事后严厉批评了赵静，认为赵静不应该在没有请示他的情况下就擅自作出决定，并且以此为例再次向其他员工强调以后不准再出现这种越权行为。从此以后，大家在工作上更加小心翼翼，工作的积极性明显下降，并且在私下对卢经理多有抱怨。更为严重的是，由于每次在对客服务中出现问题，都必须去请示卢经理，员工的工作效率非常低，这经常让一些客人很不满意。对于这种情况李卫曾经有几次试着去建议卢经理可以尝试授权给员工来提高工作效率，但都被卢经理否决了。李卫想如果他以后是上级领导的话，一定要改变现在的管理模式，给员工较多的授权，让他们充分感受到被信任。

几个月后，卢经理突然离职，于是李卫的机会便来了。由于李卫平时优异的工作表现加上卢经理的推荐，李卫很快就被任命为新的前台经理。刚上任的李卫很兴奋，他认为自己上任之后第一个要做的就是对员工进行授权，给他们留有一定的发挥空间，从而提高员工的工作积极性和工作效率。因此，李卫迅速召开了一次员工会议。在会上，他向员工表示，在前台处理客人的投诉及其他需要满足客人需求的方面，只要不触及酒店原则性问题都会给予他们同样的授权，鼓励他们独当一面，尝试解决问题。他的这次会议鼓舞了在场的很多员工，并且由于李卫在上任前的人际关系就很好，迅速赢得了员工的支持。

在李卫上任后的第一个月中，员工们的士气明显提高，工作热情也大大提升，客人的投诉也明显下降，并且员工对于这位新领导也充满敬意。与此同时，因为近一个月的营业额增加，在部门会议上，李卫所在的前厅部也受到表扬。这再次让李卫相信自己的决策是正确的，他对自己未来的管理感到信心百倍。

然而，在接下来的两个月，由于前台员工在对客服务时过度利用权力，给客人打折、优惠等，引起一些客人相互之间的不满。同时，财务部也指出前台近期在房价方面大量使用内部价、优惠等，有违酒店的价格策略。

于是，李卫回去之后批评员工不应该过度利用职权给客人打折优惠，以避免引起其他客人的不满情绪。同时，为了杜绝这种事情再次发生，他规定过度使用授权的员工将会扣除一部分工资作为惩罚。李卫没有想到他的几句批评引起员工私下里对他极大的不满。此后，每次他在前台巡视时，员工不再像以前那样热情地打招呼，同时一些员工也会私下悄悄说一些他的坏话，这让李卫百思不得其解，也很苦恼。然而，更令他头疼的是，前台的客人投诉仍然没有停止。他一边处理越来越多的投诉，一边想着尽快找到解决办法，但想来想去都始终无果。

这天早晨，刚跨进办公室的李卫就被告知前台有客人投诉，难以安抚。原来，由于几天前前台一名员工为了赢得回头客，在给一名张姓客人办理入住时打了七五折。这位张姓客人和今天入住的这位VIP客人是同事，VIP客人从张姓客人那里听说了这件事。今天这位VIP客人在办理入住时前台依然按照会员打了八折，于是这位客人火冒三丈。他不明白为什么同是客人，并且自己还是VIP却受到如此待遇。对于酒店这种随意定价的制度他感到极为不满，一定要讨一个说法。面对这样的事情，李卫再一次感到很头疼，因为类似的事情已经不是第一次发生了。李卫尝试着像前几次一样以低折扣去说服这样的客人，但是丝毫没有用处，客人一直闹着要见总经理，一定要投诉。面对这样的情况，李卫显得无可奈何，他生气地责问是哪位员工服务的张姓客人，但前台员工却个个默不作声，他们的眼中写满了不屑与嘲讽。最终酒店孙总经理亲自出面，向客人赔礼道歉，并且做了一系列的补偿，这才结束了这场纠纷。

而此时的李卫却深感无助地站立在那里，他的大脑此刻尤为混乱。愤怒、委屈、苦恼，一系列莫名的情感随着疲倦一齐涌来。他不知道自己错在哪里，为什么员工嘲笑他，顾客埋怨他，甚至领导也责备他，明明自己的初衷是为了激励员工，提高工作效率，让他们有归属感，到最后为什么自己却成了罪人？

讨论问题

1. 运用有关的激励理论分析授权对员工工作积极性的主要影响。
2. 运用授权激励员工应该做好哪些准备工作？
3. 李卫的授权工作在今后应该如何改进？

开阔视野

万豪国际酒店集团对待员工的态度

"只要很好地照顾员工，他们也会很好地对待客人，客人便会不断光顾万豪。"其实，这句话是万豪创始人J. Willard Marriott先生在回答"公司应该如何对待员工"时提出的观点。万豪是基于这个经营理念来处理公司与员工关系的。如今，它已成为万豪国际酒店集团的座右铭。为此，万豪还提炼出了五个核心价值：追求卓越、拥抱改变、以人为本、高尚的道德操守、服务我们的世界。其中，"以人为本"的人力资源中心思想，正是万豪区别于其他行业竞争对手的重要标志。

曾任万豪国际酒店集团亚洲太平洋、中东及非洲地区首席人力资源官费立基（Jim

Pilarski）回忆说："我在万豪工作了 34 年了。第一份工作是在万豪礼宾部做兼职工。这是我在芝加哥洛约拉（Loyola）大学半工半读时争取来的。后来，我被分到工程部实习，每天穿着蓝色制服，戴着铭牌，做的工作也都普普通通，比如换电灯泡、修理水龙头、检查煤气管道等。不过，就像对待其他员工一样，平时在酒店大堂，上司见到我们都会主动打招呼，对我非常尊重。这种氛围贯穿于公司的各级职位。这也是我后来一直留在万豪的主要原因之一。"

没有相互信任，双方的关系是不可持续的。费立基认为，言出必行、尊重员工是建立员工信任的两块基石。言出必行，就是要说到做到。每个公司都有自己的一套核心理念，但在万豪，公司对员工的承诺是必定会兑现的。若言而无信，员工自然不会再信任你。尊重员工，不管地区、职级、性别、文化等差异如何。在万豪国际酒店集团，尊重员工的最好表率就是董事长 Bill Marriott。一般的领导在巡视酒店时可能只与经理会面，但是 Bill 会面见各个层级的员工，给予同等的沟通时间。他还会考察酒店总经理，看他们能否不看员工的铭牌就说出员工的名字，包括房间卫生员、洗碗工等。对于一些标杆员工，Bill 还希望他们能记住这些员工的妻子、儿子的名字，以及最近发生在员工身上的重大事情，如生孩子、过生日等。Bill 认为，尊重员工，就是要细致入微。

事实上，在考察酒店时，Bill 通常会看三个地方：更衣室、员工餐厅、留言板。因为从更衣室是否洁净，餐厅里员工是否吃得美味，后台服务区留言板是否公布有公司最新资讯和留言信息，可以很客观地看出一个酒店与员工的和谐关系、信任度。尊重每个人，让员工觉得自己有价值，并实践公司的承诺，正是建立信任的基础。

万豪国际酒店集团的人力资源战略，大体分为三大块。首先是雇用最棒的员工，通过不同途径，比如微博，分享万豪的优势。其次，保留优秀的人才。这是一门学问，增设培训、提高待遇、保持沟通、建立归属感，都是不错的方法。最后，推动员工的职业发展。比如领导力培训、继任计划、绩效考核等。在解释"最棒的员工"时，费立基说："人才的标准界定因企业不同而版本多样。在万豪，我们更青睐这样的人才，有积极向上的态度，乐于服务的精神；不断地努力学习和工作；热爱酒店业工作，并以此为事业；注重团队精神，善于与队员协同合作。万豪国际酒店集团在招聘人才时，最重要的挑选标准是看他们是否有积极向上、乐观及服务客人的精神。除非应聘的职位需要特殊技能，比如厨师、前厅部经理、销售经理等。"

费立基认为，把适当的人才在适当时机，安排在适当的职位，是万豪人力资源策略取得成功的关键。因此，万豪针对各类员工，开发了一系列的培训与发展计划。比如，对于所有新员工，万豪制订了一套独特的培训计划，要求他们在入职 30 天之内完成。这项计划就是向新员工介绍万豪的企业文化、品牌以及其员工所属的独特酒店。在入司 60~90 天内，公司也会安排跟进培训课程，确保他们能适应工作环境，逐步掌握所需技能。

对于非管理层员工，万豪提供了多种关于专业技能的培训，这将有助于为客人带来优质服务，如餐饮、客房服务、采购等。此类课程会涵盖特殊专业领域，包括财务、人力资源、信息科技、资产管理、公共关系及营销等。

对于经理，他们会参加 20 余项不同的管理培训计划。这些计划是以学员的能力为本，直接与业务目标挂钩。每个课程的学员人数为 20~25 人。

　　培训后的高层管理人才，万豪是否担心他们会跳槽？几年前，万豪曾专门就员工"跳槽"问题联合咨询公司做过调查。结果发现，接受培训的高管人才均表示公司重视自己，更愿意留在万豪。

　　费立基指出："我们发现一些其他国家的竞争对手会有计划、有预谋地来'挖墙脚'。尤其是其他国家本土的总经理人才，是他们的猎取对象。但是他们的计划并没有成功，因为我们的总经理在万豪的平均工龄达 15~20 年，他们非常感激自己能受到公司的重视，常常不愿离开。"

　　Bill Marriott 先生曾经每个季度都会反复问费立基这样一些问题：我们有没有照顾好我们的员工？有没有提供足够的培训？员工们有没有理解我们的文化、核心价值？

　　资料来源：顾邦友．费立基 寻觅你的世界 [J]．培训，2013（1）：4.

第9章 酒店劳动关系管理

【学习目标】

通过学习本章，学生应该能够：

掌握：劳动关系的概念；

建立和谐劳动关系的途径；

劳动合同的概念；

劳务派遣中各方的权利与义务。

熟悉：劳动关系的主体；

劳务派遣的概念及特点；

劳动争议处理的一般方法。

理解：劳动关系的实质；

劳动合同订立和履行的原则；

劳务派遣的流程；

劳动争议的处理原则。

【关键术语】

劳动关系	劳动监督检查	劳动合同
劳务派遣	劳动争议	劳动争议调解
劳动争议仲裁	劳动争议诉讼	

开篇案例

员工是中国大酒店的"合伙人"

中国大酒店是广州市最早的五星级酒店，人力资源部曾被总经理 Rauf E.Malik 称为中国大酒店的心脏，它的主要职能是进行人力资源储备、服务内部员工，并且致力于建立完善的工作环境。

在中国大酒店的企业哲学中，一直提倡"将人放在首要的位置（Put Your People

First）"，信奉"如果你妥善对待你的同事，那么他们会对工作认真负责"。因此在中国大酒店，不论是高级管理人员还是基层管理者，他们不采用"员工（Staff）"或者"雇员（Employee）"这类称呼，而是称员工为"合伙人（Associates）"。

从寻找未来"合伙人"开始，中国大酒店就已经贯彻这种"关注"和"尊重"了。为了尽量地缓和招聘过程中的紧张气氛，酒店会为应聘者端上一杯欢迎茶（Welcome Tea），面试官最关注的是与应聘者的坦诚交流，向他们介绍酒店的价值观和文化，同时也会了解他们的价值取向和优势所在。只有双方充分地沟通，才能深入地了解对方，知道双方如果进行合作，是否会带来一个愉快和有意义的经历。对于中国大酒店而言，将不合适的人招聘到酒店，就是对他们的不尊重，因为他们终究将会被酒店淘汰，这将会造成对他们个人价值实现过程的贻误，同时，也可能会给现有的酒店"合伙人"带来干扰，因为这会直接影响到这些"合伙人"的身份认同感。

对于新加入酒店的"合伙人"来说，最渴望的就是能够尽快地掌握工作技能，适应工作环境。中国大酒店一般会为他们准备一周以上的培训，然后结合个人的选择，让他们进入相应的部门，继续接受部门的培训，这主要涉及职位的工作技能和技巧。当然，有些人会发现自己不适合那个职位，这时他们可以申请到其他部门去，只要那里正好有空缺的职位。

总经理Rauf还要求酒店各个部门对"合伙人"的需求定期进行调查、了解，与他们进行良好的沟通，努力为他们提供满意、在行业内有竞争力的薪酬，并为他们创造舒适的工作环境和氛围。

比如，业内很多企业为了树立企业和员工个人的形象，会要求员工穿统一的制服。但是，如果考虑不周或是为了节约成本，员工就可能会穿着制服在夏天汗流浃背，也可能在寒风中瑟瑟发抖。在中国大酒店，这种情况一般不大可能会出现。酒店不仅为"合伙人"提供统一的制服，还为他们提供各类季节性的衣服，使他们能够在不同的季节都感觉舒适。这不仅让他们更舒适和方便，同时也保证了他们的形象，增加了员工的价值体验。Rauf认为要让"合伙人"体会到被关注、被照料，就要充分地体现出人性化的一面，做的事情应该超出普通的预期才行。

中国大酒店会委托第三方机构对员工意见进行调查，了解员工对酒店目前状态的看法、意见和建议。这些意见调查的结果，会送到部门主管的手上，也会呈到总经理Rauf的案头。

此外，中国大酒店特别注意不断地建立酒店与"合伙人"之间的接触点，并且以此为基础建立某种共识。每天清晨，在中国大酒店你都会看到有一个持续大约15分钟的培训。如果走近仔细观察，你会发现这些培训讨论的内容既包括酒店的整体概况，也包括各个部门的主要议题。中国大酒店通过这种频繁且相对固定的方式，不断地同"合伙人"交流酒店的相关信息，提升他们的知识和技能，让他们能够在团队的氛围中一起成长。

工作中有烦恼怎么办？找同事或者上司聊天，或者抱怨，结果会怎样？他们能够像家人一样推心置腹吗？会像家人一样为自己所处的困境寻找解决之道吗？每个经历过职场波折的人都对这些问题的答案心存疑虑。

中国大酒店的做法是通过平等的沟通，用实际行动消除这些疑虑。Rauf甚至不愿把这些看成工作中的抱怨，他认为这是对酒店如何更好经营的建议，无论是以怎样的方式表达出来。如果一个"合伙人"找到 Rauf 说些不满的话，他首先会问两个问题："遇到什么问题了？""我可以怎么帮你？"Rauf 的"两个基本问题"也是中国大酒店所有管理者接到员工的"抱怨""投诉"或"意见"的最初反应，因为他们深知，在中国大酒店管理者要做的就是站在后台随时准备为员工提供协助和服务，把"家"里的大后方建设好，"合伙人"才能站好为酒店顾客服务的前哨。

资料来源：余旭辉 . 把员工变成"合伙人"[J].21 世纪商业评论，2005（10）：88-91.

9.1　劳动关系

9.1.1　劳动关系的概念

劳动关系是指劳动力使用者与劳动者及其组织（主要是工会组织）之间，在实现劳动的过程中所结成的一种社会经济利益关系，劳动过程是劳动关系形成的基础。党的二十大报告强调，"健全劳动法律法规，完善劳动关系协商协调机制，完善劳动者权益保障制度，加强灵活就业和新就业形态劳动者权益保障。"[1]这是构建新时代中国式社会主义劳动关系的行动指南。

劳动关系的基本性质是社会经济关系。所谓社会经济关系，是指劳动力使用者为了占有劳动者的劳动而为其支付劳动报酬；同时，劳动关系又是一种涉及劳动者、劳动力使用者、政府等主体的复杂社会关系。由于劳动关系的建立，会涉及员工同企业在劳动用工、工作时间、休息休假、劳动报酬、劳保福利、劳动培训以及裁员下岗等方面的合作与矛盾调解，因此，劳动关系管理是人力资源管理的重要内容之一。

小资料

与"劳动关系"相近的术语

在不同的国家或地区，以及不同的研究视角下，劳动关系的内涵会有所差异，因而又有"劳资关系""劳雇关系""劳工关系""劳使关系""产业关系"等称法。

1. 劳资关系：是指劳动者和资本所有者之间的关系；在市场经济条件下使用最广泛，主体明确、关系清晰，但是凸显了双方的对立与对抗。劳资关系既包括劳动者个人与资本所有者之间的关系，又包括工会与资本所有者或其管理协会的关系。

2. 劳雇关系：又称雇佣关系，是指受雇者与雇主之间基于个体劳动合同而形成的关系，

1 习近平：《高举中国特色社会主义伟大旗帜 为全面建设社会主义现代化国家而团结奋斗：在中国共产党第二十次全国代表大会上的报告》，《人民日报》2022 年 10 月 26 日。

强调个别的劳动关系。

3. 劳工关系：是指在处理劳动者与劳动力使用者关系时以劳动者为核心，突出劳动者尤其是所属团体（工会）的地位，并特别强调工会与雇主的互动过程。

4. 劳使关系：多见于日本文献，强调劳动者与劳动力使用者之间不可忽视的合作关系，相对"劳资关系"来说更加温和，减弱了双方对抗的意味。

5. 产业关系：又称为工业关系，狭义是指劳资关系，劳动者和资本所有者之间的关系；广义则是指产业及社会中管理者与受雇者之间的所有关系，包括雇佣关系中的所有层面以及相关的机构和社会经济环境等，既有劳动者和雇主，也有政府。

9.1.2　劳动关系的主体

劳动关系的主体是指劳动关系的参与者，狭义包括劳动者与劳动力使用者及其各自的组织（劳动者团体有工会，劳动力使用者有行业协会等），广义还包括政府。

1）劳动者

劳动者指在社会经济生活中受雇于他人，以劳务付出获得工资收入，作为基本生活来源的体力和脑力劳动者。

2）员工团体

员工团体是为了保护员工的权益，因相同的职业、从业领域和目标组成的组织，主要形式有工会、员工协会、职业协会等。

3）劳动力使用者

劳动力使用者即资方、雇主，是资本的代表，享有企业财产的所有权和主要经营决策权。

4）雇主协会

雇主协会是雇主为了维护自身利益，依据所属行业联合构成的团体组织，主要通过集体谈判、劳动争议协商机制或政治影响力等发挥自身的作用。

5）政府

政府在劳动关系中发挥重要的作用，其角色主要是立法者、执法监察者、劳资冲突处理者和弱势群体的依靠者等。

9.1.3　劳动关系的实质

作为不同的利益主体，劳动者和劳动力使用者有着各自的利益诉求，因此劳动关系既存在一致的一面，又存在矛盾的一面。合作和冲突是劳动关系的实质。

1）合作

劳动者和劳动力使用者双方的合作主要通过协商、加强沟通来实现，促成双方合作的原因如下。

•劳动者和劳动力使用者双方存在共同利益，即依赖雇佣关系来生存和发展，都需要保持工作的稳定性。

•劳动者能够适应并接受工作委派，认识到工作的价值，并能够从工作中获得满足，进而实现个人价值。

- 劳动使用者的管理水平与所管理的对象相适应，能够获得劳动者的信任与支持。

2）冲突

劳动关系中的冲突表现有很多种。在劳动者一方，激烈的冲突可以演变为罢工。罢工通常是工会提出的诉求不能得到劳动使用者积极的回应时，发动劳动者集体表达不满的一种偏激方式。除了罢工，冲突还有其他的形式，包括怠工、旷工、工作敷衍、辞职等。在劳动力使用者一方，冲突可能会导致关闭企业，建立雇用黑名单等。造成劳动者和劳动力使用者冲突的原因如下。

- 劳动者追求的是自身的经济报酬，而劳动力使用者追求的是通过劳动者的付出获得资本收益的最大化，两个不同利益的主体，利益的取舍是存在矛盾的。
- 劳动者不占有资本，难以真正参与到企业管理中，经常处于从属地位，因此他们极易缺乏努力工作的动机。
- 劳动合同条款的模糊性和复杂性，以及引发争议时企业内部处理机制有利于劳动力使用者。

9.1.4　处理劳动关系的原则

1）兼顾各方利益的原则

正确处理好劳动关系主体的责、权、利关系，对于保障健全的劳动关系非常重要，尤其当劳动关系发生矛盾冲突时，企业应兼顾各方利益。在劳动争议的处理活动中，企业应当充分听取政府人力资源和社会保障部门、企业人力资源部和工会组织三方的意见，综合三方面的意见，真正做到合法和公正。

2）协商为主解决争议的原则

在处理劳动争议时，应坚持遵循协商解决问题的原则，凡是可以避免诉诸法律的劳动争议尽可能协商解决，这样既节省费用，又不容易伤害感情，并使双方有较大的回旋余地。从大多数劳动争议案例来看，往往双方各有对错。因此，只有双方当事人相互谅解，才能使争议得到圆满解决。另外，通过协商及时处理事端，可以消除企业与员工之间的对立情绪，有利于融洽企业与员工的关系。

3）以法律为准绳的原则

处理企业内劳动关系不能仅凭管理者的主观臆断和随心所欲，而要以《劳动法》《劳动合同法》等相关法律、法规为依据，以法律为准绳来协调各方关系，这样可以避免许多不必要的矛盾，对争议各方都比较公平。因此，当企业的劳动关系发生矛盾和冲突时，应及时咨询法律专家，不能凭自己的主观理解和认识去处理争端。

4）劳动争议以预防为主的原则

酒店管理者应当树立正确的价值观，既要维护企业的利益，又不能忽视员工的利益，协调好各方面的关系，及时化解企业内部已经发生和将要发生的矛盾。管理者要经常分析劳动关系形势，了解员工的情绪和心理，预见可能发生的问题，不断进行沟通，及时采取有效措施，争取使劳动关系矛盾在萌芽状态就得到及时化解。

9.1.5　酒店建立和谐劳动关系的途径

1）主体平等，依法调整劳资关系

劳动争议的产生在很大程度上是因为劳动关系的主体之间不平等造成的，因此需要政府通过完善法律、法规，从法律制度层面保证劳资双方的主体平等。我国已经将"国家尊重和保障人权"写入宪法，这种以人为本、人民至上的基本价值准则决定了劳资双方是一种平等关系；《劳动法》《工会法》《劳动合同法》等相关法律则对劳动者的弱势地位加以调整，为劳资双方的权力平衡提供了相应的制度保障。

2）发挥工会及职工代表大会的作用，完善利益诉求机制

通过设立工会与定期召开职工代表大会，开拓员工与酒店协调劳动关系的渠道，能够起到兼顾员工与企业的利益，避免矛盾激化的作用。习近平总书记强调，"工会作为职工利益的代表者和维护者，要认真履行维权服务基本职责，着力解决关系职工群众切身利益的实际问题，重视维护新就业形态劳动者的合法权益。要加强企事业单位民主管理，畅通职工诉求表达渠道，引导职工依法维护自身权益，推动构建和谐劳动关系。"[1]酒店建立工会及职工代表大会也是完善员工利益诉求的一种保障机制，可以使员工有机会参与企业的重大决策，特别是涉及广大员工切身利益的决定，这样可以更好地使酒店的管理者在作出重大决策时充分考虑员工的利益。

案例启迪

北京市餐饮行业工资集体协商机制

"工资集体协商给我们职工带来的好处是实实在在的！"在北京市餐饮行业2019年工资专项集体协商会议上，北京市服务工会代表职工方，市餐饮行业协会代表企业方就本市餐饮行业最低工资、福利待遇等内容开展协商，并签订了《北京市餐饮行业2019年工资专项集体合同》。

2019年是北京市级餐饮行业集体协商工作开展的第六年，其间，北京市服务工会在各区总工会支持下，逐步建立完善了市级餐饮行业集体协商机制，协商内容越来越细，覆盖不同规模、不同区域、不同效益的餐饮企业，为构建行业和谐稳定的劳动关系，促进行业持续健康发展发挥了重要作用。

每年年底北京市服务工会便会启动工资集体协商工作，由市总工会权益部特邀人社部工资所共同参与，对企业及职工调查问卷的内容认真讨论商议，结合全市餐饮行业情况，从专业的角度科学客观地分析北京市餐饮行业现状，为工资集体协商合同文本起草提供权威性依据。例如，在《北京市餐饮行业2016年工资专项集体合同》中，提出"提取职工

1　习近平：《坚持党对工会的全面领导 组织动员亿万职工积极投身强国建设民族复兴伟业》，《人民日报》2023年10月24日。

教育经费，用于职工的培训教育，提高职工素质"以及"对获得职业资格证书的职工，企业可参照标准给予相应的奖励"等内容；2019 年的协商则在往年的基础上，增加了新内容，例如，企业对获得国家职业资格证书或者参加全国、北京市、行业技能大赛决赛成绩优异的职工，应参照全国大赛、北京市或行业技能大赛奖励标准给予一次性奖励。鼓励企业开展在岗培训、脱产培训、在线学习等职业技能培训，支持企业举办各类职业技能竞赛，提高职工素质和服务水平。对于符合要求的企业和职工，可按《北京市职业技能提升行动实施方案 2019—2021 年》的规定申请补贴。鼓励有条件的企业开展深夜食堂特色餐饮街区夜间经济，开展深夜食堂的企业，应为职工发放夜班补贴，并做好安全防护工作。这些都让餐饮行业的职工体会到了工资集体协商制度的优越性。

在《北京市餐饮行业 2019 年工资专项集体合同》文本中，最低工资标准分为三个档次，第一档为生产经营正常，经济效益增长且盈利能力良好的企业；第二档为生产经营正常，经济效益有增长的企业；第三档为生产经营正常，经济效益一般的企业。其中，第一档企业最低工资为 2600 元，第二档企业为 2450 元，第三档企业为 2300 元，均高于北京市 2019 年最低工资标准 2200 元／月的水平。此外，合同文本中还涉及职工福利费及教育经费使用、职工劳动保护标准、高技能人才待遇、职工带薪休假等方面，其中明确了在教育经费的使用中，用于职工教育培训的比例不能少于企业提取教育经费总额的 60%；餐饮企业应定期组织职工进行健康体检，并适当增加体检项目，提高体检费标准；有条件的企业可组织职工疗休养等内容。

接下来，北京市各餐饮企业会按照餐饮行业协商标准结合企业的实际开展二次协商，将行业标准落地，使职工能共享企业发展的成果，促进行业劳动关系的和谐发展。

资料来源：北京餐饮行业签订 2019 年工资专项合同 [N]. 劳动午报，2019-12-11（01）.

3）培训主管人员，化解劳动关系矛盾

相对于低级别的员工而言，酒店高级主管往往更多地代表着企业的利益，双方工作中产生的矛盾，比较容易演变为劳资矛盾。事实上，许多劳动争议的产生和劳动关系的紧张，常常与企业主管人员的工作作风、业务知识、法律意识有关。通过对酒店主管人员进行有关劳动关系方面的法律、法规和政府政策培训，能够增强他们的劳动关系意识，掌握处理劳动关系问题的原则及技巧。

4）改善和提高员工工作条件和生活质量，是改善劳动关系的根本途径

员工同企业的利益基本是一致的，劳资之间存在冲突的原因，在于员工认为自己始终处于被管理的从属地位，管理与服从的关系是员工产生不满的根源。如果酒店能够不断改善和提高员工工作条件和生活质量，冲突就可以避免，并且会使双方保持和谐的关系，具体内容包括有竞争力的工资和福利、保证员工得到公平合理的待遇、职位轮换制度，以及从优化工作条件出发进行工作设计等。

5）依靠调解和仲裁机构解决劳动争议

调解和仲裁机构的调解人员一般由行业专门人才、工会和政府代表组成，必要时也可委托社会知名人士参加调解，保证行政调解的公信力。行政调解有助于缓解劳资之间的矛

盾，既可避免劳资双方陷入撕破面皮的困境，又有利于企业及时调整自己的行为。一般而言，行政调解应遵循自愿、调解免费的原则，以利于对弱势劳动者的保护。劳动者必要时可以申请司法救济。

6）员工参与民主管理

员工参与民主管理可以使员工参与酒店的重大决策，尤其是涉及广大员工切身利益的决定，这样可以更好地使酒店的管理者在作重大决策时充分考虑员工的利益。

9.1.6 劳动监督检查

劳动监督检查是指依法有监督检查权的机构对企业、事业、机关、团体等执行劳动法情况所进行的行政监察、行政监督、群众团体监督等行为的总称。劳动监督检查包含了众多的内容，不仅有对企业执行劳动安全卫生法规的监督检查，还包括对有关劳动就业、劳动报酬、工时休假、劳动合同、职业培训、奖励惩罚和劳动保险等涉及劳动法内容的监督检查。

9.2 劳动合同

9.2.1 劳动合同的概念

劳动合同又称劳动契约或劳动协议，是指员工与企业之间确立劳动关系，明确双方权利和义务的协议。通过劳动合同的签订、履行、终止以及变更、解除，调节劳动力的供求关系，既能使员工有一定的择业和流动自由，又能制约员工在合同期内履行劳动义务和完成应尽职责，从而使员工队伍有相对的稳定性和合理的流动性。

9.2.2 劳动合同的订立

1）劳动合同订立的原则

（1）合法原则

员工和酒店签订和变更的劳动合同不得与酒店所在地现行的法律、法规和政府政策相冲突，否则无效。

（2）平等自愿原则

员工与酒店签订和变更劳动合同，双方在法律地位上是平等的，并完全出于双方当事人自己的真实意愿。

（3）协商一致原则

签订和变更劳动合同的双方就合同的所有条款要进行充分协商，达成双方意思一致。

（4）约束执行原则

劳动合同是员工和酒店之间有关双方权利和义务的规定，属于双方当事人的法律行为。

劳动合同一经签订，就具有了特定的法律属性和法律效力，双方当事人都要严格执行，不得违反，否则要受到法律的制裁。

2）劳动合同的形式

劳动合同形式可以分为口头形式和书面形式两种，其中书面形式的劳动合同是最正规的形式，而且也便于管理和解决日后发生的劳动争议。书面形式的劳动合同通常又有主件和附件之分。主件一般是指在确立劳动关系时所订立的书面劳动合同，附件一般是指法定或约定作为劳动合同主件的补充，进一步明确双方当事人相互权利和义务的书面文件。

3）劳动合同的内容

劳动合同的内容即劳动合同条款，分为一般法定必备条款、特殊法定必备条款、约定必备条款。

（1）一般法定必备条款

一般法定必备条款是法律要求各种劳动合同都必须具备的条款，即必须包括：

①合同期限。除依法允许订立不定期合同的情况以外，都应当规定合同有效期限，其中应包括合同的生效日期和终止日期，或者决定合同有效期限的工作项目。

②工作内容。即关于员工的劳动职位、劳动任务条款。

③劳动保护和劳动条件。即关于酒店应当为员工提供劳动安全卫生条件和生产资料条件的条款。

④劳动报酬。即关于劳动报酬的形式、构成、标准等条款。

⑤劳动纪律。即关于员工应当遵守劳动纪律的条款，它一般不尽列劳动纪律的内容，只是表明员工同意接受酒店依法制定的劳动纪律。

⑥合同终止条件。即关于劳动合同在法定终止条件之外的哪些情况下可以或应当终止的条款。

⑦违约责任。即关于违反劳动合同的员工和酒店各应如何承担责任的条款，不仅包括关于依法承担违约责任的抽象规定，而且含有关于在合法范围内承担或免除违约责任的具体约定。

（2）特殊法定必备条款

特殊法定必备条款是法律要求某种或某几种劳动合同必须具备的条款。有的劳动合同由于自身的特殊性，立法特别要求其除一般法定必备条款外，还必须规定一定的特有条款。例如，酒店实习员工的劳动合同中应当有培训目标、实习期限、生活待遇等条款。

（3）约定必备条款

约定必备条款是劳动关系当事人或其代表约定劳动合同必须具备的条款。它是法定必备条款的必要补充，其具备与否，对劳动合同可否依法成立，在一定程度上有决定性意义。此类条款通常有试用期条款、保密条款和禁止同业竞争条款等。

4）劳动合同的订立程序

（1）提出劳动合同草案

酒店向员工提出拟订的劳动合同草案，并说明各条款的具体内容和依据。

（2）介绍内部劳动规则

在提出合同草案的同时，酒店还必须向员工详细介绍本企业内部劳动规则。

（3）商定劳动合同内容

酒店与员工在了解劳动合同草案和内部劳动规则的基础上，对合同条款逐条协商一致后，以书面形式确定其具体内容。对劳动合同草案，员工可提出修改和补充意见，并就此与酒店协商确定。对内部劳动规则，员工一般只需表示接受与否即可，而不能与酒店协商修改或补充其内容，但是，双方可以在劳动合同中做出不同于内部劳动规则某项内容，或者指明不受内部劳动规则某项内容约束而对员工更有利的约定。

（4）签名盖章

员工和酒店应当在经协商一致所形成的劳动合同文本中签名盖章，以此标志双方意思表示一致的完成。凡属不需要鉴证的劳动合同，在双方当事人签名盖章后即告成立。

（5）鉴证

按照国家规定或当事人要求而需要鉴证的劳动合同，应当将其文本送交合同签订地或履行地的合同鉴证机构进行鉴证。凡需要鉴证的劳动合同，经鉴证后方可生效。

上述各阶段是紧密相连、不可分割的连续过程，酒店招聘合同制员工，必须依次确定合同当事人、确定合同内容，才能在当事人之间确立劳动法律关系。

5）劳动合同的法律效力

（1）劳动合同的有效性

劳动合同依法成立，从合同成立之日或者合同约定生效之日起就具有法律效力，其具体表现主要是：

①双方当事人必须亲自全面履行合同所规定的义务。

②合同的变更和解除必须遵循法定的条件和程序，任何一方当事人都不得擅自变更和解除合同。

③当事人违反合同必须依法承担违约责任。

④双方当事人在合同履行过程中发生争议，必须以法定方式处理。

（2）劳动合同的法律效力

劳动合同具有法律效力，必须以完全具备法定有效要件为前提。劳动合同有效要件一般包括：

①合同主体必须合格。双方当事人必须具备法定的主体资格，即一方必须是具有劳动权利能力和劳动行为能力的公民，酒店一方必须是具有用人权利能力和用人行为能力的企业。

②合同内容必须合法。劳动合同必须完全具备法定必备条款，并且所载各项条款的内容必须符合合同履行地的劳动法规、劳动政策和集体合同的要求。

③意思表示必须真实。签订劳动合同的双方当事人的意思表示都出于自愿，并且与自己内在意志相符。

④合同形式必须合法。要约式劳动合同必须采用法定的书面合同或标准合同形式；非要约式劳动合同应当采用当事人所要求的书面或口头合同形式。

⑤订立程序必须合法。劳动合同的订立必须完成各项法定必要程序，并且在订立程序中必须严格遵循法定规则，尤其应当遵循平等自愿和协商一致的原则。

（3）劳动合同的无效

劳动合同无效是指劳动合同由于缺少有效要件而全部或部分不具有法律效力。其中，全部无效的劳动合同，它所确立的劳动关系应予以消灭；部分无效的劳动合同，它所确立的劳动关系可依法存续，只是部分合同条款无效，如果不影响其余部分的效力，其余部分仍然有效。

"违反法律、行政法规的劳动合同""采取欺诈、威胁等手段订立的劳动合同"一般确定为无效合同。无效的劳动合同从订立的时候起就没有法律约束力。此外，"员工被迫签订的劳动合同或未经协商一致签订的劳动合同为无效劳动合同"。所谓"员工被迫签订的劳动合同"，是指有证据表明员工在受到胁迫或对方乘己之危的情况下，违背自己真实意思而签订的劳动合同；所谓"未经协商一致签订的劳动合同"，是指有证据表明酒店和员工不是在双方充分表达自己意思的基础上、经平等协商、取得一致意见的情况下签订的劳动合同。劳动合同的无效由劳动争议仲裁委员会或者法院确认。

（4）劳动合同无效的处理

对无效劳动合同的法律处理有以下后果：

①自合同订立时起至合同被确认无效时止，合同全部无效的，当事人之间仅存在事实劳动关系；合同部分无效的，当事人之间并存着部分劳动法律关系和部分事实劳动关系。事实劳动关系中当事人的权利和义务应当以劳动法规、劳动政策、集体合同和内部劳动规则的有关规定为依据重新确定。其中，员工如果未得到或者未全部得到劳动法规、劳动政策、集体合同、内部劳动规则所规定标准的物质待遇，酒店应当按照该标准予以补偿。

②自合同被确认无效时起，全部无效的合同所引起的事实劳动关系应予终止；部分无效的合同中，无效条款应当由劳动法规、劳动政策、集体合同和内部劳动规则中的有关规定所取代，或者由当事人依法重新商定的合同条款所取代。

③酒店对员工收取保证金或扣押证件等物品的，应当返还员工。

④劳动合同全部无效而酒店对此有过错的，如果双方当事人都具备主体资格而员工要求重新订立劳动合同的，在终止事实劳动关系的同时，酒店应当与员工依法订立劳动合同。因为，在这种情况下确认劳动合同无效，并未否定劳动合同订立程序的第一阶段（即确定合同当事人阶段）双方所做出的同意与对方订立劳动合同的意思表示，所以，可重新开始劳动合同订立程序的第二阶段（即确定合同内容阶段），并且这样做可避免员工因劳动合同无效而失业。

⑤酒店对劳动合同无效有过错，如果给员工造成损害的，应当承担赔偿责任。

6）订立劳动合同时应注意的问题

酒店和被聘用的员工在订立劳动合同时，必须注意以下几方面的问题。

（1）衡量自身是否具备招工和应聘条件

①酒店要衡量是否具备为新招员工提供工作以及生活等方面的物质条件，培养新员工的能力等；而应聘人员则要对照酒店的招工简章，衡量自己是否符合招聘条件。

②双方在确认自己具备招工和应聘条件的基础上，要了解对方是否具有招工或应聘的条件。即酒店要了解应聘人员的基本状况，包括验看应聘人员提供的身份证、学历、技术级别等证明；应聘人员也可以通过招工简章、劳动中介机构或上级主管机关等途径去了解招工酒店的基本状况。

（2）根据法律并结合实际订立合同

如果双方当事人在订立合同时抛开国家的法律、法规和政策，完全由双方当事人商定，那么有可能产生无效合同。但是，如果不结合实际做出具体规定，也会给履行合同带来困难，所以合同不能千篇一律。

（3）合同内容要繁简得当

对国家法律政策规定比较细致、具体的内容，可写明按照某项规定执行即可；对于国家法律、法规和政策未做具体规定的内容，特别是容易产生劳动争议之处，则应该尽量做出详细的规定。例如，劳动合同的具体条款，像工种、职位或者报酬等，就需要订得比较详细。此外，对具有行业特点的涉及双方切身利益的事项应作出明确规定，有些易误解的事项更要作详细说明或解释，否则容易产生劳动争议。

（4）语言表达要力求准确

劳动合同中的语言表达要力求准确、明白，避免使用易产生误解或歧义的词句。也就是说，劳动合同书面记载的内容一定要与当事人的意愿相一致，否则也容易产生劳动争议。

（5）责任规定要明确

劳动合同责任是合同的核心，也是劳动合同法律效力的集中体现。如果责任规定不明确，一旦发生争议追究责任时，可能互相推诿，使争议迟迟不能得到妥善解决。

（6）合同签订日期和生效日期要明确

合同日期是劳动合同的法定内容之一，如果在合同中不注明起止日期，也容易产生争议。

在实践中有的合同已经履行了一段时间，而合同的一方还没有正式签字，由此又影响到合同的终止问题。所以，合同中可以约定履行合同的具体起止日期，即签订日期与履行日期不是必须一致的。

9.2.3 劳动合同的履行

劳动合同的履行是指合同双方当事人履行劳动合同所规定义务的法律行为，即员工和酒店按照劳动合同的要求，共同实现劳动过程和各自的合法权益。劳动合同依法订立就必须履行。

1）劳动合同的履行原则

（1）亲自履行原则

劳动合同的履行只能在签订合同的特定主体之间进行。员工一方的主体变更一般视为合同解除，酒店一方对员工提供劳动义务的请求权也不应转让给第三人。劳动关系确立后，员工不允许请他人代为劳动，酒店未经员工同意也不能擅自将员工调动到其他单位。

（2）全面履行原则

劳动合同双方当事人必须履行合同的全部条款和各自承担的全部义务，既要按照合同约定的标准及其种类、数量和质量履行，又要按照合同约定的时间、地点和方式履行。

（3）协作履行原则

①双方当事人首先应按照劳动合同和劳动纪律的规定履行自己应尽的义务，并为对方履行义务创造条件。

②双方当事人应互相关心，通过经营活动和民主管理，互相督促，发现问题及时协商解决。

③无论是酒店还是员工遇到困难时，双方都应在法律允许的范围内尽力给予帮助。

④员工违纪，酒店应依据规章制度进行教育，帮助员工改正；酒店违约，员工也要及时反映问题，尽快协助企业纠正，并设法防止和减少损失。

⑤在合同履行过程中发生了劳动争议，当事人双方都应从大局出发，根据劳动法和劳动合同的有关规定，结合实际情况，及时协商解决，从而建立起和谐的劳动关系。

2）劳动合同的特殊规则

（1）履行不明确条款的规则

对于劳动合同中内容不明确的条款，应当先依法确定其具体内容，然后予以履行。一般认为，酒店内部劳动规则有明确规定的，按照该规定履行；酒店内部劳动规则未做明确规定的，按照集体合同的规定履行；集体合同未做明确规定的，按照有关劳动法律、法规和政策的规定履行；劳动法律、法规和政策未做明确规定的，按照通行的习惯履行；没有可供遵循的习惯的，由双方当事人协商确定如何履行。

（2）向第三方履行的规则

劳动合同的任何一方当事人，一般都只向双方当事人履行义务，并且要求双方当事人履行义务的请求权一般不得转让给第三方。换言之，只有在法律允许的特殊情况下，员工或酒店才可以向第三方履行义务。

（3）履行约定之外劳动给付的规则

员工履行劳动给付义务原则上以劳动合同约定的范围为限。在劳动合同未变更时，酒店一般不得指示员工从事劳动合同约定之外的劳动；但是遇到紧急情况时，如为了避免发生危险事故或者进行事故抢救和善后工作，酒店可指示员工临时从事劳动合同约定之外的劳动，员工应当服从这种指示。

9.2.4　劳动合同的变更

劳动合同的变更是指合同双方当事人或单方依法修改或补充劳动合同内容的法律行为，它发生于劳动合同生效后尚未履行或尚未完全履行期间，是对劳动合同所约定的权利和义务的完善和发展，是确保劳动合同全面履行和劳动过程顺利实现的重要手段。劳动合同变更一般为协议变更。

1）变更原因

（1）酒店方面的原因

酒店调整主营业务或经营项目、重新进行劳动组合、修订劳动定额、调整劳动报酬或员工福利分配方案、发生严重亏损、防止泄露商业秘密等。

（2）员工方面的原因

员工身体健康状况发生变化、劳动能力部分丧失、所在职位与其职业技能不相适应、职业技能提高到一定等级等。

（3）客观方面的原因

国家的法律、法规和政策发生变化、物价水平大幅度变化、国民经济调整、社会动乱、自然灾害等。

2）变更条件

根据规定，劳动合同的变更应具备三个条件。

（1）双方当事人原来已经存在劳动合同关系——前提条件

所谓"变更"，是对原订合同的修改和增删，没有一个已经生效的劳动合同，就谈不上合同的变更。

（2）订立合同时所依据的情况发生变化——客观条件

劳动合同依法订立后就具有法律的约束力，双方当事人都必须严格按照劳动合同规定的条款履行自己应尽的义务；只有出现情况变化时，才允许变更劳动合同。

（3）劳动合同变更必须经双方当事人同意——主观条件

劳动合同在签订时要贯彻平等自愿、协商一致的原则。这种当事人之间通过协商一致形成的法律关系，一般也应通过协商一致才可予以变更。

3）变更程序

（1）预告变更要求

需要变更合同的一方当事人应当按照规定时间提前向对方当事人提出变更合同的要求，说明变更理由、条款、条件以及请求对方当事人答复的期限。

（2）按期作出答复

得知对方当事人提出的变更合同的要求后，通常应当在对方当事人要求的期限内做出答复，可以表示同意，也可以提出不同意见而要求另行协商；如果不属于法定应当变更合同的情况，还可以表示不同意。

（3）签订书面协议

双方当事人均同意变更合同的，应当就合同变更达成书面协议，并签名盖章。协议书中应当指明变更的条款，并约定所变更条款的生效日期。

（4）鉴证或备案

凡在订立时经过鉴证或备案的合同，变更合同的协议签订后也要办理鉴证或备案手续。

9.2.5 劳动合同的解除

1）劳动合同解除的分类

劳动合同解除是指劳动合同生效以后，尚未全部履行以前，当事人一方或双方依法提前消灭劳动关系的法律行为。劳动合同解除有以下三种分类标准：

（1）以解除原因中有无过错为标准分类

①有过错解除。对方当事人的过错行为而导致的劳动合同解除，属于有过错解除。它

包括员工因酒店有过错而辞职和酒店因员工有过错而辞退。解除合同的主动权在无过错方，由其提出的解除要求对有过错方具有强制性，并可不经预告就行使单方解除权；酒店如果是有过错方，就应当赔偿员工因辞职所受的损失；员工如果是有过错方，就无权要求酒店因辞退而给予经济补偿，或应赔偿酒店所受的损失。

②无过错解除。在对方当事人无过错行为或者其过错行为轻微的情况下单方解除劳动合同，属于无过错解除。为了避免或减少劳动合同解除可能给对方当事人造成的损失，员工或酒店在解除合同前均应向对方当事人预告。尤其是酒店辞退员工要严格按照规定的条件执行，并且还应对被辞退员工给予一定经济补偿。

（2）以解除条件的依据为标准分类

①法定解除。即员工或酒店在符合劳动法规定的合同解除条件的情况下，单方解除劳动合同。

②约定解除。即员工或酒店在符合集体合同或劳动合同依法约定的合同解除条件的情况下，单方解除劳动合同。

（3）以解除方式为标准分类

①协议解除。即劳动合同经双方当事人协商一致而解除。

②单方解除。即享有单方解除权的当事人以单方意思表示解除劳动合同。员工可以无条件地预告辞职，但即时辞职则要受一定条件的限制。就辞退而言，酒店在符合法定或约定条件的情况下方可辞退员工。

2）劳动合同的**解除条件**

劳动合同的解除分为双方协商解除和单方依法解除两大类。

（1）双方协商解除

双方协商解除是指劳动合同的双方当事人经协商达成一致解除劳动合同的意见。无论是员工首先提出解除还是酒店首先提出解除，只有经对方同意，双方达成一致意见，方可解除劳动合同。

（2）单方依法解除

单方依法解除是指劳动合同的一方当事人不需对方同意即可单方面行使劳动合同解除权。按权利主体分类，可以分为酒店解除劳动合同和员工解除劳动合同。

①酒店解除劳动合同。酒店单方行使劳动合同解除权，又可分为因员工的原因行使解除权，以及因酒店的原因行使解除权。

因员工的原因解除劳动合同时，酒店还必须根据员工的情况区分为主观过错和客观原因，相应地分为解除合同前不需提前预告和需提前预告两种情况。

员工主观过错包括以下几点。

•在试用期间被证明不符合录用条件（简称"试用不合格"）。

•严重违反劳动纪律或者企业规章制度（简称"严重违纪"）。

•严重失职，营私舞弊，对企业利益造成重大损害。

•被依法追究刑事责任。即员工在劳动合同存续期间，因严重违法构成犯罪，被法院依法判处刑罚或者裁定免予刑事处罚。

从解除合同的程序看，符合以上四类情况之一的，酒店一经证实后，就可以解除劳动合同，无须提前通知，也不必给予经济补偿。

员工客观原因包括以下几点。

• 员工患病或非因工负伤，医疗期满后，不能从事原工作也不能从事由企业另行安排的工作。这里的医疗期，是指员工根据其工龄等条件，依法可以享受的停工医疗并发给病假工资的期间，而不是员工病伤治愈所实际需要的医疗期。员工在规定的医疗期届满后，其病伤尚未医疗终结或者医疗终结但其劳动能力受损，经劳动鉴定机构证明，缺乏或丧失从事原工作或者企业在现有条件下为其所安排新工作的劳动能力，因而无法继续履行劳动合同。

• 员工不能胜任工作，经过培训或者调整工作职位，仍不能胜任工作。

• 劳动合同订立时所依据的客观情况发生重大变化，致使原劳动合同无法履行，经当事人协商不能就变更劳动合同达成协议。这里的客观情况，是指履行原劳动合同所必要的客观条件，如自然条件、原材料或能源供给条件、生产设备条件、产品销售条件、劳动安全卫生条件等。

从解除合同的程序上看，符合以上三类情况之一的，酒店必须履行预告义务，即应当提前30日以书面形式通知员工本人方可解除劳动合同，同时还应依法给予经济补偿。

②员工解除劳动合同。员工单方行使劳动合同解除权，也可以以酒店是否有过错为主要依据，分为需提前预告和不需提前预告两种情况。属于以下情形之一的，劳动者可以随时通知酒店解除劳动合同关系。

• 在试用期内，劳动者提前3日通知用人单位，可以解除劳动合同。

• 酒店以暴力、威胁或者非法限制人身自由的手段强迫劳动的。

• 酒店未按照劳动合同约定支付劳动报酬或者提供劳动条件。

• 酒店的规章制度违反法律、法规规定，损害劳动者权益的。

3）关于辞退员工的禁止性条件

我国的劳动法关于辞退的禁止性条件规定，有以下情形之一的不得解除劳动合同。

①患职业病或者因工负伤并被确认为丧失或者部分丧失劳动能力。劳动能力丧失的程度，须由法定机构（劳动鉴定委员会）鉴定和证明。

②患病或负伤并在规定的医疗期内。员工患普通疾病或者非因工负伤，企业应依法给予一定的医疗期，并在此期限内负有保障其医疗和生活的义务。

③在孕期、产期、哺乳期内的女员工。以此作为禁止性条件，旨在保护妇女和儿童的特殊权益。孕期、产期和哺乳期为一个连续的过程，其中产期长度应当以生育顺产、难产或流产的法定产假期为准；哺乳期长度也应当与法定界限相符，一般限于婴儿周岁。处在孕期、产期和哺乳期的女员工，企业不得将其辞退，除非提供证据证明引起辞退的事由在法定禁止性条件的适用范围之外，并且与怀孕、分娩或哺乳毫无关系。

④法律、行政法规规定的其他情形，企业均不得解除劳动合同。例如，在法定年假、法定节假日和其他合法假期间，在劳动争议处理期间，员工不得被辞退。员工因实施工会行为或员工代表行为，也受特别保护，不得被辞退。

4）劳动合同解除的程序

酒店在发出辞退通知以前，必须经过对员工批评教育、纪律处分或辞退警告无效，才能考虑劳动合同解除。

劳动合同的协议解除应当由合同双方当事人就合同解除的日期和法律后果依法签订书面协议。如果劳动合同系单方提出解除，应当由酒店或员工提前或即时以书面形式将解除劳动合同的决定通知对方。在实践中酒店可以采取向被辞退者支付与预告期间劳动报酬额相等的补偿方式取代预告期，即酒店在支付此项补偿费的前提下即可辞退员工。一些酒店之所以愿意如此，其动机在于尽可能避免预告期间被辞退者在工作中实施不利于酒店的行为，如窃取商业秘密、偷窃物品、制造矛盾、怠慢顾客等。

在劳动合同当事人就劳动合同解除签订协议或发出通知以后，可能会遇到一些特殊情况，如工会干预，当工会认为辞退是不适当的，有权提出意见，酒店对工会意见应当认真研究；如果辞退违法或违约，工会有权要求企业重新处理。此外，如果劳动合同当事人因劳动合同解除发生争议的，应当依法遵循调解、仲裁、诉讼的程序处理。

案例启迪

这样做受《劳动合同法》保护吗？

老冯在某高星级酒店保安部已经工作了 12 年，考虑到他的实际情况，保安部经理于两年前安排他到监控室当保安员。在过去的五年中，保安部每天都会安排监控室的人轮流去大堂临时顶岗 10 分钟左右，没有人提出过异议。但是，最近老冯接连五次拒绝工作任务，应该说是比较严重的不服从管理。人力资源部根据《员工手册》，做出了给予老冯书面警告，同时停职察看两天，停职期间扣发工资的处罚决定。但老冯接到警告通知后，拒绝签字。接下来的两天，也没来上班。第三天早上，他递上了一封申诉书，强调自己不接受临时指派的任务主要有两个原因：第一，近年来酒店外籍客人明显增多，他的胜任力不够，英语讲不好，不适合做大堂保安工作，哪怕是临时的；第二，顶岗不是他职责范围内的事，在他现在的职位描述中没有列明；第三，他强烈要求酒店撤销对他的处分，返还他被停职期间的工资，还说如果酒店不还他公道，他将让法院还他公道。

保安部经理不得不找到酒店人力资源总监戴娜，要求戴娜过问此事，因为老冯已经在这家酒店连续工作了 16 年（到保安部之前，老冯还在客房部工作了 4 年），与酒店签订了无固定期限劳动合同。《劳动合同法》实施后，像老冯这样的员工，只要不犯大错，酒店也不能把他怎么样，如果酒店单方解聘，他就可以拿一大笔补偿金走人。戴娜不得不怀疑此人真有此动机。

9.2.6 劳动合同的终止

1）劳动合同终止的概念

劳动合同的终止是指劳动合同的法律效力依法被消灭，劳动合同所确立的劳动关系由于一定法律事实的出现而终结，员工与企业之间原有的权利和义务不复存在。

2）劳动合同终止的原因

引起劳动合同终止的原因主要有以下7种情况。

①合同期限届满。

②约定终止条件成立。

③合同目的实现。

④员工死亡。

⑤员工退休。

⑥酒店消灭。酒店依法被宣告破产、解散、关闭或撤销，其劳动合同随之终止。

⑦合同解除。

3）劳动合同终止的法律后果

劳动合同终止的法律后果指在终止劳动关系并消灭双方当事人权利义务的同时，对双方当事人随之产生新的权利义务。

（1）酒店的义务

①支付经济补偿金。劳动合同经协议解除，或者由酒店解除（因试用期不合格或员工有过错行为而解除者除外）的，按员工在本单位工龄，每满一年给予相当于一个月工资的经济补偿金。但是，经协议解除或者因员工不胜任工作被酒店解除的，最多给予不超过12个月工资的金额。

②支付失业补偿费。酒店因破产或歇业而解除劳动合同的，合同未满的时间每一年发给员工相当于一个月工资的失业补偿费，但最高不超过12个月工资。

③支付禁止同业竞争补偿费。约定员工为保守企业的商业秘密，在劳动合同终止后一定期间内不与该企业进行同业竞争的，酒店应当给予该员工一定数额的经济补偿。

④支付医疗补助费。劳动合同因员工患病或非因工负伤而由酒店解除的，在发给经济补偿金的同时，还应该发给不低于6个月工资的医疗补助费。对患重病或绝症者要增加医疗补助费，其中，患重病的增加部分不低于医疗补助费的50%，患绝症的增加部分不低于医疗补助费的100%。

⑤向社会保险经办机构缴纳有关费用。凡是依法应当由酒店为员工缴纳的社会保险费用，在劳动合同终止时企业应当负责全部缴足。

⑥出具劳动关系终止证明书。酒店应当在劳动合同终止的当时或者应员工事后请求，免费向员工出具终止劳动合同的证明书，以证实原劳动关系已经消灭。证明书的内容应当包括法定必备事项，并应该客观公正。

⑦为被裁减人员提供一定就业保障。酒店有条件的，应当为被裁减人员提供培训或就业帮助。

⑧返还员工寄存财产。在劳动关系存续期间员工寄存于酒店的各项个人财产，当劳动合同终止时，酒店应当返还给员工。

在上述各项经济补偿中，月工资是指在正常生产经营情况下劳动合同解除前12个月员工本人的月平均工资。另外，经济补偿金在酒店成本中列支，不得占用酒店按规定比例应提取的福利费用。

（2）员工的义务

①赔偿损失。员工对劳动合同解除有过错的，应当按照法定或约定的要求，向酒店赔偿因此所受的损失。

②结束并移交事务。劳动合同终止后，员工应当依酒店要求，结束其正在进行中的事务，对紧急事务做应急处理；同时向酒店办理事务移交手续；对原归其保管的物品，在交接前负责继续保管。

③继续保守商业秘密。员工对其在劳动关系存续期间得知的商业秘密，在劳动合同终止后一定期限内应当继续保密。

9.2.7　劳动合同的续订

劳动合同的续订是指劳动合同期限届满，经双方协商一致，可以续订劳动合同。续订劳动合同包括下列情形。

①双方协商续订劳动合同。

②从事接触职业病危害作业的劳动者未进行离岗前职业健康检查，或者疑似职业病病人在诊断或者医学观察期间的。

③员工在本单位患职业病或者因工负伤并被确认丧失或者部分丧失劳动能力的。

④员工患病或者非因工负伤，在规定的医疗期内的。

⑤女职工在孕期、产期、哺乳期的。

⑥员工在本单位连续工作满 15 年，且距法定退休年龄不足 5 年的。

⑦法律、行政法规规定的其他情形。

9.3　劳务派遣

9.3.1　劳务派遣的概念及分类

1）劳务派遣的概念

劳务派遣，又称人才派遣、人才租赁、劳动力租赁，是劳务派遣机构根据用人企业的实际工作需要，招聘合格人员，并将所聘人员派遣到用人企业工作的一种用工方式。

2）劳务派遣的分类

近年来劳务派遣的形式呈现多样化发展的趋势，目前酒店业中采取的劳务派遣模式主要有以下 4 种。

（1）完全派遣

完全派遣是指由劳务派遣机构承担一整套员工派遣服务工作的派遣方式，这些派遣服务工作包括人才招募、选拔、培训、绩效评价、报酬和福利、安全和健康等人力资源管理的各个方面。

（2）转移派遣

转移派遣是先由有劳务派遣需要的酒店自行招募、选拔、培训人员，再由派遣机构与员工签订《劳动合同》，并由劳务派遣机构负责派遣员工的报酬、福利、绩效评估、处理劳动纠纷等事务。

（3）减员派遣

减员派遣是指酒店对已雇用的员工，将其雇主身份转移至劳务派遣机构，酒店企业向劳务派遣单位支付派遣费用，由派遣单位代付所有可能发生的费用，包括工资、奖金、福利、各类社保基金，以及承担所有原来酒店方应承担的社会责任和法律责任。

（4）试用派遣

试用派遣是指酒店在试用期间将新员工转至派遣机构，然后以派遣的形式试用，一旦试用合格，员工的劳动关系再正式转入酒店，员工与酒店签订正式的劳动合同。试用派遣的目的，是确保酒店在准确选才方面更有保障，避免招聘选拔和测试时产生的误差所带来的录用风险。试用派遣通常只适用于酒店高级人才的聘用。

9.3.2　劳务派遣的特点

劳务派遣作为新型的用工形式，体现了"不求所有，但求所用"的特点，其劳动关系具有复杂性与特殊性。劳务派遣的特点具体体现在以下 3 个方面。

1）劳务派遣主体为劳务派遣机构、酒店和被派遣劳动者三方

劳务派遣突破了传统劳动关系两方主体的固有模式，在劳务派遣关系中主体为三方，即劳务派遣单位、被派遣劳动者和酒店；劳务派遣单位和酒店对于被派遣员工两两之间的关系都是劳动关系，但都不是完整的劳动关系。劳务派遣机构和被派遣员工之间是有"关系"没有"劳动"的劳动关系形式，而酒店和被派遣员工之间则是有"劳动"没有"关系"的实际劳动关系，两者合并构成了组合劳动关系。

2）劳务派遣过程中有两个合同存在

在劳务派遣中需要签订两个合同。一是劳务派遣机构和被派遣员工签订的劳动合同，该合同确定了劳务派遣机构和被派遣员工两者之间的劳动关系，劳务派遣机构承担支付被派遣员工工资、缴纳社会保险、保障被派遣劳动者无工作期间的最低工资收入等义务。二是劳务派遣机构和酒店签订的劳务派遣协议，劳务派遣协议主要是约定派遣职位及人员数量、派遣期限、劳动报酬和社会保险费的数额与支付方式以及违反协议的责任。劳务派遣协议的性质属于民事合同，它为被派遣员工按照酒店的要求履行劳动义务的行为提供了依据。

3）劳动力的雇用与使用相分离

从本质上讲，劳务派遣是劳动力的雇用与使用相分离的一种用工形式。劳务派遣机构是被派遣员工的雇主，也是劳动合同的相对人，但是被派遣员工实际给付劳动的对象却是酒店，酒店与被派遣者员工之间虽无劳动关系，但却享有劳动给付的请求权，由此可见，劳务派遣形成了雇用但不使用、使用却不雇用的模式。

小资料

劳务派遣与劳务承包的区别

劳务承包是指企业由自己的员工来完成对外承包项目的劳务经济活动。在劳务承包中，承包企业从发包方获得项目及承包费用，赚取利润并为劳动者发放劳动报酬，劳动者与发包方没有关系。

劳务派遣与劳务承包的共性是都需要与劳动者签订劳动合同，两者的区别主要表现在以下 5 个方面。

1. 出发点不同。劳务派遣完全是以满足企业的用工需求为出发点和立足点的，而劳务承包则是从企业的生产经营战略出发产生的劳务经济。

2. 性质不同。劳务派遣合同属于劳动合同，而劳务承包合同则属于民事合同中的一种承包合同。

3. 从业资质要求不同。劳务派遣的从业资质一般是没有特别约定的，只要符合《劳动合同法》关于劳务派遣的规定就可以了；而劳务承包一般是针对具有承包资质的企业进行的，要求企业必须具有承担相应业务的资格，像建筑、交通运输、电力通信等行业的劳务承包项目都要求承包企业具有相应的行业资质。

4. 法律关系不同。劳务派遣涉及的是劳务派遣机构、实际用人企业和劳动者三方之间的法律关系，而劳务承包涉及的仅仅是企业和劳动者之间的法律关系。

5. 适用的法律不同。在我国，劳务派遣适用的是《劳动合同法》，而劳务承包适用的是《民法典》。

9.3.3　劳务派遣中的权利和义务

1）劳务派遣机构的权利和义务

（1）劳务派遣机构的法定权利

由于劳务派遣机构与劳动者之间签订劳动合同，因此劳务派遣机构享有法律上赋予的劳动合同当事人的全部权利；同时，由于劳务派遣机构为酒店进行招聘和其他一系列的派遣服务需要成本，可依法向酒店收取费用。

（2）劳务派遣机构的法定义务

①凡是我国法律中所规定的劳动关系中雇用方对员工应该尽的义务，劳务派遣机构都要承担。

②劳务派遣机构必须与被派遣员工签订两年以上的固定期限劳动合同。

③劳动报酬的支付义务，除按照法律规定应该由酒店直接承担的项目（如加班费、绩效奖金和与工作职位相关的福利待遇）外，劳务派遣机构应当按月向员工支付劳动报酬。在被派遣员工无工作期间，按照当地的最低工资标准按月支付劳动报酬。

④劳务派遣机构有义务将劳务派遣协议的内容告知被派遣员工。

⑤劳务派遣机构不得向被派遣员工收取任何费用，只能依据劳务派遣协议向酒店收取

管理费来获取利润。

⑥劳务派遣机构要承担为员工办理社会保险登记和缴费、管理档案等义务。

⑦劳务派遣机构对酒店的义务主要是按照劳务派遣协议履行义务，如根据劳务派遣协议按时派遣合格员工到用工单位工作等。

2）酒店的权利和义务

（1）酒店的权利

采用劳务派遣的酒店有权依据派遣协议的约定管理、使用被派遣员工。

（2）酒店的义务

①执行国家劳动标准，提供相应的劳动条件和劳动保护。

②告知被派遣员工工作标准、要求和劳动报酬。

③支付被派遣员工加班费、绩效奖金，提供与工作职位相关的福利待遇。

④对在职的被派遣员工进行工作职位所必需的培训，培训费用由酒店承担。

⑤连续用工的酒店应当对被派遣员工实行正常的工资调整机制。

⑥酒店不得将被派遣的劳动者再次派遣到其他企业。

⑦酒店不得自行辞退被派遣的员工。如果酒店不愿继续使用该员工，要将被派遣员工退回劳务派遣机构，由劳务派遣机构决定是否辞退该员工。

⑧酒店对劳务派遣机构的义务主要是按照劳务派遣协议履行义务，如按时拨付派遣用工的工资及管理费等。

3）被派遣员工的权利和义务

（1）被派遣员工的权利

①被派遣员工享有平等待遇权。被派遣员工享有与酒店其他员工同工同酬的权利，如果酒店无同类职位员工，参照酒店所在地相同或相似职位劳动者的劳动报酬确定。如果劳务派遣机构跨地区派遣员工，被派遣员工享有的劳动报酬和劳动条件，要按照酒店所在地的标准执行。

②被派遣员工享有参加工会的权利。被派遣员工同其他劳动者一样，都享有参加工会组织、参加工会活动的权利，这是保障被派遣员工实现平等劳动权的重要条件。

③被派遣员工享有解除劳动合同的权利。被派遣员工与其他劳动者一样，有权与劳务派遣机构解除劳动合同。

（2）被派遣员工的义务

被派遣员工的义务主要是恪守职业道德、根据酒店的工作标准完成所承担的工作任务、提高自我职业技能、执行酒店制定的各项劳动安全规程等。

9.3.4 劳务派遣的基本流程

劳务派遣过程从业务咨询开始，由酒店和劳务派遣机构双方初步了解合作意向，确认合法资质，熟悉对方的基本信息和经营情况。劳务派遣机构根据酒店提出的具体要求，对工作环境、职位、薪资等情况进行分析，在此基础上制订劳务派遣方案。然后，双方协商、确定劳务派遣方案内容，并在合法用工的前提下修改、完善劳务派遣方案。在明确双方权利和义务，分清法律权责之后，依照相关法律法规签订正式的《劳务派遣协议（合同）》。

　　劳务派遣机构必须在与被派遣员工签订劳动合同之后，才能按照《劳务派遣协议（合同）》的约定，向酒店提供派遣服务。同时，劳务派遣机构还需要采集被派遣员工的信息资料，接转被派遣员工的档案、社保及劳动关系，与酒店结算派遣服务费用，负责被派遣员工的日常管理服务工作等。

　　通常情况下，劳务派遣用工有两种渠道来源：一种是劳务派遣机构从本机构现有的待派遣员工中或者人力资源市场上获取，需要经过推荐、酒店面试、岗前培训、确定到岗时

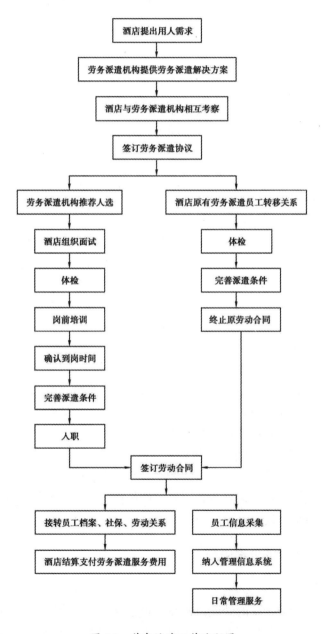

图 9.1　劳务派遣工作流程图

间、完善派遣条件、办理入职手续等环节，再与其签订劳动合同。另一种是把酒店原有的派遣员工转移派遣关系之后接着使用，但需要重新体检、完善派遣条件并终止原来的劳动合同，根据派遣机构的新要求和新条件重新签订新的劳动合同。劳务派遣的基本流程如图9.1所示。

9.4　劳动争议处理

9.4.1　劳动争议的概念及分类

1）劳动争议的概念

劳动争议，又称劳动纠纷，是指企业劳动关系的双方主体及其代表之间在实现劳动权利和履行劳动义务等方面产生的争议或纠纷。劳动争议就其本质来说，主要是劳动关系双方主体围绕经济利益产生的权利和义务的矛盾和争议。

2）劳动争议的分类

劳动争议的范围包括：因企业开除、除名、辞退职工和职工辞职、自动离职发生的争议；因执行国家有关工资、保险、福利、培训、劳动保护的规定发生的争议；因履行劳动合同发生的争议；法律、法规规定应当依照本条例处理的其他劳动争议。

按照不同的标准，劳动争议可以有以下不同的分类。

（1）权利争议与利益争议

权利争议，又称既定权利争议，是指劳动关系双方当事人因已经由法律、法规规定或者是劳动合同约定的权利义务而发生的争议。利益争议，又称待定权利争议，是指因劳动条件发生变化，劳动关系双方当事人就未来的权利和义务而发生的争议。

（2）个人劳动争议和集体劳动争议

个人劳动争议和集体劳动争议是按照参与争议的人数多少来进行划分。个人劳动争议是指单个劳动者直接提出申诉，与用人单位发生争议。集体劳动争议是指3个以上的劳动者因为共同的原因与用人单位发生的争议。

（3）国内劳动争议和涉外劳动争议

国内劳动争议是指具有中国国籍的劳动者与在中国注册成立的企业之间发生的劳动争议。涉外劳动争议是指在劳动者或者用人单位任何一方或双方具有外国国籍或者是无国籍的情况下发生的劳动争议。

9.4.2　劳动争议的处理原则

1）合法原则

合法原则是指劳动争议的处理机构在处理争议案件时要以法律为准绳，并遵循有关法定程序，同时，对劳动关系双方当事人应该享受的请求解决争议、举证、辩解、陈述和要求回避等有关程序法的权利给予平等的保护。

2）及时处理原则

及时处理原则是指劳动争议的处理机构在处理劳动争议案件时，要在法律和有关规定要求的时间范围内对案件进行受理、审理和结案，无论是调解、仲裁还是诉讼，都不得违背在时限方面的要求。及时处理原则就是要使双方当事人的合法权益得到及时的保护。

3）公正和平等原则

公正和平等原则是指在企业劳动争议案件的处理过程中，应当公正、平等地对待双方当事人，处理程序和处理结果不得偏向任何一方。公正和平等原则要求劳动争议的任何一方当事人都不得有超出法律和有关规定以外的特权。

4）调解优先原则

调解优先原则是指调解这种手段贯穿于劳动争议第三方参与处理的全过程。不仅企业调解委员会在处理劳动争议中的全部工作是调解，而且仲裁委员会和法院在处理劳动争议中也要先行调解，调解不成时才会行使裁决或判决。

9.4.3　劳动争议处理的一般方法

1）劳动争议双方协商解决

劳动争议双方协商解决，主要是指当事人在平等的地位上就彼此争议的问题和焦点进行协商，以求得问题的解决。工会参与的集体谈判制度是一种重要的劳动争议协商解决制度。酒店所有者或其代理人主要通过争议双方协商制度来缓和与员工的劳动争议；工会则在协商阶段将事关员工利益的问题和信息集中起来，强化自己的地位，为确立自己在集体谈判中的有利地位奠定基础。

2）劳动争议调解

劳动争议调解是指劳动争议调解委员会根据当事人自己的申请，在查明事实、分清是非的基础上，依据法律、法规、政策和劳动合同的规定，通过说服、劝导和教育，促使双方当事人互相理解，互谅互让，自愿达成解决劳动纠纷的协议。

劳动争议调解的组织——劳动争议调解委员会应该具有广泛的群众基础，便于及时查明情况，保证当事人参与调解活动。劳动争议调解委员会既不是国家行政机关也不是国家审判机关，因而没有行政命令权、仲裁权和司法审判权。

自愿原则贯穿于争议调解的全过程之中。当事人自行决定是否向调解委员会申请调解，调解过程也是一个地位平等、自愿协商的过程；若达成调解协议，也是自愿执行，法律不强制执行。在整个调解过程中，任何一方不得强迫另一方。

3）劳动争议仲裁

（1）劳动争议仲裁的界定

劳动争议仲裁是指作为第三方身份出现的劳动争议仲裁委员会，对劳动争议当事人自愿申请的劳动争议，在查明事实、明确是非、分清责任的基础上，依法作出裁决的活动。

劳动争议仲裁制度是国家确立的高效、及时处理和化解劳动纠纷的专项劳动法律制度。我国劳动争议仲裁依据《劳动争议调解仲裁法》采取"仲裁前置、一裁终局、裁审衔接"

的体制。"仲裁前置"是指员工和用人单位只有在不服劳动争议仲裁裁定时，方可在法定时限内向法院申请民事诉讼；"一裁终局"是指我国劳动争议仲裁只设一级仲裁机构，当事人就同一纠纷只能申请一次仲裁；"裁审衔接"是指当事人若对仲裁裁决不服，可以向法院提起诉讼。

可以申请仲裁的劳动争议主要有 3 种情况：发生争议，且企业没有劳动争议调解委员会；发生争议，劳动争议调解委员会调解不成；发生争议，直接向劳动争议仲裁委员会申请仲裁。

（2）仲裁组织

劳动争议仲裁委员会是由国家授权的、依法独立处理劳动争议的专门机构，其职责是负责处理管辖范围内的劳动争议案件，聘任专职和兼职仲裁员，并对其进行管理。

劳动争议仲裁委员会的组成人员包括劳动行政部门的代表、工会的代表和企业方面代表，其中人数必须是单数。仲裁委员会的主任由劳动行政部门的代表担任。劳动行政主管部门的劳动争议处理机构为仲裁委员会的办事机构，负责办理仲裁委员会的日常事务。

（3）仲裁程序

劳动争议发生后，当事人应当从知道或者应当知道其权利被侵害之日起一年内，以书面形式向劳动争议仲裁委员会申请仲裁，但当事人因不可抗力或者有其他正当理由超过仲裁申请时效的，仲裁委员会应当受理。当事人申请仲裁需提交书面仲裁申请，并按照被诉对象数量提交副本；仲裁委员会应在从收到仲裁申请之日起 5 日内作出是否受理的决定。决定受理的，应当自决定作出之日起 5 日内向申诉人送达《受理案件通知书》，向被诉人送达《应诉通知书》和申诉书副本；决定不予受理的，自决定做出之日起 7 日内向申诉人送达《不予受理通知书》，并说明理由。

被诉人应自收到申诉书副本 10 日内提交答辩书和有关证据。被诉人没有按时提交或不提交答辩书的，不影响案件的审理。仲裁庭应提前 5 天，将开庭时间、地点以书面形式送达当事人。当事人接到书面通知，无正当理由超过 30 分钟拒不到庭的，或者未经仲裁庭同意中途退庭的，对申诉人按照撤诉处理，对被诉人作缺席处理。

仲裁庭裁决劳动争议案件，应当自劳动争议仲裁委员会受理仲裁申请之日起 45 日内结束；案情复杂需要延期的，经报仲裁委员会批准，可以适当延期，但是延期不得超过 15 日。仲裁庭作出仲裁后，制作裁决书送达双方当事人。当事人若对裁决不服，可在自收到裁决书之日起 15 日内，向法院起诉；期满不起诉的，裁决书即发生法律效力，当事人应当按照规定执行。

4）劳动争议诉讼

劳动争议诉讼是指劳动争议当事人对仲裁裁决不服，在规定的期限内向法院起诉，法院依法受理后，对劳动争议案件进行审理和判决的活动。此外，劳动争议诉讼还包括当事人一方不履行仲裁委员会已经产生法律效力的裁决书或调解书，另一方当事人可以申请法院强制执行。劳动争议诉讼是我国解决劳动者争议的最终程序。此外，劳动争议仲裁是劳动争议诉讼的必经程序，法院不直接受理不经劳动争议仲裁委员会裁决的案件，并且劳动争议诉讼中的当事人必须是劳动争议仲裁中的当事人。

案例启迪

由培训引发的劳动争议

吴强于 2017 年 6 月应聘进入某国际品牌酒店餐饮部，双方签订了三年期限的劳动合同，其中约定吴强的工作地点为：中国上海。由于吴强喜欢西餐制作，且有一定的中餐烹饪基础，加之英语水平较高，酒店餐饮部将其安排在西餐厨房工作。西餐行政总厨蒂埃里·亨利很快发现吴强是一个很有烹饪天赋的年轻人，当亨利被集团调往德国慕尼黑的一家酒店出任餐饮总监时，他想到了吴强，并推荐吴强前往慕尼黑的那家酒店系统地学习德式西餐。2018 年 1 月 12 日吴强与所在的某国际品牌酒店签订了《员工培训与服务期协议》，酒店为吴强提供去本集团在德国慕尼黑的酒店为期 8 个月的职业培训。

《员工培训与服务期协议》就培训费用的支出作了详细的约定，同时约定吴强回国之后需要为该国际酒店集团中国区服务至少三年，如吴强提前离职（辞职或者被提前解除劳动合同），需按照比例向所派出的酒店返还已经支出的培训费用。2018 年 9 月 30 日，吴强完成海外培训，回到原酒店工作，并于 2019 年 1 月 1 日升任西餐副厨师长。2019 年 5 月，吴强提前 30 天向所在酒店提交了辞职报告，单方解除了劳动合同。吴强实际工作至 2019 年 6 月 7 日。因吴强提前离职违反了《员工培训与服务期协议》，故其所服务的酒店通过发送律师函等方式多次要求吴强返还培训费，吴强不予理睬。

2019 年 7 月 20 日，吴强原来服务过的某国际品牌酒店以吴强违反服务约定申请仲裁，后不服仲裁，起诉至法院，请求法院判令吴强返还培训费人民币 170 876.56 元（其中包括在德国的生活补贴、医疗保险、住房津贴、往返飞机票等费用）。吴强对上述费用真实性予以确认，但不认可《员工培训与服务期协议》的有效性。吴强辩称，自己去德国办的是工作签证，而且到了德国之后，与那家酒店的其他员工一样接受同样的管理，完成同样的工作任务，接受德国酒店支付的工资和津贴。

因此，吴强主张自己在德国期间是正常工作，而非培训，其产生的相关费用是为工作所产生的必要费用，某国际酒店集团应当在内部进行核算，并予以报销。综上所述，吴强认为，双方之间不存在培训事实，当初签订的培训协议无效，原雇主酒店主张返还培训费用无事实和法律依据。

（1）诉讼的审理机构

劳动争议诉讼案件一般是由劳动争议仲裁委员会所在地的法院受理，这是劳动诉讼管辖中的地域管辖。劳动诉讼管辖还按照级别的标准，对于案情比较简单、影响不大的劳动争议案件，一般由劳动争议仲裁委员会所在地的基层法院进行第一审；对于案情复杂、影响很大的劳动争议案件，基层法院审理有困难的，可由中级人民法院作第一审。此外，当事人双方就同一仲裁裁决分别向有管辖权的法院起诉的，后受理的法院应当将案件移送给先受理的法院审理。

（2）劳动争议诉讼程序

劳动争议诉讼程序执行《民事诉讼法》的相关规定，当事人起诉时，应提交诉状，并按照被诉对象数量提交副本。法院收到起诉，经审查决定受理的，应当在 7 日内立案，并通知当事人。决定不予受理的，也应在 7 日内裁定不予受理。

法院在立案之后，就进入了法庭审理阶段。法院需要作一些审理前的准备，法院应当在立案之日起 5 日内将诉讼状副本送达被告。被告在收到起诉状副本之日起 15 日内提出答辩状，若不提出答辩状，不影响法院的审理。被告提出答辩状的，法院应当在收到之日起 5 日内将答辩状副本送达原告。在做好审理前准备之后，法院决定开庭，应当在开庭之前 3 日内通知当事人和其他诉讼参与人，以便他们做好出庭准备。法院开庭审理案件时，按照法庭调查、法庭辩论、法庭调解、合议庭评议和审判等程序进行。适用普通程序审理的案件，法院应在立案之日起 6 个月内审结；有特殊情况需要延长的，由本院院长批准，可以延长 6 个月；还需延长的，报请上级法院批准。法院对劳动争议案件作出的裁判应当在法定时间内告知当事人、第三人以及其他诉讼参与人。

劳动争议当事人不服第一审未生效的判决时，可以向上一级人民法院提出上诉请求；二审判决是终审判决，当事人不能再上诉。

【复习思考题】

1. 劳动关系的主体包括哪些？分别具有哪些权利和义务？
2. 订立劳动合同应遵循什么原则？
3. 什么是无效劳动合同？如何处理无效劳动合同？
4. 劳动合同一般包含哪些内容？
5. 什么是劳动监督检查？劳动监督检查主要涉及哪些方面？
6. 什么是劳务派遣？酒店为什么会选择劳务派遣？
7. 劳务派遣的工作流程是怎样的？
8. 如果员工的合法权益在工作中受到侵犯，如何与酒店进行解决？

【案例研究】

一起由丧假引起的劳动纠纷

2013 年 3 月，王全进入上海某酒店担任厨师一职。2023 年 5 月，双方签订无固定期限的劳动合同，王全的月工资为 8 500 元。同年 6 月 20 日，王全父亲在老家安徽病故。次日，噩耗传来王全悲痛万分，他向酒店申请告假两个月回老家为父亲办理丧事。酒店当时没有答复他可在老家待多久，只是立即批准王全回乡，并根据酒店的相关政策，发给了王全 2 000 元丧葬补助。一周以后，酒店要求王全补办书面请假单。6 月 30 日，王全从老家用特快专递给酒店寄回请假单，主要内容为：因家中老父病故，按照老家风俗习惯，需在家中守孝两个月，特向领导申请假期，望给予批准。

7 月 22 日，酒店作出不予准假通知书，酒店认为：可批准丧假 3 日，考虑到员工回家路远酌情给予路程假 4 日，另以年休假抵扣的方式给予 5 日的假期，加之 6 月 25 日、26 日和 7 月 2 日、3 日为双休日，截至 7 月 8 日，王全已实际享受丧假 9 日，年休假 5 日，正常休息 4 日，合计共 18 日。按有关法律、法规规定，丧假一般为 1 至 3 日，故员工申请休 2 个月丧假的请求没有法律依据。该酒店员工手册也规定，员工休事假应当经酒店的批准，鉴于王全已经休假长达 18 日，给酒店日常经营带来不利影响，申请休假理由不足，决定其申请 2 个月丧假的请求不予批准。要求王全收到决定不予准假通知之日起 3 日内来酒店上班，逾期不复工，将依照员工手册规定以旷工处理。旷工超过 3 日的，酒店有权按法律规定解除合同，且不支付任何经济补偿。

7 月 9 日，酒店以特快专递将不予准假通知书寄至王全户籍地。该特快专递由当地一汪姓人士签收，但事后王全表示未收到过特快专递，也不认识汪姓人士。7 月 31 日王全返沪，次日要求上班遭拒，酒店还出具了解除劳动合同通知书。8 月上旬，王全向当地的劳动仲裁委员会申请仲裁，要求恢复双方的劳动关系。同年 9 月中旬，未获得劳动仲裁委裁决支持的王全，转向法院起诉。

王全诉称，按照老家风俗习惯，父亲去世后，儿子需在家守孝两个月，已办理了请假两个月手续，却从未接到过酒店催促上班的通知，他认为酒店有 14 名厨师，自己请假期间酒店完全有条件安排其他厨师顶班，酒店不应以旷工为由将其除名。此外，在 7 月 9 日前后，酒店曾来电话称有邮件寄出注意查收，未说具体什么内容，只是说看了就知道了，可自己一直没有收到过。在王全办完丧事回酒店后，却获悉已被辞退。请求法院判令撤销辞退通知，恢复双方劳动关系。后又变更诉请，不再要求恢复劳动关系，提出赔偿违法解除劳动合同赔偿金 8.5 万元（8 500 元乘以 10，理由为已在酒店工作满 10 年）。

法庭上，酒店辩称王全替亡父办丧事，酒店准假 18 天。在 7 月 9 日给王全邮寄不予准假的通知书，要求他收到通知后 3 天内回酒店上班，但王全未按时回酒店；并且在 2023 年 7 月 12 日至 31 日，王全旷工超过 3 天，解除与王全劳动合同属合法。酒店特别强调是按王全员工登记表中的通信地址，快递寄出不予准假通知书，王全理应收到，未上班即为旷工。

法院查明，在该酒店员工手册涉及考勤请假制度中规定：员工确因紧急事情来不及办理请假手续时，应先征得酒店副总经理以上人员同意并及时补办手续，凡事先未征得同意或事后不补办者，一律按旷工处理。在一年内无故缺勤 3 日，解除劳动合同。

讨论问题

1. 王全和酒店之间发生的劳动纠纷，关键矛盾点在哪里？
2. 酒店在处理王全请假事件中，有无可以改进的地方？
3. 法院可能会支持哪一方？为什么？

开阔视野

人工智能背景下企业调整劳动关系的改革

在应对人工智能技术应用所带来的新变化时，企业在考虑自身经济效益的同时，开始注重以"人性"为底层逻辑，进行劳动关系管理的变革。

其一，管理的理念和边界变革。人工智能技术的应用使得大量隐性劳动者出现，以及劳动时间的碎片化，冲击了企业原有的管理制度，劳动者与雇主之间的关系越来越模糊化，劳动者的劳动自主性也不断增强。因此，一方面，企业的管理制度朝着更加弹性化的方向转变，促进责任自治管理模式的形成，在理性的管理中体现人文关怀，从而使劳动者更能感受到工作的意义与价值，体会到幸福感；另一方面，企业创新以向善的价值观为基础的管理理念，减少因劳动者与雇主之间关系的模糊化而产生的工作时间、工作待遇以及其他劳动者权益损害问题。同时企业在人机协同工作场景下进行知识管理的过程中，不仅要让机器学会人的知识技能，还应让机器学习人的文化价值观，确保"科技向善"目标的实现。

其二，工会的理念和边界变革。工会要维护员工的合法权益，这里的员工更多指的是传统雇佣关系下的劳动者。人工智能技术的应用以及人工智能下更加开放的文化价值观念等因素推动了"共享用工""人机协同"等新工作方式的出现，冲击了传统的劳动关系，以传统劳动关系为基础建立的工会无法有效保障新工作方式下的劳动者权益，其谈判能力不断下降。因此，一方面，工会开放工作理念，除了保障传统劳动关系下的职工利益，还将更多新工作方式下的劳动者纳入保护范围，使谈判更多发生在工会与整个企业之间，扩展工作的边界；同时提高员工的发言权安全性，确保劳动者在劳动力市场上拥有集体发言权和代表机制。另一方面，工会还在变革工作方式，通过线上与线下的联动助力工会的服务效果，对不同用工方式下的劳动者提供精准服务。

其三，以及时和透明为目标进行沟通与反馈的变革。例如，Salesforce 的 Einstein 人工智能平台提供自动化问答功能，员工可以随时查询公司的政策、福利等信息。这种实时互动不仅增强了员工的信任感，而且显著提高了他们的满意度。人工智能也在助力企业及时发现和应对组织中的冲突。例如，Ultimate Software 的人工智能工具可以通过分析员工的沟通模式和情绪，帮助人力资源专家及时识别并解决潜在的冲突，从而维持团队的和谐与生产力。此外，通过人工智能收集和分析员工反馈，企业能够持续优化运营和管理策略。当员工看到他们的建议和反馈得到重视和实施，归属感和满意度都会大幅提升。

资料来源：何勤，董晓雨，朱晓妹．人工智能引发劳动关系变革：系统重构与治理框架 [J]．中国人力资源开发，2022，39（1）：134-148.

第10章 酒店员工职业生涯管理

【学习目标】

通过学习本章，学生应该能够：

掌握：职业生涯管理的概念；

职业生涯规划的基本流程；

人与职业匹配理论；

酒店员工职业生涯阶段性管理。

熟悉：职业生涯规划的概念；

职业生涯规划的原则；

职业生涯规划中可选择路径；

员工职业流动的类型。

理解：职业的概念及其特点；

职业生涯的概念及其特点；

职业生涯管理的发展趋势；

择业动机理论；

"职业锚"理论。

【关键术语】

职业	职业生涯	职业生涯管理
职业生涯规划	传统职业路径	横向职业路径
网状职业路径	双重职业路径	人与职业匹配理论
择业动机理论	"职业锚"理论	职业流动

开篇案例

百胜餐饮集团创新餐厅经理的职业价值定位

员工用一组基本价值要素（如企业规模、工作本身及工作环境、发展机会、经济回报等）来衡量他们在某一企业工作时所能获得的总价值，称为职业价值定位。

百胜餐饮集团中国事业部拥有肯德基、必胜客、必胜宅急送、东方既白和小肥羊等餐饮品牌。餐厅经理是百胜重要的领导职位，餐厅经理 100% 由内部升迁；百胜为这些餐厅管理人员的职业价值定位规划出三个组成部分：个人发展、职业发展和企业文化。

第一部分是个人发展部分，其中包括：

1 对 1 导师制的辅导支持。在员工成长为餐厅经理的每个阶段的学习过程中，百胜都会指定专门的辅导人 1 对 1 地传授、示范、辅导，并跟踪学习的成效。学习过程中百胜会给予员工充分的关注与支持，根据个人的学习能力与情况，在整个课程进度的框架要求范围内合理安排与调整。

完整成熟的培育发展体系。百胜采用系统的"冠军发展计划"课程，用 4 年时间帮助员工快速成长。最初的两年，理论与实践相结合，从掌握餐厅工作站操作及基本管理知识开始，逐项学习财务管理、人力资源计划、服务管理、物流与库存等 18 门管理课程，考核通过后即可晋升为餐厅副理；之后的 1~2 年继续学习 3 门课程，绩效管理、餐厅营销及团队管理，由此荣升为餐厅经理。

系统的实践训练。整个学习过程理论与实践相结合，坚持脱产学习和在工作中学习并行，且学以致用；采用多种学习与训练方式，在线训练、视频训练、实际场景训练、课堂训练；辅以工作室培训，注重提升能力。

第二部分是职业发展部分，其中包括：

清晰的职业规划。设立清楚的职业发展阶梯，以储备经理作为职业的发展起点，4 年内逐步晋升为餐厅经理。

长远的职业发展。营运团队的领导采用 100% 内部晋升机制，让有营运专长的员工有机会通过集训升迁到区经理、区域经理、市场总经理等更高的营运职位。

多元的职业视野。借助"彩虹计划"提供员工向其他非营运职位转换机会。百胜为餐厅经理及以上的营运管理人员提供多路径的职业发展机会。根据员工个人的意愿以及公司的需求，让员工向非运营岗位转岗成为可能。在步入新职位之时，公司仍将提供专业培训来帮助他们实现职业发展的成功转型。

加盟机会。"员工加盟计划"令员工经营自己的百胜餐厅成为可能。餐厅经理以上的营运管理人员可申请"员工加盟计划"，通过公司加盟委员会的评估合格后，以租赁的形式经营自己的百胜餐厅。

第三部分是企业文化部分，其中包括：

百胜致力于营造"关爱成员的大家庭"。企业文化倡导以人为本，对员工给予关爱、认同鼓励、辅导支持。"我们期望给予员工充满关爱的家庭归属感。以人的能力为第一，认同每位员工点滴进步与付出。以辅导与支持的方式，让所有的员工都能快乐地成长发展。"打造一支年轻富有激情、相互信任、快乐的伙伴团队，让大家以"兄弟姐妹"似的关系合作。同龄人之间倡导开放透明的沟通方式，促进共同发展与进步。

资料来源：悦然. 百胜雇主品牌创新 [J]. 餐饮世界，2011，2（10）80–81.

10.1　员工职业生涯管理概述

从酒店可持续发展的角度讲，建立相对稳定的人力资源团队，培养长期从业的专业化员工，留住优秀人才，以及激发员工的个人潜能，是酒店获得持久发展动力的保障。因此，职业生涯的发展已经不仅仅是员工个人的责任，也成为酒店人力资源管理活动所必须关注的一个重要方面。

10.1.1　职业的概念及其特点

1）职业的概念

所谓职业（Occupation），是指人参与社会分工，运用专门的知识和技能，为社会创造物质财富和精神财富，获取合理报酬作为物质生活来源，并能满足自己精神需要的工作。职业的产生，同社会分工密不可分。职业不仅是一个人社会地位的反映，也与其行为模式、生活方式、文化水平、经济状况和思想倾向等密切相关。从社会学角度讲，从事职业是劳动者通过为社会承担一定的义务和责任，确立自己在社会中的位置，并获得相应报酬的过程；从企业角度讲，职业就是不同性质、不同内容、不同形式和不同工作方法的专门劳动职位，它是劳动者所从事的作为谋生手段的工作。社会分工是职业产生的基础，社会分工的发展和变化决定和制约着职业的发展和变化。

2）职业的特点

（1）职业具有社会性

职业必须以一定规模的社会从业人数为基础，并且扮演社会分工的角色。例如，家庭主妇和家政服务员可以从事同样内容的劳动，但家政服务员是一种职业，而家庭主妇却不是，因为家政服务员的劳动是社会分工的结果，而家庭主妇的劳动却不是。另外，职业必须符合国家法律和社会道德规范，一些专业性较强的职业还需要获得相应的职业资格或技能证书才能上岗。

（2）职业具有经济性

员工从事某项职业工作，目的是从中取得经济收入。换句话说，员工是为了获得收入，才长期、稳定地承担某项社会分工，在企业中从事该项职业。没有经济报酬的工作，不能算是职业工作。因此，酒店应该根据职业内容的不同，为员工提供能够体现其职业价值的报酬。职业价值一方面是员工在工作过程中所创造出的财富水平的体现，另一方面还受到当时社会对该职业认可程度的影响。

（3）职业具有专业性

职业是社会分工的必然产物。不同职业对从业人员有不同的要求，越来越多的职业对从业人员提出了职业进入的资格条件。对酒店而言，这些资格条件一方面取决于从业人员的身体条件，另一方面则取决于从业人员的知识和技能水平。由于酒店行业的特殊性，一些职业对从业人员的生理条件会有所要求，例如，厨师必须不能是色盲，前厅接待员应该五官端正等。还有一些职业则是根据工作内容的特点，对从业人员的专业技能有一定的侧重性要求，例如，高星级酒店的酒吧调酒师就应该具备一门以上外语口语交流能力。

（4）职业具有稳定性

员工在比较长的时期内连续地、不间断地从事的某种社会工作，才可以称其为员工的职业。就员工个人而言，如果这个月在酒店做行李员，下个月做保安，半年后又改行做宴会服务生，其具体的职业就很难确定，也就是说，离开了工作的稳定性，员工的个人职业是无从谈起的。

（5）职业具有时代性

随着消费文化、服务项目和服务内容的变化，以及技术进步的影响，一些旧的职业会逐渐消失，新的职业又会不断地产生。

小资料

与高级西餐服务相契合的职业——"侍酒师"

"侍酒师"又称"高级品酒师"，其国际通用名称为"Sommelier"。Sommelier 一词源于法语。由于西餐对菜肴与酒水的配搭非常讲究，而酿酒师在酿酒时没有考虑到葡萄酒配餐，厨师在做菜时也很少考虑菜肴应该与什么酒水相配才能风味最独特，因此需要在酿酒师与厨师各尽所职时，有专业人员帮助顾客找出酒品与菜肴的最佳匹配点，使顾客品尝餐饮产品时有相得益彰的感受。侍酒师就是高档西餐厅中具备专业酒水知识和服务技能，为客人提供高档酒类服务和咨询，并负责菜单的设计、酒的鉴别、品评、采购、销售以及酒窖管理的专业人士。

一个好的侍酒师不但要对菜肴有一定程度的了解，对酒的认识更要深入。在菜肴方面既要熟悉本餐厅厨师的"手艺"和"招牌菜"，还要对食材有相当高的见解；而在葡萄酒方面不但要了解各产区葡萄酒的特色，对酒庄的酿酒风格甚至年份差异、陈年潜力等都要有一定程度的研究，才能在顾客点菜后，帮助他们挑选出既符合预算又适合佐餐的酒水。

侍酒师要有基本的美学修养，拥有敏锐的时尚感知、高雅的品位和鉴赏力。一个合格的侍酒师需要系统地学习葡萄栽培、葡萄酒酿造、品酒技巧、葡萄酒收藏、葡萄酒投资策略、菜单设计，以及葡萄酒、烈酒和啤酒的地区分析等课程，掌握葡萄酒贮藏、品酒、斟酒和侍酒等技术，职业养成期至少要 4~5 年。

10.1.2 职业生涯的概念及其特点

1）职业生涯的概念

职业生涯是一个以时间为维度的概念，有广义和狭义之分。广义的职业生涯，是指从培养职业兴趣、选择职业、就职，直至最后完全退出职业这样一个完整的人生过程，因此，其上限从接受启蒙教育起，其下限到失去劳动能力止。

狭义的职业生涯，仅指直接从事职业工作的这段时间，即从就职到退职这段时间。需要注意的是，狭义的职业生涯是员工个体的有偿劳动或自愿无偿劳动的经历，而非群体或组织的行为经历。

2）职业生涯的特点

（1）差异性

每个人的价值观、个性、能力、成长环境、教育背景等不尽相同，从而导致每个人所从事的职业不会完全相同，其职业生涯也必然存在很大差异。这种差异性要求每个人的职业生涯规划都应当是个性化的，对这种差异性的认识越充分，职业生涯规划就会越有针对性。

（2）发展性

随着时间的推移，每个人的职业生涯都会以不同的方式和速度发展。善于规划、有明确目标和强烈进取精神的人，职业生涯可能会发展得快一些、好一些；反之，不善于规划、没有明确目标的人，职业生涯则可能会发展慢一些、差一些。

（3）阶段性

职业生涯的阶段性体现在员工每经历一定的工作年限就会表现出一定的特点。职业生涯的不同阶段之间不是简单的并列关系，而是一种串联递进关系，前一阶段的状态是后一阶段的基础。

（4）可规划性

虽然员工的职业生涯受到各种外部环境和偶发因素的影响，但从长远发展看，职业生涯是可以规划的。职业生涯的可规划性主要体现在对职业生涯发展过程中可能出现的偶然因素加以预测和控制。通过职业生涯规划，可以为人们提供一个总体的职业发展指导，帮助人们克服职业生涯发展中因偶发因素而导致的盲目性。

10.1.3 职业生涯管理的概念

职业生涯管理是指组织为了更好实现员工的职业理想和职业追求，寻求组织利益和个人职业成功最大限度一致化，而对员工的职业历程和职业发展所进行的计划、协调和控制等一系列的管理活动。

职业生涯管理的主体是组织，客体是员工及其所从事的职业，组织对员工的职业生涯管理是一种动态管理，是贯穿于员工职业生涯发展全过程和企业经营活动全过程的动态过程。正如习近平总书记所指出的："成长为一个好干部，一靠自身努力，二靠组织培养。"[1]

在酒店中，职业生涯管理的主要环节包括为员工提供工作规范和工作说明，提供绩效考评信息，通报组织管理架构、职位和职业变化的信息，以及提供培训机会等帮助员工实现职业目标（图 10.1）。

1　习近平：《在全国组织工作会议上的讲话》，《党建研究》2013 年第 8 期。

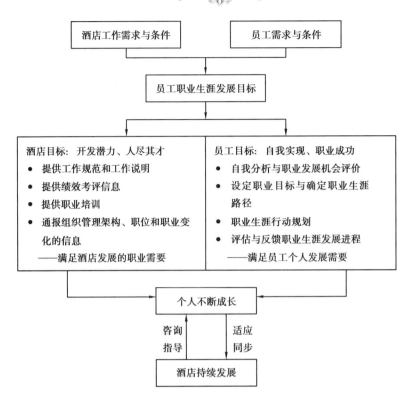

图 10.1　酒店员工职业生涯管理活动示意图

10.1.4　职业生涯管理的发展趋势

1）企业与员工都开始重视个体受雇佣能力的强化

进入 21 世纪以来，伴随着信息技术和知识经济的迅猛发展，即使是酒店业这类传统行业，组织特征也越来越体现出扁平化、弹性化、信息化、分散化、小型化等多元化发展趋势。在这一背景下，雇佣关系中员工对酒店的依赖成分减弱，特别是新进入职场的年轻人，越来越将心理契约的基础建立在增强受雇佣能力上。员工的承诺是不断提升自己的能力，适应酒店发展的需要，在为酒店工作期间，尽自己的努力作出贡献；而酒店只需为员工提供提高自身技能的机会和平台，发展员工终身就业能力，一旦员工离开酒店行业，仍然可以凭借自己的技能找到满意的工作单位。在这种新的契约关系下，员工和酒店在某种程度上也获得了共赢（见表 10.1）。

表 10.1　传统职业生涯与现代职业生涯的比较

比较项目	传统职业生涯	现代职业生涯
目标	晋升、加薪	心理的成就感
心理契约	工作的安全感	灵活的受聘能力
轨迹	垂直运动	水平运动

管理责任	组织承担	员工承担
方式	直线型、专家型	短暂性、螺旋型
专业知识	知道如何做	不断学习如何做
发展	很大程度上依赖于正式的培训	更依赖人际互助和在职体验

资料来源：雷蒙德·A.诺伊.雇员培训与开发 [M].3 版.徐芳，译.北京：中国人民大学出版社，2007.

2）职业成功的标准越来越侧重于个体的发展意愿

传统的职业成功是沿着金字塔式的组织结构向上晋升，成功的标准就是能否在酒店中升迁到高层管理职位，这种单一的评判标准无视个人发展意愿和发展需求，对员工发展和企业成长都会造成不利影响。新的职业成功标准则更加强调员工个人的发展意愿，酒店根据员工个人的职业生涯发展规划，为不同类型的员工提供不同类型的发展方向，甚至员工也可以根据自己的兴趣、爱好，选择职业发展方向。新的职业成功标准更看重个体的意愿和心理成就动机。

3）职业流动模式多样化

经济环境的动态变化和组织机构的弹性化、扁平化，都导致员工的职业流动向更广泛的方向发展，不再局限于过去在单一酒店的单一部门中由低级别到高级别的流动方向，可以更多地在不同的职能部门、不同的酒店甚至不同的行业中自由流动。流动模式更加多样化，不确定因素也越来越多。

10.1.5　职业生涯管理的目的和作用

1）职业生涯管理的目的

（1）帮助员工更好地实现个人目标

职业生涯管理把组织总目标分解成许多更小的子目标，通过具体职业路径实施，可以更好地帮助员工实现个人奋斗目标。

（2）使员工在职业历程中的工作更富有成效

每个人的时间和精力都是有限的，如何让有限的时间、精力等资源发挥最大的效用，需要对有限的资源进行配置。职业生涯管理的一个重要任务就是研究如何对职业生涯过程进行规划，更好地配置有限的资源，使员工在职业历程中的工作更富有成效。

（3）更好地实现组织目标

组织进行职业生涯管理，可以整合个人目标和组织目标，使个人目标和组织目标相互协调，有利于更好地实现组织目标。

2）职业生涯管理的作用

（1）职业生涯管理对员工个人的作用

①有利于发掘员工潜能，更好地适应环境，并能把握外部环境中存在的机会。

②有利于提高员工职业发展的目的性与计划性，提升员工职业成功的概率。

③有利于员工的全面发展，增强员工对所从事职业的满意度。

④有利于员工更好地理解职业生涯，使工作与家庭生活得到较好的平衡。

（2）职业生涯管理对组织的作用

①有利于人力资源的合理配置，提高企业人力资源管理的效率。

②职业生涯管理的核心是鼓励员工学习、创新和竞争，因而有利于构建学习型组织。

③科学的职业生涯管理有利于稳定员工队伍，减少员工流失，同时也有利于组织的人力资源结构优化配置。

④有利于创建优秀的企业文化，真正实现"以人为本"的现代企业管理理念。

10.2　酒店员工职业生涯规划

10.2.1　职业生涯规划的概念

职业生涯规划是指对决定一个人职业生涯的各种主客观因素进行分析、总结和测定，确定一个人未来的工作发展路径，并选择与之相适应的职业，编制相应的工作和培训计划，对各环节的时间、顺序和方向做出科学的安排，从而达到个人发展与组织发展有机的结合。

进行科学的职业生涯规划，必须从主观和客观两个方面考虑。主观方面，涉及个人的价值观、人生观、需求、动机、性格、能力、发展取向等，其中正确的职业价值观和人生观对职业生涯规划起决定性影响。习近平总书记指出，"要把做老实人、说老实话、干老实事作为人生信条，这样才能真正立得稳、行得远"[1]。客观方面，涉及个体所处的社会环境和组织环境。

职业生涯规划的内容包括职业目标、职业发展路径、将要进行的准备工作等。从职业发展角度讲，涉及职业选择、调整职业和更长远的职业发展计划；从个体发展角度讲，涉及员工自我认知、技能开发性培训、行为活动与理念、价值观等几个方面的调整和准备。

10.2.2　职业生涯规划的原则

1）具体性原则

职业生涯规划必须是针对某个特定个体所进行的具体的职业指导。由于每个员工所处的职业发展阶段不同，能力、性格、职业发展愿望等因人而异，每个员工所处的组织环境也有所差异，因此在进行职业生涯规划时不能搬用他人的职业发展模式，职业生涯规划必须是个性化的、具体的。

1　《习近平在中央党校（国家行政学院）中青年干部培训班开班式上发表重要讲话强调 立志做党光荣传统和优良作风的忠实传人 在新时代新征程中奋勇争先建功立业》，《人民日报》2021年3月2日。

2）清晰性原则

企业为员工所规划的职业发展目标，以及实现目标的措施必须是清晰而明确的，实现目标的步骤也应直截了当地提出。

3）现实性原则

在进行职业生涯规划时，必须考虑到员工自身的特征、社会环境、组织环境以及其他相关因素，选择现实可行的目标和途径。

4）连续性原则

员工的职业发展历程是一个连贯衔接的统一体。在进行职业生涯规划时不能割断个体的完整的职业发展历程，而应该通过职业生涯规划尽可能帮助员工实现职业的可持续发展。

5）可度量性原则

职业生涯规划不但应规划出总的职业发展目标，还应制订具体的阶段性步骤，要有明确的时间限制和标准，以便在实现职业生涯目标的过程中随时进行阶段性的度量和检查；随时掌握执行的情况，以便为职业生涯目标的调整提供信息。

案例启迪

一位麦当劳高管眼中的职业生涯规划

第一批麦当劳中国（McDonald's China）的管理层来自中国台湾或其他亚洲地区，林慧蓉便是其中之一。

1988年，林慧蓉正在中国台湾念大学，她当时的人生目标是去美国留学。那时，一张美国大学毕业证，以及一段美国公司的工作经历，对亚洲学生诱惑颇多。这成了林慧蓉去麦当劳打工的动力。

林慧蓉是在大三升大四时决定去麦当劳打工的，当她第一次落地美国，在芝加哥看到一家麦当劳餐厅的招聘广告，于是这里就成为她职业生涯的起点。排在长长的面试队伍中，她和其他人一样非常紧张，直到面试官叫她"慧蓉"时，这种情绪才逐渐舒缓——在20世纪80年代，这是特别亲切的人之间才有的称呼。

大学毕业时，那家麦当劳餐厅的经理表达了对她的认可并希望她可以留在麦当劳工作。几天后，台湾麦当劳的市场总经理找她面谈，并告知公司将帮助她进入麦当劳的管理层。

仅在3年后，台湾市场营运顾问林慧蓉便被派往美国的麦当劳汉堡大学参加AOC课程。麦当劳汉堡大学创立于1961年，是麦当劳全球人才培训中心。

"在麦当劳，策略能力、规划能力及领导能力都很重要，但是最重要的还是要根据企业的发展结合自己的条件规划好职业，然后一步一步去实现。"林慧蓉说："这也是能从这家公司脱颖而出最重要的因素之一。"

在中国台湾工作的16年间，林慧蓉一路升任至麦当劳台湾总部加盟发展营运执行经理，几乎经历了这家快餐连锁品牌每一个运营环节：柜台、收银、服务、清洁、经营一家餐厅、特许经营、品牌拓展。"麦当劳的每一项工作我都做过，从基层到高层。"林慧蓉说。这些经验，成为她现在从事人力资源工作最基础的积累。林慧蓉的职业生涯转折点出现在

2004 年。这一年，她以麦当劳上海训练部总监的身份加入麦当劳中国，来到大陆发展。

作为一名深谙职业生涯规划重要性的管理者，林慧蓉很愿意将自己的经历告诉年轻员工。出任专门负责人力资源的麦当劳中国区副总裁后，林慧蓉便倡议员工们要有"企图心"，无论在这个美式文化浓重的公司里，还是在生活了大半辈子的中国台湾，"企图心"在她的字典里都是很正面的用语。

资料来源：朱宝 . 人才储备成麦当劳亚洲及全球市场发展的关键 [N]. 第一财经周刊，2014-06-20.

10.2.3 职业生涯规划的流程

职业生涯规划的流程是一个对员工的职业选择与发展进行个人及环境分析、确定目标、设计发展路径，以及及时评价并帮助调整的过程，如图 10.2 所示。

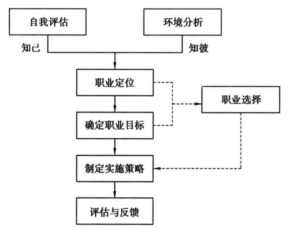

图 10.2 职业生涯规划流程

1）自我评估

职业生涯设计的第一步是由企业向员工提供自我评价的帮助。自我评价是指员工通过各种信息来确定自己的职业兴趣、价值观、性格和行为倾向的一个认识自我、了解自我的过程。因为只有正确地认识了自我，才有可能对自己的未来职业发展作出正确的分析和选择，确定适合自己发展的职业生涯途径。在自我评估的过程中，可以重点搞清楚以下几个问题：

- 职业兴趣——喜欢做什么？
- 职业能力——能够做什么？
- 职业性格——适合做什么？
- 职业价值观——看重做什么？

对个人特征进行分析主要有测试法和自我反思法两种。测试法是综合利用心理学、组织行为学和人才学等学科的理论、方法和技术，对人的能力水平及倾向、个性特点和行为特征等进行系统的、客观的测量和评价。自我反思法主要是通过自己的回顾和通过别人对自己的反应来认识个人特征。测试法比较系统、客观，但必须依赖特定的工具；自我反思法简便易行，但通常会受到个体认识自我的能力和一些偏见的影响。

2）环境分析

环境分析主要是针对外界环境中所存在的可能会影响自己职业选择、职业发展的因素进行分析，包括社会的发展、市场的竞争、人才的数量、可获得的职业机会、企业地位和前景的分析、家庭中的影响因素等。外界环境的急剧变化，既会带来机遇，也会带来不可预测的威胁和阻碍。例如，近年来受租金成本上涨和竞争激烈的影响，连锁经济型酒店在我国一、二线城市的发展速度已经放缓，转而发力三、四线城市，这对那些在一线城市经济型酒店发展的员工来讲，其职业发展就会受到限制。

3）职业定位

职业定位就是清晰地明确一个人在职业上的发展方向，它是一个人在职业生涯发展历程中的战略性和根本性的问题。从长远上看，职业定位就是找准一个人的职业类别；从短期上看，就是明确自己所处阶段对应的行业和职能，即在职场中自己应该处于什么样的位置。准确的职业定位既是对自己未来职业发展方向的一个指引，也是为下一步的职业目标与自己的潜能以及主客观条件实现最佳匹配奠定基础。职业定位是以自己的最佳才能、最优性格、最大兴趣、最有利的环境等信息为依据的，要充分考虑性格、兴趣、特长及专业等与职业的匹配。

4）确立职业目标

确立职业目标是制定职业生涯规划的关键。有了明确的职业生涯目标，可以为个体提供努力的方向，激发个人高水平的努力，并向个体提供有价值的反馈。通常，职业目标包括短期职业目标、中期职业目标、长期职业目标以及人生目标。长期目标和人生目标需要个人经过长期艰苦努力、不懈奋斗才有可能实现，确立长期目标和人生目标时要立足现实、慎重选择、全面考虑，使之既有现实性又有前瞻性。短期和中期目标相对更加具体，对人的影响也更直接，同时也是长期目标的组成部分。

5）职业生涯路径的确定

职业生涯路径是对前后相继的工作经验的客观描述，而不是对个人职业生涯发展的主观感受。组织可以按职业生涯路径来调整员工的工作，从而训练和开发其担任各级职务和从事不同职业的广泛能力。职业生涯路径包括了一个个职业阶梯——由初级到高级，主要描述某一职业个人发展的一般路线或理想路线。

6）职业生涯行动计划

职业生涯行动计划是指员工为了达到长短期的职业生涯目标而制订的措施方案。在行动计划中主要包括通过什么样的途径，来提高自己与职业目标相关的知识与技能，而提高的方式和方法是多种多样的，主要有自我学习、系统培训、观摩和考察、专题研讨会、互助学习或申请组织内的空缺职位，等等。

7）评估与反馈

职业生涯规划要在实施过程中去检验，看其效果如何，及时诊断职业生涯规划各个环节出现的问题，找出相应对策，对规划进行调整与完善。职业生涯规划是一个不断完善的过程，调整职业生涯规划的过程也是员工对自己认识深化的过程，许多员工在参与具体工作以后，可能会发现所从事职业的实际情况与自己原本预期的有较大差别，这时就应该及时调整职业生涯规划。

10.2.4 职业生涯规划中的路径选择

职业生涯规划的核心是帮助员工选择实现职业目标的路径。职业生涯的路径大致可以分为4种类型：传统职业路径、横向职业路径、网状职业路径及双重职业路径。

1）传统职业路径

传统职业路径是员工在组织内从一个层级到另一个层级纵向发展的过程。每一个当前的职务能力是下一个较高层次职务的必要准备，员工必须一级接一级地向上发展，以获得自身发展所需要的经历，这是实现最终职业目标的准备。例如，一家大型酒店的餐饮部管理人员的传统职业路径，可以是领班→宴会（厅房）领班→中（西）餐厅经理助理→中（西）餐厅经理→餐饮部经理助理→餐饮部经理→餐饮总监→酒店副总经理→驻店总经理→酒店总经理。传统职业路径的优点是直线向上，清晰明了，让员工清楚地了解自己向上发展的特定职务序列。这种路径的不足之处在于，由于上层职务通常少于下层职务，且职务层次排序的方式单一，不一定适合每一位员工的特点。因此，可能产生多人走"独木桥"的情况，使一些员工"走"这条路径受阻。

2）横向职业路径

横向职业路径是为了拓宽员工职业发展通道，满足员工不同的职业需求，消除因缺少晋升机会造成的职业停滞现象。这种路径虽然只是横向发展，员工并没有得到晋升和加薪，但它有利于员工开阔视野，获得在多个职位上工作的经验和经历，从而调动其工作积极性和主动性，获得职业成就感，同时，也有利于加强内部交流，提升组织的朝气和活力。

3）网状职业路径

网状职业路径是纵向职业发展的职务序列与横向发展的职务机会的综合交叉。这一路径承认某些层次工作经验的可替换性，使员工在纵向晋升到较高层职务之前具有拓宽视野和丰富本层次工作经验的经历。例如，酒店前厅部的工作需要与客房部衔接的内容最多，为了熟悉彼此的工作流程，保证客人入住酒店所受到的服务顺畅、快捷，可以考虑将前厅部的管理人员与客房部的管理人员进行同级别的平行调换，一方面，可以丰富其工作经验，保证两个部门今后工作沟通畅通，另一方面，也为员工纵向发展奠定一些基础。员工培训中提到的关于管理人员"工作轮换"制度有利于网状职业路径的构建。

网状职业路径比传统职业路径更灵活地提供了员工在组织中的发展机会。纵向的和横向的选择交错，减少了在一定时期内职业路径堵塞的可能性。但是，对于员工来说，网状职业路径不及传统职业路径那样清晰，选择自己想走的职业路径比较困难。

4）双重职业路径

双重职业路径的实质是使员工通过提高自己的专业知识水平和业务技能，为组织作出更大贡献并提高自己在组织中的地位，增加个人薪酬，但不刻意追求进入管理层。在酒店中，选择双重职业发展路径最适用的就是餐饮部的厨师，一方面，勤于钻研的厨师大都会成为酒店必须依靠的技术骨干；另一方面，现实工作中的厨师文化水平普遍不高，既掌握精湛的烹调技术，又具备较高管理素质的人实不多见。那么，对于厨师队伍就可以采取双重职业发展的路径，以培养技术专家为主，其中发现具有管理能力的人则可以考虑引导其向厨政管理和餐饮管理等管理型职业发展。

双重职业路径不是从合格的技术专家中培养出劣等的管理者，而是使组织既可以培养拥有高技能的管理者，又可以造就拥有高技能的专业人员。在我国，企业实施双重职业发展路径需要解决的问题主要是克服"官本位"思想，保证员工技术职称评定的公平性和制度化，同时使员工的技术职称与管理架构中的职务等级在薪酬待遇方面能够有所衔接，确保员工不论选择哪一条职业路径，其个人从组织中应获得的利益都是公平的。

10.3　员工职业生涯管理的措施

10.3.1　员工职业生涯管理的指导理论

1）人与职业匹配理论

这是用于职业选择、职业指导的经典理论，其内涵是在清楚地认识、了解个人条件和职业状况的基础上，实现人与职业的合理匹配，使人能够选择一种适当的职业。首先提出这一理论的美国学者弗兰克·帕森斯（Frank Parsons）认为，个人职业选择的三要素包括：首先，应清楚地了解自己的能力、兴趣、局限和其他特征；其次，应明确地认识职业选择赖以成功的条件，了解不同职业的优势和劣势、不利和补偿、机会和前途；最后，应明智地进行上述两个方面的综合与平衡，使个人特征与职业特征较好地结合起来。

具体而言，人与职业的匹配包括两个方面的要求：一方面是"技能匹配"。例如，需要专门技能的职业，应该与掌握这种技能的择业者相匹配；脏、累、苦劳动条件差的职业，需要的是能够吃苦耐劳、体格健壮的员工。另一方面是"个性匹配"。例如，具有敏感、不守常规、有独创性、理想主义等人格特性的人，与从事审美性、自我情感表达的艺术类职业相匹配。

2）择业动机理论

人与职业匹配理论指出，员工进行职业选择时要尽量根据自己的性格、技能、知识水平以及身体素质选择职业。但是，同一类型职业，往往有多种职位可供选择。例如，酒店服务员这一职业中，有客房服务员、餐厅服务员、前台接待、商务中心服务员等许多种具体职位，员工该如何选择呢？美国心理学家维克多·H.弗鲁姆利用期望理论（参见第八章8.2.3）比较成功地解释了员工的择业动机，进而演绎为择业动机理论。弗鲁姆认为个人进行职业选择，可以分为两步。

第一步，确定择业动机。用公式表示为：

$$择业动机 = 职业效价 \times 职业概率$$

式中，择业动机表明择业者对目标职业的追求程度，或者对某项职业选择意向的大小；职业效价指择业者对某项职业价值的评价。职业效价取决于，第一，择业者的职业价值观；第二，择业者对某项具体职业要素如劳动条件、工资、职业声望等的评估。即：

$$职业效价 = 职业价值观 \times 职业要素评估$$

职业概率指择业者获得某项职业的可能性大小。职业概率的大小通常决定于四个条件。第一，某项职业的需求量。在其他条件一定的情况下，职业概率同职业需求量呈正相关。第二，择业者的竞争能力，即择业者自身工作能力和就业求职能力。择业者竞争力越强，获得职业的可能性越大。第三，竞争系数。指谋求同一种职业的人数的多少。在其他条件一定的情况下，竞争系数越大，职业概率越大。第四，其他随机因素。因此，职业概率的公式表达为：

$$职业概率 = 职业需求量 \times 竞争能力 \times 竞争系数 \times 随机性$$

择业动机公式表明，对择业者来讲，某项职业的效价越高，获取该项职业的可能性越大，择业者选择该项职业的意向或倾向越强烈；反之，某项职业对择业者效价越低，获取此项职业的可能性越小，择业者选择这项职业的倾向也越弱。

第二步，职业选择决策。即在择业动机的比较中，确定具体的职业选择。择业者对其视野内的几种目标职业进行价值评估和获取该项职业的可能性评价后，会进一步对不同职业的择业动机进行比较和决策。由于择业动机的状况是对职业全面评估的结果，已经包含对多种择业影响因素的考虑与利弊得失的权衡，因此，人们大多以择业动机分值高的职业作为自己的职业选择结果。

3）"职业锚"理论

现实中的"锚"是一种铁质尖头重物，它是船舶在水面停泊时抗拒水流冲击的系留点或停泊的中心。"职业锚"则是一种人们选择和发展自己的职业时所围绕的中心，是指当一个人不得不做出职业选择时，无论如何都不会放弃的职业中那种至关重要的东西或价值观。

"职业锚"理论是由美国学者埃德加·H.施恩首先提出的。施恩认为，职业锚是一个人"自身的才干、动机和价值观的模式"，是一种职业自我观。当一个人对自己的天资、能力、动机和需要，以及态度和价值观等有了清楚了解，积累了一定的社会阅历后，才会意识到自己的"职业锚"到底是什么，即自己最看重的是什么。

施恩的"职业锚"模型可以分为以下5种情况。

（1）技术或功能型职业锚

有较强此类型职业锚的人，总是倾向于选择能保证自己在既定技术或功能领域不断发展的职业，往往不愿选择带有一般管理性质的职业。他们认为自己的职业成长只有在诸如工程技术、财务分析、营销等特定的技术或职能领域才意味着进步。

（2）管理能力型职业锚

具有管理能力型职业锚的个体，会表现出成为管理人员的强烈动机，他们相信自己具备晋升到一般管理性职位上所需要的各种能力和价值倾向，倾向于追求担任较高管理职位是其最终目标。他们具有或自认为具有三种能力的组合：

• 分析问题能力——信息不完全以及不确定情况下发现、分析、解决问题的能力。

• 人际沟通能力——在各层次上影响、监督、领导、操纵以及控制他人的能力。

• 情感能力——在情感和人际危机面前会受到激励而不受其困扰和削弱的能力，以及在较高压力下不会无所作为的能力。

其他类型的人往往只可能拥有上述一、二项单项能力。

（3）创造型职业锚

具备创造型职业锚的个体往往有这样一种需要——建立或创设某种完全属于自己的东西，依靠创新性努力，创造出新的产品或服务，搞出新事业、新发明等。他们以"创造"为自我扩充的核心，要求有自主权，施展自己的特殊才华，创建新组织、新事业等。成功的企业家大多具备这种职业锚。

（4）自主或独立型职业锚

具有自主或独立型职业锚的人希望随心所欲地安排个人的工作与生活方式，追求能够施展个人职业能力的工作环境，尽量摆脱组织的限制和约束。他们追求在工作中享有个人的自由，有比较强的个人认同感，认为工作成果与自己的努力紧密相关。他们追求的典型职业有：教师、咨询专家、小企业所有者、小组织成员等。创造锚型个体会希望拥有更多自主权，但是他们真正追求的是建立自由的职业目标而非自由本身。具有技术或功能型职业锚的个体，虽然也从事上述类型的职业，但是他们很少为了追求自由和个人生活方式而放弃晋升和高薪的机会。

（5）安全或稳定性职业锚

具有安全或稳定性职业锚的个体极为重视职业的长期稳定和工作保障性，他们追求稳定安全的前程，追求有保障的工作、体面的收入以及可靠的未来生活——良好的退休计划和较高的退休金保证。他们的安全感和稳定感或者以一定的居住区域为基础，或者以某一组织中稳定的成员资格为基础。具有安全或稳定型职业锚的个人，其职业发展依附于组织对他们能力和需求的识别和安排，为此，他们甘冒风险，愿意以对组织价值观和准则的高度服从来作为交换。

职业锚能够促进员工预期心理契约的发展，有利于个人与组织稳固地相互接纳，并可以为员工未来的职业生涯发展奠定基础。"职业锚"理论有助于识别个人的职业抱负模式和职业成功标准。

小资料

生成式人工智能（AIGC）对职业锚的影响

以 ChatGPT、Midjourney、文小言等为代表的生成式人工智能（AI-Generated Content，简称 AIGC）正在成为搅动职场的一个关键因素。据美国《财富》杂志 2023 年 2 月的报道，一家提供就业服务的平台调查了 1 000 家企业，发现近 50% 的企业已在使用 ChatGPT，在这些企业中，48% 的企业甚至已经用其替代员工工作；另有 30% 的企业表示计划使用 ChatGPT。

与以往科技革命不同，AIGC对白领阶层的职业影响更大——机遇和挑战并存。一方面，AIGC给个体职业发展提供了更多机遇，如在人机协作中，AIGC可以帮助个体提升工作效率，让个体从重复性、低价值的工作中解放出来；降低个体迈入新领域的入门门槛，使跨界工作成为可能。另一方面，AIGC不可避免地导致了一些传统职业的消失，加大了职业竞争压力，迫使个体重新评估职业锚，以适应新的职业发展环境。根据2023年3月麦肯锡全球研究院研究报告，AIGC对白领造成的影响大于蓝领。其中，受影响最大的前十大职业涵盖客户互动、办公室支持、IT专业人士、创意与艺术、财务/法律专业人士等。为了保持职业可持续性，这部分群体不得不将提升AI素养（AI Literacy）作为新的职业锚。

AIGC改变了对专业技能和知识的需求，增加了对AI、数据分析相关技能，以及与技术应用和创新相关能力的需求。以插画师和设计师为例，很多人最初进入这个行业是因为绘画或设计更符合其职业偏好。然而，面对AIGC带来的极大的生存危机，这部分群体不得不评估自己原有的职业锚，将与AI协作创作、在共生协作中重新创造价值，作为新职业锚"至关重要"的组成部分。

以往多靠个体习得实际工作经验，在经验中自省形成职业锚；现在，一些新的数字化工具可以帮助个体更快确定职业锚。领英经济图谱（Linkedin Economic Graph）从大数据分析的角度解锁新的职业价值，并提供职业转型所需的不同技能，该工具还提供了热度指数（Popularity Index），帮助个体了解特定职位的市场需求程度。通过这些指标，个体可以有效确定适合自己的职业锚。

尽管AIGC技术"智力"高，但是缺乏"智慧"和"共情"。麦肯锡的研究报告指出，未来对具备高认知能力（如批判性思维、决策力）、社会和情感沟通能力（如人际沟通能力、领导力等）的人才的需求会持续增加。同样地，根据领英定期发布的职业技能和未来工作趋势报告，技术职业（如软件工程师）持续看涨，"以人为中心"的职业也是看涨的，包括市场营销经理和专员、人力资源和招聘专员、客户体验设计师等。

资料来源：钟杰，郑晓明.生成式人工智能时代，你的职业锚在哪里[J].清华管理评论，2023（11）：22-30.

10.3.2 提供全面的职业信息

及时、准确地提供职业信息，是酒店做好职业生涯管理、促进员工职业发展义不容辞的责任。

1）提供工作规范和工作说明

工作分析作为人力资源管理最基础性的工作，对工作的职责、与其他工作的关系、所需要的知识和技能等都进行了研究，而这些成果的文字性表述就是工作规范和工作说明，这些信息对于员工的职业生涯规划是必不可少的参照依据。

2）提供绩效考评信息

酒店将员工绩效考评情况和结果反馈给本人，有助于员工全面正确地认识自己在工作中的优势与缺陷，通过对照工作规范和工作说明，找出个人与职业要求的差距，优化今后的职业发展方向和途径。

3）提供调整职业所需要的信息

当员工在组织中工作一段时期后，由于工作绩效不理想或个人条件不允许，可能会对自己所选择的职业产生怀疑，进而希望调换工作职位。员工选择新的职业需要酒店提供以下必要的信息。

- 新的职业工作内容与其他工作是如何衔接、配合的。
- 调整职业对员工所受教育和工作经历的要求。
- 未来职业发展的机会。

4）及时通报酒店管理架构、职位和职业变化的信息

当酒店的经营业务、管理架构、职位和职业分类发生变化时，员工的职业生涯或多或少都会受到影响。为了使员工的职业生涯能够跟上酒店的变化与发展，酒店应该针对这些变化，阐明员工需要怎样调整自己的职业生涯规划。

10.3.3 分阶段实施职业生涯管理

人们的职业活动内容伴随着年龄的增长而变化，在某一年龄阶段往往表现出大致相同的职业任务，因此可以根据不同的年龄阶段有所侧重地实施职业生涯管理。

1）成长阶段（0~20岁）

一个人在0~20岁年龄段，通过各种方式接受教育，发展职业想象力，对职业进行评估和选择，确定职业取向和做好职业准备。在成长阶段，学生很少和具体的职业发生接触，主要的教育工作是由学校负担的，但是，近年来有越来越多的企业开始设法渗入这一阶段，以期影响学生的职业选择。在这一阶段的具体任务是：

①发现和发展自己的需求、兴趣、天赋和能力，为下一步的职业选择打好基础。

②通过学校教育和社会活动，学习和获得具体职业方面的知识和技能，并从周围环境中寻找现实的职业角色模型，并获取相关职业信息。

③接受教育和培训，培养相应的职业活动素质和能力。在这一阶段，人的角色是学生、职业工作的申请者和候选人。

由于内外界条件的不确定性，人在这一阶段的职业取向大多数不是很具体的，但是职业观念应该已经形成，这是职业生涯"成长阶段"完成的重要标志。

2）进入工作阶段（20~30岁）

这一阶段的主要任务是择业与适应。"择业"的含义包括两层意思，第一是选择一个理想的企业；第二是在其中选择一份合适的较为满意的职业。从职业生涯长远考虑，这一阶段选择理想的企业比挑选满意的职业更重要。"适应"也包含两层意思，一方面是指适应工作本身的要求；另一方面是指能够尽快地融入组织中。

员工在"进入工作阶段"面临两方面的矛盾，一方面是原来在教育环境中养成的简单的、理想的、明确的观念，与具体工作环境中复杂的、多样的现实形成鲜明的对比；另一方面，刚开始工作时对职业抱有不切实际的过高期望，不久后会发现很难得到预期的指导、帮助和评价，从而产生失望情绪。

"工作实际展示"和"自我管理指导"是解决上述矛盾的有效方法。

"工作实际展示"是指将工作和企业中积极和消极的方面，选择合适的时机向新员工进行客观的展示和介绍。新员工不切实际的期望不仅源于传统的教育过程，而且有可能是来自严格的招聘过程或是企业的各种规章制度。例如，酒店在对大学毕业生进行招聘面试时，大都会对英语和计算机水平提出比较高的要求，但是当大学毕业生作为新员工首先到基层实习工作时，他们很快会发现英语和计算机方面的专长是无法在基层工作中全面发挥的，失望也就随之而来。工作实际展示的目的就是使新员工在正式进入工作职位之前有机会看到企业与工作的真实面目，使其对可能面临的矛盾、挫折、困难做好心理准备。

"自我管理指导"旨在培养员工善于反思自我行为，正确评估自我抱负，从而加强自我支配力；制订具体的目标，积极参与讨论，预测工作环境中的障碍；制定解决的办法，比较行动成果与目标的距离，最终有利于目标承诺的保持和目标的完成。员工学会进行自我管理可使其在整个职业生涯中受益匪浅。

3）确定职业阶段（30~40岁）

确定职业阶段一般处于人们30~40岁的这一年龄阶段。它是大多数人的工作生命周期核心部分。个人在这一阶段会找到合适的职位，并为之全力以赴地奋斗。

这一阶段的主要任务是：员工努力在企业工作和职业中找到自己的位置，独立做出成绩，同时承担更多的责任，获得更多的收入，并建立一种接近理想的生活方式。对于这一阶段的员工，企业需要制定政策，来协调其工作角色和非工作角色。同时，该阶段的员工需要更积极地参与职业生涯规划活动。

对于这一阶段又可以分成两个子阶段：

（1）尝试子阶段

尝试子阶段是确定职业阶段的最早期，这阶段的人们将会对自己当前从事的工作作出判断，以确定是否适合自己；如果否定的话，这一阶段的人就会进行不同的尝试，以便最终找到基本适合自己的职业。

（2）稳定子阶段

寻找到适合自己的职业后，人们就会比较容易确定自己较为坚定的职业目标，并制订较为明确的职业计划来确定自己晋升的潜力、工作调换的必要性，以及实现这些目标需要进一步接受哪些教育、培训活动等。

4）巩固职业阶段（40~50岁）

巩固职业阶段一般发生在人们的40~50岁的时期。这一阶段的人们关注技能的更新，希望人们将其看成一个对企业有贡献的人。他们有多年的工作经验，拥有丰富的业务知识，对于企业及其目标、文化的理解会更加透彻，往往能够充当新员工的培训导师。在这一阶段的后期，人们的大多数精力都放在了保持和巩固某一工作职位的方面。

这一阶段的主要任务是：对前期职业生涯规划从个人收益、企业认同和社会价值等三个方面进行评估，回顾已实现的职业目标，提出新的职业构想，强化或调整自己的职业理想；进一步明确职业定位，努力工作，创造更多、更优的绩效。此阶段员工面临的问题有两个，职业中期危机和职业停滞。

（1）职业中期危机

职业中期危机的产生主要来自两方面。一方面是生理和心理压力，处于这一年龄段的员工大多开始感觉体力和精力有所下降，有时会感觉到难以跟上工作的变化节奏，疲于奔命，衰老的征兆出现，加之开始有亲朋故去，开始意识到年龄、家庭的变化和死亡的接近。由于酒店行业工作的特殊性，这方面对普通员工的影响是十分突出的。另一方面是工作压力与职业定位之间的矛盾，人们在巩固职业阶段会自觉或不自觉地对自己半生的职业生涯进行评估，由于承受比较大的工作压力，许多人会对自己的职业定位产生怀疑，或是认为自己前半生的梦想并不是自己真正想要的。人们开始面临一个艰难的选择，是否放弃自己经营半生的事业，开始涉足另一职业领域。这个年龄阶段重新开始一段新的职业生涯的事例并不少见。

（2）职业停滞

"职业停滞"的含义是指个人在工作中职务或职称晋升缓慢，而且继续升迁的希望逐渐减少。职业停滞的原因主要有两个方面，一方面是员工由于个人原因拒绝职业晋升机会，或是自身的业务知识水平和技能不足以支持上一级职务所要求的绩效；另一方面是企业忽视员工晋升需求，或是无法提供足够的晋升机会。在企业中级别越高，晋升机会越少，大多数人迟早会遇到职业停滞问题，帮助员工认识到这一点可以有效地避免其职业挫折感。

对于员工的职业中期危机，酒店应该根据经营现状和行业发展的趋势，为处于这一阶段的员工提供更新知识和技能的机会，帮助他们达到自己职业生涯的顶峰。

5）逐渐退出职业阶段（50~63岁）

逐渐退出职业阶段，员工需要准备调整其工作活动和非工作活动的时间比例，将不得不面临这样一种前景，接受权利和责任减少的现实。退休是每个人都必须面对的。这个阶段的主要任务是，继续保持已有的职业成就，维护自尊，准备引退。一方面要对抗衰老，保持工作中的创造性；另一方面又要做好从工作中解脱出来的准备。

酒店中有许多需要大量经验积累才能充分胜任的工作，如成本核算、服务督导和厨政管理顾问等，对于这些工作如果酒店能够从高龄员工中挑选出合适的人选担当，不仅有利于酒店的经营管理，而且还会对那些即将退休的员工产生一定的积极示范效应。

10.3.4　开展职业生涯咨询活动

职业生涯咨询是指管理人员或资深人员针对员工在职业生涯规划和职业发展过程中的困惑和问题，进行诊断并提供咨询建议。咨询者可以是员工所属各部门负责人、人力资源部门的管理人员、企业成功人士等。咨询的形式一是员工主动请求；二是咨询者主动对相关人员进行指导和帮助。进行咨询前需要咨询者认真了解当事人的教育背景、经历、家庭状况、生理和心理特点、价值观、前期职业生涯规划及实施情况等，在咨询过程中要认真倾听员工的困惑和问题，根据自己的判断、经验积累及掌握的各种信息，为员工排忧解难，提出解决问题的建议。咨询者还可以与被咨询者保持经常性联系，并根据被咨询者的情况变化，修正和完善指导意见。

10.3.5 举办职业生涯研讨会

职业生涯研讨会是一种有计划的学习和交流活动，一般由人力资源管理部门组织和实施。研讨会有针对新员工和老员工两种形式。针对新员工的研讨会是为同一批次招聘进来的新员工举办的，一般安排在职位培训前或穿插在职位培训中进行。针对老员工的研讨会是定期举办的（一般1年1次或2~3年1次），旨在帮助他们修订职业生涯规划。研讨会除参会的员工、部门负责人外，还可以邀请酒店高层管理者、业内专家、成功人士等参加。

研讨会中和研讨会后，人力资源部门要注意审查员工的职业生涯规划与酒店对员工的职业生涯规划，在发展目标、路径选择、短期和长期目标制订与措施等方面是否有冲突和矛盾，对可能存在的冲突和矛盾进行协调，并对员工的规划方案提出修改建议，争取每位员工的职业生涯规划方案都与酒店的愿景相吻合。

10.3.6 管控员工的职业流动

所谓职业流动，是指由于工作的需要或员工个人需求的变化，员工工作性质或职位发生比较大的变化，体现在员工与工作职务的动态结合上。员工职业流动是职业生涯发展的一种必然形式。

员工的职业发展路径和组织能够为员工提供的发展环境，是影响员工职业流动的主要原因，因此，可以实施分类管理。

1）发展型职业流动的管理

发展型职业流动涉及的员工往往有较强的职业志向，对自我职业发展有明确的规划。随着社会的进步，追求自我职业发展的员工在酒店中所占比重越来越高，尤其是学历层次较高、事业心较强的大学毕业生，他们大多可以成为酒店的优秀员工或核心人才。当酒店提供的发展机会与他们的职业理想相吻合时，员工能够较好地协调两者的关系，但是当酒店的发展与他们的职业发展相冲突时，这类员工往往会选择离开。

对属于发展型职业流动的员工，应该坚持"事业留人"的原则，要经常与他们沟通酒店的发展愿景，及时通报酒店新出现的职位空缺，帮助他们认识传统职业路径，引导他们正确看待网状职业路径和双重职业路径。

2）逐利型职业流动的管理

逐利型职业流动的驱动因素或原因很简单，就是为了获取更多的个人经济利益。目前，绝大多数酒店行业的员工的主要工作目的还是解决基本需求，为了使自己的生活质量得到改善，不少员工在有获取更高薪酬的机会时往往选择职业流动。加之酒店行业年轻员工占比较大，职业选择尚未定型，家庭拖累比较少，逐利型职业流动的比例明显较高。

对逐利型职业流动实施管理，应该坚持"待遇留人"的原则，一方面酒店要建立起在行业中具有竞争力的薪酬体系，使员工的经济收入在同行业中居于上游水平，另一方面就是要有定期调薪的制度作保障，确保员工的薪酬增长水平至少能够高于当地的通货膨胀水平，此外，实施与工龄相挂钩的酒店员工持股计划也是可以尝试的。

3）调整型职业流动的管理

调整型职业流动的员工离职动机可能有很多种，包括工作压力过大、厌倦目前的工作、人际关系处理不好等。员工工作压力过大，一方面是酒店内外部环境造成的，另一方面与员工自身的职业发展观有着密切的联系。当个人制订的职业目标过高而无论如何努力也难以达到，但是自己又不能察觉时，员工就会产生职业流动的想法。工作内容的简单重复可能导致员工的厌倦情绪；人际关系处理不好，难以融入企业文化当中也可能使员工产生职业流动的想法。

对调整型职业流动的管理，应该坚持"环境留人"的原则，可以采取"导师制"，即为出现职业困惑和职业发展瓶颈的员工安排"导师"。"导师"主要来自同级别的资深员工，他们对酒店工作既熟悉又有一定的感情，与被指导者的关系不应该是上下级关系，而是建立在平等且相互信任的基础上，为被指导者纾解工作压力，帮助被指导者处理好人际关系，指明职业目标实现的可选择路径。

4）生活驱使型职业流动的管理

生活驱使型职业流动的动机是为了解决现实生活问题，如上班通勤困难、子女教育、侍奉老人、夫妻两地分居等，现阶段酒店行业的员工，特别是女性员工拥有这种倾向的占有相当大的比重。酒店应该对这一群体给予充分重视，坚持"情感留人"的原则，采取有针对性的措施解决他们的现实生活问题，尽可能地留住这部分员工，这对于增强组织的凝聚力，提高组织士气，进而增强企业竞争力具有十分重要的意义。

【复习思考题】

1. 什么是职业生涯，它具有什么特点？
2. 职业生涯管理的发展趋势是怎样的？
3. 酒店员工职业生涯管理包括哪些环节？对酒店的人力资源管理有什么积极意义？
4. 酒店员工职业生涯规划应遵循什么原则？
5. 酒店员工职业生涯规划的流程主要包括哪些环节？
6. 举例分析酒店员工职业生涯实现的路径。
7. 指导酒店员工职业生涯管理的理论主要有哪些？各自的主张是什么？
8. 如何分阶段实施职业生涯管理？
9. 酒店行业员工职业流动的类型是如何划分的？
10. 你认为当前针对员工流动的现状，酒店员工职业流动管控的重点和难点分别是什么？

【案例研究】

女性员工的职业发展诉求

酒店行业是一个需要以人为本的行业，因为所有的品牌理念都是通过员工服务交付实现的。希尔顿酒店的管理者认为，在团队成员、宾客、股东构成的价值链中，团队成员位于核心位置，只有为团队成员营造出好的工作环境与职业体验，团队成员才能将同样质量的服务提供给宾客，当宾客感到宾至如归，那么业绩自然会上升，股东也会对回报更有信心。

希尔顿全球控股有限公司（Hilton Worldwide Holdings Inc.）大中华及蒙古区女性领导力委员会曾邀请独立第三方机构欧第顾问管理公司（Shibisset & Associates），专门面向中国区的酒店女性员工进行调查，共有 5 700 位受访者完成了此项调查。

"调研的目的是更好地了解女性员工，主要是去了解为什么会出现从总监到总经理级别人才会流失，现在我们还没有做什么，我们可以做哪些具体措施祛除这些挡在女性走向高管的大石头，让她们的道路更顺畅一些，包括经理转岗和在各地区的流动、保持生活和工作的平衡、弹性的工作时间等。"时任希尔顿全球亚太区总裁马霆锐（Martin Rinck）表示。

以下是此次调查所得的主要结果。

64% 的受访者表示："对管理层而言，公平相待是影响其职业发展的重要因素。"

60% 的受访者表示："为员工提供专业的职业规划对实现其职业理想至关重要。"

50% 的受访者表示："公司提供晋升及转岗的支持体系非常重要。"

在了解到员工对培训及职业发展相关需求后，希尔顿开展了一系列活动为员工提供学习机会及制订有效职业规划的相关技巧。从全球而言，希尔顿针对管理层级别的女性员工，开发了希尔顿全球高管委员会女性领导力发展项目，为女性人才提供并组织与公司高管沟通的机会，获得高管们的言传身教。

讨论问题

1. 希尔顿全球控股有限公司在女性员工的职业管理方面有什么特点？

2. 希尔顿大中华及蒙古区女性领导力委员会委托第三方机构所做的调查，反映了女性员工在酒店业的职业发展中遇到了什么问题？

3. 你认为希尔顿全球高管委员会女性领导力发展项目应该如何设计？

开阔视野

斜杠青年

近年来，全球范围内追求多种职业和身份以及多元生活方式的人群正在悄然出现，尤其在年轻人群体中。2007 年，《纽约时报》专栏作家麦瑞克·阿尔伯在《双重职业》中提出了"Slash Career"这个概念，意指青年不再满足于专一职业的工作模式而选择多重职业及身份的生活。Slash 原指标点符号"/"，被用来分隔年轻人所持有的不同职业。所谓"斜杠青年"作为一种符号化标注，表示同时拥有多重职业、追求无边界职业生涯的青年群体。狭义的斜杠青年仅指在职业领域的一专多能和身兼数职，譬如，摄影师 / 自媒体经营者 / 自由撰稿人 / 咖啡馆老板；广义的斜杠青年已经跨越了职业活动的界限，将多元生活方式和多样价值选择包含其中，比如这样的身份标识，公司高管 / 律师 / 花艺培训师 / 社交达人 / 义工活动组织者。

"斜杠青年"不仅是当下青年人热衷的生活状态，更是一种新型的职场业态，它区别于传统的以专业化为中心的职业构建理念，是多重身份职业构建理念的一种全新体现。

AMO 理论认为一个人的职业身份形成要经历生成期、他塑期和稳定期三个阶段，能力（Ability）、机会（Opportunity）和动机（Motivation）分别是这三个阶段的主导因素。基于此理论，"斜杠青年"职业身份的构建过程如下。

第一阶段，职业身份生成期。多重职业能力是"斜杠青年"身份生成的前提和基础，而在这一过程中，多维的个人兴趣、多彩的生活追求以及开放自由的人生态度是助力他们获取多重职业能力、构建"斜杠青年"身份的三大要素。多维的个人兴趣让他们在尝试不同的兴趣爱好中，精进自己某一方面的特质，以此拓展自己的职业身份，提升职业能力。从而追求多彩生活和开放自由的人生态度，更推动他们远离专一化的职业状态，跳出单一的职业视野，推动他们主动挖掘自己的潜在特质，学习不同的职业技能。

第二阶段，职业身份他塑期。多重的职业能力使得"斜杠青年"拥有了身份的初始形态，后在信息技术应用、政策制度扶持、社会市场需求三个外力作用下，这一特殊群体的身份塑造得到了机会的加成。新兴的经济政策和就业制度为"斜杠青年"的群体生存提供了良好的环境优势，市场的需求缺口为一人多职提供机会和舞台，借力于移动互联网、云计算、大数据等信息技术，他们得以扩充自己提升职业能力的渠道，降低筛选适合职业的难度，供需双方得到快速匹配，让"斜杠青年"这一身份定位更准确、能力更卓越。

第三阶段，职业身份稳定期。在经过内生动力的自我寻找以及外部环境的再塑造下，"斜杠青年"的身份构建阶段进入稳定期，在这一阶段里，"斜杠青年"或因精神需求，或因物质需求而长期维持自己这一身份，获得源源不断的稳定动机。此时存在两种情形，一类青年因地域就业不景气、家庭压力大等因素，在多重经济压力下，不得不在主要职业之外再从事其他与主业不相关的工作以满足生活需要。而对于另一类青年来说，职业不仅代表着获得收入的一种渠道，更是满足自我认同心理需要的重要途径，体现在获得他人或群体认同与赞赏的范围和程度。对年轻人来讲，尤其体现在青年群体之中自我价值的彰显与自我存在感的获得，通过这种方式来认识自我、发展自我、成就自我。无论是基于物质需求动力，还是自我的精神赋能，"斜杠青年"的身份都得到了维持，进入稳定期。

资料来源：李舒涵，王萍 . 构建"斜杠青年"职业身份路径 [J]. 人力资源，2024（1）：44–46.

第11章 跨文化人力资源管理

【学习目标】

通过学习本章，学生应该能够：

掌握：跨文化沟通的概念；

跨文化沟通的原则；

文化比较维度；

跨文化沟通的方法。

熟悉：跨文化差异的概念；

跨文化差异的三个层次；

酒店跨文化人力资源管理的主要环节。

理解：跨文化人力资源管理的概念；

跨文化沟通的目标；

跨文化差异对跨国企业的影响。

【关键术语】

文化	文化比较维度	权力距离
跨文化	跨文化差异	跨文化人力资源管理
跨文化沟通		

开篇案例

北京金融街威斯汀酒店是一家由外方管理的五星级酒店，其业主为金融街集团，有中外员工600多人，经营管理主要由外方负责。

金融街威斯汀酒店劳动关系和谐稳定，经济效益和社会效益在威斯汀品牌亚洲区名列前茅。成立于2007年的金融街威斯汀酒店工会，以其准确的定位，扎实的工作业绩，受到同行的追捧，特别是把酒店内部跨文化管理与宣传思想工作相结合，积极践行习近平总书记"把创新的重心放在基层第一线"的指示，不断以创新突破困境，在特殊的国际化市场环境中积累了宝贵的成功经验，被形象地称为"威斯汀模式"。

2012年北京金融街威斯汀大酒店党支部、工会开展了一场具有独特意义的硬笔书法展活动。活动举办之初，28 000多字的党的十八大报告被拆分印制成286份书法字帖，酒店286名中外员工积极参加，用硬笔书写党的十八大报告。未来中国的发展，不仅关系到每一位中国员工的切身利益，同样也关系到在中国工作的每一位外籍员工的切身利益。中国文字是中国文化的载体，也是中国文化的象征。学写中国字激发了外籍员工对中国文化的热情，外籍员工通过用中国字书写党的十八大报告，也是对中国文字和中国文化的学习过程，可以激励他们更多地学习和了解中国的文字、中国的文化以及中国的政策。100字的报告抄写对于中国员工来说十分轻松，但是这可愁坏了酒店的外籍员工。方块字是世界公认的最具难度的书写文字，外籍员工们丝毫不怠慢、不马虎，一笔一画写得像模像样。北京金融街威斯汀大酒店的英国籍驻店经理也参加了此次活动，他写中国字的认真劲头让中国同事十分感动，这100个中国字他写了足足一个小时，写好后还主动拿给中国同事看，询问书写的报告内容。酒店中来自英国、德国、法国、加拿大、荷兰、马来西亚、墨西哥等国的8名外籍高管及员工也参与了此次活动。历时近一个月，由酒店286名中外员工用硬笔书写的党的十八大报告终于完成。大家将报告装订成册，同时将书法作品 制作成了一块2.5米高、8米长的展板进行了展出。

金融街威斯汀酒店工会还以国庆节为契机，开展中外员工"同绣一面国旗"活动，结果来绣国旗的员工把通道都挤满了，来自马来西亚、英国、澳大利亚、印度、加拿大等国的酒店外籍高管也加入了绣国旗的行列。一位外籍员工说："我们爱自己的国家，爱自己的国旗，但是我在五星红旗上绣上一针，意味着我和这个国家有了更深联系。"

资料来源：黎群，王莉.北京金融街威斯汀大酒店的跨文化管理[J].企业文明，2018（10）：75-77.

11.1 跨文化人力资源管理概述

中国的改革开放离不开世界人才的参与，中国的发展也为世界人才提供了机遇。习近平总书记指出，"要结合新形势加强人才国际交流，坚持全球视野、世界一流水平，千方百计引进那些能为我所用的顶尖人才，使更多全球智慧资源、创新要素为我所用"[1]。酒店业是新中国最早对外开放的行业之一，从20世纪80年代开始，就有外资进入中国酒店业，引进国外酒店管理集团的管理已成为中国酒店业在自我成长过程中不可缺少的一步。但是，在实际经营管理中，引进的外方管理体系和管理人才一直面临着母国文化与中国文化的冲突，中国本土员工也对这种跨文化管理有不同的反应，这无疑对酒店的人力资源管

---

1 习近平：《深入实施新时代人才强国战略 加快建设世界重要人才中心和创新高地》，《求是》2021年第24期。

理理念提出了挑战。

进入 21 世纪，中国企业开始进军海外酒店市场，海外酒店投资模式逐步呈现多元化，既有在非洲、中亚等国的投资，也有向东南亚等国的管理技术和品牌输出，还有对欧美等国单体酒店资产的零星并购。在这一进程中，中国企业发现一些在国内很成功的经营管理策略，由于文化背景的不同，到他国就可能产生相反的结果，甚至文化的差异及冲突还可能造成种种误解，其中既有与东道国的文化观念不同而产生的冲突，也有在一个酒店内部由于员工分属不同文化背景的国家而产生的冲突。

11.1.1 "文化"与"文化比较维度"

1）文化的概念

"文化"是一个涵盖面甚广的概念，文化又是一种复杂的社会现象，不同学科专家都有不同的定义。《辞海》中将"文化"定义为"人类社会历史实践中所创造的物质财富和精神财富的总和"。为了研究文化对跨文化经营管理的影响，不仅要从人类学的角度来进行考察，而且还要从社会心理学的角度下一个较广义的定义：文化应该是"组织或群体所有的价值观念体系和行为选择模式"。文化在某一组织、群体中可以从食物到服饰，从工作方式到信息技术，从礼仪形式到大众传播手段，从工作节奏到常规习俗等一切人们创造的不同形态特征所构成的复合体。价值观是文化的内涵，而人们的行为特征是文化外显的具体特征。

2）文化比较维度

荷兰学者吉尔特·霍夫斯泰德曾经针对跨国企业，用 20 多种语言在数十个国家里发放了 116 000 多份调查问卷，并进行回收和分析，研究的重点是各国员工在价值观上表现出来的国别差异，随后出版了名著《文化的影响力：价值、行为、体制和组织的跨国比较》。根据研究成果，霍夫斯泰德认为：文化是在一个环境中的人们共同的心理程序，不是一种个体特征，而是具有相同的教育和生活经验的许多人所共有的心理程序，不同的群体、区域或国家的这种程序互有差异。这种文化差异可分为四个维度：权力距离（Power Distance），不确定性避免（Uncertainty Avoidance），个人主义与集体主义（Individualism and Collectivism）以及男性化与女性化（Masculinity and Femininity）。后来霍夫斯泰德又采纳了彭麦克等学者的补充研究结论，增加了"长期取向和短期取向（Long-term and Short-term）"维度。

（1）权力距离

权力距离即在一个组织中，权力的集中程度和领导的独裁程度，以及一个社会在多大的程度上可以接受这种权力分配的不平等，在企业中可以理解为员工和管理者之间的社会距离。

例如，美国是权力距离相对较小的国家，美国员工倾向于不接受管理特权的观念，下级通常认为上级是"和我一样的人"。所以在美国，员工与管理者之间更平等，关系也更融洽，员工也更善于学习、进步和超越自我，实现个人价值。中国相对而言，是权力距离较大的国家，地位象征非常重要，上级所拥有的特权被认为是理所应当的，这种特权有利于上级对下属行使权力。这些特点显然不利于员工与管理者之间和谐关系的创造，以及员工在企业中不断学习和进步。因此，要在中国企业采取"构建员工与管理者之间和谐的关系"，以及"为员工在工作当中提供学习的机会，使他们不断进步"这两项人本主义政策，管理者必须有意识地减小企业内部权力之间的距离，才有可能实行。

（2）不确定性规避

不确定性规避是指一个社会受到不确定的事件和非常规的环境威胁时，是否通过正式的渠道来避免和控制不确定性。规避程度高的文化比较重视权威、地位、资历、年龄等，并试图以提供较大的职业安全，建立更正式的规则，不容忍偏激观点和行为，相信绝对知识和专家评定等手段来避免。规避程度低的文化对于反常的行为和意见比较宽容，规章制度少，在哲学、宗教方面他们容许各种不同的主张同时存在。

例如，日本是不确定性规避程度较高的国家，因而在日本企业，"全面质量管理"这一员工广泛参与的管理形式取得了极大的成功，"终身雇佣制"也曾经得到了很好推行。与此相反，美国是不确定性规避程度低的国家，同样的政策在美国企业中则不一定行得通，比如"全面质量管理"在美国就成效甚微。此外，不确定性规避程度低的社会，人们较容易接受生活中固有的不确定性，能够接受更多的意见，上级对下属的授权被执行得更为彻底，员工倾向于自主管理和独立工作。而在不确定性规避程度高的社会，上级倾向于对下属进行严格的控制和清晰的指示。

（3）个人主义和集体主义

个人主义和集体主义维度是衡量某一社会总体是关注个人的利益，还是关注集体的利益。"个人主义"是指一种结合松散的社会组织结构，其中每个人重视自身的价值与需要，依靠个人的努力来为自己谋取利益。"集体主义"则指一种结合紧密的社会组织，其中的人往往以"在群体之内"和"在群体之外"来区分，他们期望得到"群体之内"的人员的照顾，同时也以对该群体保持绝对的忠诚作为回报。

美国是崇尚个人主义的国家，强调个性自由及个人的成就，因而鼓励员工之间开展竞争，并对个人的突出表现给予奖励；日本则是崇尚集体主义的国家，员工对组织有一种感情依赖，比较容易构建员工和管理者之间和谐的关系。

（4）男性化与女性化

男性化与女性化维度主要看某一社会代表男性的品质如竞争性、独断性、进取好胜精神更多，还是代表女性的品质如谦虚、顺从、关爱他人更多，以及对男性和女性职能的界定。一个国家是倾向男性化社会还是女性化社会，可以用男性度指数（Masculinity Dimension Index，MDI）来衡量，这一指数的数值越大，说明该社会的男性化倾向越明显，男性气质越突出；反之，数值越小，说明该社会的男性化倾向越不明显，男性气质弱化，而女性气质越突出。

在男性化社会，人们的竞争意识强烈，成功的标志是财富功名，社会鼓励和赞赏工作狂，人们崇尚用一决雌雄的方式来解决组织中的冲突问题，其文化强调公平、竞争，注重工作绩效，信奉的是"人生是短暂的，应当快马加鞭，多出成果"，对生活的看法则是"活着是为了工作"；而在女性化社会，生活质量的概念更为人们看重，人们一般乐于采取和解的、谈判的方式去解决组织中的冲突问题，其文化强调平等、团结，人们认为人生中最重要的不是物质上的占有，而是心灵上的沟通，信奉的是"人生是短暂的，应当慢慢地、细细地品尝"，对生活的看法则是"工作是为了生活"。

（5）长期取向和短期取向

长期取向和短期取向维度指的是某一文化中的成员对延迟其物质、情感、社会需求的满足所能接受的程度。这一维度显示有道德的生活在多大程度上是值得追求的，而不需要任何宗教来证明其合理性，以及一个社会的决策是受传统和过去发生事情的影响程度大，还是受现在或将来的影响程度大。

当人们试图炫耀自己曾经生长的地方时，他们是谈论其过去、现在、还是将来？长期取向强调"坚忍不拔""节俭""有羞耻感""非常珍惜将来"；短期取向强调"个人的稳定""保护面子""尊重传统""珍惜过去和现在"。

11.1.2 "跨文化"与"跨文化差异"

当一种文化跨越了不同的价值观、宗教、信仰、原则、沟通模式等文化成分时，就可以称之为"跨文化"。正因为不同文化之间存在差异，才有跨文化管理的必要性。

跨文化差异是指不同群体或组织之间的文化差异。它包括三个层次：

首先是双方母国（或民族）文化背景差异，这是跨文化差异的宏观层面，由于它的典型性和分明性，在讨论跨文化管理时通常以一国为单位，以合资企业和跨国企业为研究对象。这一层次的跨文化差异还应包括双方母地区、母城市的文化背景差异。最典型的如港资企业、台资企业和中资企业，这些企业中的员工都来自中华民族，可是由于历史的原因，内地、台湾和香港之间的文化内涵存在一定的差异。此外，即使同是大陆的员工，由于我国的多民族性，幅员广大，土地辽阔，少数民族的员工、东西部的员工……存在程度不等的文化差异，跨文化管理同样成为这些企业的管理者所不得不面对的一大挑战。

其次是双方母公司自身特有的"企业文化"风格差异，这是跨文化差异的中观层次，这方面在通过兼并收购而重组的企业中表现特别明显。

最后是个体文化差异，这是跨文化差异的微观层次。年长者和年轻者、男性和女性、上级和下级、不同部门的员工之间……任何不同的两个人身上都可能存在跨文化差异。

由于跨文化管理的多层次性和复杂性，本章重点讨论不同国家或地区层面上的跨文化人力资源管理，其文化单元主要指民族文化，即使在企业文化中，也主要侧重企业中不同国别员工所表现出来的民族文化特点。

11.1.3 跨文化差异对跨国企业的影响

1）跨文化差异对于经营决策的影响

跨文化差异对企业经营决策的影响有两种情况：一种是决策者往往依据自身文化特点对来自不同文化背景的信息作出价值判断，这种情况在跨国企业经营中发生概率较高。人往往是自觉不自觉地依据自身的价值标准与行为准则来擅作判断的，能改善的只是意识到可能的失误，并在及时得到反馈信息的情况下弥补或调整决策。这种文化差异反映在投资决策方面的例子，便是日本在华投资酒店业的数量和规模。虽然，日本与中国有着深厚的历史渊源，且同属东方文化，但是日本文化中的稳健传统，使得日本的酒店企业始终认为要等中国投资环境完善后再做大规模投资。但是，中国的投资环境是在外商投资过程中逐步改善的，坐等完善只会将良机拱手奉送于眼明手快的万豪、洲际、雅高等西方跨国酒店连锁集团。第二种情况是群体中有不同民族文化背景的人的存在，使得决策模式有所改变，常见的情况是来自不同文化背景的人各持己见而产生冲突。这种冲突如果能够得到较好的沟通，不一定会降低决策的效率。

2）跨文化差异对人际关系的影响

跨文化差异对人际交往的影响多以冲突的形式表现出来。不同的文化模式决定着不同的沟通方式，如果沟通双方有不同的文化背景，往往会增加交往障碍。跨文化差异对人际关系的影响主要有以下表现：

（1）种族优越感

所谓种族优越感是指当事人认定自己种族优越于其他种族，自己的文化价值体系比其他文化价值体系优越，并以自身的文化价值和标准去解释和判断其他文化环境中的现象。如果在一个跨文化的经营环境中，外来的管理者对母国文化有过度的自豪感和优越感，不愿轻易接受不同的生活方式、思维方式和管理方式，势必会引起东道国同事或下属的反感，进而会导致人际关系紧张。

（2）缺乏权变管理意识

在一个文化环境中被证明是卓有成效的管理模式到另一个文化环境中不一定有效——这已成为跨文化管理者们的共识。由于缺乏对对方管理方式和企业文化的理解，而不恰当地坚持自己的管理模式，或者对对方期望值过高，这些都会使双方不能建立起彼此相互理解和信任的协调机制。在一个跨文化的经营环境中，外来管理者要调整领导方式和管理机制，努力适应跨文化差异。

（3）沟通误会

沟通是人与人之间或群体之间的交流和传递信息的过程。然而，由于处于不同文化背景的人们对时间、空间、风俗习惯和价值观等的认识差异，以及一些语言与非语言的沟通方式差异，往往会加深沟通难度，甚至产生误会。

跨文化沟通是一个双向的、互动的过程，如果相互之间的沟通风格不同，就可能给沟通带来问题。如在强烈情绪的表露方面，美国人喜欢通过交谈、辩论来发泄心中的积愤和澄清事实，而地中海地区的许多国家则倾向于使用身体语言来表达强烈的情绪，在另外一些国家，如日本人就不喜欢向别人表露自己的情绪。

（4）文化冲击

每个人在社会生活中都是按照一套社会准则生活的，处在母文化环境中，人们往往对母文化没有自觉意识，而当进入一种不同文化模式的时候，由于失去了自己熟悉的社会交往信号和符号，对于新文化的社会符号不熟悉，在心理上会产生深度焦虑感，从而产生文化冲击。在文化冲击的影响下，人际交往很容易陷入自我封闭的状态。

案例启迪

喜来登初到中国的失败

喜来登酒店（Sheraton）管理集团于 1985 年 3 月正式受托管理北京长城饭店，由于是在中国开展的第一项业务，喜来登方面派遣了自认为是非常优秀的管理团队，从 10 多个国家和地区选派 80 多位外籍管理人员担任酒店各管理层的主管。但是在初期，外籍管理者一方面过于强调其似乎放之四海皆准的美国管理模式，另一方面又没能正确处理与不同文化背景下成长起来的中国员工的关系，甚至认为"业主是父母，中国的员工是婴儿，我们（指外籍管理人员）是父母请来照看婴儿的保姆"。在这样的意识主导下，外籍管理人员把中方员工当作工作的机器加以操纵，动辄处分、罚款的做法，逐渐激起了中方员工强烈的不满，严重影响了经营管理效率。

1986 年第一季度，喜来登酒店管理集团首次对长城饭店的管理者和员工的工作表现进行评估打分，结果却出现了普遍的不公平和偏差，70% 以上的人的主要考核项目都是"不合格"。这严重地挫伤了中方管理人员和员工的感情。一段时期，中外之间、上下级之间矛盾十分尖锐，员工普遍存有压抑感。饭店经营水平下降，顾客投诉上升。面对这种困境，外方总经理一筹莫展，十分困惑地询问中方领导："为什么我给他们每人提高一级工资，增加了劳保福利，他们的士气还是那么糟糕？"员工们的回答是：不尊重，不信任，不公正，多给钱也是有劲无处使。

当时的总经理约瑟夫·罗斯曼听后感慨地说："我来到中国一年零四个月，如何把西方管理方法、文化与中国国情结合，这真是一个艰巨任务啊！"由此，他决定取消对员工情绪影响最大的 1986 年一季度不合理评估，明确给予中方副职一定的职权，特别是在涉及人员调动和奖惩时，要"外方退一步、中方进一步"共同商量决定。同时还建立了"员工关系协调委员会"。

1988 年长城饭店员工同外籍总经理对话时问："你认为办好长城饭店最重要的因素是什么？"总经理立即回答："我认为，第一是员工，第二是员工，第三还是员工。"1991年长城饭店第五任外籍总经理木村伟在职工代表大会上说："在长城饭店里员工是最重要的，若全体人员排队，我得排在最后一位！"这一年，饭店将宗旨口号由原来的"服务第一，宾客至上"改为"员工第一，宾客至上"，同时决定 1992 年为"员工年"。

资料来源：北京市总工会研究室.这种变化说明了什么？——长城饭店依靠员工民主管理的调查 [J].中国工运，1994（3）：17–18.

11.1.4 跨文化人力资源管理

所谓跨文化人力资源管理是指以提高劳动生产率、工作和生活质量，以及取得经济效益为目的，对来自不同文化背景下的人力资源进行获取、保持、评价、发展和调整等一体化管理的过程。在此，跨文化因素对人力资源的影响是全方位的、全系统的、全过程的。

跨文化人力资源管理是企业国际化战略的重要组成部分，是站在不同的文化背景下，从跨文化视角，在一定的跨文化差异中关注管理人员和员工的发展。跨文化人力资源管理最具特色的内容包括：①人力资源海外管理的本土化；②跨文化培训与发展管理；③跨文化冲突管理和沟通；④跨文化劳动关系管理。

11.2　酒店跨文化人力资源管理实务

当前，酒店跨文化人力资源管理的背景主要是酒店国际化经营，因此本节以国际酒店管理公司为主体，讨论其跨文化人力资源管理。

11.2.1　跨文化沟通

有效的跨文化沟通是酒店跨文化人力资源管理的一个重要手段。因为在跨文化企业中，管理者和员工面对的是不同文化背景、语言、价值观、心态和行为的合作者，招聘、培训、考评、报酬体系的设计等都是在跨文化沟通交流的基础上进行的。与普通的人力资源管理活动相比，跨文化人力资源管理所遭遇的文化冲突会更激烈、更深入，沟通难度也更大。

1）跨文化沟通的目标

在跨文化环境中，人们觉得有必要保存自己的文化特征，同时他们也会被主流文化的准则所吸引，这样把两种文化的精髓相结合，实现文化融合或多文化共存是跨文化沟通最为理想的一种形式，也是跨文化沟通的目标。

最无效的文化适应方式是文化边缘化，其表现是来自少数文化的成员既不被鼓励保留他们自己的文化准则，也不被接纳加入主流文化，这种情况是国际酒店管理公司在向海外派遣员工时必须设法规避的。在文化融合或多文化共存与文化边缘化之间，是文化同化和文化分隔。

在文化同化的情况下，少数文化的成员单方面去迎合主流文化并把这视为一种与当地人互动的有效方式。然而，外派员工如果过分被东道国的文化同化，他们就可能被视为"本土化"，而总部也会怀疑其个人能力。因此，来自少数文化的外派员工要有保持自己文化传统的定力。

文化分隔是指少数文化的成员与主流文化保持距离。例如，在跨国工作中，一些来自少数文化的外派员工专门选择住在外国人居住密集的区域，而很少与当地人接触；在处理问题时，来自少数文化的外派员工倾向于与有相似文化背景的人多接触。这些做法虽然方便，但是它们既不能产生有效的协作关系，也有悖于跨国经营所提倡的包容策略。

2）跨文化沟通的原则

（1）尊重原则

在跨文化人力资源管理活动中，针对双方不同的价值观、风俗习惯、思维方式等文化差异，首先要保持尊重对方的态度，以诚相待。具体地讲，就是要认识到文化差异在跨文化人力资源管理活动中客观存在，这种文化差异不存在优劣，也不存在先进与否；尊重对

方的文化，既不要拿自身的文化标准去衡量对方文化的行为方式，也不要将自己的观点和行为方式强加于他人。

（2）平等原则

平等原则是指在跨文化沟通中要克服自卑感或优越感，既不要因为对方来自经济发达国家或地区而对自己的文化产生自卑感，也不应该因为对方来自经济欠发达国家或地区而轻视对方的文化。

文化是人们生产实践和生活实践的智慧结晶，每个地区或民族的文化都有区别于其他地区或民族文化的特殊性。文化的特殊性是由人们所处的特殊的生存环境决定的，因为特殊的生存环境需要特殊的智慧。生存环境包括地理位置、气候条件、地形地貌和生态条件等，在各种自然条件中，最重要的是可获得和可利用的生活和生产资源，因为人不仅需要从自然界中获取自己的生活资料，而且必须从中获取生产资料。生产实践活动的具体对象决定着人们所使用的生产工具和生产方式，决定着人们在生产过程中的结合方式，影响着人们的生活方式，也就造就了不同的文化。

（3）属地化原则

属地化原则就是在跨文化沟通中要迎合属地的文化习惯，从有利于沟通的角度出发，有选择地在习惯用语、饮食、着装、礼仪等方面考虑迎合属地文化。属地文化的选择要使对方产生亲切感，以建立友谊与合作关系为目标。酒店工作的特点决定了跨文化沟通有机会接触各种异国文化，这主要归结于工作性质的原因，但是，如果要在跨国环境中长期生存，少数文化的成员还应该将自己的兴趣转移到所在国家人们普通生活的层面，真正融入当地的社会生活，例如，与当地的同事共进便餐或参加他们举行的聚会。

（4）适度原则

跨文化沟通是既立足本族文化又在本族文化基础之上的对话和交往，旨在本族文化与异族文化之间建立双向协调、双向互馈和双向建构的机制。适度原则是跨文化沟通中的一项极其重要的原则。

坚持适度原则，在跨文化沟通时应该做到既不完全固守，又不完全放弃本族文化的立场，力求在本族文化和异族文化两者中间寻找相互调适与动态平衡的机制和张力。要注意克服过度压抑自己的文化情结，积极敏感地察觉和捕捉对方的情感并予以呼应，并作出适当的共鸣，避免沟通双方的情感对立和情感阻隔。此外，要适度地推销和表现自己，主动向对方传递信息，力求如实地把自己的观念、想法告知对方，并得到其接纳和认同。

3）有效的跨文化沟通

酒店跨文化人力资源管理要实现让两种或多种文化的精髓相融合，应该采取以下措施：

（1）端正文化态度

文化态度是决定酒店跨文化沟通成功与否的关键。在进行跨文化沟通时，首先应该认识到文化差异不是令人沮丧或局促不安的，它们只是在另一种文化背景影响之下做事的方式。发生跨文化误解或冲突时，一定要站在跨文化差异的高度重新审视彼此的不和谐，而绝对不能以种族优劣或人性善恶作出简单的判断。

（2）语言沟通

语言是文化的一种直接表现形式。在跨文化沟通中，语言交往的相通或相歧，往往是由不同文化的共同性或特异性所致。这里所指的语言包括口头语言和非口头语言。当一方使用非母语与对方交流时，除了在口头表达时要注意表达清楚、缓慢，尽量说简单句，多重复，多用主动语态之外，还可以借助非口头表达手段，如手势、示范、书写对方文字，并尽可能地多用照片、图形和数字等。在和对方进行语言沟通时，要经常停顿，给他人以理解的时间，不要急于打破沉默。在语言表达完之后，不要认定对方理解了，先假定他们不理解，再检查其理解程度，例如，让对方将他们所理解的解释一下。

（3）知己知彼

①知己。即了解自己，识别那些大家都具有的态度、意见和倾向性的简单行为，这样不仅会帮助我们决定说什么，也有助于决定我们听取别人说什么。

此外，要想改进沟通效果，还必须了解他人怎样感知我们的某些思想，只有对自己的文化风格非常了解，才有可能从一种沟通情境进入另一种沟通情境时，顺利地进行沟通方式的切换。

②知彼。即一方面学习、接近对方的文化，另一方面善于"文化移情"，同时又能够对他文化采取一种比较超然的立场，而不是盲目地落入另一种文化俗套之中。

（4）跨文化培训

跨文化培训的主要内容有文化认识、文化敏感性训练、语言学习、跨文化沟通及处理跨文化冲突的技巧、地区环境模拟等。

跨文化培训的主要目的在于：减少外派员工可能遇到的文化冲突；促进东道国员工对国际酒店管理公司经营理念、管理风格及酒店行业国际惯例的理解；维持组织内部良好稳定的人际关系；促进企业内部信息的畅通及决策过程的效率；加强团队协作精神与企业凝聚力。

（5）跨文化的文化适应和影响

国际酒店管理公司的跨文化人力资源管理不仅需要指导和帮助外派员工学习和适应东道国的文化，还应提高员工对不同文化变化的鉴别能力。因为各国文化的某些方面是可以变化的，跨国公司在很多情况下为达到自己的商业目的会对东道国文化的某些方面加以影响。例如，在一些东方国家，青年一代受欧美文化的影响很深，在他们一边吃着麦当劳，一边听着西方摇滚音乐的同时，传统的文化价值观已发生了潜移默化的变化。但是，跨国公司对当地文化进行适应或影响，必须有如下几种考虑。

①面对多元文化并存的情况，外派员工首先考虑的是如何适应当地文化的问题，这是顺利合作和开展工作的前提，只有对各种由文化差异引发的问题达成共识，才能有效地开展下一步工作。

②要考虑到东道国对文化变迁的容忍程度或抗拒程度。不同文化都或多或少地存在不同程度的排外情绪，对于不同文化的介入，难免采取一种谨慎的态度。国际酒店管理公司应该要求外派员工对东道国文化的某些方面，如语言、风俗习惯、宗教信仰、政治制度、涉及国家或民族利益的敏感性问题，采取学习和适应的态度；而在一些不易引发广泛抵触情绪的领域，如营销方式、劳资关系和某些工作方式等，应该通过渗透与引导，逐步使之

朝有利于本企业经营的方向变革。

③国际酒店管理公司还应对东道国文化变化的趋势、进程与特点保持密切关注，只有这样，才能使经营活动更适应东道国的文化，减少文化差异对酒店经营的影响，进而循序渐进地对东道国的文化施加影响。

（6）建设具有一定东道国特色的企业文化

建设具有一定东道国特色的企业文化是指在对东道国文化充分理解的基础上，根据东道国的经营环境和公司战略目标，在东道国建立起符合多方利益的共同经营理念和修正的企业文化。通过这种企业内部文化的诱导，可以减少跨文化差异摩擦，使得东道国员工能够把自己的思想与具有一定国际化特色的企业文化联系起来，优化企业的文化变迁能力。

11.2.2　国际酒店管理公司的员工配备

1）国际酒店管理公司的员工来源

国际酒店管理公司的员工配备无外乎三个来源：母国公民、东道国公民、第三国公民。

（1）从母公司派遣驻外人员

国际酒店管理公司在开展跨国经营的初期，从母公司派遣驻外人员是非常重要的，也是非常理想的。因为母公司的外派人员比东道国或第三国人员都更了解母公司的经营理念和管理模式。但是，如果所有驻外人员都从母公司派出也有困难。一方面不可能有那么多合适的人才，尤其是国际酒店管理公司开展跨国连锁经营时，这样花费开销会很大。另一方面，这些外派人员很可能会盲目地将在本国适用的管理方法和标准移植到东道国去，再加上有些东道国法律要求跨国企业必须在当地招聘一定数量的管理人员，这样势必会引起一系列的冲突。

（2）在东道国招聘员工

在东道国招聘员工有许多好处。首先，它能克服服务语言方面的障碍，保证能够比较便利地与当地消费者进行沟通，减少培训费用；其次，能节省工资成本，帮助当地解决就业问题，从而与东道国建立良好的贸易伙伴关系；最后，还可避免一些官僚机构的烦琐手续，有利于国际酒店公司在当地实现长期发展目标。但是，全部使用东道国员工也有不足之处，如当地的管理者由于已习惯本国的工作模式，可能很难马上适应公司总部的要求。

（3）从第三国选聘人员

随着跨国连锁经营规模的扩大，许多国际酒店公司都会考虑从第三国选聘合格的人才派驻到另一个国家或地区，员工无国界化趋势日趋明显。此时，国际酒店管理公司更多考虑的是他们的经营管理能力、专业技术水平和创新精神，而非他们的国籍。

从第三国选聘人员不仅是国际酒店管理公司人力资源全球配置的需要，也是酒店人才国际化流动的必然结果，主要表现为：来自不同国家和地区、具有不同文化背景和思维方式的人群聚集在同一酒店，能够产生异质互补、多元交融的协同效应。

2）国际酒店管理公司选聘员工的特点

（1）对总部外派人员或第三国人员的选聘特点

国际酒店管理公司在考虑派驻国外的高级管理人员时，非常重视海外工作经验和跨国经营管理的才能。现在一些国际酒店管理公司开始把有培养前途的年轻管理者派遣到国外工作，使他们及时获得跨文化的管理经验，以便在他们年富力强时能担任需要这种经验的高级管理职务。

具体来说，在母国或第三国选聘跨国工作人员时，国际酒店管理公司重点关注的是：

①专业技能，包括技术技能、行政技能和领导技能。

②交际能力，包括文化容忍力和接受力、沟通能力、适应新环境的灵活性、对压力的适应能力等。

③国际化驱动力，包括外派职位与原职位的对比效应、对外派地区的感兴趣程度、对跨国工作的责任感、与职业发展阶段的吻合程度等。

④家庭需求，包括配偶到他国生活的意愿、配偶的交际能力、配偶的职业目标、子女的教育要求等。

⑤语言技能，包括口头和非口头的语言交流能力及其学习能力。

对所有的外派任职而言，上述条件并非同等重要，每项条件的重要性还与任职的环境条件有关，这些环境条件包括跨国工作的时间长短、文化的相似性、需要与东道国员工沟通的程度、工作复杂度和工作责任大小等。

（2）对东道国人员的选聘标准

国际酒店管理公司在当地选聘员工，除了要注重他们的能力、经验之外，还特别要注意各个国家的不同文化背景因素。如按照西方人的观念，积极主动、毛遂自荐的申请人可能会得到比较高的评价，但是在一个盛行内敛文化的国家里，具有这种"卓尔不群"行为的人则很难与其他员工融洽相处。

3）国际酒店管理公司选聘员工的方法

国际酒店管理公司在选聘员工时广泛使用面谈、标准化测试、简历评价、工作试用测试、雇员推荐等方法，其中面谈被认为是最广泛使用且最有效的方法。

国际酒店管理公司在东道国选聘员工时需了解和适应当地习惯。譬如，在欧洲的一些国家里，由政府负责公民的职业介绍事务，不允许私人机构插手；在瑞士，无论是雇主、工会、同事还是下级人员，都有机会参与员工招聘的全过程；在日本，要吸引最优秀的潜在管理人才需要同日本大学的教授保持密切的私人关系，而大多数外国企业并不具备这种联系，对美国企业而言，日本的这种招聘"惯例"可能违背了公平竞争的道德准则。因此，国际酒店管理公司在选择招聘方法时既要遵循企业既定的工作规范，又要权衡东道国的招聘机会与惯例。

11.2.3　国际酒店管理公司的员工培训

酒店跨文化人力资源管理的复杂性，大多是由于跨文化差异引起的，解决跨文化差异的手段很多，培训是公认的一项基本手段。一些管理专家曾提出，跨文化培训是跨文化人力资源管理发展的重心所在。国际酒店管理公司应该通过有效的培训，培养具有国际化视野、能适应多元文化并具有积极创新精神的管理人员。

1）国际酒店管理公司在跨文化培训方面的内容

从跨文化的视角考察国际酒店管理公司的员工培训，可以分为两种类型：一种是针对母公司或第三国的外派员工及其家庭成员的培训；另一种是为从东道国招聘的管理人员提供的培训。前者通常是跨文化交际能力培训，目的是使外派员工及家属了解他们将前往国家的文化环境，增强其对东道国工作和生活环境的适应能力；后者主要是关于管理方法、管理技术和企业文化的培训，目的是使东道国当地管理人员的管理水平尽快达到企业要求的标准。

（1）针对外派人员的跨文化交际能力培训

跨文化交际能力，又称为对不同文化的敏感性。如何提高自己的跨文化交际能力是每一个跨文化企业的管理者都必须面对的问题。跨文化交际能力培训主要包括两方面内容：一是系统介绍有关母国文化背景、文化本质和有别于其他文化的主要特点，此为"知己"；二是培训对东道国文化特征的理性和感性分析能力，此为"知彼"。实践证明，成功的跨文化交际能力培训可以在较大程度上代替实际的国外生活体验，使外派员工及其家属在心理和应对不同文化冲击的手段上做好准备，减轻他们在东道国不同文化环境中的不适感或痛苦感。

跨文化交际能力培训可以采取多种方式进行，主要有以下几点。

①文化教育，即请专家以授课方式系统介绍东道国文化的内涵与特征。

②环境模拟，即通过各种手段从不同侧面模拟东道国的文化环境。

③文化研究，即通过学术研究和文化讨论的形式，组织受训者探讨东道国文化的精髓及其对企业管理思维、管理风格和决策方式的影响。

④外语培训，即不仅使受训者掌握东道国语言知识，还要使他们熟悉东道国文化中特有的表达和交流方式，如手势、符号、礼节和习俗等。

⑤组织各种社交活动，让受训者与来自东道国的人员有更多接触和交流的机会。

（2）针对东道国员工的管理和技术培训

国际酒店管理公司对东道国员工的培训主要侧重于服务技能和管理技术的培训，虽然有时也会涉及企业文化及跨文化交际能力的培训，但通常不是重点。

有关服务技能的培训，一般侧重于国际酒店管理公司的服务流程、服务标准和相关技术。有关管理技能的培训，通常按管理的职能进行分类，例如对营销部门管理人员的培训侧重于各种营销技巧、分销渠道建设和市场调查的管理技能，对财务部门管理人员的培训侧重于母国和东道国会计准则的差异、会计电算化方法、财务报表分析和外汇风险分析等。

2）国际酒店管理公司跨文化培训的方式

（1）外部培训

外部培训计划不是由国际酒店管理公司制订的，而是由独立的培训机构针对跨国企业的某一类管理人员而设计的。培训的地点不在企业内，而是委托社会培训机构办理或由企业选送员工接受培训。这类培训不是为特定的组织安排的，其目的是用来扩大管理者的视野，例如，大学商学院开设的有关跨国企业收益转移的讲座、专业培训机构提供的沟通技能和人际关系技能培训。在外派人员的培训方面，一些国际酒店管理公司近年来开始把管理者直接送到东道国去培训，这样做可以使管理者在承受工作压力之前，已亲身经历了文化差异的影响。

（2）内部培训

在企业的人力资源部或其他部门的统一安排下，利用企业内专设的培训教室，在工作时间以外利用企业的设施、设备所进行的培训活动称为企业内部培训。一些国际酒店管理公司在总部开设了自己的企业大学，如希尔顿酒店集团不仅在美国设立有希尔顿大学，而且开展了基于互联网技术的远程培训。内部培训的效果更为明显和直接，因为它可以将来自具有不同文化背景的受训人员组织在一起，用同一种语言讲述同一个问题。由于参与培训的学员可对问题进行有针对性的讨论，在讨论过程中相互了解各自的观点，并最终达成共识，就有可能预防在酒店未来的工作中出现问题。

（3）在职培训

在职培训通常是为了满足个别管理者的要求和他们的特殊工作而设计的，其特点在于受训员工不离开工作职位，或以目前担任的工作为媒介而接受训练。在职培训强调实践性，由更有经验的上级监督、指导受训练者在实际工作中的表现。由于在职培训可以在工作中进行，时间约束性小，对外派员工来讲，更适合于文化差异的调节。

11.2.4 国际酒店管理公司的人员考评

1）考评者

在一个跨国经营的国际酒店管理公司内部，由于员工具有不同的文化背景，看问题的角度不尽相同。为了保持对外派员工的考评公正、客观，考评者不能单一化，而应当跨文化，既有东道国被考评者的直接上级、下级、同事或者客户，也应当有来自总部的上级。通常采取以东道国当地评价意见为主，以公司总部的评价意见为辅的方法，如果公司总部负责确定最终的评价结论，也需要征求外派员工所在东道国酒店员工的意见，这样可以减少评价的偏差。

2）考评指标

在对东道国员工和外派员工进行考评时，由于各方的文化背景不同，考评指标也应该有所差别。对东道国员工的考评指标可以由东道国管理者制订，还可参照当地行业同类企业的标准。对外派员工的考评指标就要相对复杂一些。

国际酒店管理公司通常以酒店的投资收益率和利润等财务指标来评价外派管理者。除此之外，还会考虑到他们在维护公司信誉、扩大品牌知名度、同东道国政府搞好关系以及落实公司的长期战略、扩大市场份额方面的贡献等一系列因素。在确定考评指标时，要根据外派员工工作地区的文化特征进行一些修改，以增强考评体系的适应性。

3）考评方式

跨文化经营的复杂性要求国际酒店管理公司的考评人员要掌握多方面的信息。因此，在进行考评时可以采取多种考评方式，有自我考评、日常观察、现场监管、下级考评、客户考评等多种方式。表 11.1 展示了不同考评方式运用的不同指标、适用的阶段。

表 11.1　基于酒店跨文化人力资源管理的考评方式、指标和时间

考评方式	考评指标	考评时间
自我考评	达到目标 管理技能 项目成功	6 个月或在主要项目完成时
下级考评	领导技能 沟通技能 下级发展	在主要项目完成时
对外派员工或东道国 管理者的日常观察	团队建设 人际交流能力 跨文化沟通技能	6 个月
现场监管	管理技能 领导技能 达到目标	在重大项目结束时
客户考评	服务质量和及时性 谈判技能 跨文化沟通技能	每年

11.2.5　国际酒店管理公司的薪酬

国际酒店管理公司能否按国际标准并结合东道国实际情况，为不同文化背景的员工提供合理的薪酬，这不仅影响外派员工的工作积极性，也是国际酒店管理公司在国际市场上能否获得人力资源竞争优势的关键。

1）母国或第三国外派员工的薪酬

（1）确定基本工资的方法

①母国基准法。这是国际上通行的做法，即由母公司派到国外工作的管理人员，其基本工资通常按照公司总部的标准发放。虽然员工被派往不同的国家，但是他们的工资始终与母公司保持一致，这样不仅便于他们返回母公司工作，而且可以避免在不同国家流动时每次都要调整工资。但是，如果东道国工资水平较母国更高，这种做法就缺乏激励性，为了让外派员工安心工作，总部通常会把基本工资提高到东道国水平。采用母国基准法最大的问题是，会使得企业内部来自不同国家的同一职位的人员工资水平不一样，导致难以妥善处理由此引发的矛盾。

②东道国基准法。即让外派员工的基本工资与东道国相同职位的基本工资相一致。这种方法的优缺点正好与"母国基准法"相反。如果东道国工资水平更高，则对外派员工是很大的激励，同时也保证了企业内部薪酬的公平性；但是，如果东道国工资水平更低，这种做法显然不能令外派员工满意。采用"东道国基准法"工资水平无法与母国保持一致，不利于外派员工返回母公司工作。此外，当外派员工在不同国家调动时，工资变动问题变得更加复杂。

③折中法。由于以上两种方法各有利弊，因此一些国际酒店管理公司采取折中的方式，

即根据母国工资标准的一定比例来确定一个基准额，再根据东道国工资标准的一定比例来确定提高的数额，二者相加，便是外派员工的基本报酬。这样做保证了外派员工薪酬水平的合理性和一定的弹性，具有比较好的实践意义。

（2）补偿奖励的措施

补偿奖励是指对外派员工及其家属到异国工作、生活的不便和付出所给予的补偿，主要包括流动工作奖金、满期工作奖金、探亲奖励等。

①流动工作奖金。发放流动工作奖金的目的是鼓励员工在有公司连锁酒店的各个国家之间流动，它通常占基本工资的10%~20%。只要员工到非自己的国籍国任职就可以得到这部分奖金。

②满期工作奖金。设定满期工作奖金的目的是鼓励外派员工整个合同期间都在海外工作，通常在合同期满时才发放。这种奖励适合于那些派往经济比较落后的国家或地区工作的员工。

③探亲奖励。此奖项主要用于支付外派员工及其家属中途返回母国休假的费用。国际酒店管理公司通常不希望外派员工及其家属与母国文化长期隔绝，一般是每年休假3~6周，支付额度是外派员工及其家属往返的全部交通费，其间如果外派员工到公司总部述职，则述职时间按外派工作时间计算。

（3）津贴

国际酒店管理公司为了维持报酬的内部公平性，在整个公司范围内执行统一的与工作性质相适应的基本工资，然后根据员工所在地的情况，发放数额不等的津贴。这一做法的依据是来自国际经济中的购买力平等化理论，即派出员工的薪酬水平至少应该能使他们在东道国保持与在本国时相同的住房条件、商品和服务消费水平以及储蓄水平，如果出现缺口则由公司来补。最常见的津贴有生活费津贴、房租津贴、子女教育津贴、艰苦条件津贴、迁居开支及调动津贴、税负调节津贴等。

（4）非货币薪酬

国际酒店管理公司的外派员工对非货币薪酬的期望，主要集中在职务晋升、令人羡慕的工作职位同级调动、职业生涯发展路径清晰、上级的器重与认可、来自顾客或下级的肯定与尊重、学习新知识及培养新能力的机会、完成跨文化管理的心理满足等。

2）东道国员工的薪酬

国际酒店管理公司为分布在各国的连锁酒店制定薪酬政策时，除了要与母公司的人力资源战略保持一致外，还必须听取酒店业主方的意见，因为目前许多国际酒店管理公司只是输出管理，并不直接投资建设酒店，酒店业主方会派出管理人员适当参与酒店的管理，而员工工资成本会直接影响酒店业主方的投资收益，加之酒店业主方对当地劳动力市场的工资水平和有关的法律法规更为了解，因此在中国，酒店业主方大都参与本土员工薪酬标准的制订。

3）薪酬支付手段

由于员工来自不同国家，因此国际酒店管理公司在制定报酬时，必须考虑是支付母国货币、东道国货币还是某种汇率比较稳定的第三国货币。原因如下：

首先，要避免汇率波动引发的问题。如果外派员工的全部收入都以母国货币支付，当母国货币相对于东道国货币贬值时，海外员工实际收入就会下降，从而引发不安定情绪。

其次，要满足外派员工在母国储蓄的愿望。如果外派员工的全部收入都以东道国货币支付，当东道国实行外汇管制时，他们回国储蓄母国货币的愿望就会落空。

最后，减轻税负。有些国家规定只对外籍人员从当地取得的收入纳税，如果以东道国货币支付外派员工的全部薪酬，可能会加重其税收负担。

基于以上原因，国际酒店管理公司对外派员工和东道国员工都采取综合性支付的方式，只不过比重不同而已。外派员工的报酬分成两部分：一部分以东道国货币支付，其数额大致等于员工原来在母国国内用于消费的收入加海外生活费津贴、海外服务津贴和在东道国应缴纳的税款等；另一部分以母国货币支付，借记在指定账户上代为储存起来，这部分通常按基本工资的一定比例计算。对东道国员工则通常支付当地货币，有时候会辅以少量汇率稳定的外币作为奖励性薪酬支付的币种。

酒店跨文化人力资源管理还包括许多内容，如跨文化的人力资源规划、激励、员工关系、职位设计、工作分析等，这些内容比单一文化背景下的相应管理更复杂，但是只要分辨清楚文化对它们的影响，并遵循有效跨文化沟通的原则去运作，跨文化人力资源管理就会比较顺利。

【复习思考题】

1. 从跨文化的视角看，文化比较的维度可以包括哪些方面？
2. 跨文化差异是如何形成的？
3. 文化差异会对人际关系产生怎样的影响？
4. 酒店跨文化沟通应该遵循哪些原则？
5. 以国际酒店管理公司为例，针对酒店人力资源管理的主要活动如何实施跨文化管理？
6. 跨文化管理与人性化管理有哪些方面的必然联系？

【案例研究】

阿兰·雷波曼在澳大利亚的经历

美国人阿兰·雷波曼大学毕业后就从餐厅服务员做起，一直做到了世界著名连锁酒店集团的驻店总经理。在酒店业工作了16年后，雷波曼被总部派往澳大利亚的悉尼担任一家豪华酒店的总经理，这是他升任总经理后管理的第一家酒店，也是他第一次到美国以外的国家工作。雷波曼独特鲜明的性格被许多同事看作酒店后来成功的关键因素。有人曾这样描述他的性格："是如此的独特，没有第二人能比。"

雷波曼到任不久就发现澳大利亚的员工与美国员工之间存在着明显的文化差异。澳大利亚员工与美国同行相比，在积极参与酒店管理方面明显不够。为了使员工充分参与酒店的经营管理，澳大利亚的管理者必须非常直率而且开朗。雷波曼发现要想成功管理好这儿的员工并且达到集团统一的质量水平，就必须改变美国式的办事方式，而把一切放在一个国际环境下来看待。起初，他也是凭直觉像在美国一样管理酒店和员工。"我们刚开始做得并不好，我们来到这儿，所作所为都像许多美国公司那样，他们也说英语——那么这肯定应该像在美国经营那样进行业务活动，但事实上并非如此。"雷波曼必须向员工和顾客保证，自己服务的公司将在这里以澳大利亚的方式来经营这家酒店。这种管理风格的变化，包含了雷波曼所说的"软化"美国传统的员工管理方式。他花了大量时间与员工进行一对一的面谈，并且推行一种"开门纳谏"的政策。雷波曼还很好地利用了酒店的质量与培训部经理吉姆·道顿，他已经在这家酒店工作了8年。吉姆·道顿对澳大利亚员工比较熟悉，知道他们较少倾向于自我激励，而更多地关注人际关系，这些都与美国人很不一样。他和雷波曼一起对总部下发的服务质量计划进行了修改，使之适应澳大利亚的文化环境，并且根据员工的思维方式与价值观念提出了具有激励性的提高工作效率的计划措施。

雷波曼的管理团队推出一种很受欢迎的自我管理工作小组计划，这种方式已经在美国的酒店中被广泛采用。在大多数情况下，澳大利亚的员工能够顺利地适应这种新的管理方式。但是，也有一些员工要求返回到原来的"监督管理结构"之下，以便减少员工的行政管理责任。员工明显感到这些责任占据了他们很多时间。管理层于是决定对自我管理小组计划中与澳大利亚的伦理习俗相冲突的地方作一些调整。

内部缺陷报告（IDR，Internal Defect Reports）是另一个提高员工觉悟、加强问题预防的办法。内部缺陷报告用来解决由于错误、返工、设备损坏（Break-down），效率低下（Insufficiencies），情况变化（Variation）等（合称BIV）所造成的问题。酒店培训员工了解什么是"复发问题"，并且强调消除这类问题的重要性。一旦员工发现了一个BIV，他就应该填写一个内部缺陷报告，并把它交给吉姆·道顿。内部缺陷报告经过汇总形成日常质量报告，每隔一天酒店服务质量管理委员会都要检查日常质量报告。"24—48—30规则"是内部缺陷报告的一大特色，当员工填写了内部缺陷报告之后，24小时内将有一位服务质量管理委员会成员对员工回访并感谢他写的报告，在确认收到报告48小时内，服务质量管理委员会将会作出决定如何解决该问题。30天内，主管服务质量的领导将进行复查，确认问题是否已经解决，或者检查问题小组的工作进展情况。

在开始的一年当中，尽管酒店收到了526份内部缺陷报告，这项计划仍然有两个主要问题存在：第一，澳大利亚员工对这种近乎对同事"告密"的方式感到有点不舒服；第二，这个计划的复查体系，本来是用来验证BIV是否已经彻底解决了的，在这家酒店的实际操作中却被证明是无法实施的。道顿同时还负责集团在悉尼另外一家酒店的服务质量计划，不能总是严格遵循"24—48—30"复查规则。这样，内部缺陷报告就成了酒店管理中价值并不很大的信息来源，虽然服务质量管理委员会依旧每隔一天检查一次内部缺陷报告，但是由于对该计划疏于管理，一些复发性问题依然未被重视。

道顿还设计了一个独特的提高工作效率、吸引员工参与的办法。称为"好建议报板"。仅仅一年中，酒店员工就为酒店的管理出谋划策，提出了700多条建议。由于这个好建议计划比较新奇，澳大利亚员工对这类创新不很熟悉。道顿花了很大精力鼓励员工提出好的建议。他说明了好建议的"所有权原则",并且激励员工对建议负责并执行建议。好建议板报反映了酒店鼓励员工参与管理的承诺。

雷波曼说,尽管澳大利亚文化环境有所不同,酒店的一些活动和程序必须修改以适应当地环境,但是最终结果必须是一样的,即酒店优秀卓越的服务水平以及服务质量必须保持连续一致性。

讨论问题

1. 阿兰·雷波曼在跨国环境下的管理措施有什么特点?为什么在语言沟通不存在障碍的环境中还会存在文化差异?

2. "好建议板报"与"内部缺陷报告"相比有什么特色?为什么会对澳大利亚员工更有吸引力?

3. 阿兰·雷波曼在澳大利亚的管理活动对你有什么启发?

开阔视野

3 种方法解决管理中的文化差异问题

在全球化浪潮不断发展的当下,团队成员也在日趋走向国际化,而且你的客户群里也有越来越多的外国客户。但是其中的文化差异却不容忽视,如果你秉持一贯的固定风格去对待你的员工和客户,或者你只是用自己的文化去假设对方,那么可能会让你时常碰壁,想要进行更顺畅的合作交流,了解文化差异就显得尤为重要。以下三个方法,会帮助你更好地解决管理中的文化差异问题。

第一,学习。如果你要面对的客户是一个特定的群体,那么在此之前学习他的文化就很重要。比如在保加利亚,人们通常用摇头来表示"是的",而不是用点头。比如美国和欧洲更加注重个人主义和自我价值,而东方国家却更注重集体主义。比如美国文化注重平等,企业内部没有非常严格的层级制度,而日本的企业文化却非常注重等级,这些都会影响人们交流的方式,甚至一场会议中决策的走向。所以,学习对方的文化,是帮助我们更好了解自己的合作伙伴或者客户的第一要素。

第二,倾听。你的大脑是一个反射器,你需要随时观察对方的反应,在一场会议中,如果你很兴奋地讲解着自己的新创意,但是参会人员却反应平平,这时候你就需要思考问题出在哪里。提问是一个寻找问题的好方法,但是提问的方式却很重要,比如你可以不要问"现在大家有什么问题吗?"这样的问法也许会让对方保持沉默,而你也许会把这种沉默当作赞同。所以,为确保之后不出意外,你可以这样提问"也许很多人都不了解我们这个新项目,如果大家有什么想要继续了解的问题,欢迎提问。"这样一来,对方就更方便提出问题,你甚至可以在会后要求每个人发送一份会议反馈给你,这样你会更清楚每个人的想法。

第三,询问。在一个异文化圈子里相处,文化差异有时候会让你觉得受到了怠慢,但是你可以向对方保证你完全可以理解对方的文化而且不会有任何异议。建立一个开放的空间，时刻追踪事情的进展，并且让对方知道你只是想确保事情的走向，尽量寻找你的盟友，从而了解更多你所不知道的实情。同时做好会犯错误的准备，你要知道自己是在异文化当中，建立一个顺畅的沟通渠道，可以帮助你减少损失。

资料来源：Art Markman.3 种方法帮你解决管理中的文化差异问题 [M]. 中外管理，2018（7）：20.

参考文献

[1] 董克用，李超平．人力资源管理概论 [M]．5 版．北京：中国人民大学出版社，2019.

[2] 付维宁．人力资源管理 [M]．北京：电子工业出版社，2014.

[3] 蔡啟明，钱焱，徐洪江，等．人力资源管理实训：基于标准工作流程 [M]．北京：机械工业出版社，2016.

[4] 朱勇国．职位分析与职位管理体系设计 [M]．北京：对外经济贸易大学出版社，2010.

[5] 李志刚．旅游企业人力资源开发与管理 [M]．2 版．北京：北京大学出版社，2019.

[6] 董克用．人力资源管理 [M]．北京：高等教育出版社，2023.

[7] 张月强，路江涌．智能时代的人力资源管理"智效合一"转型 [J]．清华管理评论，2023（5）：24-33.

[8] 路江涌，张月强．人工智能时代的人力资源精准管理 [J]．清华管理评论，2023（11）：74-84.

[9] 徐刚．人力资源数字化转型行动指南 [M]．北京：机械工业出版社，2020.

[10] 苑春鸣，葛亚军．国际化旅游人力资源开发研究 [M]．天津：天津人民出版社，2008.

[11] 刘昕．薪酬管理 [M]．5 版．北京：中国人民大学出版社，2017.

[12] 赵西萍．旅游企业人力资源管理 [M]．2 版．北京：高等教育出版社，2021.

[13] 罗宾斯，德森佐，库尔特．管理学：原理与实践（原书第 8 版）[M]．毛蕴诗，等译．北京：机械工业出版社，2013.

[14] 谷慧敏．世界著名饭店集团管理精要 [M]．沈阳：辽宁科学技术出版社，2001.

[15] 加里·钱德勒．人力资源管理基础 [M]．江文，译．4 版．北京：中国人民大学出版社，2021.

[16] 菲茨-恩慈，戴维森．如何衡量人力资源管理 [M]．林钢，李洁，李元明，译．3 版．北京：北京大学出版社，2006.

[17] 雷蒙德·诺伊．人力资源管理：赢得竞争优势 [M] 刘昕，译．12 版．北京：中国人民大学出版社，2023.

[18] 施恩．职业的有效管理 [M]．仇海清，译．北京：生活·读书·新知三联书店，1992.

[19] 郑兴山．跨文化管理 [M]．北京：中国人民大学出版社，2010.

[20] 陈晓萍 . 跨文化管理 [M].3 版 . 北京：清华大学出版社，2016.

[21] 彼得·圣吉 . 第五项修炼：学习型组织的艺术与实践 [M]. 张成林，译 .2 版 . 北京：中信出版社，2016.

[22] 陈德金 .OKR，追求卓越的管理工具 [J]. 清华管理评论，2015（12）：78-83.

[23] 朋震，郑雪童，华蕾 . 为国企装上 OKR 之翼 [J]. 企业管理，2024（1）：86-90.

[24] 朱农飞，周路路 . 工作 – 家庭文化、组织承诺与离职意向的关系研究 [J]. 南京社会科学，2010（6）：44-50.

[25] 陈雪钧，郑向敏 . 员工感知价值对离职意愿影响机制的实证研究：以饭店新生代员工为例 [J]. 旅游学刊，2016，31（1）：81-91.

[26] 任磊，刘燕 . 挑战性 – 阻碍性压力源对员工主动变革行为的影响机理 [J]. 企业经济，2022，41（8）：101-111.

[27] 凌茜，陈茂钦 . 基于工作倦怠的酒店员工职业生命周期研究 [J]. 北京第二外国语学院学报，2013，35（1）：47-54.

[28] 吴真松，谢朝武 . 工作条件对员工职业前景认知的影响研究：以酒店业为例 [J]. 北京第二外国语学院学报，2015，37（5）：22-32.

[29] 吴慧，徐栖玲 . 酒店员工激励因素的实证分析 [J]. 旅游学刊，2005，19（3）：53-58.

[30] 唐玉兔 . 酒店管理层与员工关系的协调性分析 [J]. 江苏商论，2022（9）：98-100.

[31] NICKSON D. Human resource management for the hospitality and tourism industries [M]. 2nd ed. Oxford: A Butterworth–Heinemann，2013.

[32] BOELLA M J, GOSS–TURNER S.Human resource management in the hospitality industry: a guide to best practice[M]. 9th ed. London: Routledge Press，2013.

[33] BOXALL P, PURCELL J. Strategy and human resource management [M]. 2nd ed. London: Palgrave Macmilan, 2008.